KB194388

고려국왕과 재이사상

진영일 저

제주대학교출판부
JEJU NATIONAL UNIVERSITY PRESS

책머리에

대학원 석사과정에 입학하여 여러 인연들로 인해 고려시대를 전공 분야로 정하게 되었다. 그래서 우선 이 시대를 전체적으로 개관하기 위해 『고려사』의 영인판(影印版)을 구해서 읽기 시작했다. 그 시절에는 번역본도 없었고 모 대학교에서 나온 표점과 국문 토씨가 붙은 정도의 책을 참조하여 해를 거듭하여 완독했다. 우선 독서하는 중에 책 어디를 보아도 하늘의 천체들로부터 지상의 동식물, 무생물에 이르기까지 변칙적이거나 기이한 현상들을 재이(災異)라 하여 수없이 그리고 세밀히 기록된 것을 보고 놀랐다. 그리고 재이 기사들은 『고려사』 천문지·오행지에 종합하여 정리되어 있으며 그 분량도 상당한 편이다. 그리고 고려왕들은 재이를 계기로 조서(詔書)·제서(制書)·교서(敎書) 등으로 불리는 글을 내려서 정치 일반에 대한 반성의 기회로 삼고 있었다. 그래서 자연히 재이가 고려 당대에 어떤 의미를 가졌기에 이렇게 중대시되었는지를 생각하게 되었고 이를 주제로 삼아 졸업논문을 제출하였다. 그 후에도 고려 재이에 관해 3편의 논고들을 더 작성하여 발표하였다. 그러니까 이 책은 『고려사』를 읽는 과정에서 선택한 주제, 곧 재이를 중심 과제로 하여 쓰인 네 편의 논문들로 구성된 것이다.

제1장은 고려전기, 그것도 재이들이 유난히 심했던 인종대에 재이발생을 기회로 한 묘청의 서경천도 운동에 관한 필자의 견해를 밝힌 곳이다. 이는 「묘청난에 관한 일고찰」(서울대학교 대학원 국사학과 석사논문, 1984)라는 논문을 토대로 하였고, 여기에다 상당하게 내용을 덧붙

4

여 작성된 것이다. 이 장에서 재이 빈발로 인해 제17대 인종은 왕조역수가 다 되어간다는 위기감을 느꼈고 그 타개책으로 묘청을 등용하게 되었다. 이에 묘청은 서경에 대화궐을 창건함으로써 왕조 중흥의 기치를 내걸었다. 하지만 그는 여전히 빈발하는 재이로 인하여 왕의 신용을 잃게 되었고 그래서 묘청 일파는 반란을 일으켰다. 그런데 그 반란이라는 것이 그들의 정치적 입지를 만회하기 위해 서경에서 일으킨 단막극 같은 것이었고, 그 주역은 어디까지나 서경에서 왕조를 부흥하겠다는 국왕 인종 자신이었다. 또한 이 장에는 변태섭 편, 「고려전기의 재이사상에 관한 일고: 군왕의 성격에 관하여」(삼영사, 1986)이란 논문이 일절로서 포함되어 있다. 논문을 전부 그대로 실을 경우에는 전후한 논문들과 중복되는 곳이 많기에 이렇게 한 것이다.

제2장은 「고려제왕의 서경순행고」(『제주대학교 논문집』 25, 1987)를 토대로 하여 여기에다 대폭 수정하여 마련된 것이다. 이 장에서는 태조의 서경 정책이 거란족의 침입 위협에 대한 국가 방어로부터 시작되었으며, 차후 고려왕조가 북방 지향적 대외성격을 갖는데 결정적인 역할을 하게 되었음을 지적했다. 그런데 제10대 정종대부터 제18대 의종대까지 서경순행은 주술적 측면에서 수행되어 그 성격이 변하게 되었다. 이때 서경은 국방을 목적으로 한 의미는 없어지게 되었고, 대신에 왕조의 난문제들을 서경에 내재한 신비한 지력(地力)이란 영위력으로써 해결할 수 있다는 주술성의 중심지, 즉 유토피아로 부상하게 되었다.

제3장에서는 재이현상이란 우주체계의 범주들, 특히 인간지성의 3개 준거틀, 즉 시(時)·종(種)·장(場)의 범주를 혼란시켜서 궁극적으로 질서체계를 파괴할 가능성을 가진 위험한 현상으로 간주되었다. 그리고 재이개념의 기저에는 당대인의 우주 체계가 불변적 규칙성 또는 정상성(正常性)을 가져야 한다는 생각이 내재했던 것이다. 그래서 이는

우주구성의 요소들이 각자에게 할당된 시·종·장(時·種·場)이라는 범주에 합치될 경우에만 정합적인 우주질서가 유지될 수 있다는 것이다. 결국 재이론은 기존의 왕조질서를 유지하려는 하나의 사상적 도구가 되고 있었다.

제4장에서는 형정(刑政)·와언(訛言)·요언(妖言), 그리고 사회적 분수의 문제를 재이 발생과 연관하여 다루었다. 고려왕들은 형정에 깊은 관심을 나타냈는데 이는 왕의 부덕(不德)이 바로 형정의 잘못을 가져왔기 때문이라는 것이다. 그리고 이럴 경우 죄수의 원망에서 원기(怨氣)가 발생하고 또한 이는 천지의 화기(和氣)를 해쳐 재이를 유발한다고 생각되었다. 그래서 왕은 죄수의 원기 발생을 최소화하여 화기를 확보하려는 관형(寬刑) 조치에 애썼다.

오행지에 수록된 요언은 언어를 토대하여 형성된 사회의 인식 규범체계를 바로 언어를 매개하여 파괴하거나 강화하려는 사회 내부에서 발생한 집단표상이었는데, 이것도 사회 차원에서 발생한 재이로 여겨졌다.

사회 차원에서 재이론은 종(種)·장(場) 범주로부터 일탈하는 사건이나 현상을 경계하는 사회적 분수 사상을 포함하고 있었다. 이런 사고방식은 특히 천류(賤類)로 분류된 노비들에 엄격하게 적용되었다. 그들은 고려왕조 창업에 불복한 무리를 그 연원으로 하는 인간세계의 별종으로서 취급되어 사회 차원에서 발생하는 재이로 생각되었다. 그래서 그들은 양인과 차별 대우를 받아서 임관권이 없었다. 만일 이들이 관직을 받아서 출세했을 경우에는 재이가 발생한다고 여겨졌다. 그래서 재이론은 이렇게 고려왕조의 신분질서를 유지하는 유용한 한 사고도식이었다.

원래 제3장과 제4장은 하나의 논문인 「'고려사' 오행·천문지를 통해 본 유가 질서개념의 분석」(『국사관논총』 6, 국사편찬위원회, 1989)을

6

두 장으로 분리한 것이다. 이 논문은 분량이 너무 많아 한 장으로 처리하기에는 책 편제상 균형이 맞지 않을 것 같아서 위와 같이 둘로 나눈 것이다.

책을 작성하는데 원래 논문들의 원형을 대충 유지하였으나 수정하거나 가필한 곳도 상당하게 많게 되어 그 결과로서 본서는 원래의 논문들하고는 다르게 되었다. 이는 주나라는 비록 옛 나라이지만 그 천명은 새롭다(周雖舊邦 其命維新)라고 했듯이 원래 논문들을 유신(維新)했다고나 하겠다.

그리고 본서에서 각 장들에 서문과 결론들이 소재되어 있어서 책 전체적으로 서문과 결론 부분을 생략하였다. 특히 인용 사료들은 온라인판으로 제공되는 『고려사』, 『고려사절요』, 『동문선』, 『동국이상국집』, 『사기』, 『한서』, 『후한서』, 『EncyKorea 한국민족문화대백과사전』, 『브리태니커 백과사전』 CD 등에 전적으로 의존하였다. 특히 두개의 백과사전들의 기사들을 대폭 전재하여 기본적 역사 사실들에 관해 독자의 이해를 도우려고 하였다. 그리고 원래 논문들에서는 사료(史料)들을 그 요점들만 간략하게 발췌하여 인용한 데 비해 이번에는 전후의 내용을 대폭 보충하여놓았다. 이는 조서·제서 등의 사료들을 가능한 전부 인용함으로써 고려 당대의 지적 내용과 그 분위기를 독자에게 직접 경험할 수 있도록 하기 위한 것이었다. 또한 본서 말미에 부록으로 『고려사』에서 묘청과 오윤부 열전을 발췌하여 수록하였는데 이도 위와 같은 취지에서 그리 한 것이다. 참고서적과 논문들은 본서에 인용된 것들을 원칙적으로 수록하였는데, 참고서적 부분에서 그렇지 않는 것도 몇 권 들어있다.

그리고 무엇보다도 한자를 외국어로 배운 세대의 독자를 위해 본서에 나온 한자들을 '한자(漢字)' 방식으로 표기해 읽기 편하게 하였다.

그러지 않아도 인문학이 쇠퇴하는 시대풍조에서 만일 뜻 있는 독자가 있어 이 책을 집어 들었다가 괴상한 상형문자 때문에 기겁하고 그만둔다면 저자에게는 이보다 큰 불행이 없을 것 같아서 부득이 이런 자구책을 취하였다.

상기한 논문들은 80년대에 각각 1984년, 1986년, 1987년, 그리고 1989년에 작성된 것이다. 우선 묘청이란 사건을 다루다보니 고려국왕 인종의 역할이 주역이 되고 있었다. 그래서 고려국왕 일반의 관념적 성격을 생각하게 되었고, 그다음 왕들의 서경 순행의 목적에 관심을 가지게 되었다. 그 후 왕들이나 재이에 관한 자료를 남긴 식자층의 사고에 주목하고 그 논리구조를 탐색한 것이 제3장, 제4장이었다.

위와 같은 경위를 거쳐서 작성된 이 책은 하나의 저서를 목적하여 처음부터 일관되게 쓰인 것이 아니므로 각 장 사이에는 중복이 많게 되었다. 이런 곳들을 삭제하려고 하였으나 논문들이 하나의 완결된 유기체처럼 자기 생명을 갖고 있는 것 같아서 그대로 두었다. 독자는 이런 약점을 널리 양해하고 본서를 몇 개의 논문들을 모아놓은 것이라 생각하면서 읽어주면 고맙겠다. 단 한 가지의 변명은 같은 사료를 중복하여 인용한 곳이 많지만 그때그때 다른 관점에서 인용문들을 재해석하려고 하였다. 그리고 평소 이것저것 읽는 습관이 있어서 인류학 등의 인접학과 서적을 뒤적여왔는데 여기서 얻은 피상적인 견해를 본서에 많이 열거하게 되었다. 이것도 재이에 관해 한번 새로운 견해를 말해보려는 촌학구의 천견에서 나온 소치이므로 이 점도 관대하게 이해해 주시기를 바란다.

이제 대학 재직 기간도 만년에 접어들어 갑자기 이십여 년 전의 글들을 끄집어내서 먼지를 털고 다시 정리하여 한 권의 책으로 엮어내게 되었다. 세상만사가 그렇듯이 나이가 들면 옛일이 생각나는 것 같다. 그러나 그 회상도 별 것들이 아닌 세상 잡사가 대부분이었는데 그중에는 세속사가 아닌 학술적 것들이 생각났기에 이렇게 옛 논문들을 들추어 내어 먼지를 털고 치장하여 한권의 책으로 묶어서 세상에 내어 놓은 것이다.

여기 저녁 무렵이 된 한라산 기슭에 있는 대학 연구실이라는 방 한 칸에서 원고 정리를 하면서 회상하여 보건대, 1980년대라는 모종의 정치적 '실천과제'가 몹시 강조되었던 시대풍조에서 시대와는 동떨어진 이런 글을 잘도 써왔다고 생각된다. 이것도 세상살이에 어두운 필자에게 이런 논고들을 저술할 수 있게 여유를 주었던 가족, 제주대학교, 그리고 대한민국의 '생성지혜(生成之惠)'의 덕분이 아니었나한다.

2010년 2월
저자 씀

목차

제4장 재이·형정·사회적 분수(分守)

고려국왕과 재이사상

제1장 고려국왕의 권위와 묘청의 난

머리말

고려 인종 13년에 일어난 이른바 묘청(妙淸)의 난은 고려사회 전반에 큰 영향을 끼쳤다. 따라서 이에 관한 연구가 일찍부터 행해졌다. 신채호는 이 반란을 '조선역사상일천년래제일대사건(朝鮮歷史上一千來第一大事件)'이라 해서 그 성격을 사대적 사상과 자주적 사상의 대립으로 규정했다. 그리고 사대적 유교사상이 승리로 끝남으로 해서, 이후에 정치·종교·학술의 여러 분야가 사대주의 노예가 되었다고 했다.[1] 이병도는 도참사상(圖讖思想)이 정치에 미친 영향에 주의하여 그 사건을 분석하였다. 즉, 인종대는 이자겸·척준경의 반란과 금나라의 압력으로 내외에 큰 불안을 품은 시기였다. 그래서 서경(西京)은 고려 초기부터 도참에 응한 소위 한반도의 '근본지지(根本之地)'로서 국가의 특수한 시설들과 그 위에 역대(歷代) 국왕들의 순주(巡駐), 이궁(離宮)의 경영 등으로 왕실과 밀접한 관계를 가진 곳이었다. 서경을 본향(本鄕)으로 한 묘청 등의 서경천도운동은 역사상 이를 기반으로 해서 행해졌

---

1) 신채호, 「朝鮮歷史上一千年來第一 大事件」「동아일보」, 1925. 신채호, 『朝鮮史研究草』, 을유문고, 1974.

다고 한다.2) 이에 대하여 태조의 서경경영 의도는 왕권 안정과 호족
세력의 견제 방책에서 이었고 개경에 비할만한 규모의 서경경영을 지
리도참설(地理圖讖說)로써 합리화하였다는 해석도 있다.3) 따라서 김
부식과 묘청의 대립은 서경세력이 개경세력을 압도하려던 지방간의 알
력이었다고 주장도 있다.4) 이념 대립, 도참사상의 영향, 지방 세력 간
의 갈등 등으로 설명된 이 사건에 대한 여러 시각은 모두 부정할 수 없
는 부분적 진실성이 있다고 하겠다. 왜냐하면 어떤 역사 사건도 상호
독립적인 복수요인들의 작용 결과이므로 특정한 한 요인에 의해 전적
으로 결정된다고는 생각되지 않기 때문이다. 그러나 그것은 복수 요인
들을 위계(位階) 배열하여 그 가운데에서 지배적 요인을 찾는 것을 배
제하는 것은 아니다. 이런 관점에서 이 글은 인종 연대에 심하게 발생
했던 재이(災異)에 주목하여 이것이 왕권의 어떤 관념형태와 연결되어
묘청 반란을 발발시킨 제일차 요인이 되었는지를 지적하겠다.

 이 글은 세 부분으로 구성되겠다. 첫째 부분에서는 고려전기(학계의
통설에 의하면 의종대까지) 재이관(災異觀)을 개관함으로써 천재지변
(天災地變)에 관한 고려인의 의식총체를 추적하려 한다. 또한 여기서
는 재이설의 기능적 측면보다는 논리적 형태에 중점을 더 두려고 한다.
둘째 부분에서는 고려 왕실이 재이 발생을 기회로 왕조기업(王朝基業)
의 연장, 즉 왕조중흥을 획책하는 과정과 묘청 집단이 갖는 역할을 살
피고, 그 중흥 방법으로 왜 주술적 관념형태에 구속되었는가를 구명하
려 한다. 마지막으로 묘청 집단의 서경천도 운동과 금국정벌론은 단순
한 그들의 착상이 아니라 기층사회가 품었던 어떤 관념형태의 반영이

 2) 이병도,『高麗時代의 研究』, 을유문화사, 1948.
 3) 하현강,「高麗西京考」『韓國史論文集』(高麗篇), 역사학회편, 일조각.
 4) 하현강,「金富軾과 妙淸의 對立」『韓國史의 再照明』, 독서신문사 편, 1975.

었다는 점과 왜 그것이 하필 서경에서 일어났는가를 고찰하려 한다. 그리고 이 작업은 궁극적으로 서경이 당대 고려 사회에 작용했던 주술적 관념형태를 밝힘으로써 서경천도운동, 진재책(鎭災策), 그리고 대외관계라는 일련의 역사적 사실에 대해 해석을 하려고 한다. 이것은 이른바 묘청 반란의 성격을 종합적으로 검토하는 일환이되겠다.

I. 고려시기의 재이관(災異觀)

고려시대의 재이기록들을 집대성한 것은 『고려사』의 천문지(天文志)・오행지(五行志)이다. 또한 그 분량도 예지(禮志)・악지(樂志)의 다음으로 다른 어떤 지(志)에 비하여 많다.5) 여기서는 천문지・오행지에 수록된 천변지이(天變地異)를 분석하여 그 논리적 구조와 의미를 해석하겠다. 그리고 이 작업은 묘청 반란에서 재이의 기능을 구체적으로 파악하는 데에 있어서 선행조건이 될 것이다.

고려시대 사람에게 재이(災異)6)는 어떤 정상성(正常性)에서 이탈한 사건과 현상을 의미했다. 『고려사』 천문・오행지에는 다음과 같은 이상한 현상들이 보인다.

---

5) 『고려사』, 아세아문화사(1972)에 의거하면, 예지(禮志)・악지(樂志) 484쪽, 천문・오행지 300쪽이다. 천문・오행지는 분량 면에서 예지・악지에 이어 제2위이다.
6) 재이(災異)의 어원은 한대(漢代)에 동중서(董仲舒)가 "그 대략을 말하자면 천지만물에서 정상(正常)이 아닌 이상한 자를 이(異)라 하고 그 작은 자를 재(災)라 한다. 재(災)가 먼저 이르고 이(異)가 이에 따라 나타난다. 災란 것은 하늘의 견책(譴責)이며 이(異)란 것은 하늘의 위엄이다. 견책하는 데도 이를 모르면 위엄을 가지고 이를 두렵게 한다."라고 한다[『춘추번로(春秋繁露)』 권13, 필인차지(必仁且智): 其大略之類 天地之物 有不常之變者謂之異 小者謂之災 災常先至異而乃隨之 災者天之譴也 異者天之威也 譴之而不知 乃畏而威].

(가) 현종 3년 4월: 서리가 내렸다. 4년 4월 병자(丙子)에 서리가 내려
풀을 죽였다. 18년 4월 갑술(甲戌)에 서리가 내렸다. 5월에 공주(公
州)에 서리가 내려 싹을 죽였다. 22년 4월 정해(丁亥)에 서리가 내
렸다.[7]

(나) 인종 2년 9월 갑오: 태백(太白)이 낮에 나타나 경천(經天)하였다.[8]

(다) 인종 21년 3월 병신: 크게 눈비가 내리니 얼어 죽은 사람이 있었다.[9]

(가)의 서리, (나)의 태백성, (다)의 비와 눈 등은 그 자체로서 재이가
된 것이 아니라, 제때가 아닌 때에 발생했기 때문에 그런 것이다. (가)
에서 4월에 서리가 내리고, (나)에서 태백성이 낮에 출현했다. (다)에
서 우설이 봄철인 3월에 와서 얼어 죽은 사람까지 나왔다. 고려 당대인
에게는 시간과 계절에 어긋나게 발생하는 자연현상이 재이로 규정되고
있다. 환언하면, 이는 어떤 현상이 제시간을 벗어난 경우였다.

또 다른 종류의 재이 기사들이 『고려사』 천문지·오행지에 수록되어
있다.

(가) 인종 2년 8월 병오: 유성(流星)이 문창성(文昌星)에서 나와 북두(北
斗)로 들어갔다. 4년 3월 병자: 4년 3월 병자: 4년 3월 병자(丙子)에
달이 헌원대성(軒轅大星)을 범하고 또 세성(歲星)을 범(犯)하였으
며 무인(戊寅)에 대미(大微)로 들어가 내제후성(內諸侯星)을 범
(犯)하였다.[10]

---

7) 『고려사』, 지7 오행 水, 현종 3년 4월: 霜 四年四月丙子 隕霜殺草 十八年四月甲
戌 隕霜 五月 公州 隕霜殺苗 二十二年四月丁亥 霜.
8) 『고려사』, 지1 천문 성변(星變), 인종 2년 9월 갑오: 太白 晝見經天.
9) 『고려사』, 지7 오행 水, 인종 21년 3월 병신: 大雨雪 人有凍斃者.
10) 『고려사』, 지1 천문 성변(星變), 인종 2년 8월 병오: 流星 出文昌 入北斗 月犯軒

(나) 인종 6년 7월 을유: 야학(野鶴) 수천(數千) 마리가 동쪽으로부터 와
서 성시(城市) 궁금(宮禁)에 반비(盤飛)하였다.[11]

(다) 인종 7년 10월 병술: 7년 10월 병술(丙戌)에 여우가 도성청(都省廳)
및 대창(大倉) 북원(北垣)에서 울었다. 11년 5월 병인(丙寅): 노루
가 병부(兵部) 앞길에 들어왔다.[12]

(가)에서 유성이 북두성에 들어갔거나 달이 헌원대성을 침범했다.
(나)에서 산림에나 들판에 있어야 할 야학(野鶴)이 인간의 집주지인 성
시(城市)나 나라의 중심 건조물 궁궐 위를 날아다녔다. (다)에서 들판
에 서식하는 여우나 노루가 국가 기관의 중심인 도성청(都省廳)에서
울거나 병부(兵部)에 들어왔다. 오행지에서는 이런 현상을 재이로 여
겨 기록하고 있다. 이 배후에 있는 사유방식은 인간 거주지와 야생물
(野生物) 서식지와는 서로 대립된 영역으로 유별화(類別化)되어 상호
침범해서는 안 된다는 것이다. 그리고 이런 사고는 단지 동물과 인간의
영역뿐만 아니라 천상의 성좌들에게도 적용되고 있었다. 결국 자연만
물과 현상들은 자기의 고유한 공간이 있으며, 이를 이탈한 경우에 이를
재이로 파악하고 있었다.
또한 고려 당대인은 어떤 종(種)이 그 자체 변화를 일으켜 다른 종으
로 바뀌는 변종(變種)을 특히 혐오한 것 같다. 『고려사』 오행지에 다음
과 같은 기사들이 있다.

  轅大星 又犯歲星 戊寅 入大微 犯內諸侯.
11) 『고려사』, 지7 오행 火, 인종 6년 7월 을유: 野鶴數千 自東來 盤飛於城市宮禁.
12) 『고려사』, 지8 오행 金, 인종 7년 10월 병술: 狐鳴都省廳 及大倉北垣 十一年五月
  丙寅 獐入兵部前路.

(가) 태조 15년 4월: 서경(西京) 백성 장견(張堅) 가(家)에서 암탉이 변화(變化)하여 수탉이 되었는데 석 달 만에 죽었다.[13]

(나) 예종 6년 6월: 중서성(中書省)의 앵두가 열매를 맺었는데 살구만 하고 속은 비었으며 씨가 없었다.[14]

(다) 명종 14년 6월 계유: 서부(西部) 향천방(香川坊) 민가(民家)에 작은 참새가 새끼를 낳았는데 크기가 산작(山鵲)만 하니 점(占)에 말하기를 우충지얼(羽蟲之孽)이 그 종류(種類)가 아닌 것을 낳음은 국가(國家)에 요란(擾亂)이 있을 징조(徵兆)라고 하였다.[15]

(가)에서 수탉이 암탉으로 변종하는 종 자체의 혼란, (나)에서 앵두가 살구 만하게 크고 씨가 없는 현상, 그리고 (다)에서 작은 참새가 산 까지만 하게 큰 새끼를 낳았다. 그 당시 사람에게는 이런 종류의 이상 현상은 종 자체를 교란시키는 두려운 현상이었다 하겠다. 일반화하여 말하자면, 이런 이상물(異常物)의 출현은 자연의 삼라만상이 전체적으로 조화롭고 질서 있는 세계구성을 파괴하는 두려운 현상으로 고려인에게는 비춰졌던 것 같다. 그래서 (다)에서 작은 참새가 재이의 원인이 된 것을 그 종류가 아닌 것을 낳았기 때문이라 하며 이를 국가가 혼란될 징조로까지 확대 해석하고 있다.

상술한 재이기록을 통하여 고려시대 사람들의 재이관을 대략 다음과 같이 추정할 수 있다. 즉 자연계에는 어떤 안정되고 조화된 질서가 있는데, 이 질서는 각기 본연의 위치에 있는 자연·사회의 실재(實在)들

---

13) 『고려사』, 지8 오행 木, 태조 15년 4월: 西京民張堅家 雌雞化爲雄 三月而死.
14) 『고려사』, 지8 오행 木, 예종 6년 6월: 中書省櫻桃 結子 大如杏子 而中空無核.
15) 앞의 책, 지7 오행 火, 명종 14년 6월 계유: 西部香川坊民家 有小雀生雛 大如山鵲 占日 羽蟲之孽 生非其類 國家擾亂之兆.

로 구성되어 있다고 생각되었다. 그런데 실재들이 제자리를 벗어났을 경우, 재이로 여겼다. 왜냐하면 실재들의 교란은 곧 질서 있는 세계상의 파멸을 의미했기 때문이다. 결국 고려인에게 재이란 사물들을 범주화(範疇化)[16]하여 질서 있는 세계상을 얻기 위한 하나의 분류도식이었다고 할 수 있다.

그리고 이러한 자연관은 재이설의 핵심인 천인감응설(天人感應說)[17]에 의해 자연계의 변이(變異)를 인간사회(이후 사회로 약칭)의 그것과 동일시하였다. 그러나 여기서 유의해야 할 점은 상술한 세계 범주화를 위한 재이설의 논리적 구조를 무시하고, 현대의 막연한 기능위주의 사고방식으로써 재이 현상에다 어떤 정치적 사건과 일대일의 대응관계를 시도하는 것이다.[18] 그러나 이런 결과는 대부분 실패하거나, 성공했더

---

16) 여기서 범주(範疇)라는 용어는 어떤 철학적 의미가 포함된 것이 아니라, 논리학에서 몇 개의 가장 일반적·고차적 유형의 사고형식이나 존재를 가리키는 데 사용하였다. 또는 어떤 범주에 속해 있는 형식이나 존재를 다른 범주에 속해 있는 진술로 대치할 경우 무의미한 주장이 나올 수밖에 없다는 구분을 가리킬 때 사용한다. 참고: *Encyclopaedia Britannica*(Online Edition), Category Article.

17) 중국 고대의 철학용어. 천인감응 사상은 중국선진철학에 유래했으며 전한(前漢)시대 동중서가 발전시킨 일종의 신비주의학설이다. 동중서는 天과 人이 동류(同類)로서 서로 소통하고 감응한다고 생각하였다. 天 역시 인사(人事)에 관여하고 人 역시 天에 감응할 수 있다. 동중서는 天을 최고의 인격신으로 파악하고 天子가 천의(天意)에 어긋나게 불인(不仁)과 불의(不義)를 행한다면 天은 재이(災異)를 보내어 견책하며 경고할 것이다. 만일 정치가 잘 행해지고 사람이 화합한다면 天은 상서(祥瑞)를 내려 보내서 격려할 것이다. 천인감응 사상은 한대에 지배적 지위를 얻어서 참위설(讖緯說)의 기초를 형성하였다. 동중서 이전에는 '천인상분(天人相分)', '천인상응(天人相應)'으로도 불렸다. 참조: (온라인) 百度百科(http://baike.baidu.com/), 천인감응 조

18) 이희덕의 여러 논문들: 「고려시대의 천문관과 유교주의 정치이념」『한국사연구』17, 1977; 「고려시대 五行說에 대한 연구」『역사학보』79, 1978; 「고려초기의 자연관과 유교정치사상」『역사학보』94·95합집, 1982 등에서 재이와 정치사건을 연결하려는 시도가 세밀하게 시도되고 있다.

라도 막연한 추정의 범위를 벗어나지 못하고 있다. 그러나 재이 현상의
관찰과 보고가 당대의 정치와 사회의 전반적인 상황과 관계가 없다는
것은 아니다. 즉, 국왕이나 신하들이 자신들의 이해관계의 입장에서 재
이발생을 주목하고 이를 적절하게 해석함으로써 정쟁의 사상적 도구로
이용하였다고 하겠다. 그래서 특정한 재이현상을 특정한 정치사건과 일
대일 대응시키는 논리는 재이 해석을 왜곡시키기 십상이다.

　만일 재이의 정치 사건들과 연계가 있었다면, 그것은 당시 군주에 대
한 관념과 결합에서였다고 하겠다. 이런 점에서 적어도 고려시대 재이
발생에 대한 책임은 국왕들에게 돌려지고 있었다. 한 사례를 보면 인종
은 빈발하는 천재지변(天災地變)에 관해 다음과 같이 조서를 내리고
있다.

　　명인전(明仁殿)에 거동하여 제(制)를 내려 이르기를, "짐(朕)이 어려
　서 즉위하였으므로 국가의 다난(多難)함을 감당하지 못하였고, 비록 정
　사(政事)에 임(臨)하여 선치(善治)를 원하여 편안할 겨를이 없었다. 그
　러나 진실로 덕(德)으로 적의(適宜)한 바를 처리(處理)하지 못하였으므
　로 무릇 시위(施爲)하는 바가 천심(天心)에 잘 맞지 못하였다. 그러므로
　산(山)이 무너지고 물이 솟아나는 이변(異變)이 계속하여 일어나니 무
　섭고 두려운 마음이 장차 깊은 못에 떨어지는 것 같으나, 오히려 연로
　(年老) 충의(忠義)한 신하(臣下)들이 광구(匡救)하는 힘에 의지하여 옛
　과실(過失)을 고쳐버리고 정치(政治)를 일신(一新)하려 하였다. 그러나
　돌아보건대 능히 처리(處理)하지 못함으로써 일은 대소(大小)가 없이
　자칫하면 문득 국체(國體)를 해(害)하게 하는 것이 많았다.[19]

19)『고려사』, 인종 10년(1132) 11월 경진: 御明仁殿 下制曰 朕 以幼 卽位 未堪家多
　難 雖臨政而願治 不遑康寧 固無德以處宜 凡所施爲 不克當天心 是以 山崩水湧
　變異繼作 慄慄危懼 若將隕于深淵 尙賴耆舊忠義之臣 匡救之力 革去舊 一新政理
　顧以不能處置 事無大小 動輒害於國體者 多矣.

인종은 자기가 즉위한 이래로 어려운 시절을 보내는 한편 적절한 정령을 시행하지 못했다. 그래서 산이 무너지고 물이 솟아나는 이변이 계속되고 있었다. 왕 자신은 충의한 신하들에 의지하여 정치를 일신할 것을 바랐다. 여기서 국왕은 자연과 사회의 질서를 상징하고 양자 간의 평형을 유지시킬 기능을 가진 존재로 생각하고 있었다. 만일 왕이 이런 역할을 적절히 수행하지 않았을 때 재이가 발생하고, 이것은 군왕의 존재의의를 위협한다는 사고방식이었다. 이는 최종적으로 왕의 구현하고 있는 왕조 역수(曆數)하고 관계가 있었다.

이런 관점에서 『고려사』에 보이는 다음과 같은 일견 무의미하고 단조로운 재이 기사들도 고려 국왕들에게 매우 중대한 의미를 띠게 된다.

> (가) 정종 원년 8월 신미: 경성(京城)에 지진(地震)하였는데 소리가 우레 같았다.[20]

> (나) 인종 6년 9월 병오: 크게 바람이 불고 천둥치며 우박이 내렸고 붉은 기운이 건방(乾方)으로부터 자미성(紫微星)을 따라 간방(艮方: 동북쪽)에 들어갔다. 또 검은 기운이 남북(南北)에서 서로 충돌했다.[21]

> (다) 의종 2년 6월 정유: 밤에 큰비가 내리고 영통사(靈通寺) 산(山)에서 물이 솟아나 사람이 많이 표몰(漂沒)되었다. 또 송악(松嶽)의 제산(諸山)에서 큰물이 쏟아져 나와 토석(土石)이 허물어 졌다.[22]

위에서 (가)의 지진, (나)의 큰 바람, 우박, 붉은 기운, (다)의 큰 물,

---

20) 『고려사』, 지9 오행 土, 정종 원년 8월 신미: 京城地震 聲如雷.
21) 『고려사』, 지9 오행 土, 인종 6년 9월 병오: 大風雷雨雹 赤氣 自乾方 從紫微 入艮方 又黑氣 南北相衝.
22) 『고려사』, 지7 오행 水, 의종 2년 6월 정유: 夜 大雨 靈通寺山水湧出 人多漂沒 又松嶽諸山 大水暴出 土石崩毁.

물의 솟아남, 토석 붕괴 등의 자연 이변은 그 배후에 왕조질서의 동요
와 파탄, 즉 왕조 운수가 다하여 간다는 관념이 잠재해 있기에 국왕들
에게 매우 중요하게 생각되고 있었다. 이런 재이에 관념적 심각성이 조
선 초에 『고려사』 편찬 과정 중 330회에 달하는 벼락 기사와 더불어
재이들은 모두 기록한다는 '재이개서(災異皆書)' 여부 문제를 둘러싼
논쟁23)을 일으킨 사상적 배경이 되었다 하겠다.

　그러므로 『고려사』 오행지·천문지에서 월오성릉범(月五星凌犯)과
유성(流星) 현상을 제외하고도 1188회(고려전기에 한함)를 초과한 재
이 수록은 왕권의 이데올로기적 권위라는 측면에서 고찰되어야 한다.
그중 몇 개의 예를 들면 다음과 같다.

> (가) 태조 15년 5월 갑신: 군신(君臣)에게 유시(諭示)하기를, "근자에 서
> 경(西京)을 완전히 보수하고 민호(民戶)를 옮겨 이곳을 채운 것은
> 지방(地方)에 의지하여 삼한(三韓)을 평정하고 장차 여기에 도읍
> (都邑)하기를 바랐던 바인데 요즈음 민가의 암탉이 수탉으로 변하
> 고 큰 바람이 불어 관사(官舍)가 무너지니 도대체 어찌하여 재난이
> 이렇게까지 일어난단 말인가. […]
> 지금 사방에서 노역이 쉴 새 없고 공비(供費)가 이미 많은 데도 공
> 부(貢賦)를 덜어 주지 않으니 이로 말미암아 하늘의 견책을 불러오
> 지 않았는가. 적이 두려워하여 이른 아침부터 늦은 밤 까지 근심스
> 럽고 두려워서 감히 마음 편할 겨를이 없다. 군국(軍國)의 공부(貢
> 賦)는 면제하기 어려우나 오히려 신하들이 공명정대한 길을 행하
> 지 아니하여 백성들로 하여금 원망하고 한탄하게 하며 혹은 분수
> 아닌 생각을 품음으로써 이런 재난과 기이한 징조를 불러오게 된
> 것인가 염려되는 바이니 각자가 마땅히 마음을 고쳐서 화(禍)가 미
> 치지 않게 할 지어다."고 하였다.24)

---

23) 변태섭, 「『고려사』의 내용분석」 『『고려사』의 연구』, 1982, 72쪽.

(나) 혜종 2년: 대광 왕규(王規)의 딸이 태조의 열여섯째 비가 되어 아들 하나를 낳으니 광주원군(廣州院君)이다. 어느 날 왕규가 왕의 아우 인 요(堯)와 소(昭)가 반역하려는 의도가 있다고 참소하였으나, 왕 은 그것이 무고임을 알아 그들을 더욱 두터운 은혜로 대우하였다. 이때에 이르러 사천공봉(司天供奉) 최지몽(崔知夢)이 아뢰기를, "유 성(流星)이 자미성(紫微星)을 범했으니 나라에 반드시 역적이 있을 것입니다." 하였다. 왕은 왕규가 요(堯)와 소(昭)를 해치려는 징험 인 줄 짐작했으나, 역시 왕규를 죄주지는 않고 이내 맏공주를 소 (昭)의 아내로 삼아 그 세력을 강성하게 하였다. 공주는 어머니의 성을 따라 황보씨(皇甫氏)라 하였다. 이후에 동성(同姓)에게 시집 간 여자는 모두 숨기고 외가의 성을 썼다.[25]

(다) 경종 5년: 이해에 최지몽(崔知夢)을 대광내의령동래군후식읍일천 호주국(大匡內議令東萊郡侯食邑一千戶柱國)으로 삼았다. 어느 날 지몽이 왕에게 아뢰기를, "객성(客星)이 제좌성(帝座星)을 범했으 니, 왕께서는 숙위를 거듭 경계하시어 뜻밖의 변고에 대비하소서." 하였다. 얼마 안 가서 왕승(王承) 등이 반역을 도모하다가 일이 발 각되어 처형을 받았다. 지몽에게 어의(御衣)와 금띠[금대(金帶)]를 내려주었다.[26]

---

24) 『고려사』, 15년(932) 5월 갑신: 諭群臣曰 頃 完葺西京 徙民實之 冀憑地力 平定 三韓 將都於此 今者 民家雌 化爲雄 大風 官舍頹壞 夫何災變 至此 […] 今四方 勞役不息 供費旣多 貢賦未省 竊恐緣此 以致天譴 夙夜憂懼 不敢遑寧 軍國貢賦 難 以免 尙慮群臣 不行公道 使民怨咨 或懷非分之心 致此變異 各宜悚心 毋及於禍.
25) 『고려사절요』, 혜종(945) 2년: 大匡王規女 爲太祖第十六妃 生一子 曰廣州院君 一日 規 譖王弟堯及昭 有異圖 王 知其誣 恩遇愈篤 至是 司天供奉崔知夢 奏 流 星犯紫微 國必有賊 王 意規謀害堯昭之應 亦不罪規 乃以長公主妻昭 用强其勢 公主 從母姓 稱皇甫氏 後凡取同姓者 皆諱稱外家之姓.
26) 『고려사절요』, 경종 5년(986): 是歲 以崔知夢 爲大匡 內議令 東萊郡侯 食邑一千 戶柱國 一日 知夢奏曰 客星犯帝座 願王 申戒宿衛 以備不虞 未幾 王承等 謀逆 事覺伏誅 賜知夢 御衣金帶.

(가)에서 태조는 서경에서 발생한 '계화(鷄禍)'라는 재이를 계기로 신하들이 공도(公道)를 지키고 분수 아닌 생각을 품지 말라고 분부하고 있었다. (나)에서 천문을 맡은 사천공봉 최지몽이 유성이 자미성을 범하는 것을 보고 왕규의 역모를 미리 알고 혜종에게 경고했다 하며, (다)에서 역시 최지몽이 객성(客星)이 제좌(帝座)를 범하는 것을 보고 왕승의 반역을 경종에게 예고하였다. 이런 사실로부터 재이 발생이 왕권의 관념적 권위를 심히 손상시키는 현상으로 생각되고 있었음을 알 수 있다.

그런데 앞서 재이설의 핵심을 천인감응설이라 하였는데, 여기서 그 내용을 좀 더 살피고 난 다음에 고려사회에서 재이설의 일반적 영향을 고찰하겠다.

하늘과 사람이 합일체임을 밝히는 유교적 개념. 중국 하(夏)·상(商)·서주(西周) 시대에는 하늘이 자연과 사회를 주재하는 최고의 신(神)이라고 생각했다. 이러한 천명론(天命論)은 춘추시대에 들어와 동요하기 시작해 춘추 말년에는 "천도(天道)는 멀고 인도(人道)는 가까우니 천도는 알지 못한다."라고 하여 천도와 인도를 구별하게 되었다. 공자(孔子)는 전통적 천명관을 수정하여 하늘이 인격신(人格神)이라는 생각은 부정하고 단지 천명(天命)의 작용만을 인정했다. 동시에 "하늘이 나에게 덕(德)을 주었다"라고 하여 인간이 가진 덕성을 천부적인 것으로 이해했다. 전국시대에 맹자(孟子)는 "마음을 다하는 것은 성(性)을 아는 것이며, 성을 아는 것은 하늘을 아는 것"이라고 하여 사람의 마음과 성이 하늘과 본래 일체이며, 진심(盡心)·지성(知性)이면 능히 천명을 얻는다고 했다. 맹자의 이러한 사고는 하늘이 모든 것을 포함하며 동시에 사람의 마음에 이것이 존재한다는 것으로 천인합일 사상의 명확한 표현이었다.

한(漢)나라의 동중서(董仲舒)는 이러한 천인합일 사상을 계승하여 천명론과 음양오행설(陰陽五行說)을 결합한 '천인감응(天人感應)'의 사상체계를 세웠다. 그는 "사람은 하늘에 근본 하여 만들어졌으며 하늘은 사람의 증조부(曾祖父)"라고 하며 하늘이 최고의 신이며 인간은 하늘이 창조했다고 보았다. 이에 따라 인간의 일체 행위가 천의(天意)에 부합하는 것으로 인정했다. 이와 함께 하늘과 사람 사이에는 상호 감응이 작용해서, 양자가 합해져 하나가 된다고 설명했다. 송대에 들어 성리학자(性理學者)들은 이(理)·성(性)·명(命) 등의 개념을 가지고 천인합일을 논증하고자 했다. 이 가운데 정이(程)는 "하늘과 사람이 본래 둘이 아니므로 합(合)을 이야기할 필요가 없다"라고 했고, 주희도 "하늘과 사람은 일물(一物)인데, 내외(內外)가 일리(一理)로 유통 관철하므로 간격이 없다"고 설명했다. 천인합일은 천인관계를 파악하는 유교의 기본관점으로서 중국을 비롯한 동양 전통사상의 중요한 구성요소였다.[27]

원래 천인감응설은 천인합일설(天人合一說)에서 출발하여 천명론(天命論)과 음양오행설(陰陽五行說)을 결합하여 이루어진 사상체계이다. 그래서 재이론은 천인감응설을 그 핵심 내용으로 하는 유학사상의 형이상학 부분이었다고 하겠다. 이에 대해서는 제3장에서 다시 언급하겠다.

다시 본론으로 돌아와서, 숙종 때에 송충이 심하게 발생하자 태사는 왕에게 다음과 같이 아뢰고 있다.

숙종 5년 5월: 충(蟲)이 평주(平州) 관내 백주(白州) 토산(兎山)의 소나무를 먹었다. 6년 4월에 충(蟲)이 수압산(首押山) 소나무를 먹었다. 신축(辛丑)에 태사(太史)가 아뢰기를, "충(蟲)이 소나무를 먹는 것은 이는 병란(兵亂)의 조(兆)이니 마땅히 관정(灌頂) 문두루(文豆婁) 보성등(寶星等) 도량(道場)과 노군부법(老君符法)을 행하여 써 이를 가시소서."

---

27) 『브리태니커 백과사전』 CD, 천인합일(天人合一) 조.

한대 이를 청종(聽從)하고 병인(丙寅)에 드디어 승도(僧徒)를 수압산 (首押山)에 모아서 이를 가시었다. 병술(丙戌)에 동북 주진(州鎭)에 명 (命)하여 신중도량(神衆道場)을 설(設)해 송충(松蟲)을 가시게 하였다.

7년 4월에 충(蟲)이 소나무를 먹었다. 신해(辛亥)에 승(僧)에게 명(命) 하여 화엄경(華嚴經)을 5일 동안 강(講)하여 이를 가셨다. 5월 계유(癸 酉)에 친히 군신(君臣)을 거느리고 금중(禁中)에서 상제(上帝) 5제(帝) 에게 초제(醮祭)를 지내고 태조(太祖) 및 대명신야명신(大明神夜明神) 에게 배향(配享)하여 허물을 사과(謝過)하고 가시도록 빌었는데 3야 (夜)에 파(罷)하였다. 6월 병술(丙戌)에 재상(宰相)에게 명하여 오방산 (五方山) 해신군(海神君)을 3소(所)에 분사(分祀)하게 하고 또 승(僧) 2 천을 모아 사도(四道)로 나뉘어 경성(京城)의 제산(諸山)을 순행(巡行) 하며 『반야경(般若經)』을 읽어 송충(松蟲)을 가시도록 하고 드디어 군 졸(軍卒) 5백을 발(發)하여 송악(松岳)에서 충(蟲)을 잡았다.[28]

숙종 5, 6년에 송충이 발생하여 솔잎을 먹고 있었다. 태사는 이를 병 란의 징조라 하여 각종 불교 도량[29]을 행하여 이를 제거할 것을 건의 하고 왕은 이를 따르고 있었다. 그런데도 숙종 7년에 송충이 나타나자 다시 화엄경을 5일 동안 강경(講經)하고 이를 가시었다. 또한 왕은 친

---

28) 『고려사』, 지8 오행 木, 숙종 5년(1100) 5월: 蟲 食平州管內白州·兎山松 六年四 月 蟲 食首押山松 辛丑 太史奏 蟲 食松 此兵徵也 宜行灌頂·文豆婁·寶星等道 場 老君符法 以禳之 從之 丙寅 遂集僧徒于首押山 以禳之 丙戌 命東北州鎭 設神 衆道場 以禳松蟲 七年四月 蟲 食松 辛亥 命僧 講華嚴經五日 以禳之 五月癸酉 親率群臣 醮上帝五帝於禁中 配以太祖 及大明夜明 謝過祈禳 三夜而罷 六月丙戌 命宰相 分祀五方山海神君於三所 又集僧二千 分爲四道 巡行京城諸山 諷般若經 以禳松蟲 遂發卒五百 捕于松岳.

29) 홍윤식, 「각종의 도량」, 『한국사』 16, 국사편찬위원회, 1994, 174-188쪽의 여러 곳. 고려시대에 불교 행사로서 화엄경(華嚴經)·반야경(般若經)·법화(法華)·김 광명경(金光明經)·약사(藥師)·제석(帝釋)·신중(神衆)·공덕천(功德天)·소재 (消災)·문두루(文豆婁)·불정(佛頂)·마리지천(摩利支天)·관정(灌頂)·기우 (祈雨) 도량(道場) 등이 있었다.

히 신하를 거느리고 초제(醮祭)[30]를 지내고 태조, 해, 달에게 제사지
내고, 그 후에도 오방산·해신군을 3소에 분사(分祀)하고 승려 2천을
모아서 경성의 여러 산들을 순행하며 반야경을 읽어 송충을 가시었다.
그래도 안 듣자 드디어 병졸 5백을 발하여 송악의 송충을 잡는 현실적
인 조치를 취하고 있었다.

위에 보듯이 송충 소동이 계속되자 이번에는 신하들이 송충번식을
자기들이 왕을 잘 보좌하지 못한 탓에 일어난 재변(災變)이라고 상주
하여 자책하고 있다.

> 숙종 6년 4월 을사: 군신(群臣)이 상언(上言)하기를, "송충(松)이 번식
> 하여 압양(壓禳)하여도 효험이 없습니다. 신(臣) 등이 삼가 살피옵건대
> 경방역(京房易)의 비후조(飛候條)에 이르기를, '식록(食祿)하는 자가 임
> 금의 치화(治化)를 보익(輔益)하지 못하면 하늘이 이에 충재(虫灾)를
> 나타낸다.'고 하였습니다. 신(臣) 등이 무상(無狀)하여 성상(聖上)께 근
> 심을 끼쳤사오니 원컨대 현자(賢者)를 등용하고 불초자(不肖者)를 물리
> 쳐 천견(天譴)에 답하시옵소서."라고 하였으나 회보(回報)하지 아니하
> 였다. 용왕도량(龍王道場)을 임해원(臨海院)에 설(設)하여 기우(祈雨)
> 하였다.[31]

신하들은 송충이 번식하는 것을 자기들이 마치 송충이 솔잎을 먹듯
임금의 치화(治化)에 도움이 되지 못해 이런 재해가 일어났다고 자책

---

30) 양은용, 「도교사상」, 『한국사』 16, 국사편찬위원회, 1994, 286-291쪽의 여러 곳.
   고려 도교의 특징은 과의도교(科儀道敎)로 성격 지워진다. 도교의례는 흔히 재초,
   혹은 초(醮)·초제(醮祭)·초례(醮禮)·제초(祭醮) 등으로 칭해진다.
31) 『고려사』, 숙종 6년 4월 을사: 群臣上言 松蕃殖 壓禳無效 臣等謹按 京房易飛候
   云 食祿不益聖化 天示之虫灾 臣等無狀 以貽上憂 願進賢退不肖 以答天譴 不報
   設龍王道場于臨海院 祈雨.

하고 있었다. 이에 대해 숙종은 이런 충재(虫災)는 다른 것이 잘못되어 일어났다 하는 다음과 같은 조서를 내렸다.

> 숙종 7년 6월 을해: 조(詔)하기를, "송충(松)이 태안(泰安) 2년 병인(丙寅)에 비로소 서산(西山)에서 발생하여 백주(白州)와 토산(兎山)에 번지고 근래에 더욱 성(盛)하니 이는 반드시 형정(刑政)이 잘못된 까닭이라 자나 깨나 근신하고 송구(悚懼)하여 군신(君臣)과 더불어 허물을 끌어 자신을 꾸짖고 5월 계유(癸酉)로부터 을해(乙亥)에 이르기까지 하늘에 초제(醮祭)하여 고사(告謝)하고 형(刑)을 너그럽게 하며 죄(罪)를 용서함으로써 천견(天譴)에 상답(上答)하고자 하노라. 금일 이전의 내외의 공도사장(公徒私杖) 이하의 잡죄(雜罪)를 방면(放免)하노니 추밀원(樞密院)으로 하여금 시행케 하라."고 하였다.[32]

숙종은 송충이 성한 것은 형정(刑政)이 잘못된 까닭이라 하여 자기 자신의 허물을 꾸짖음과 동시에 하늘에 초제를 지내고 형벌을 너그럽게 하며 죄를 용서하는 관형(寬刑) 조치를 취하고 있었다.

여기서 고려 당대인은 송충 발생 원인에 관해 다양한 해석을 내리고 있음에 주목된다. 태사(太史)[33]는 이를 병징(兵徵)으로, 신하들은 자기들이 임금의 교화, 즉 '성화(聖化)'에 무익한 존재였기 때문이라 하

---

32) 『고려사』, 숙종 7년(1102) 6월 정해: 詔曰 松 於泰安二年丙寅 始出西山 延及白州 · 兎山 而近來尤盛 此必刑政乖戾所致 夙夜祗懼 乃與群臣 引咎責己 自五月癸酉 至乙亥 醮天告謝 庶以寬刑宥罪 上答天譴 放今日以前 內外公徒私杖以下雜罪 其令樞密院 施行.

33) 최창조, 「풍수지리 · 도참사상」『한국사』16, 국사편찬위원회, 321-322쪽. 고려시대에는 초기부터 태복감(太卜監)과 태사국(太史局)이라는 천문(天文)과 점복(占卜)을 담당하는 두 개의 관청이 있었다. 이후 그 명칭이 바꿔져서 사천대(司天臺)(현종 14년), 관후서(觀候署)(충렬왕 원년), 서운관(書雲觀)(충렬왕 34년)이라고 불렸다. 이 관청은 고려 초에는 천문(天文) · 역수(曆數) · 측후(測候) · 각루(刻漏) · 점복(占卜)을 맡았다.

며, 왕은 형정이 정상에서 어긋났다는 '형정괴려(刑政乖戾)'의 소치라
고 자책(自責)하고 있었다. 그런데 태사의 해석인 전쟁 징조라는 것은
당시 점증해 가는 동북면 여진족의 위협[34]을 반영하는 것이며, 신하들
의 자책은 이런 이민족 침입에 대한 문신들로서 무능함의 고백일 수도
있다. 그러나 이런 해석으로는 왕이 송충번식과 형정 오류를 연결시킨
데에 관한 역사적 배경을 찾을 수 없다. 그리고 신하들이 건의한 내용,
즉 현인을 등용하고 못난 자를 물리치라는 '진현퇴불초(進賢退不肖)'
라는 말을 반드시 문벌귀족의 억압을 의미했다고 확대 해석할 수 없다.

　결국 이런 사료들의 정당한 해석은 재이설의 논리 구조 자체에서 찾
아져야 한다. 즉 외적이 국토를 잠식한다든지 신하가 무익하게 '식록
(食祿)'하는 것은 마치 송충이 솔잎을 갉아먹는 일과 형상의 유사성을
띠었다고 할 수 있었다. 따라서 태사와 신하들은 송충발생이란 재이를
두고 각각 병징과 성화(聖化)에 무익한 존재로 형상화하여 해석하였던

---

34) 『EncyKorea 한국한국민족문화대백과사전』, 한국정신문화원·동방미디어주식
　회사, 온라인 판(이후 『한국민족문화대백과사전』으로 약칭). 윤관 조: 그의 생애에
　서 가장 중요한 시기는 1104년(숙종 9) 2월 동북면행영도통(東北面行營都統)이
　되어 여진정벌의 임무를 맡을 때부터 1111년(예종 6) 죽을 때까지의 약 7년간이다.
　고려가 처음으로 동여진을 대규모로 정벌하기 시작한 것은 1080년(문종 34)이었
　다. 이 때 여진의 세력을 크게 꺾었다. 그러나 새로 일어나는 동여진 완안부족(完
　顔部族)은 부족장 영가(盈歌) 때 더욱 성장해, 1103년(숙종 8) 우야소(烏雅束)가
　그 뒤를 이었을 때에는 그 세력이 함흥부근까지 미쳤다. 이리하여 고려군과 우야
　소의 여진군은 충돌 직전에 들어갔으며 이듬해 완안부의 기병이 정주관(定州關)
　밖에 쳐들어오게 되었다. 숙종은 무력으로 여진 정벌을 결심하고 문하시랑평장사
　임간(林幹)에게 평정하게 했으나 여진군에게 크게 패하였다. 이 때 윤관은 왕명을
　받고 여진에 대한 북벌의 길에 오르게 되었다. 이 해 2월 21일 당시 추밀원사로
　있던 그는 동북면행영병마도통이 되어 3월에 여진과 싸웠다. 그러나 여진의 강한
　기병에 부딪혀 그 태반이 죽고 적진에 함몰되는 패전을 당하였다. […] 1107년(예
　종 2) 여진족의 동태가 심상치 않다는 변장(邊將)의 보고를 접하자 원수가 되어
　부원수인 지추밀원사 오연총(吳延寵)과 17만 대군을 이끌고 정주로 출발하였다.

것이다. 그리고 왕의 형정(刑政)에 대한 자책은 천인감응설의 매개가 되는 기(氣)[35] 문제 때문이었다고 하겠다. 형정의 잘못은 사기(邪氣)를 불러 모이게 함으로써 송충 발생의 재이를 불러 일으켰다는 사고방식에서 비롯되었다 하겠다.

상술한 사실들로부터 알 수 있는 것은 재이설이 자연과 사회의 대응관계에서 사회구성 요소가 자기 범주를 이탈함으로써 야기되는 왕조질서의 안정과 균형의 상실을 미연에 방지하기 위하여 그때그때 적절하게 이용된 일종의 사회에 대한 자동조절 장치처럼 기능하였다는 것이다. 그런데 천인감응설에서 자연과 사회의 대응 관계는 형상의 유사성에 있었고, 양자 간의 내용과는 아무 관계가 없었다는 점에 유의된다.

또한 송충의 구제책(驅除策)으로 군주의 유교적 자성(自省), 불교적 관정·문두루·보성 등의 각종 도량, 화엄경 강경(講經) 등, 그리고 노군부법·초제(醮祭) 등의 도교적 의식(儀式), 오방산·해신군·일월의 토속적 숭배, 그리고 태조 경배(敬拜) 등이라는 온갖 잡다한 방법들이 다 동원되고 있었다. 즉 초자연적 힘을 소유한 것이라고 생각된 모든 것들에 의존하여 송충 구제이라는 매우 현세적 목적을 달성하려 하고 있었다. 여기서 이런 현상에 주목하여 주술이라는 것을 현세적 차안(此岸)적 목적 또는 이익을 어떤 초자연적 영위력(靈威力)을 매개하여 해결 실현하려는 체계적 방법이라고 이해해 두겠다. 이때 주술적 관념형태가 아직도 고려사회에서 지배적이었음이 국가의 송충 구제 과정에서도 확인된다. 그리고 외래 신념체계인 유교, 도교, 불교 등도 기층사회의 지배적 관념형태인 주술과 결합하여 복합된 사고형태로서 존속하고 있었던 것이 드러난다.

---

35) 重澤俊郎, 『秦漢思想研究』, 弘文堂書房, 1943, 252-254쪽.

그리고 고려 왕실은 당시 상기한 관념형태를 이용하여 진재(鎭災)했
는데, 그 경우에 특정한 종교 의식을 일정한 천재지변에 대응시킨 것이
아니라, 그때그때 주술성에서 효과적이라고 믿어진 하나 또는 복수의
종교 의식을 거행하고 있었다. 이런 현상은 종교 교리의 내용보다는 종
교적 형식이나 의식(儀式) 자체가 교란된 자연·사회질서를 원상회복
시킬 수 있는 주술적 힘을 갖고 있다는 사유방식의 표출이었다 하겠다.

결국 상술한 여러 특징들을 갖는 고려 전기의 재이설은 앞 시대와 비
교할 때에 다음과 같은 역사적 위치에 있다고 생각된다. 신라의 중·하
대에 있어서 수상격인 중시(中侍)·시중(侍中)의 퇴임 사유로써 천재
지변 발생이 그 이유의 하나로 들고 있었다.[36] 물론 내면적 실제적 사
정의 대부분은 당시 권력투쟁에 의한 것임은 분명하다. 그러나 재이가
표면상 이유로 내세워졌다는 것 자체가 신라 사회에서 그것의 관념적
파악력이 그러한 현상을 전혀 보이지 않았던 고려사회보다도 더욱 강
력했다고 하겠다. 이것은 고려왕조에 들어와서 주술적 세계관이 앞의
시대보다는 다소 약화되었다는 점에서 일단 정신적 진보의 증거로 볼
수 있겠다.

Ⅱ. 고려국왕의 권위

1. 국왕의 생성력

이 절에서는 고려 국왕들이 당시 어떠한 성격을 가졌기에 재이를 왕
정(王政) 운영에서 심각하게 생각하게 되었는지를 살피겠다. 이는 인

---

36) 이희덕, 「三國史記에 나타난 天災地變記事의 성격」『東方學志』23·24 합집,
1980, 90~97쪽.

종의 서경천도를 시도하고 묘청이 등장하게 된 사상적 배경이 되기 때문이다. 우선 고려시기에 자연과 사회는 분리할 수 없는 거대한 하나의 유기체로 보였던 듯하다. 이는 인종의 조서에서 자연의 변이와 자신의 존재를 밀접하게 연결시켜 생각하고 있음에서도 엿볼 수 있다.

성종 때에 지기거주 이양(李陽)이 농사를 제때에 지을 것을 아뢰는 상소에 대답한 왕의 교서에 상술한 사유방식은 한층 뚜렷이 나타난다.

> (가) 성종 7년 2월 임자: 교(敎)하기를, "이양(李陽)의 말한 바는 모두 전경(典經)에 의거함이니 마땅히 받아 가납(嘉納)할만한 일이다. 토우(土牛)를 내는 일은 올해는 입춘(立春)이 이미 지났으니 내년에 가서 입춘(立春) 전에 소사(所司)가 다시 상주(上奏)하여 시행하도록 하고 종자를 바치는 일은 마땅히 예관(禮官)에게 명하여 의론하여 결정하게 할 것이며 적전(籍田)의 길일(吉日)을 정해 아뢰면 왕후(王后)가 직접 행 할 것이니 올해부터 이것을 통상적인 규례로 삼도록 하라.
>
> 정월(正月) 중기(中氣)의 초(初)를 당하였으니 공사(公私) 제사의 제물에는 암 짐승을 써서 생명을 상하게 하지 말 것이며 벌목(伐木)을 금하여 성덕(盛德)의 소재(所在)를 어기지 말 것이며 새끼와 알을 취하지 말 것이며 어린싹을 상하게 하지 말 것이며 침입해오는 적들을 막고 성벽을 쌓는 일 이외에는 대중(大衆)을 모아서 농사를 방해하지 말 것이며 축생(畜生)이나 사람이나 마른 뼈와 썩은 살이 길 위에 드러나 있거든 다 잘 묻어 주어 사기(死氣)가 생기(生氣)를 바꾸는 일이 없도록 할 것이다.
>
> 아, 하늘은 사시(四時)가 있어 봄에 양화(陽和)의 덕(德)을 펴고 군왕(君王)은 오교(五敎)를 행함에 있어 인(仁)을 예(禮)와 의(義)에 앞세우는 것이다. 마땅히 선성(先聖)의 전모(典謨)를 쫓아 써 구망(句芒)의 조화에 순응(順應)하여 끝내 나는 새와 물속의 고기도 그 천성(天性)을 다하도록 하고 풀과 나무도 은혜를 받으며 마르고

썩은 무리들까지도 다 생성(生成)의 혜택을 입게 된다면 이 아니 아름다울쏘냐.

마땅히 양경(兩京)의 백사(百司)와 12목(牧)의 지주현(知州縣) 진사(鎭使)들에게 반포(頒布)하여 모두 알도록 하고 조제(條制)를 힘써 행하여 마땅히 나의 뜻을 체득하고 널리 백성[여원(黎元)]들에게 알리고 보게 하여 이 영(令)을 어김이 없도록 하라."고 하였다.[37)]

여기서 왕은 토우를 내는 일, 종자를 바치는 일, 적전(籍田)을 시기에 맞게 시행할 것을 지시하였다. 그리고 정월 중기 초를 당했으니 제사에 암 짐승을 쓰지 말며, 벌목하거나 새끼와 알을 취하지 말 일, 그리고 대중을 모아서 농사를 방해하지 말 것 등도 역시 거론하하였다. 이런 일들은 모두가 사기(死氣)가 생기(生氣)를 바꾸기 때문이라 한다. 그래서 끝내는 나는 새와 물속의 물고기도 그 천성을 다하고, 풀과 나무도 은혜를 받으며, 마르고 썩은 무리들까지도 모두다 생성의 혜택을 입도록 하게하고 있었다.

위의 성종의 조서에 보이는 생각은 군주의 덕을 우주적 생성력으로 파악하여 사회는 물론 초목인 유기물에까지 미치며 또 이들의 생육을 그 본성으로 한다는 것이다. 이런 관점에서 국왕은 우주자연과 사회를 관통하는 질서의 연속성을 상징하였고 또한 두 체계를 통합하는 매개체 또는 연결고리(link)[38)]로 여겨졌다. 또한 왕은 계절에 맞춘 파종과

---

37) 『고려사』, 성종 7년(988) 2월 임자: 教曰 李陽所論 皆據典經 合垂兪允 其出土牛事 今年立春已過 取後年立春前 所司更奏施行 其獻種之事 宜令禮官議定 奏取籍田吉, 王后親行 始自今歲 以作通規 當正月中氣之初 若公私祭 犧牲勿用牝以傷生 禁伐木 無犯盛德所在 無無卵 勿傷萌幼 除禦寇城防要事之外 毋聚大衆 以防農 或畜或人 曝露枯骨腐肉 皆令掩埋 勿使死氣逆生氣也 於戲 天有四時 春布陽和之德 君行五教 仁爲禮義之先 宜遵先聖之典謨 用順勾芒之造化 遂使飛沈遂性 草木懷恩 至於枯朽之群 盡荷生成之惠 不亦美乎 宜頒兩京百司 及十二牧知州縣鎭使等 咸使知委 勉行條制 當體予意 普示黎元 無犯此令.

수확, 즉 자연의 순환과정에 깊이 관여하면서 모든 생명체의 생성을 주관하는 실체로서 관념되고 있었다.

제6대 성종은 상술한 것처럼 매우 유교적인 내용의 교서를 내리고 있는데, 이는 그의 숭유억불(崇儒抑佛) 정책이라는 역사적 배경을 반영한 것이었다. 그는 유학을 숭상하고 억불정책을 위해 연등회와 팔관회를 폐지하는 등, 유학 중심의 정치이념을 펴기 위해 노력하였다. 그리고 그러한 정치이념의 실현에 도움을 줄 수 있는 인재를 등용하고자 애썼다. 또한 종묘를 세우고 사직을 정했으며, 태학에 재물을 넉넉하게 하여 선비를 양성하고 복시(覆試)로써 현인을 구하였다. 그리고 수령을 독려해 백성을 구휼하고, 효도와 절의를 권장해 풍속을 아름답게 하는 등, 정치·사회·문화 전반에 걸쳐 새로운 시책을 정력적으로 편 결과 새로운 고려왕조 발전의 기틀을 마련하게 되었다.39) 성종 이후『고려사』이거나『고려사절요』에서는 유학에 입각한 조서(詔書), 제서(制書), 교지(敎旨) 등이 보이는데 이는 이후 유학의 형이상학 부분인 음

---

38) 성종의 조서에 보이는 군왕의 덕(德)에 관한 설명은 다음 책을 참조하였다. 탈코트 파슨즈(Talcott Parsons) 저·이종수 역,『사회의 유형: 進化와 比較의 관점』, 홍성사, 1978, 107-108쪽. 파라오는 매우 특수한 종류의 신이며, 신적 체제에 통합되어 있으나, 이와 동시에 발달한 원시 종교보다도 실질적으로는 신적인 것으로부터의 거리와 분화가 일층 더 큰 것이었다고 생각할 수 있다. 확실히 종교에 의해서 확인되는 중심적인 명제는 신적 질서, 인간 사회, 준(準)인간 본연(subhuman nature), 이들 삼자의 통합을 기초로 하여 생각된 사회·문화 체제의 '연속성'이었다. 왕이며 신 Horus인 파라오는 체제의 통합의 중심이었다. 신적으로나 인간적으로 그는 모든 유의미한 현상에 있어서의 연속성의 하나의 중요한 유대(link)였다. […] 이렇게 하여, 그의 인간성은 동물 생활의 일반적인 생식(生殖)질서와 관련되어 있었다. 동시에 그는 자연의 순환 과정, 즉 계절, 곡물의 파종과 수확, 그리고 나일 강의 해마다의 홍수에 깊이 관련되어 있었다. 더욱이 왕제(王制)는 살아 있는 파라오를 그의 선조와 후계자에게 관련시키는 다세대적(多世代的)(multi-genera-tion) 제도였다.

39)『한국민족문화대백과사전』, 성종(成宗) 조.

양오행설과 재이설을 빌어서 왕권의 강화와 신비화가 시작되었음을 알
려주는 사실이라 하겠다.

위의 성종의 경우와 비슷한 사례를 하나 더 들어보면, 예종도 그 조
서에서 재이 발생에 관해 다음과 같은 말을 하고 있다.

> (나) 예종 5년 6월 병자: 조(詔)하기를, "짐(朕)이 망령되게 부족한 몸으
> 로 삼국(三國)을 이어 통어(統御)하게 되니, 만기(萬機)가 너무 광
> 범위하여 잘 보고 듣지 못한다. 형정(刑政)이 맞지[中] 아니하고,
> 절후(節候)가 고르지 못하여 3-4년간 전곡(田穀)이 흉황(凶荒)하
> 고, 인민(人民)이 기병(飢病)되므로 자나 깨나 근심함이 아직 일찍
> 이 잠시라도 그치지 못하였다. 하물며 또 천상(天象)의 변괴(變怪)
> 가 나타나지 않은 날이 없어 여름철 이래로 처풍(凄風)과 우박(雨
> 雹)까지 있었다. 이것은 나의 박덕(薄德)한 까닭인지라 두려움이
> 더욱 깊도다. 그러므로 은혜(恩惠)를 추급(推及)하게 하여 위로 하
> 늘의 견책(譴責)에 대답(對答)하고, 아래로 민심(民心)을 위로(慰
> 勞)하여 화(和)한 기운(氣運)을 불러 모아 평안(平安)으로 보답하
> 고자 하노라.
> 이 조서(詔書) 내리기 이전부터 무릇 옥수(獄囚)에 있어 유죄(流
> 罪) 이하를 범한 자는 모두 제면(除免)하고, 2죄(二罪)[참죄(斬罪)
> 와 교죄(絞罪)] 이상은 형(刑)을 제감(除減)하여 부처(付處)[중도부
> 처(中途付處)])하고, 앞서 죄(罪)에 걸려 귀양 간 자는 다 근지(近
> 地)에 옮겨[양이(量移)] 서용(敍用)에까지 이르게 하고, 혹은 범죄
> (犯罪)한 바 있어 부모 부모처자(父母妻子)가 각처에 나누어 거주
> 하는 자는 온전하게 한 곳에 모여 살게 하라."고 하였다.[40]

---

40) 『고려사』, 예종 5년(1110) 6월 병자: 詔曰 朕 謬以眇躬 紹御三韓 萬機至廣 不能
　　視聽 刑政不中 節候不調 三四年間 田穀凶荒 人民飢病 宵憂勞 未嘗暫已 又乾文
　　變 無日不見 夏月以, 凄風雨雹 此乃德所致 恐懼增深 意欲推恩 上答天譴 下慰民
　　心 召集和氣 以報平安 自宣旨前 凡在獄囚・犯流以下 除免之 二罪以上 除刑付
　　處 曾坐罪流謫者 皆量移 以至敍用 或有所犯 父母妻子分居各處者 完聚一處.

예종이 만기를 친히 살피지 못해 형정이 맞지 않고, 절후가 순조롭지 못하고 흉년이 들고 천문 변괴가 일어났다하여 자책하고 있었다. 그래서 은혜를 추급함으로써 하늘의 견책에 대답하고 아래로 민심을 위로하여 화기를 불러 모아 재이를 없애겠다고 하였다. 그 방법으로써 특히 형벌의 감면을 들고 있다. 이렇게 국왕이 나라를 잘못 다스려 재이가 일어났다는 생각은 다음 인종의 교서에서도 보인다.

> (다) 인종 10년 11월 경진: 명인전(明仁殿)에 거동하여 제(制)를 내려 이르기를, "짐(朕)이 어려서 즉위하였으므로 국가의 다난(多難)함을 감당하지 못하였고, 비록 정사(政事)에 임(臨)하여 선치(善治)를 원하여 편안할 겨를이 없었다. 그러나 진실로 덕(德)으로 적의(適宜)한 바를 처리(處理)하지 못하였으므로 무릇 시위(施爲)하는 바가 천심(天心)에 잘 맞지 못하였다. 그러므로 산(山)이 무너지고 물이 솟는 이변(異變)이 계속하여 일어나니 무섭고 두려운 마음이 장차 깊은 못에 떨어지는 것 같으나, 오히려 연로(年老) 충의(忠義)한 신하(臣下)들이 광구(匡救)하는 힘에 의지하여 옛 과실(過失)을 고쳐버리고 정치(政治)를 일신(一新)하려 하였다.[41]

인종은 산이 무너지고 물이 솟아나는 재이가 계속되자 두려워서 심연에 빠지는 듯했다 한다. 이것은 왕이 어려서 즉위하여 덕이 없고 정치를 잘하지 못했기 때문이라고 반성하고 있었다. 여기서 사회와 자연은 하나의 전체로서 서로 신비적으로 감응하는 유기체로 간주되고 있었다. 이런 사고방식은 물론 중국고대의 재이설, 즉 '천인감응설'[42]에

---

41) 『고려사』 권16, 인종 10년(1132) 11월 경인: 御明仁殿 下制曰 朕 以幼 卽位 未堪 家多難 雖臨政而願治 不遑康寧 固無德以處宜 凡所施爲 不克當天心 是以 山崩 水湧 變異繼作 慄慄危懼 若將隕于深淵 尙賴耆舊忠義之臣 匡救之力 革去舊 一 新政理.

42) 동중서(董仲舒), 『춘추번로(春秋繁露)』 권13, 동류상동(同類相同): 하늘에 음양

서 나온 것이었다. 결국 여기에서 군왕은 자연과 사회를 순환하고 있는 어떤 질서의 조절자 내지 형성자로 당대 관념 되고 있었음을 알 수 있다. 또 이런 관념형태에서는 자연질서와 사회질서가 연속된 것으로 생각되었고, 군주는 이 두 질서의 조화를 만들어 내는데 마치 한 연결고리와 같은 존재이며 우주적 인격(cosmic man)[43]으로 여겨지고 있었다.

위에 인용된 왕의 조서이거나 교서들에서 고려 국왕들의 세속적이 아닌 초월적 성격이 드러나 있다고 하겠다. (가)에서는 성종은 농사의 례를 월령에 따라 준수할 것을 명하고 있다. 그리고 정월 중기 이후 암 짐승의 생명을 해치지 말고, 벌목을 금할 것, 축생이나 사람의 뼈를 묻

이 있고 사람에도 음양이 있다. 천지의 음기(陰氣)가 일어나면 사람의 음기가 따라서 일어난다. 사람의 음기가 일어나면 천지 음기도 이에 응하여 일어나는 것이 그 하나의 도(道)이다. 이에 밝은 자는 비를 내리자면 음기를 움직여 음기를 일으킨다. 비를 그치고자하면 양기(陽氣)를 움직여 양기를 일으킨다. [⋯] 음양의 기(氣)만이 유(類)로써 진퇴하는 것이 아니라 길상화복이 생기는 것도 이것은 것이다(天有陰陽 人亦有陰陽 天地之陰氣起 而人之陰氣 應之而起 人之陰氣起 而天地陰氣 亦宜應之而起 其道一也 明於此道 欲致雨則動陰以起陰 欲止雨則動陽以起陽 故致雨而神也而疑於神者 其理微妙也 [⋯] 非獨陰陽之氣 可以類進退也 雖不祥禍福所從生 亦由是也 無非己失期之 而物以類應之而動者也).

43) 우주적 인격이란 말은 다음 책 참조 하였다. Julia Ching, *Mystyticism and King-ship in China*, Cambridge University Press, 1997, p.52 and 66. 여기서 중국의 왕이라든지 황제가 하늘, 땅, 그리고 인간들 간의 조화를 확보하는 역할을 한다고 생각되고 있으므로 이들을 단순한 인간적 존재가 아니라 우주적 차원의 의미를 띠는 '우주적 인간(cosmic man)'이었다(52쪽). 그리고 제왕은 자기보다 더 위대한 것, 곧 유기체적 전체이며 생동하고 있는 우주를 반영하는 위대한 인물이다. 인간과 우주 간에 소우주와 대우주의 대응관계에 기초한 우주와의 조화는 그 위대한 인물로서 왕의 권력, 광휘, 지배 그리고 행운을 표시한다. 신성한 왕권, 그것을 둘러싼 의례(儀禮), 자연과 그 주기를 따르는 조화로운 생활에 대한 우리가 아는 것을 참조하면, 위와 같은 과장된 언표(言表)가 잘 이해될 수 있을 것이다. 이 점에서 우리는 성왕(聖王)의 관념을 거의 측정할 수 없을 마치 중국 문명과 역사에 영향을 준 하나의 이념형(ideal type) 또는 패러다임으로 이해할 수 있다(66쪽).

어주어 사기가 생기를 해치지 말 것을 당부하고 있었다. 위와 같은 금령을 잘 지키게 하는 것이 왕의 근본적인 존재 이유인 생성하는 혜택, 즉 '생성지혜(生成之惠)'라고 하였다. (나)에서 예종은 절후가 고르지 못한다든지 곡식이 익지 않아 흉년이 든 것을 걱정하며, 천상의 변괴를 아울러 자기의 '박덕(薄德)' 때문이라 하여 걱정하고 있었다. (다)에서 인종은 자신이 '무덕(無德)'하므로 '산붕수용(山崩水湧)', 즉 산이 무너지고 물이 솟는 자연 변이가 계속되고 있다고 하며 이를 몹시 두려워하고 있었다. 여기서 예종과 인종은 자기의 박덕이나 무덕이 곡식의 흉년, 천상의 변괴 등을 일으키는 원인이라 하고 있다. 또한 성종은 마치 봄이 양화(陽和)의 덕을 펴는 것처럼 자기는 '생성지혜'를 짊어져서 그 의무를 다하겠다고 피력하였다. 이러한 왕들의 생각들을 참작하면, 군왕의 덕은 자연의 생성력과 동일한 범주로서 우주의 삼라만상의 정상적인 생육과 운행케 하는 원초적 근원적 생명력을 의미하지 않았는가 한다. 이렇게 군주가 자신의 덕을 매개로 하여 만물을 창조하는 우주 자연과 관여할 수 있는 존재가 되는 것이다. 국왕들은 단순한 인간적 개체적 존재가 아니었고 만물을 순조롭게 성장하고 생존하게 할 수 있는 신성한 힘을 가진 존재라고 생각되었다.

상술한 세 왕들의 조서나 교서에서 고려 군왕들은 단순한 생물학적인 개체가 아니라 사시의 순행과 더불어 우주 자연의 질서와 그 생명력의 유지에 깊게 관련되고 그것에 책임지는 존재[44]로서 위치 규정하고

---

44) 군왕들의 우주 자연의 질서와 관계가 있다 함은 다음 책 참조. 탈코드 파아슨즈 저·이종수 역, 『사회의 유형: 진화와 비교의 관점』, 112쪽, "프랑크프르트가 '부활'이라고 부르는 주제는 토지의 비옥함과 곡물의 계절적 주기를 중심으로 한 복합체에 관계하고 있었다. […] 그리하여 인간의 연속성은, 동물의 종의 생식상의 불멸성에 기초를 두는 것과 마찬가지로 유기적 생명의 가장 깊은 수준, 즉 생물의 계절적 주기에 기초를 두고 있었다. 따라서 이집트의 의례적(儀禮的) 체계는 인간 사

있었다. 다시 말하자면 고려국왕들은 단순히 죽음과 더불어 소멸하는
인간적 존재가 아니라 천상의 운행, 자연의 생성, 사회의 정상 상태에
관여하는 초시간적이고 불변적인 우주적 인격이었다 하겠다. 또는 정
치적인 국가 지배행위를 중심하여 말하자면, 고려국왕은 소멸하는 개
인적이며 자연적 몸(body natural)을 가졌음과 동시에 개체를 초월하
여 지속하는 국가정책과 통치행위로 구성되는 정치적 몸(body politic)
라는 두 종류의 몸45)을 가진 자였다고 하겠다.

2. 국왕과 시후(時候)

국왕의 시후 조절이란 그가 거주하는 궁궐하고 밀접하게 관련이 있
었다. 당대에 궁궐이란 단순한 왕의 거주지가 아니었으며, 그것은 왕권
의 상징물로써 군주에 대한 어떤 관념형태와 관계가 있었다. 여기서는

회뿐만 아니라, 파라오와 신들을 통하여 인간과 유기적 세계 전체와의 관계로 통
치하였던 것이다." 참조.
45) 두 가지의 신체에 관해서는 다음 책을 참조하였다. Ernst H. Kantorowicz, *The
King's Two Bodies: A Study in Medieval Political Theology*, Princeton
University Press, pp.7-9, "엘리자베스(Elizabeth) 1세(1533-1603) 때에 영국에
서 왕은 두 신체를 가졌다고 한다. 왕에게는 두 개의 신체, 즉 자연적 몸(body
natural)과 정치적 몸((body politic)이 있다. 자연적 신체는 소멸하고 자연, 사고에
의한 각종 허약함들, 유아기 또는 노년기의 우둔함에 속박되어 있다. 그런데 정치
적 신체는 볼 수도 만질 수도 없는 것으로 국가 정책과 통치행위로 구성되어 있으
며, 백성의 감독, 공공복리의 관리를 위해 구성되어 있다. 이 신체는 자연적 신체가
구속되어 있는 유아기, 노년, 그리고 다른 자연적 결점과 우둔함이 없다. 이 때문에
왕이 정치적 신체에서 수행하는 것은 자연적 신체에 따른 어떤 무능력에 의해 무
효화될 수도 없고 좌절될 수도 없다. [···] 하늘의 천사처럼 왕의 정치적 신체는
시간 속에서 불변을 표상하기 때문이다. 이 정치적 신체는 13세기 유럽에서 국가
로 해석되고 도덕적 몸(body moral)로 여겨지고 있었다(같은 책 210쪽). 이런 생
각이 위와 같이 엘리자베스 시대를 전후해서 영국의 법률가들에 의해서 왕의 두
신체로 이론화되었다."

궁궐의 성격을 규명하여 재이와의 관계를 밝힘과 동시에 재이의 대립
개념이 되는 군주의 존재론적 의미를 추구하고자 한다.

　　궁궐의 이미지는 당대에는 단순한 왕의 거주지가 아닌 의미심장하고
도 상징적 의미를 띤 건조물로 여겨졌다. 의종이 방탕한 행위를 계속하
자 태사는 다음과 같이 경고하고 있다.

　　(가) 의종 11년 11월 무자: 크게 안개가 끼었다. 계묘(癸卯)에 음무(陰霧)
　　　　가 사방에 자욱하여 길 가는 자가 길을 잃으니 태사(太史)가 아뢰
　　　　기를 "안개란 뭇 사(邪)된 기(氣)로 연일(連日) 풀리지 않으면 그
　　　　나라가 혼란합니다. 또 안개가 혼란(昏亂)하게 일어나 10보(步) 밖
　　　　에 사람이 보이지 않음은 이를 주혼(晝昏)이라 말합니다. 대궐(大
　　　　闕)에 명당(明堂)은 조종(祖宗)이 정사(政事)를 펴는 곳으로 그 제
　　　　도(制度)는 모두 천지(天地) 음양(陰陽)을 법(法) 받은 것입니다.
　　　　그러므로 임금은 출입(出入)과 기거(起居)를 무상(無常)하게 하지
　　　　못하는데 지금 폐하(陛下)께서는 그 있을 곳이 아닌 곳에 처(處)하
　　　　고 그 인물(人物)이 아님에도 임용(任用)하시며 명당(明堂)은 오래
　　　　도록 비우고 거처(居處)하지 않으시고 천재(天災)는 가(可)히 두려
　　　　워할 것인데 수성(修省)하지 않으시며 이사(移徙)가 무상(無常)하
　　　　시고 호령(號令)이 때가 없으시므로 이런 이변(異變)이 있는 것입
　　　　니다."라고 하였으나 임금은 끝내 깨닫지 않았다.[46]

　　(나) 개성부(開城府) 정주(貞州): 본래 고구려의 정주(貞州)로 현종(顯
　　　　宗) 9년에 개성현(開城縣)의 속현(屬縣)이 되었고 문종(文宗) 16년
　　　　에 내속(來屬)하였으며 예종(睿宗) 3년에 승천부(昇天府)로 고쳐

---

46) 『고려사』, 지9 오행 土, 의종 18년(1164) 11월 무자: 陰霧四塞 行者失路 太史奏
　　云 霧者 衆邪之氣 連日不解 其國昏亂 又霧起昏亂 十步外 不見人 是謂晝昏 大闕
　　明堂者 祖宗布政之所 其制 皆法天地陰陽 故王者 出入起居 不可無常 今陛下 處
　　非其位 任非其人 明堂 久曠而不居 天可懼 而不省 移徙無常 號令不時 故有此異
　　王 竟不悟.

지부사(知府事)를 두었다가 충선왕(忠宣王) 2년에 강등(降等)하여
해풍군(海豊郡)으로 삼았다. 백마산(白馬山) 장원정(長源亭)[도선
(道詵)의 송악명당기(松岳明堂記)]에 말하기를, "서강(西江) 강변
에 군자(君子)가 말[馬]를 세워두는 명당(明堂)의 땅이 있어 태조
(太祖)가 통일한 병신년(丙申年)으로부터 120년에 이르기까지 이
곳에 나아가 궁궐을 지으면 국가(國家)의 대업(大業)이 연장할 것
이다." 라고 하였으므로 문종(文宗)이 태사령(太史令) 김종윤(金宗
允) 등에게 명(命)하여 땅을 살피게 하여 서강(西江) 병악(餠岳)의
남쪽에 궁궐을 지었다.] 하원도(河源渡)[주(州)의 남쪽에 있음] 중
방제(重房堤)[중방비보(重房裨補)]라고 칭하며 매년 봄가을에 반
주(班主)가 부병(府兵)을 거느리고 수축(修築)하였다.]가 있다.[47]

(다) 현종 7년 9월 임자: 유성(流星)이 크기가 달과 같아 장성(張星)에서
나와 명당영대(明堂靈臺)로 들어갔다.[48]

(가)에서 태사(太史)가 의종의 변화무쌍한 유흥행각을 그때 발생한
재이, 즉 짙은 안개를 들어서 경계하고 있었다. 안개가 일면 그 나라가
위태로워지고, 십 보 밖에서 사람이 안 보일 정도면 이를 '주혼(晝昏)'
이라 하였다. 그리고 대궐이란 명당(明堂)이며, 그것은 포정(布政)의
중심지로 천지음양을 모방하여 만든 것이다. 그런데 지금 폐하가 대궐
을 오래 거처하지 않았기에 이변(異變)이 발생한 것이었다 한다.
  위의 인용문에서 다음과 같은 몇 가지 사실들을 지적할 수 있겠다.

---

47) 『고려사』, 지10 지리지 개성부 정주(貞州): 貞州 本高勾麗貞州 顯宗九年 爲開城
縣屬縣 文宗十六年 來屬 睿宗三年 改爲昇天府 置知府事 忠宣王二年 降爲海郡
有白馬山長源亭 道詵松岳明堂記云 西江邊 有君子御馬明堂之地 自太祖統一丙
申之歲 至百二十年 就此創構 國業延長 文宗 命太史令金宗允等 相地 構之於西
江餠岳南. 河源渡在州南 重房堤 稱重房裨補 每春秋 班主 率府兵修築.
48) 『고려사』, 지1 천문 성변, 현종 7년 9월 임자: 九月壬子 流星 大如月 出張星 入明
堂靈臺.

(가)에서 태사는 자연세계에서 어둠과 혼란을 뜻하는 안개를 정치상의 암흑·혼돈과 동일시하고 하고 있다. 따라서 두 질서들을 연결해 주는 재이 사상의 중심이 되는 천인감응설이란 자연과 인간질서간의 어떤 특정한 정치 사건을 지칭하는 것이 아니라 단순히 안개의 혼란이 정치상의 혼미함이란 형태상으로 동일시하고 있다. 이는 재이가 어떤 정치 내용이라도 동화시킬 수 있는 수 있는 형태상의 유사성이란 성격을 갖고 있었다. (나)에서 대궐이 명당이라고 지칭되고 있는데 이는 (다)의 경우와 마찬가지로 궁궐에 대한 당대의 관념을 엿볼 수 있게 한다.

(나)에서 도선(道詵)49)은 그의 「송악명당기」에서 서강 강변에 명당자리가 있어 태조의 통일 후 120년 사이에 여기에다 궁궐을 지으면 국가의 기업을 연장시킬 수 있다는 예언을 하였다 한다. 이에 따라 문종은 서강(西江) 남쪽의 병악(餠岳)에 궁궐을 짓게 했다.50) 여기서도 명

---

49) 『한국민족문화대백과사전』, 도선(道詵) 조: 홍덕왕 2년(827)-효공왕 2년(898). 신라 말기의 승려이며 풍수설의 대가. […] 도선은 승려로서보다는 음양풍수설의 대가로서 가장 널리 알려져 있다. 우리나라 풍수지리학의 역사가 신라 말기까지 거슬러 올라가는 것도 도선의 생존연대가 그때였기 때문이다. 언제나 도선이 풍수지리설 같은 주술적 언어와 함께 있기 때문에, 그는 역사적 실재의 인물이라기보다는 신화적 존재로 파악되기까지 하였다. 도선이 역사적으로 유명해진 것은 고려태조에 의해서였다. […] 태조는 도선으로부터 직접 설법을 들은 일은 없으나 사상적인 영향을 많이 받았음을 짐작할 수 있다. 태조는 예로부터 전하여 내려온 민간신앙도 보호하고 육성하면서, 동시에 민간에 널리 유포되어 있던 『도선비기(道詵秘記)』에 관해서도 대단한 관심을 쏟았다. 그는 불교신앙에서 오는 가호의 힘과 함께 참위설에서 얻어지는 힘에 의지함으로써 그 자신의 원대한 포부를 달성하려 하였다.

50) 이용범, 「풍수지리설」, 『한국사』 6, 국사편찬위원회, 1981, 292쪽. 문종 10년(1056)에 성남(城南) 덕수현(德水縣)[개풍군((開豊郡) 진봉면(進鳳面)]에 흥왕사(興王寺)를 지은 것은 영특한 불력(佛力)을 빌고자 한 것으로 보이나 왕의 지리도참설이 잘 나타난 것으로서는 예성강변(禮成江邊) 병악(餠岳)의 장원정(長源亭)을 비롯하여 남경(南京)의 설치 및 그 이궁(離宮), 서경기(西京畿) 설치와 좌우궁(左右

당은 신비한 터를 의미하는 지리적 관념으로 변화했지만 궁궐과 깊게 관련되어 있다. 그리고 명당은 국가의 기업을 연장할 수 있다하여 시간 연장하는 신비한 건물로 생각되었다. 하여튼 고려시대 명당 또는 궁궐은 예사 건물이 아니라 공간의 중심축으로 여기서 시간을 조절할 수 있는 주술적 건물이었다고 간주되고 있었다.

(다)에서 고려 전기에는 명당영대(明堂靈臺)라는 건물이 궁궐 내에 존재했던 것이 보인다. 이 명당은 고대 중국에서 포로를 희생으로 바치고 왕이 천명을 받았던 영대(靈臺)와 관련이 있었다. 또 이는 천자가 주재하는 제후(諸侯)의 회합 장소였으며, 전국적으로 실시되는 월령(月令)의 선포 장소이기도 하였다. 그런데 월령은 인간 사업을 天[51])에 의해서 지배되는 자연운행과 일치시키려는 목적을 갖고 있었다. 즉, 하늘은 사시 운행을 명령하였는데 명당이 일종의 천문대 기능을 하였다. 여기서 천자는 월령에 따라 사계의 순환, 즉 궁극적으로 시간의 순환을 돕는 주술적 의식을 거행했다. 그리고 명당은 시간과 공간의 중추지(中樞地)라 관념 되었다. 왜냐하면 시간이란 것은 명당의 사방각(四方角)(사계절)과 중앙(시간·공간적 실재)의 상호 간섭의 결과였기 때문이었다. 그래서 만약 명당에서 시후(時候)에 관한 의식(儀式)이 조금이라도 어긋나면 즉시 재이가 발생한다고 믿어졌다.[52])

宮)의 창건 등은 모두 지기(地氣)의 변화에 대응하여 국가의 터전을 굳힌다는 이른바 연기(延基)사상에서인 것이었다.

51) 김종명, 한국 중세의 불교의례: 사상적 배경과 역사적 의미』, 문학과지성사, 2001, 244-245쪽. 중국의 전통적인 천 사상에는 세 가지 흐름이 있었다. (1) 주재적(主宰的) 천 사상: 천을 절대적 권위의 존재로 보는 견해로서 당우(唐虞) 시대의 성군이나 현명한 재상, 하(夏)·은(殷)·주(周) 시대의 왕들, 공자, 묵자, 맹자 등의 경천(敬天) 사상에서 보이는 시각이다. 그리고 (2) 자연적 천 사상과 (3) 이법적 천 사상이 있었다. 여기서의 천은 (1)의 주재적 천 사상에 속한다.

52) Marcel Granet, *Chinese civilization*, Routledge & Kegan Paul Ltd., 1930,

다시 인용문 (가)로 돌아가면, 상술한 명당에 관한 중국 고전적 관념은 고려시기에 직접으로 영향을 끼치고 있었음이 확인된다. 즉, 의종이 명당인 대궐을 오래 비워두었고, 또한 호령이 시후에 맞지 않았기 때문에 열 걸음 밖에서 사람이 안 보일 정도의 심한 안개가 발생하였다는 것이다. 안개는 천인감응설에 의해 고려왕정의 정치적 혼미를 상징하는 것이기도 하였다.

상술한 것을 요약하자면, 명당인 궁궐은 시간과 공간의 중핵지이며, 여기에서 시후의 형성과 조절이 행하여지는 곳이었다. 만약 명당에서 계절에 관한 의식이 어긋나면 재이가 발생한다. 그리고 사계 변화 원리가 음양 작용에 의한 것이므로 군주는 음양을 조화시켜 시후의 정상적인 순환을 돕는 역할을 하였다. 결국, 국왕의 기능이란 시후 조정자의 그것이었으며, 재이 발생에 대하여 최종 책임을 져야한다는 것이 고려인의 의식형태였다고 하겠다.

국왕은 음양을 조화시켜 계절의 순환을 돕는 시후 조절자의 기능을 갖는다는 상술한 관점은 정종이 내린 다음 같은 제서(制書)에서 더욱 명확히 이해될 수 있다.

> 정종 2년 4월 임자: 입하절(立夏節)이므로 얼음을 진상(進上)하니 제(制)하기를, "올해는 일찍 덥지 않으니 5월을 기다려 얼음을 진상(進上)하라."고 하였다. 유사(有司)가 아뢰기를, "해가 북륙(北陸)에 있을 때 얼음을 저장하고 서륙(西陸)에 있을 때 내는 것이 온데 낼 때는 새끼 염소를 바쳐 제사하고 문을 여는 것입니다. 얼음 저장을 주밀(周密)히 하

---

pp.381-382. M.グラネ著・津田逸夫譯, 『支那の宗教』, 河西書房, 1943, 69-71쪽. 이성구, 『中國古代의 呪術的 思惟와 帝王統治』, 일조각, 1997, 253쪽. 여기서 이성구는 명당이란 태양신의 신성성과 생명력을 체현하는 무축왕(巫祝王)이 거처하는 성소(聖所)이자 태양의 운행을 관찰하는 천문대라 하고 있다.

고 씀을 고르게 하면 건복처고(愆伏凄苦)의 재앙이 없을 것입니다. 그러므로 얼음을 사용하는 법은 춘분(春分)에서부터 입추(立秋)까지 마치게 되는 것이오니 만약 5월에 비로소 진상(進上)하게 되면 옛 법에 어김이 있어 음양(陰陽)을 순조롭게 하는 바가 아니옵니다. 청컨대 입하절(立夏節)로써 진상(進上)하도록 하옵소서."라고 하니, 이를 청종(聽從)하였다.53)

정종이 금년은 아직 덥지 않다고 하여 4월에 있는 입하절진빙(立夏節進氷)을 5월로 연기할 것을 명하자 유사(有司)는 진빙제(進氷制)가 단순하게 여름철 얼음 사용을 목적한 것이 아니라 음양을 조절하는 데에 있었다 한다. 진빙제는 절기에 맞추어서 여름 삼복 날에 추운 고통, 즉 '건복처고(愆伏凄苦)'의 재앙을 방지하여 군주의 시후 조절을 돕는 주술적 목적에서 거행되고 있었다. 상술한 맥락에 속하는 내용이 이양이 성종에게 올린 봉사(封事)에도 보인다.

성종 7년 2월 임자: 좌보궐(左補闕) 겸(兼) 지기거주(知起居注) 이양(李陽)이 봉사(封事)를 올리니, "옛 현명한 왕들은 천도(天道)를 숭배하고 인시(人時)를 경수(敬授)하였으므로 군왕(君王)은 농사일[가색(稼穡)]의 어려움을 알고 백성은 농상(農桑)의 이르고 느린 것[조만(早晚)]을 알아서 스스로 농사지어 먹음이 족하고[가급인족(家給人足)] 해마다 풍년이 들었음을[연풍세임(年豊歲稔)] 이루었습니다. 월령(月令)을 살펴보면 입춘(立春) 전에 토우(土牛)를 내어 농사의 이르고 늦음[早晚]을 보인다 하였으니 청컨대 옛일을 들어 때를 따라 행하옵소서.
그 둘째는 적전(籍田)을 친히 경작함은 진실로 현명한 왕의 농사를

---

53) 『고려사』, 정종 2년(1036) 4월 임자: 以立夏節 進冰 制曰 今年不早熱 其待五月 進冰 有司奏 日在北陸而藏冰 西陸而出之 獻羔而啓之 藏之也周 用之也 則無愆伏凄苦之 故凡用冰之法 自春分至立秋而盡 若於五月始進 則有乖古法 非所以調順陰陽也 請以立夏 進之 從之.

중하게 생각한 뜻이요, 여자로서 할 일[여공(女功)]을 몸소 실행[건행(虔
行)]함은 현후(賢后)의 군왕(君王)을 도우는 덕(德)이오니 그러므로 천
지(天地)에 정성을 들이고 나라에 경사가 쌓이는[적경(積慶)] 것이옵니
다. 살피건대 『주례(周禮)』의 내재직(內宰職)에 "상춘(上春)에 왕후(王
后)에게 조(詔)하여 육궁(六宮)의 사람들을 거느리고 동(穜)[만도(晚
稻)]와 육(稑)[조도(早稻)]의 종자(種子)의 눈을 티어서 왕에게 바치게
한다."고 하였사오니 이 말에 의하면 왕이 하는 일은 왕후(王后)가 반드
시 돕는 것입니다. 지금 상춘(上春)에 상제(上帝)에게 곡(穀)을 빌고 길
일(吉日)에 동교(東郊)에서 경적(耕籍)하였사오니 군왕(君王)은 비록
적전(籍田)을 친히 경작하였사오나 왕후(王后)는 이에 종자(種子)를 바
치는 의례를 빠뜨렸사오니 원컨대 『주례(周禮)』에 의하여 국풍(國風)을
빛나게 여소서.

그 세 번째는 성인(聖人)은 굽어 살피고 우러러보아 때의 변화[시변
(時變)]에 통(通)하고 왕은 인(仁)을 행하고 혜(惠)를 펴서 만물(萬物)의
뜻을 이루게 하는 것입니다. 월령(月令)을 살펴 보건대 '정월(正月) 중
기(中氣) 뒤에는 제물로 암 짐승을 쓰지 말고 벌목(伐木)하는 것을 금지
하며 새끼와 알을 취하지 말고, 대중(大衆)을 모으지 말며, 드러난 뼈와
썩은 살을 덮어 묻어 주라.'고 하였사오니 원컨대 새해를 맞이하는 때에
당하여 두루 행춘(行春)의 영(令)을 펴서 모두 시금(時禁)을 알게 하고
천상(天常)을 알게 하소서."라고 하였다.54)

---

54) 『고려사』, 성종 7년(988) 2월 임자: 左補闕兼知起居注李陽 上封事 其一日 古先
哲王 奉崇天道 敬授人時 故君知稼穡之艱難 民識農桑之早晚 以致家給人足 年歲
稔 按月令 立春前 出土牛 以示農事之早晚 請擧故事 以時行之 其二日 躬耕帝籍
寔明王重農之意 虔行女功 乃賢后佐君之德 所以致誠於天地 積慶于邦家 按周禮
內宰職 日上春 詔王后 率六宮之人 生種稑之種 而獻之于王 以此言之 王者所擧
后必之 方今上春 祈穀於上帝 吉日 耕籍于東郊 君雖有事於籍田 后乃虧儀於獻種
願依周禮 光啓國風 其三日 聖人俯察仰觀 以通時變 王者 行仁布惠 用遂物情 按
月令 正月中氣後 犧牲毋用牝 禁止伐木 無無卵 無聚大衆 掩埋 願當獻歲之晨 遍
布行春之令 咸知時禁 識天常.

여기서 이양은 성종에게 월령에 따라 토우를 내어 농사의 시기를 보이고, 적전(籍田)의 예를 행하고, 그리고 때의 변화, 즉 '시변(時變)'을 살펴서 인(仁)을 행하고 혜(惠)를 펴서 만물의 뜻을 이루게 해야 한다고 건의하고 있었다. 그래서 무엇보다도 월령에 따라 모든 행사들을 집행해야 한다. 결국 이양은 농민의 집단행동을 계절순환의 예정표라 할 시(時)계열인 시령(時令)과 일치시키는 것이 군왕의 제일 사업임을 강조하고 있었다.

시령의 준수가 군주의 제일 관심사가 되는 것은 농경과 밀접한 관계가 있음은 물론이고, 시후를 조절할 수 있다는 주술적 관념에서도 유래하고 있다. 다음과 같은 현종의 교서에서도 이런 사고방식이 잘 드러나고 있다.

　현종 16년 6월 기미: 교(教)하기를, "하늘에 본받고 때에 순응한 뒤에야 재앙을 막을 수 있고 화평을 이룩할 것인데 이제 내사문하성(內史門下省) 및 여러 관사(官司)들의 올려 오는 것들이 때를 어기고 있으니 정사가 음양(陰陽)의 조화를 바란다고 한들 어찌 그릇됨이 아니겠는가. 마땅히 각자가 마음을 다하여 힘써 월령(月令)을 지켜 써 나의 뜻에 맞도록 하라."고 하였다.[55]

현종은 여러 관사(官司)의 주행(奏行)이 시정(時政)에 어긋나기 때문에 음양이 조화를 잃어 재이 발생이 우려된다고 하였다. 그리고 음양을 고르게 하는 일, 곧 '음양조흡(陰陽調洽)'은 월령을 준수하는 길밖에 없다고 하였다. 이 점도 군왕이 시후 조절이 실패하자 시후의 부조

---

55) 『고려사』, 권5, 현종 16년(1025) 6월 기미: 教曰 法天順時 然後可以禦災而致和平 今內史門下省 及諸官司 凡所奏行 多違時政 欲望陰陽調洽 豈不謬哉 宜各悉心 勉遵月令 以副予意.

(不調)를 나타내는 재이가 발생했다는 논리를 확인하는 것이다.

국왕은 이렇게 시령(時令)에 순응하여 계절운행을 조장할 뿐만이 아니라 시간의 조직적 배열과 천문현상을 정리하고 조직한 역(曆)에 적극적으로 관계했다. 제왕과 달력의 관계는 다음과 같은 기사들을 통해서도 알 수 있다.

> (가) 인종 24년 2월 을묘: 평장사(平章事) 임원애(任元敱)가 백관(百官)과 더불어 선경전(宣慶殿)에 회합(會合)하여 황천 상제(皇天上帝)에게 기도하기를, "하늘은 멀고 그윽하여 진실로 의의(議擬)하기 어렵고 사람은 미(微)하고 천(賤)하나, 가히 신성(信誠)을 표(表)할 수 있으므로 문득 견마(犬馬)의 정성을 다하여 우러러 신명(神明)의 조감(照鑑)하심을 더럽히나이다. 옛날에 무왕(武王)이 재위(在位)할 때에 병(病)을 앓아 낫지 않으므로 주공(周公)이 글을 지어 자신(自身)이 대신(代身)할 것을 청하였나이다. 고금(古今)은 비록 다르나 충의(忠義)는 곧 동일하오니, 이러므로 신(臣) 등은 피눈물로 말씀을 써서 하늘에 호소하여 청명(請命)하는 바입니다. 오직 바라건대 창천(蒼天)은 우리들의 정성을 굽어 살피시어, 원컨대 우리 임금의 병환을 신(臣) 등의 몸에 옮겨 역수(曆數)를 다시 더하게 하소서.56)
>
> (나) 문종 6년 3월 무오: 태사(太史) 김성택(金成澤)에게 십정력(十精曆)을, 이인현(李仁顯)에게 칠요력(七曜曆)을, 한위행(韓爲行)에게 견행력(見行曆)을, 양원호(梁元虎)에게 둔갑력(遁甲曆)을, 김정(金正)에게 태일력(太一曆)을 각각 편찬케 하여 오는 해[歲]의 재앙과

---

56) 『고려사』, 인종 24년(1146) 2월 을묘: 平章事任元敱 與百官 會宣慶殿 禱于皇天上帝曰 天遠而幽 固難議擬 人微且賤 可表信誠 輒犬馬之悰 仰神明之鑑 昔者 武王在位 疾不 周公作書 以身請代 古今雖異 忠義則同 此 臣等 所以泣血書辭 呼天請命者也 惟冀蒼旻 曲從 願以吾王之疾 移於臣等之軀 使歷數以更增.

상서(祥瑞)를 빌게 하였다.57)

(가)에서 임원애 등은 인종의 연명(延命)을 하늘에 빌었는데, 왕을 '역수(曆數)'에 비기고 있었다. 그리고 (나)에서 문종은 신하들에게 역서(曆書)를 제작케 하였다. 그 목적은 다음 해의 상서(祥瑞)를 빌게 하려는 주술적인 것이다. 시간의 부여자로 의식된 군왕이 시간운행의 배열인 역(曆)에 관심을 가짐은 당연한 일이라고 하겠다.

고려왕조가 중국에 책왕(冊王)[반드시 사력(賜曆)이 수반됨]을 열심히 자원한 것도 상술한 왕권의 성격에서 연유한 것이었다. 중국에 의한 고려왕에 대한 책왕은 개국 초 신라 또는 후백제의 잔존세력 앞에서 새로운 왕조의 권위를 높여준 것, 즉 외교적 승인에서 오는 국내 관계에서의 영향이었다는 설명도 있다.58) 그런데 고려 국왕들에게 권위를 부여했던 근본적 이유는 책왕에 부수되는 사력(賜曆)에 있었다고 생각된다. 이는 우주 순행의 규칙을 보여주는 시간 규정자로서 관념된 군왕의 권위를 높이고 이를 통해 국내 다른 정치 집단에 대해 관념적 우월성을 확보하는 수단이 되었기 때문이었다.

중국 측이 고려왕조에 역을 일방적으로 수여한 것만이 아니라 고려왕조도 역시 이민족인 여진 추장에게 역을 하사하고 있었다.

현종 21년 4월: 철리국의 추장 나사(那沙)가 여진의 계타한(計陁漢) 등을 보내와서 초서피(貂鼠皮)를 바치고 역서(曆書)를 청하니 허락하였다.59)

---

57)『고려사』, 문종 6년(1052) 3월 무오: 命太史金成澤 撰十精曆 李仁顯 撰七曜曆 韓爲行 撰見行曆 梁元虎 撰遁甲曆 金正 撰太一曆 以禳來歲祥.
58) 박성래,「高麗初의 曆과 年號」『한국학보』10, 1978·146쪽.
59)『고려사절요』권3, 현종 21년(1030) 4월: 鐵利國 酋那沙 遣女眞計陁淡等 來獻貂鼠皮 請曆日 許之.

헌종은 철리국 추장이 사신을 보내서 역서를 청하니 이를 허락했다
한다. 이렇게 고려왕조는 역서를 내려 주어서 주변 여진족을 내속시키
는 수단으로 삼고 있었다.

지금까지 말해온 바를 요약하면 다음 같다. 고려시대의 관념형태에
서 궁궐은 명당이라 하여 계절의 순환 작업, 궁극적으로 시간의 작업이
행해지는 장소였다. 여기에서 군왕은 자연·사회의 질서 형성의 제일
요소인 시후를 조절하는 의식을 가졌다. 만약 이런 주술적 행사를 소홀
히 한다면 재이가 발생하고 그 책임은 군주에게 돌아갔다. 따라서 국왕
은 시계열에 관계된 행사와 문물, 즉 입하진빙제, 시령, 역 등에 지대
한 관심을 쏟게 되었다. 이런 행사와 제도는 군왕이 전반적인 인간 활
동의 시령의 기준이며 그 집행자였음을 의미하는 것이었다.

이후에 빈발하는 재이발생, 시후의 조절, 서경의 대화궐 창건 등이라
는 사건과 현상도 상술한 고려 국왕의 관념에서 발생한 것이라 하겠다.
여기에서 이후 언급할 바와 같이 인종은 묘청과 더불어 재이 방지를 하
여 왕조를 부흥하겠다는 생각이 나오게 된 것이다.

Ⅲ. 인종의 왕조쇠망 의식과 중흥정책

우선 묘청의 난에 관해 논의하기 전에 이에 관해 간단하게 예비지식
을 얻어 두겠다.

묘청의 난이란 인종 13년(1135) 묘청 등이 서경(西京)[지금의 평양]에
서 일으킨 반란이었다. 인종 4년(1126) 이자겸(李資謙)의 난 이후 국내
외 정세는 극도로 불안하였다. 안으로는 이자겸의 난으로 궁전이 불타
고 정치기강이 해이해졌고, 밖으로는 여진족의 외교적인 압력을 받고

있었다. 이 시기에 서경출신의 승려 묘청은 풍수지리설에 의거, 고려가 어려움을 겪게 된 것은 개경(開京)의 지덕(地德)이 쇠약한 때문이라고 역설하였다. 따라서 나라를 중흥하고 국운을 융성하게 하려면 지덕이 왕성한 서경으로 수도를 옮겨야 한다는 것이었다. 당시 풍수지리설이 크게 성행하고 있어서 그는 인종의 총애와 함께 백수한(白壽翰)·정지상(鄭知常) 등 많은 사람들의 지지를 받았다.

인종은 5년(1127) 이후 서경에 자주 거둥했고, 그의 건의에 따라 서경의 명당인 임원역(林原驛)[평안남도 대동군 부산면 신궁동]에 대화궁(大花宮)을 짓게 하였다. 그러나 서경천도계획에 반대하는 세력도 많았다. 특히 대화궁을 지으면 천하를 통일할 수 있고 금나라도 항복할 것이며, 많은 나라가 조공할 것이라고 했으나, 준공 뒤에도 전혀 달라진 것이 없었다. 오히려 대화궁 근처 30여 곳에 벼락이 치고, 인종의 서경 거둥 도중 갑작스런 폭풍우로 수많은 인마가 살상되기도 하였다. 이에 묘청 일파를 배척하는 소리가 높아졌으며, 김부식(金富軾)은 그 대표적 인물이었다. 마침내 인종은 서경 거둥을 단념, 서경천도계획도 그만두게 되었다.

묘청 일파의 정치적 목표는 부패하고 무기력한 개경 귀족 대신 서경인 중심의 새 정권을 세우고자 한 것이었다. 그 과정에서 금국정벌론 등 자주적 기백과 내정혁신의 의욕도 보였으나, 인심을 현혹시키는 얕은 속임수가 발각되고 재앙이 자주 생겨 서경천도계획을 배척하는 여론이 고조되어갔던 것이다. 서경천도운동이 실패하자 묘청 일파는 서경을 거점으로 반란을 일으켰다.

그 전개 과정으로, 묘청은 인종 13년(1135) 정월 서경의 분사시랑(分司侍郎) 조광(趙匡), 동 병부상서(兵部尙書) 유참(柳旵) 등과 함께 반기를 들고, 부유수(副留守) 이하 중앙에서 파견된 관원들과 서경에 와 있던 상경인(上京人)[개경인(開京人)]을 잡아 가두었다. 그리고 자비령(慈悲嶺) 이북을 차단, 서북면 내의 모든 군대를 서경에 집결하게 하고 국호를 대위(大爲), 연호를 천개(天開), 군대의 호칭을 천견충의(天遣忠義)라고 하였다.

이에 정부는 김부식을 평서원수(平西元帥)로 임명, 반란진압의 책임을 맡겼다. 김부식은 먼저 묘청의 일파로서 개경에 있던 백수한·정지상·김안(金安) 등을 처형, 후환을 없앴다. 그리고 좌·우·중 3군을 거느리고 평산역(平山驛)-관산역(管山驛)[신계(新溪)]-사암역(射岩驛)[수안(遂安)]을 거쳐 성천(成川)에 이르러 토적(討賊)의 격문을 여러 성에 보냈다. 다시 3군을 지휘해 연주(漣州)[연주(蓮州)]를 거쳐 안북대도호부(安北大都護府)[안주(安州)]에 다다랐다.

그 과정에서 많은 성들이 정부군에 호응, 협력하였고, 정세는 정부군에게 유리하게 되었다. 김부식은 7, 8차례에 걸쳐 항복을 권유하였다. 반란군의 실권자인 조광은 형세가 불리해지자, 묘청·유참·유호(柳浩)[유참의 아들]의 목을 베어 분사대부경(分司大府卿) 윤첨(尹瞻) 등에게 주어 개경으로 보냈으나, 개경정부는 윤첨 등을 옥에 가두었다. 이 사실을 안 조광 등은 항복해도 죄를 면할 수 없을 것으로 판단, 끝까지 싸울 것을 결심하였다.

이에 서경 반란군은 정부의 어떠한 회유교섭도 거절하였다. 인종이 보낸 전중시어사(殿中侍御史) 김부(金阜), 내시 황문상(黃文裳)을 죽였으며, 김부식이 보낸 녹사(錄事) 이덕경(李德卿)도 죽였다. 이와 함께 선요문(宣耀門)에서 다경루(多景樓)까지 강을 따라 1,730칸의 성을 쌓고, 그 사이에 여섯 문을 만들어놓았다.

그 결과로서, 정부군은 서경성(西京城) 바로 밑에까지 진격, 중·좌·우·전·후의 5군이 성을 포위했으나, 반란군의 결사적인 항전으로 고전하였다. 이처럼 반란군은 1년 넘게 항전을 계속했으나, 식량이 부족해 굶어죽는 사람들이 속출하면서 사기가 크게 떨어지게 되었다. 마침내 인종 14년(1136) 2월 정부군은 총공격을 감행, 서경성을 함락하였다. 이에 조광 등 반란군의 지도자들이 자결함으로써 반란은 끝나게 된 것이다.

그 의의로는, 이 난의 특징은 왕권에 도전하지 않았다는 점이다. 즉, 첫째로 국호·연호 등은 제정하면서 왕을 새로 옹위하지 않은 점, 둘째로 왕에게 거사 소식을 직접 전달한 점에서 서경세력과 개경세력간의 다툼으로 파악될 수 있다.

신채호(申采浩)는 이 난을 낭불양가(郎佛兩家) 대 한학파의 싸움이며, 독립당 대 사대당의 싸움이며, 진취사상 대 보수사상의 싸움으로 규정하였다. 그리고 이 난이 실패로 돌아감으로써 유가의 사대주의가 득세해 고구려적인 기상을 잃어버리게 되었다고 애석해 하였다.

난이 고려사회에 끼친 영향은 컸다. 우선, 서경의 권력구조상의 지위가 격하되면서, 고려 권력구조의 균형이 깨졌다. 즉, 개경 세력을 견제하는 역할을 해왔던 서경세력의 쇠퇴는 개경의 문신 귀족세력의 독주를 가능하게 하였다. 그리하여 문신 귀족세력은 왕권마저 능멸하게 되었다. 따라서 문신 귀족사회가 안고 있던 정치적·사회경제적인 모순과 폐단은 뒤에 무신정변을 일으키게 하는 원인이 되었다.60)

위에서 기사에서 묘청이 등장하게 된 배경과 당시의 풍수지리설61)의 영향, 그리고 대화궁의 조성, 묘청의 난 발생과 그 진압에 관해서 대략 그 줄거리가 요령 있게 설명되어 있다.

다음으로 묘청의 난 이전의 고려왕조의 사회 상태를 점검하여 그가

---

60) 『한국한국민족문화대백과사전』, 묘청의 난 조.
61) 최창조, 「풍수지리·도참사상」, 323-326쪽. 고려시대 풍수사상의 특징은 다음과 같이 정리할 수 있다. (1) 풍수 이론 중에서는 국업(國業)을 연장하기 위한 국도(國都)풍수와, 마을과 고을의 입지 선정을 위한 도읍(都邑)풍수 등 양기(陽基)풍수가 크게 발달하였으나, 음택(陰宅)풍수도 왕실과 귀족들 사이에 행해졌다. (2) 고려시대에는 아직까지 한학 위주의 한문 독해력이 급선무였던 만큼 명승·대덕과 유학자들 사이에 풍수지리가 많이 이해되고 있었으며, 따라서 풍수사도 승려·유학자·관리 풍수사·기타 풍수를 업으로 하는 사람 등 다양하였다. (3) 풍수도참설의 성행에 못지않게 「반풍수론(反風水論)」도 꾸준히 전개되어 왔다. (4) 국토 전체를 조망하는 거시적 규모의 풍수에서 한 개인의 집터나 산소자리를 선정하는 미시적인 풍수에 이르기까지 공간 규모 별로 모든 풍수지리가 전개되었다는 점이다. (5) 고려시대의 풍수지리는 공간적으로 행정구역 변경 및 지명·명호 승강(昇降)으로 나타났다. (6) 고려시대의 도읍풍수에는 도읍의 역사성과 풍수지리적 제 조건의 구비 이외에도 순순한 현대 인문지리학적인 입지요인이 많이 고려되었다.

출현하게 된 사회적 배경을 고찰해보겠다. 인종은 14세의 어린 나이로 국내외의 불안정한 정치 상황 속에서 제17대 국왕으로 즉위하였다. 먼저 국내 상황을 보면, 거란에 대한 전쟁이 고려의 승리로 끝난 뒤에 와서는 지방 호족세력의 참여와 전통적 북진주의를 주장하는 일파와 중앙 집권체제의 안전한 운영만을 위주로 하여 기득 지배 권력 유지만을 도모하는 일파로 고려 지배 세력은 분열하여 대립하다가 드디어 후자의 승리로 끝나고 전자는 몰락하였다.62) 이 결과로 문벌귀족을 중심으로 하는 사회가 형성되었는데, 그 중 가장 현저한 세력이 인주이씨(仁州李氏)였다. 이 문벌은 공적 지배체제인 국가제도를 무시하고 사적 지배의 증대를 도모하면서 왕실을 압도하여 갔다. 이런 시대적 경향이 극대화하여 나타난 것이 인종 4년 2월에 발생한 이자겸의 반란이었다 할 수 있다. 비록 이 반란은 실패하였으나 다른 벌족(閥族) 세력의 지배는 계속되었다.

이런 명문벌족의 상승과 비례하여 국가의 공적 지배체제는 약화되었으므로 고려 지배에는 상당한 동요가 일어났다. 인종은 이러한 정치적 상황에 관해 조서를 반포하여 신하들을 경고하고 있다.

인종 6년 3월: 조서를 내리기를, "농업과 길쌈을 권장하여 의식을 풍족하게 하는 일은 성왕이 급선무로 여기는 것이다. 이제 수령들이 취렴을 이익으로 여겨, 근검하여 백성을 보살피는 사람이 적어 창고가 텅텅 비고 백성이 궁핍한데다가, 노동력을 징발하여 백성이 수족을 둘 곳이 없어 서로 모여 도둑질을 하니, 나라를 풍부하게 하고 백성을 편하게 하려는 본의가 아니다. 주·군에 명령하여 쓸데없는 일을 정지하고, 급하지 않은 정무는 철폐하라." 하였다.63)

---

62) 김철준, 「高麗中期의 文化意識과 史學의 性格」『韓國史研究』9, 1973.
63) 『고려사절요』, 인종 6년(1128) 3월: 詔曰 勸農 桑足衣食 聖王之所急務也 今守令

인종은 수령들의 농민에 대한 무리한 수취로 인한 국가재정의 고갈, 역역(力役) 가중과 농민의 도둑질 등에 대해 수령들의 자성(自省)을 촉구하고 있었다. 특히 생존상황의 극도 궁핍함으로 말미암은 농민의 집단 유민화 내지는 도적화[64]는 전반적 왕조질서에 상당하게 영향하고 있었음을 암시한다.

인종이 서경에 행차하여 선포한 유신지교(惟新之敎) 15조 중에 다음 같은 조목은 당시 사회상을 구체적으로 알려주고 있다.

> 인종 5년 3월 무자: 조(詔)하기를, "짐(朕)은 천지(天地)의 대명(大命)을 메[荷]고 조종(祖宗)의 유기(遺基)를 이어 삼한(三韓)을 엄유(奄有)한 지 이에 6년이 되었다. 지혜(智慧)는 주모(籌謀)에 능하지 못하고 밝음은 감촉(感觸)함이 없어 재변(災變)이 서로 연달아 거의 평안한 해가 없었으며, 지난 해 2월에는 난신적자(亂臣賊子)들이 틈을 타고 일어나서 음모(陰謀)가 발각(發覺)되었다. 짐(朕)은 부득이 모두 법(法)으로 다스렸으나, 이로부터 허물[구(咎)]를 들어 내 몸을 책(責)하게 되니 덕(德)에 부끄러움이 많도다. 이제 일관(日官)의 논의(論議)로 서도(西都)에 행차하여 깊이 기왕(旣往)의 허물을 반성(反省)하고, 유신(惟新)의 교(敎)가 있기를 바라 중외(中外)에 포고(布告)하노니, 모두 들어 알도록 하라.

多以聚斂爲利 鮮有勤儉撫民 倉庚空虛 黎民 窮匱 加之以力役 民無所措手足 起而相聚 爲盜賊 甚非富國安民之意 其令州郡 停無用之事 罷不急之務.

64) 『고려사』, 인종 6년(1128) 10월 임자 삭(朔): 동남해 안무사(東南海安撫使) 정응문(鄭應文)이 아뢰기를, "명진현(溟珍縣)·송변현(松邊縣)·아주현(鵝洲縣)의 3현(縣)[모두 거제도(巨濟島)]의 해적(海賊) 좌성(佐成) 등 8백 2십 인이 투부(投附)하였으므로, 이어 합주(陜州) 삼기현(三岐縣)에 귀원장(歸原)·취안장(就安)의 2장(場)을 두고, 진주(晉州) 의령현(宜寧縣)에 화순장(和順場)을 두고서 이에 거처(居處)시켰습니다."하니 군신(群臣)들이 진하(陳賀)하였다(東南海安撫使鄭應文奏 溟珍·松邊·鵝洲三縣海賊 佐成等八百二十人 投附 已於陜州三岐縣 置歸厚·就安二場 晉州宜寧縣 置和順場 以處之 群臣陳賀).

하나는 방택(方澤)에서 지기(地祇)에 제사하고 사교(四郊)에서 사시
(四時)의 기운(氣運)을 맞이하게 하라. 하나는 거마(車馬)와 의복 제도
(衣服制度)는 힘써 검약(儉約)을 쫓아라. 하나는 불필요한 관리와 급하
지 않은 사무(事務)를 제거(除去)하라. 하나는 농(農)을 권장(勸獎)하고
밭일에 힘써 백성들의 식량(食糧)을 넉넉하게 하라. 하나는 힘써 관곡
(官穀)을 저장(貯藏)하며 구민(救民)에 대비(對備)하라. 하나는 백성에
게 취렴(取)하는 것은 상례(常例)가 있는 것이니, 정상적인 조조(租調)
이외에는 함부로 걷지 말라. 하나는 백성을 어루만지고 지방(地方)을 편
안하게 하여 도류(逃流)하는 사람이 없도록 하라. 하나는 제위포(濟危
鋪)와 대비원(大悲院)에 축적(蓄積)을 후(厚)히 하여 질병(疾病)을 구
제(救濟)하라. 하나는 관고(官庫)의 묵은 곡식(穀食)을 빈민(貧民)에게
억지로 배급(配給)하여 강제(强制)로 그 이식(利息)을 취(取)하지 말 것
이며, 또 묵고 썩은 곡물(穀物)을 백성에게 강제(强制)로 방아 찧게 하
지 말라. 하나는 산택(山澤)의 이원(利源)은 백성들과 같이 할 것이며,
그것을 약취(掠取)하지 말."고 하였다.65)

인종은 거복(車服)의 사치, 군무(軍務)의 노역화(勞役化), 농민 유
망, 관료층의 횡포, 특히 관곡의 고리대 및 산택(山澤)의 이익 독점을
거론하고 있다. 당시 전시과체제(田柴科體制)의 파탄으로 귀족의 토지
겸병이 상당히 진행되고 있었다는 점66)을 아울러 고려할 때, 농민의

---

65) 『고려사』, 인종 5년(1127) 3월 무오: 詔曰 朕 荷天地之景命 襲祖宗之遺基 奄有
三韓 于玆六載 智不能謀 明無所燭 變相仍 略無寧歲 去年二月 亂臣賊子 乘閒而
起 陰謀發覺 朕不得已 咸致於法 自是 引咎責躬 慙德多矣 今以日官之議 行幸西
都 深省旣往之愆 冀有惟新之敎 布告中外 咸使聞知 一 方澤 祭地祇 四郊 迎氣
一 車服制度 務從儉約 一 除冗官不急之務 一 勸農力田 以給民食 一 務儲官穀
以待救民 一 取民有制 常租調外 毋得橫斂 一 撫民安土 無使逃流 一 濟危鋪・大
悲院 厚畜積 以救疾病 一 無以官庫陳穀 抑配貧民 取其息 又無以陳朽之穀 民春
米 一 山澤之利 與民共之 毋得侵牟.
66) 송병기, 「農莊의 發達」『한국사』 8, 국사편찬위원회, 1981, 60쪽.

토지로부터 축출과 산택(山澤)의 이익분배에서 배제는 농민들로 하여
금 제일차적 동족 공동체라는 생존 터전을 상실하게 하여 생활을 극도
로 곤란하게 만들었음이 틀림없다. 그 결과는 농민이 집단적 유민이 되
거나 도적이 되고 있었다.

상술한 바와 같이 전통적 공동체 질서에서 이탈된 농민은 외지를 유랑
하면서 승려들과 결탁하여 왕조질서를 동요시키거나 위협하고 있었다.

(가) 인종 9년 6월: 6월에 음양회의소(陰陽會議所)에서 아뢰기를, "근래
에 중과 속인의 잡류들이 모여 떼를 지어 만불향도(萬佛香徒)라 부
르며 혹은 염불하고 독경하며 허황한 짓을 하고, 혹은 중앙과 지방
의 사찰에서 중들이 술과 파[총(蔥)]을 팔고, 혹은 무기를 가지고
나쁜 짓을 하며, 뛰놀고 장난치는 등 이른바 상도를 문란 시키고 풍
속을 파괴하고 있으니 어사대에 영을 내려 금오위(金吾衛) 순검(巡
檢)을 시켜 금지하게 하소서." 하므로 이에 좇았다.[67]

(나) 인종 9년 8월: 일관이 아뢰기를, "근래에 무당을 믿는 풍속이 크게
유행하여 음사(淫祠)에 제사지내는 일이 날로 늘어나고 있사오니
유사에게 영을 내려 모든 무당을 멀리 내쫓게 하소서." 하여, 조서
를 내려 허락하니, 여러 무당이 이를 걱정하여 은으로 만든 병 백여
개를 거두어 권문귀족에게 뇌물을 쓰고 청탁하니, 그 권문귀족이
아뢰기를, "귀신이란 형체가 없으니 진짜인지 헛것인지 알지 못할
듯합니다." 하니 왕이 옳게 여기고 그 금령을 늦추었다.[68]

---

67) 『고려사절요』, 인종 9년(1131) 6월: 陰陽會議所 奏 近來 僧俗雜類 聚集成群 號
    萬佛香徒 或念佛讀經 作爲詭誕 或內外寺社僧徒 賣酒鬻蔥 或持兵作惡 踴躍遊戲
    可謂亂常敗俗 請令御史臺金吾衛巡檢 禁止 從之.
68) 『고려사절요』, 인종 9년 8월: 日官 奏 近來巫風大行 淫祀日盛 請令有司 遠黜群
    巫 詔可 諸巫患之 斂銀瓶百餘 賂權貴 權貴 奏曰 鬼神無形 其虛實 恐不可知 王
    然之 弛其禁.

(가)에서 음양회의소는 승속 잡류가 만불향도라는 불교적 신앙단체를 조직하여 술, 마늘을 파는 영리 행위 또는 폭력에 의해 생활함으로써 사회를 교란하는 행동을 금할 것을 왕에게 건의하고 있었다. (나)에서 일관(日官)은 무풍(巫風)이 크게 유행함을 꺼려 무당들을 서울 밖으로 축출할 것을 상주했다. '무풍대행(巫風大行)'한 것은 그 당시 불안한 사회 상황을 반영하는 것이었다. 왜냐하면 백성은 불안한 현실을 자기들의 지배적 관념형태인 무속이라는 주술을 통하여 타개하려고 했던 때문이다. 그러나 여기서 주목되는 사실은 승도가 광범한 유랑민중과 결합하여 소란을 일으키고 있었다는 점이다. 고려왕조가 단순한 물리적 강제력에만 의존한 것이 아니라 민중의 정신에도 의존하고 있었던 것이라면, 고려왕조에게 위험한 것은 승도들의 주술적 행위 자체가 아니라 그것을 매개로 하여 승도가 동요하고 있는 백성의 의식을 파악하여 그것을 국가에 대한 물리적 저항력으로 전환할 경우였다.

인종 때 상기한 사회 상황은 다음과 같은 기사에서 더욱 분명하게 나타난다.

인종 8년 6월 계미: 8년 포시(晡時)[신시(申時): 오후 3-5시]에 폭풍(暴風)이 불어 나무를 꺾고 모래를 날리며 우박이 내리니 태사(太史)가 아뢰기를 "근래(近來)에 음양(陰陽)을 억설(臆說)하는 자가 있어 임금에게 번갈아 소식(消息)을 올려 비례(非禮)의 재초(齋醮)를 행하니 비유컨대 약(藥)을 극진히 하여도 병(病)이 낫지 않는 것과 같사옵고 늙고 젊은 남녀(男女)가 왕왕(往往)히 모여서 서로 불호(佛號)를 창(唱)하오니 마땅히 어사대(御史臺) 및 가구소(街衢所)에 명(命)하여서 순행(巡行)하여 금(禁)하도록 하소서."하니 이를 청종(聽從)하였다.69)

69) 『고려사』, 지9 오행, 인종 8년(1130) 6월: 晡時 暴風 折木揚沙 雨雹 太史奏 近來 有臆說陰陽者 交上消息 行齋醮 譬如藥盡而病不盡 老狀男女 往往聚集 互唱佛號

태사는 음양설을 말하는 자들이 재초제(齋醮祭)를 행하고, 남녀노소
들이 불호(佛號)를 부르고 있는 것을 문제시하고 있었다. 군주의 신성
한 권위를 뒷받침하는 것이 천(天)과 교통할 수 있다는 재초 등의 의식
(儀式)이었는데, 백성들이 이를 무시하고 자신들이 직접 거행하고 있
었으며 더욱이 왕조교체의 이론적 근거가 되는 음양설을 꾸며댔다는
것은 왕조의 이데올로기적 권위에 대한 직접적 공격이 되는 것이었다.
또한 이런 사실은 고려왕조가 인종 때에 이르러 민중의 의식파악에 실
패하고 있었음을 반영해주는 사실이라고 생각된다.

위의 사료들에서 공통적으로 나타나는 점은 백성이 왕조권력의 외부
에 있는 주술적 불교의 신앙단체를 통하여 왕조에 대한 은연한 반항을
보이고 있었다는 것이다. 그리고 이런 불길한 전조에 대한 경고와 대책
을 건의하고 있던 국가기관도 관료체계 내에서 이질적 부분, 즉 왕조의
주술적 관념형태를 담당한 음양회의소이거나 일관(日官)·태사(太史)
등이라는 관리들이었다.

전술한 것을 종합하면 다음과 같이 말할 수 있다. 인종 때 문벌귀족
중심의 정치는 전반적인 사회 경제적인 파탄을 초래했고, 이로 인하여
동족적 농촌공동체로부터 유리되어 영리행위라든지 폭력으로 생계를
꾸며나가는 다수의 농민이 출현하게 되었다. 이때 그들은 당시 지배적
인 종교인 불교와 그 지도자인 승려에 의하여 영도되고 있었다. 여기서
민중은 동족적·제일차적 공동 집단이 아니고 같은 신앙을 유대로 하
는 제이차적 공동체인 불교적 신앙단체를 조직하고 있었다. 이런 결사
체는 왕조 당국에 의해 장악되지 않은 국가 권력의 외부에 존립하는 반
권력 집단이므로 언제든지 왕조에 저항 세력화할 수 있는 가능성을 갖고

宣命御史臺 及街衢所 巡行禁止 從之.

있었다. 조정도 이를 주시하여 그들의 활동을 금지시키려고 한 것이다.

또한 역사상 '요승(妖僧)'이라고 지목된 묘청의 존재는 당대 사회에서 '이상한 짓', 즉 '작위궤탄(作爲詭誕)'한 일을 하고 있다는 많은 승려들 중에 한 인물이 국가적 규모로 출현한 것에 불과하였다고 여겨진다. 그리고 그는 요승, 즉 주술을 주로 하는 요망한 승려였다.

결국 인종 연대에 유민, 도적이 된 다수의 농민들의 존재, 그 집결체인 불교적 결사(結社), 또 이것의 형성 원인이 된 명문벌족 중심의 비정(秕政), 그로 인한 사회 경제의 전반적인 피폐와 불안의식 등이 묘청의 난의 원인(遠因)이 되었다 하겠다. 그러나 실제 역사상 고려왕정에 더욱 직접적 중요성을 띠고 나타난 것은 이런 사회 전반적인 피폐 상태보다도 당시 빈발했던 천변지이(天變地異)였다. 그리고 실제로『고려사』에서 재이 기사들이 인종 대에 압도적 많은 비중을 차지하고 있었다. 여기에서 왜 당시 국왕이나 집권귀족들이 상술한 사회 경제적 측면보다도 재이 발생에 더 관심을 집중시켰는가 하는 의문이 없을 수 없게된다. 그래서 여태까지 논의해 온 바와 같이 당대 왕과 집정자들은 눈앞에서 벌어지는 사회, 경제적인 모순보다도 왕조 운수를 단축시킨다는 재이설에 근거하고, 왕의 수덕(修德)[70] 등을 매개해 왕조 기업(基

---

70) 재이가 발생했을 때 왕이 수덕(修德)을 매개하여 이를 극복하려 했던 것은 우주 질서를 도덕적 원리들에 합치시키는 중국 고전의 영향이었다. 참고서: Aihe Wang, *Cosmology and Political Culture in Early China*, Cambridge University Press, 2000, p.146. 육가(陸賈)(활동기, 기원전 206-180)에 의하면, 천(天)과 인(人)을 결합시키면서, 단일한 우주적·사회적 질서를 구성하는 것은 윤리적 원리들이다. 육가는 오행의 상극적 운행을 부정하지는 않았지만, 그러나 그것을 天, 地, 人이란 더욱 거대한 도덕적 우주론에 종속시켰다. 우주론의 존재론적 이론화는 황제의 군력 근거를 물질적 공적 대신에 도덕적 자질로써 대체하고, 권력의 이행 근거를 정복적 무력 대신에 도덕적 행위로써 대신하려는 사회정치적 프로그램을 목적한 것이었다.

業)의 연장을 도모하고 있었다. 이는 당대 집권자들이 역사를 구성하는 사회·경제·군사·이데올로기적 권력들 중, 이데올로기 권력으로서 재이설에 일차적 중점을 두고 행동하고 있었다는 것을 보여주는 사실이다. 또 이것이 왕실의 왕조부흥 운동과 연결되면서 묘청 반란을 유발시킨 제일 원인이 되었다. 이에 대해서는 다음 절에서 자세히 지적하겠다.

우선 재이발생의 빈도수를 왕조별로 보면, 이에 관해서 박성래가 10년 간격으로 재이발생 횟수를 세어서 통계화한 연구가 있다. 그의 재이 집계에 의하면, 삼국시대로부터 조선 연산군 6년까지 15,500개의 재이 기사가 있었다.[71] 그것을 시대별로 정리하면 다음과 같다(〈표 1〉 참조).

시기	전거 사서	발생수	비고
B.C.57-A.D.935	삼국사기	1,000	삼국시대
918-1392	고려사	6,500	고려
1392-1519	조선왕조실록	8,000	조선 태조-중종 14년

〈표 1〉 삼국·고려·조선 재이발생 빈도수. 출처: Park Seong-rae, *Portents and Politics in Korean History*, p.13.

---

71) Park Seong-rae, *Portents and Politics in Korean History*, Jimoondang Publishing Company, 1998, p.13.

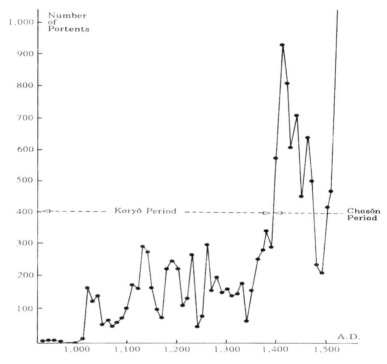

〈그림 1〉 고려·조선 재이 발생빈도: 918-1500. 출처: Park Seong-rae, *Portents and Politics in Korean History*, p.48, Fig. 3

　박성래는『고려사』의 재이기록 과정에 관하여 다음과 같이 언급하고 있다. 즉,『고려사』는 조선 문종 1년(1451) 세가, 지, 열전 등의 항목으로 이루어진 중국 정사체(正史體)의 사서들을 모방하여 완성되었다. 『고려사』39권의 지는 재이들에 관한 3장의 천문지, 3장의 오행지, 합계 6장을 포함하고 있다. 그리고 이 재이 기록은 초기 7대 왕들인 태조 1년-목종 12년(918-1009) 연간에는 심하게 결락되어 있다. 이것은 고려실록들이 덕종 3년(1034)에 일시에 편찬되었다는 것을 뜻한다. 그리고 목종 3년(1009)은『고려사』에서 천재지변을 제대로 기록하기 시작한 첫해이다. 이 사실이 처음 7대 왕들 동안에『고려사』세가에서나 지에서 아무런 재이 기록이 없는 것과 부합된다.

11세기 들어와서 덕종 3년(1034)부터 본격적으로 재이가 기록되기 시작하여 재이 기사는 박성래의 집계에 의하면『고려사』의 139권 중에 6권이나 되는 천문지와 오행지에는 6,500 횟수에 달하고 있다.『고려사』에서도 연대기 성격을 갖는 세가 부분의 재이 기재는 천문지·오행지의 그것보다도 5분의 1 정도에도 미치지 못한다. 또 다른 고려시대의 사서인『고려사절요』는『고려사』의 세가보다도 약간 적은 재이들이 기록되어 있으나, 후자의 천문지·오행지를 그대로 옮긴 것이 아니다. 이런 차이는 두 사서의 편찬이 다른 학자들에 의하여 또 다른 사료들에 근거하여 이루어진 것을 보여주는 것이다. 그러나 그 차이점들은 작아서 통계적 면에서는 무시할 수 있다고 한다.[72]

그림 1에서 그 시기를 고려시기(918-1392), 그것도 전기에 한정해 보면, 천재지변은 인종 연대(1122-1146)에 집중하고 있음을 알 수 있다. 이런 재변의 빈발과 이자겸의 난(인종 4년, 1126)에서 시후를 조절할 수 있다고 신앙된 궁궐 소실이 인종으로 하여금 왕조의 안위에 대한 불안을 한층 고조시켰다고 생각된다. 그래서 이런 배경 하에서 서경천도와 왕조의 유신중흥을 할 수 있다는 주술성을 내건 묘청이 등장하지 않았는가한다.

필자도 고려 전기 묘청의 난 발생 때까지『고려사』오행지와 천문지의 재이발생 횟수를 독자적으로 조사하여 다음과 같이 집계하였다. 그리고 그것을 근거로 하여 〈표 2〉와 〈그림 2〉를 작성하였다. 이를 참조하면서 재이 발생과 국왕과의 연관을 모색해 보겠다.

---

72) 앞의 책, 25-30쪽의 여러 곳.

구간 5년간	오행 (회, %)		천문 (회, %)		5년간	오행 (회, %)		천문 (회, %)	
918-923	3	0.34	–	–	1044- 1049	8	0.91	7	2.30
924-929	6	0.68	–	–	1050- 1055	22	2.49	7	2.30
930-935	2	0.23	1	0.33	1056-	9	1.02	8	2.62
936-941	3	0.34	1	0.33	1062-	19	2.15	5	5.16
942-	2	0.23	–	–	1068-	15	1.70	8	2.62
948-	4	0.45	–	–	1074-	7	0.80	6	1.97
954-	1	0.11	–	–	1090-	14	1.58	7	2.30
960-	1	0.11	–	–	1086-	32	3.62	9	2.95
966-	1	0.11	–	–	1092-	15	1.70	7	2.30
972-	3	0.34	–	–	1098-	44	4.98	10	3.28
978-	2	0.23	–	–	1104-	41	4.64	12	3.93
984-	3	0.34	1	0.33	1110-	44	4.98	13	4.26
990-	1	0.11	–	–	1116-	53	6.00	8	2.62
996-	–	–	–	–	1122-	46	5.21	27	8.85
1002-	4	0.45	1	0.33	1128-	85	9.63	22	7.21
1008-	31	3.51	11	3.61	1134-	52	5.89	21	6.88
1014-	48	5.43	18	5.90	1140-	33	3.74	10	3.28
1020-	38	4.30	10	3.28	1146-	38	4.30	9	2.95
1026-	28	3.17	8	2.62	1152-	20	2.26	8	2.62
1032-	39	4.42	8	2.62	1158-	27	3.06	17	5.57
1038-	27	3.06	11	3.61	1164-	12	1.36	15	4.92

〈표 2〉 고려전기 오행·천문지 재이발생 빈도: 253년간 오행 재이: 총 883회, 천문 재이: 총305회 재이 발생. 예종: 재위 1105-1122, 인종: 재위 1122-1146, 의종: 재위 1146-1170. 『고려사』 참조.

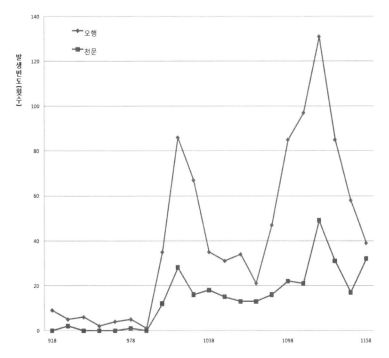

〈그림 2〉 고려전기 태조−의종(918−1170) 오행지·천문지 재이 발생빈
도. 『고려사』 참조 작성.

년	오행 회, %		천문 (회, %)		태백 성	년	오행 (회, %)		천문 (회, %)		태백 성
1	10	0.63	5	6.49	3	13	2	0.93	4	5.20	1
2	8	3.70	8	10.39	1	14	6	2.78	4	5.20	2
3	4	1.85	1	1.30		15	11	5.09	3	3.90	1
4	10	4.63	6	7.80	1	16	11	5.09	4	5.20	−
5	8	3.70	−	−	−	17	7	3.24	2	2.60	−
6	13	6.02	6	7.80	4	18	6	2.78	−	−	−
7	10	3.24	6	7.80	1	19	5	2.31	2	2.60	−

8	18	8.33	2	2.60	–	20	–	–	1	1.30	–
9	21	9.72	4	5.20	3	21	5	2.31	3	3.90	–
10	9	4.17	1	1.30	–	22	4	1.85	2	2.60	–
11	13	6.02	2	2.60	–	23	5	2.31	5	6.49	–
12	16	7.41	5	6.49	2	24	4	1.85	1	1.30	–

〈표 3〉 인종 연간 오행·천문·태백성(太白星) 주현(晝見)현상 빈도. 인종 재위: 1122–1146 23년간 오행지에서 총216회, 천문지에서 총77회의 재이발생 기록. 『고려사』 참조 작성.

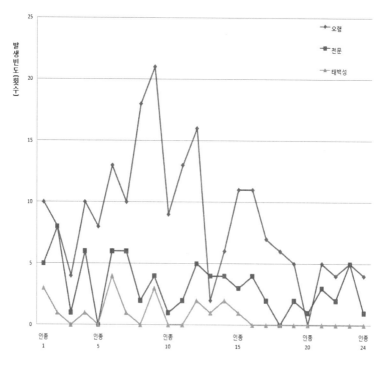

〈그림 3〉 인종 연간(1122–1146) 오행지·천문지 태백성 주현(晝見)출현 빈도. 『고려사』 참조 작성.

인종대(1122-1146)는 역대 다른 왕들과 비교할 때에 천변지이가 유
난히 심하게 발생하고 있었다. 〈그림 3〉에 의하면 고려전기 재이발생
은 인종 재위 6년-12년(1128-1133) 전후한 때에 집중적으로 빈발하고
있음이 나타난다. 이 기간 중에 일어난 85회에 달하는 재이 발생은 고
려 전기의 총발생 회수의 10%를 점한다. 이는 구간 5년간의 평균 비율
이 2.4%인 것에 비해 그 4배 이상이나 되는 수치이다. 묘청 반란은 인
종 13년(1135)에 재이 빈도수가 가장 많은 구간, 즉 인종 6-12년 바로
다음 해에 발생하고 있다. 이는 묘청 반란이 재이와 밀접하게 관련이
있었음을 보이는 방증이 된다고 하겠다. 그 후 의종 연간(1146-1170)
에 재이회수는 점차 줄어들어 소강(小康) 상태에 이르게 된다.

재이와 묘청 반란과의 상관성은 재이 중에서도 이채를 띠는 태백성
이 대낮에 출현했다는 '태백주현경천(太白晝見經天)'의 천변(天變)을
보면 더욱 분명해진다. 태백성은 금성으로 지구에서 보아 가장 찬란하
게 보이는 별인데 고려시대에는 국왕의 서거73)을 암시하는 것으로 천
문상의 재변으로는 매우 큰 비중을 가졌던 듯하다. 〈그림 3〉에 의하면
태백성이 한낮에 출현한 것은 고려 전기 중 42회였는데 그중 인종 때에
19회 나타났다. 그것도 묘청 반란 전에 15회로 집중적으로 출현했다.
그런데 묘청의 활동기간이 재이발생이 가장 심했던 인종 재위 6-12 연
간과 정확하게 일치하고 있었다. 묘청은 인종 5년 서경에 행차한 왕을
설득하여 관정도량을 베푼 것이 그 활동의 출발이었다. 이후 인종 6년
부터 그의 활동은 본격적이 되었다가 인종 13년 정월 반란 직후에 서경

---

73)『고려사』, 지1 천문 성변(星變), 선종 9년(1092) 11월 병자: 11월 병자(丙子)에
　　태백(太白)이 낮에 나타나 경천(經天)하여 누벽진성(壘壁陣星)을 범(犯)하니 태
　　사(太史)가 아뢰기를 태백(太白)이 낮에 나타나면 3년만에 반드시 대상(大喪)이
　　있는 것이라 하였다. 12월 임자(壬子)에 달이 우림성(羽林星)으로 들어갔다(太白
　　晝見經天 犯壘壁陣 太史奏曰 太白晝見 三年必有大喪 十二月壬子 月入羽林).

에서 피살될 때까지 6년 동안이었다.74) 이 점에서도 묘청 등장이 당시 빈발하는 천재지변과 국왕의 소재책(消災策)하고 서로 상관되고 있었다고 일단 가정된다.

그런데 당시 재이기록이 어떤 정치적 영향아래서 과도하게 관찰되었던 것이 아닌가하고 의심할 수 있으나, 이 견해는 재이발생이 관념상 왕조 역수(曆數)에 대한 의구심을 불러일으키는 불길한 전조였다는 점에서 수긍할 수 없다. 이 점에서 고려왕조의 재이관찰과 기록은 매우 엄격한 것이었다. 고려 후기이긴 하지만 일식 관찰과 그 오류에 대한 책임자 처벌에 관한 다음과 같은 사례가 있다.

> 공민왕 7년 12월 을축 삭(朔): 일식(日食)하니 사천대(司天臺)의 하관정(夏官正) 위원경(魏元鏡)이 아뢰기를 마땅히 일식(日食)할 것이라 하였으나 흐린 날씨 때문에 보이지 않았으므로 어사대(御史臺)가 말하기를 때에 앞선자는 죽여 사면(赦免)함이 없었고 때에 미치지 못한 자도 죽여 사면(赦免)함이 없었으니 이제 술자(術者) 원경(元鏡)은 그 술(術)이 밝지 못하니 청컨대 이를 죄(罪)주소서 하였는데 그 후에 전라도(全羅道) 사람이 일식(日食)을 보았다하므로 면(免)함을 얻었다.75)

어사대는 일식이 구름에 덮여 보이지 않았음에도 불구하고 사천대

---

74) 『고려사』, 인종 5년(1127) 3월 갑신: 서경(西京)의 요승(妖僧) 묘청(妙淸)과 일자(日者)[점후(占候)와 복서(卜筮)를 맡은 자]인 백수한(白壽翰)이 왕을 설득하여 관정도량(灌頂道場)을 상안전(常安殿)에서 설(設)하였다(西京妖僧妙淸・日者白壽翰 說王 設灌頂道場于常安殿). 앞의 책, 인종 13년(1135) 정월 을축: 서인(西人)이 묘청(妙淸)과 유참(柳)을 참살(斬殺)하고 분사대부경(分司大府卿) 윤첨(尹瞻)을 보내어 항복(降服)을 청하였다(西人 斬妙淸及柳 遣分司大附卿尹瞻 請降).

75) 『고려사』, 지1 천문1 일변(日變), 공민왕 7년(1358) 12월: 日食 司天臺夏官正魏元鏡奏 日當食 會天陰不見 御史臺言 先時者 殺無赦 不及時者 殺無赦 今術者元鏡 其術不明 請罪之 厥後 全羅道人 有見日食 故得免.

관원인 위원경의 천문술이 밝지 못하다는 죄목을 들어 사형에 처할 것을 요구하였다. 그러나 그는 다행이도 전라도에서 일식이 보였다 해서 형벌을 면하게 되었다. 천문관측 기구에 속한 관리들이 예보 불능이나 오보에 대해 엄한 형벌을 받게 되었음을 보면, 이런 제도는 재이 일반의 관찰에도 적용되었을 것이라고 생각된다. 결국 천재지변은 단순한 자연현상이 아니라 관념상 왕조에게 심각성을 띠는 것이었으므로 『고려사』의 천변지괴(天變地怪)에 관한 사료가 자못 상세하게 된 것이라고 추정된다.76)

인종은 자기 치세에 들어와서 더욱 심한 재이로 인하여 왕조 운수가 다 되어 간다는 불안의식과 그 제거 방책을 강구해서 왕조를 새롭게 해야겠다는 생각에 집착해 있었던 것 같다. 인종은 제서를 내려 다음과 같이 그의 생각을 피력하고 있다.

> 인종 10년 11월 을묘: 제(制)하기를, "짐(朕)이 박덕(薄德)한 몸으로 조업(祖業)을 계승하여 때마침 쇠계(衰季)를 당하니, 여러 번 변고(變故)를 겪었으므로 밤낮으로 면려(勉勵)하여 중흥(中興)을 바라노라. 훈언(訓言)에 이르기를, '수 만년을 쌓으면 반드시 동지(冬至)의 갑자(甲子) 일(日)을 얻어 해[日]·달[月]·5성(星)이 모두 자방(子方)에 모이므로 이를 상원(上元)이라 하여 역(曆)의 처음을 삼나니, 개벽(開闢) 이래로 성인(聖人)의 도(道)가 이를 쫓아 행하였다'고 하였다. 그런데 지금 11월 초 6일에 동지(冬至)를 만나 그 야반(夜半)이 갑자(甲子)를 만났으니, 삼원(三元)의 처음이 되어 가히 구(舊)를 고치고 신(新)을 새롭게 할 것이다. 이에 유사(有司)에 명하여 옛 성현의 유훈(遺訓)을 받들어 서경(西京)에 대화궐(大華闕)을 창건(創建)하게 하나니, 아아! 그대들 삼사

---

76) 변태섭, 「『고려사』의 내용분석」 『『고려사』의 연구』, 1982, 64쪽. 천문지 등에 천변기사(天變記事)가 많은 것은 중국사서(中國史書)에서 취한 것이라고 말하는 이가 있으나, 사실은 이미 고려실록(高麗實錄)에 재이에 관한 기록이 많았다 한다.

(三事)[삼공(三公)] 대부(大夫)와 백관 서사(百官庶事)는 함께 유신(維新)의 정치(政治)를 도모하여 영세(永世)의 경휴(慶休)를 더하게 하라." 고 하였다.77)

여기서 인종은 우선 자기 치세가 쇠퇴하는 시기를 맞고 있다고 생각하고 천문의 역수 갱신하는 때를 만나 유신 정치를 도모하겠다고 선포하였다. 이런 경우, 왕은 관료기구에는 의지할 수가 없다. 관료적으로 조직된 국가내적 권력체계는 일정한 법규 내지 관행에 따라 반복되는 행정이라는 일상적 운행에는 최대 기능을 발휘하는 것이지만, 이 능력을 넘는 비일상적 영역, 즉 돌발하는 천재지변이나 반란 등에는 무능할 수밖에 없다. 또 고려시대의 관료제가 주술로부터 해방되어 합리적으로 편성되었지만, 그 합리성이란 통치수단과 기술면뿐이고 군주나 관인의 정신 내지 의식에 변화를 가져왔다고는 생각되지 않는다. 따라서 그들의 의식구조는 사회의 일반적 관념형태, 즉 주술적인 것에 의하여 부단히 규정받고 있었다고 하겠다.

고려전기에 관인집단이나 군왕이 아직도 주술적 관념형태를 벗어나지 못하고 있었다는 주장은 당시 한재(旱災) 퇴치를 위한 대책과 그 국가 의식(儀式)을 보면 수긍할 수 있다. 그 방법은 다음과 같이 다양하였다. 즉 (1) 형정(刑政)의 완화, 토목건축공사의 혁파, 구빈책(救貧策), 종묘의례(宗廟祭禮) 등을 통한 기우(祈雨)가 있었다. 이 방책들은 유교정치 이념의 실천이었다. (2) 도교 방식의 재초(齋醮), (3) 자연숭배

---

77) 『고려사』, 인종 20년(1142) 11월 기묘: 制曰 朕 以凉德 獲承祖業 適當衰季 累更變故 夙夜勉勵 庶幾中興 訓有之 曰積數萬歲 必得冬至甲子 日月五星 皆會于子 謂之上元 以爲曆始 開闢以來 聖人之道 從此而行 今遇十一月初六日冬至其夜半 値甲子 爲三元之始 可以革舊鼎新 受命有司 擧古賢遺訓 創西京大華闕 咨爾三事 大夫百官庶事 共圖惟新之政 以增永世之休.

또는 토속적 기우제, (4) 가장 많은 비중을 차지하는 불교의 각종 도량, 독경행사(讀經行事) 등이 있었다. 결국 한재(旱災)에 대처하는 모든 행위는 고려 당대인의 모든 정신생활의 총합(總合)이었다고 할 수 있다.78) 이렇게 기우 행사를 봐서도 고려시대의 관인층(官人層)의 사유 방식은 아직도 주술적 세계관에 머물고 있었다고 하겠다. 여기에서 유교적 선정(善政)조차도 주술적으로 행해졌다는데 주목된다.

인종의 재이 소재책(消災策)도 당시 시대정신에 구속되어, 서경에 궁궐 축조란 주술적 방법으로 나타났다. 인종 4년에 일어난 이자겸 반란으로 인하여 정궁(正宮)을 비롯한 궁궐 소실은 왕에게 심각한 정신적 영향을 주었고, 왕조 계속의 가능성까지도 의심하고 있었다. 그는 궁궐이 불타버린 것, 즉 '궁궐분탕(宮闕焚蕩)'의 액운을 만난 것은 자기의 '박덕(薄德)' 때문이라고 다음같이 자책하고 있었다.

인종 11년 5월 을축: 조(詔)하기를, "짐(朕)이 박덕(薄德)하므로 마침 액운(厄運)을 만나 궁실(宮室)이 소분(燒焚)되고, 창름(倉)이 공궤(空)하며, 조정(朝廷)은 바르지 못하고, 풍속(風俗)이 효박(淆薄)하되 정치(政治)의 술(術)이 적고, 시설(施設)이 방법에 어그러져 상하(上下)의 인심(人心)이 날로 더욱 완비(頑鄙)하고, 원근(遠近)의 민업(民業)이 날로 더욱 쇠잔(衰殘)하여지므로 숙야(夙夜)로 두려워서 편안하게 있을 겨를이 없도다.
지금 간관(諫官)이 아뢰기를, '경기(京畿) 산야(山野)에 황충(蝗蟲)이 송엽(松葉)을 먹는다.'고 하니, 이는 대개 나라에 간사한 사람이 많고 조정(朝廷)에 충신(忠臣)이 없는지라. 천의(天意)에 이르기를, '위(位)에 거(居)하여 녹(祿)을 먹고 공(功)이 없으면 벌레와 같다. 이를 빨리 구(救)하지 않으면 병란(兵亂)이 일어날 것이오. 유도(有道)한 자를 거용(擧

---

78) 이희덕, 「고려시대 오행설에 대한 연구」『역사학보』79, 1978, 68-69쪽.

用)하여 고위(高位)에 두면 재앙(災殃)이 가(可)히 소멸(消滅)될 것이라고 하는 듯하나, [...] 짐(朕)은 다스림을 구(求)함이 비록 간절하나 덕(德)이 진실로 같지 않아서 정사(政事)가 폐하고 백성이 쇠잔하는데, 이미 능히 사람을 알아보지 못하여서 가용자(可用者)를 버리고 무용자(無用者)를 등용(登用)하여 용인(庸人)과 비부(鄙夫)들이 외람되게 직위(職位)의 반열(班列)에 올라 사(私)를 영위(營爲)하고 공(公)을 해(害)롭게 하며, 회뢰(賄賂)가 크게 행하여 공도(公道)가 막혀 해(害)가 된 지더욱 오래된지라. 그 충절(忠節)을 품고 가히 패익(裨益)될 수 있는 사람이라도 해(害)를 당할까 두려워하여 벙어리 같이 세속(世俗)에 따라진퇴(進退)하니, 이것은 상천(上天)이 재이(災異)를 내리는 바이다.[79]

여기서 인종은 자기가 박덕함으로 액운을 만나 궁실이 소실되고 창고가 비고 조정이 바르지 못하고 풍속이 희박하고 정리(政理)의 방책이 적고 시설은 방향이 틀리고 인심은 날로 완비(頑鄙)해지며 민업(民業)은 날로 쇠잔해졌다. 이로 인하여 자기는 밤낮으로 두려워하여 편안히 있을 틈이 없었다. 그런데 경기 산야에 메뚜기가 솔잎을 먹는 재이가 발생했다. 이를 없애기 위해 그는 인재를 적절히 등용할 것을 기

---

79) 『고려사』, 인종 10년(1132) 春正月: 詔曰 朕 以薄德 適遭厄會 宮室燒焚 倉空
朝廷未正 風俗淆薄 而政理寡術 施設乖方 上下人心 日益頑鄙 遠近民業 日益彫
殘 夙夜恐懼 不遑寧處 今諫官奏曰 京畿山野 蝗食松 此盖國多邪人 朝無忠臣 天
意 若曰居位食祿 無功如蟲矣 救之不早 則兵起 擧有道 置高位 災可消也 古人云
臣安祿位 玆謂貪 厥災 食根 德無常 玆謂煩 食葉 不黜無德 食本 與東作爭 食莖
蔽惡生 食心 [...] 朕 求理雖切 而德實不類, 政弊民殘 旣不能知人 可用者 遺之
無用者 陞之 庸人鄙夫 濫進列位 營私害公 貨賂大行 公道閉塞 爲害滋久 其懷忠
抱節 可以裨益者 畏害默 隨俗進退 此上天 所以降災異也 今宰輔群公 引古論列
者 方將善善惡惡 激清國事者也 朕雖不敏 昌言議 敢不樂從 凡有內外官僚 其有
貪汚謀利 暴惡殘人 或儒怯不肯 無益有損者 非不知之 然不教而誅 謂之虐 習俗
已久 遽置罪責 朕所不忍 有司 宜丁寧告諭 使之自新 苟不革心 長惡不悛者 勿論
親貴賤 皆繩以法 其有清白奉公 節義殊異者 宜各褒擧.

약하고 있다. 인종은 궁궐 소실과 목행(木行)의 재이인 송충의 번식을 연관시켜 생각하고 있는데 비록 이는 재이사상을 매개하기는 했으나 가히 주술적 사고라고 하겠다.

상술한 사실로부터 당시 궁궐 관념에는 단순한 인간 거주지가 아닌 다른 어떤 의미가 감춰져 있다는 것을 추측할 수 있다. 이 점에서 고려시대의 궁궐에 대한 관념을 명백히 함으로써 궁궐과 재이의 관계, 나아가서 묘청 반란의 계기를 고찰하려 한다.

태사는 짙은 안개란 재이가 발생하자 의종에게 다음같이 상주하고 있다.

> 의종 18년 11월 무자: 18년 11월 무자(戊子)에 크게 안개가 끼었다. 계묘(癸卯)에 음무(陰霧)가 사방에 자욱하여 길 가는 자가 길을 잃으니 태사(太史)가 아뢰기를, "안개란 뭇 사(邪)된 기(氣)로 연일(連日) 풀리지 않으면 그 나라가 혼란합니다. 또 안개가 혼란(昏亂)하게 일어나 10보(步) 밖에 사람이 보이지 않음은 이를 주혼(晝昏)이라 말합니다. 대궐(大闕)에 명당(明堂)은 조종(祖宗)이 정사(政事)를 펴는 곳으로 그 제도(制度)는 모두 천지(天地) 음양(陰陽)을 법(法) 받은 것입니다. 그러므로 임금은 출입(出入)과 기거(起居)를 무상(無常)하게 하지 못하는데 지금 폐하(陛下)께서는 그 있을 곳이 아닌 곳에 처(處)하고 그 인물(人物)이 아님에도 임용(任用)하시며 명당(明堂)은 오래도록 비우고 거처(居處)하지 않으시고 천재(天災)는 가(可)히 두려워할 것인데 수성(修省)하지 않으시며 이사(移徙)가 무상(無常)하시고 호령(號令)이 때가 없으시므로 이런 이변(異變)이 있는 것입니다."라고 하였으나 임금은 끝내 깨닫지 않았다.[80]

---

80) 『고려사』, 지9 오행3, 의종 18년(1164) 11월 무자: 大霧 癸卯 陰霧四塞 行者失路 太史奏云 霧者 衆邪之氣 連日不解 其國昏亂 又霧起昏亂 十步外 不見人 是謂晝 昏 大闕明堂者 祖宗布政之所 其制 皆法天地陰陽 故王者 出入起居 不可無常 今

태사가 그때 발생한 이상한 안개, 즉 무이(霧異)를 가지고 의종의 무절제한 유흥행각을 견제하려 했다. 이때 대궐을 명당이라 규정하고, 왕이 명당인 궁궐을 오래 비워두고 거처하지 않았으므로 안개가 일어났다고 주장하였다.

앞서 지적한 것처럼 명당은 사시순행(四時巡行) 작업을 위한 일종의 천문대와 같은 성격을 갖고 있었다. 여기에서 천자는 월령에 따라 사계순환(四季巡還), 궁극적으로는 시간의 순환작업을 조절하는 주술적 의식을 거행하였다. 그리고 명당은 시간·공간의 중추지(中樞地)라고 생각되어, 만약 명당에서 시후(時候)에 관한 의식이 조금이라도 어긋나면 즉시 재이가 발생한다고 믿어졌다.

이러한 명당 개념이 고려 당대인에게 직접적으로 영향을 끼치고 있음은 앞의 인용문을 통해서도 알 수가 있다. 즉 의종이 명당인 대궐을 오래 비워두고, 출입이 한결같지 않는 등 무모한 행동 때문에 십 보 밖에서 사람을 안보이게 하는 안개란 재이가 발생했다고 것이 상주문의 취지였다. 이는 고대 중국의 월령에 내포된 생각이 그대로 드러나고 있다.

위의 맥락에서 이자겸 반란 때 궁궐 소실은 바로 빈번한 재이발생의 원인으로 생각되게 되었다. 왕실의 입장으로서는 옛 궁궐을 수리하여 사용하거나 새 궁궐을 창건해서 재이를 막아야 했다. 이때 전자의 선택은 궁궐(일종의 소우주로서 대우주에 작용하여 시후 순환작용을 돕는 건조물)이 이미 불타버려서 그 주술성을 상실했다는 점에서 배제된다. 여기서 새로운 궁궐의 창건에 대한 요구가 당연해졌다고 할 수 있다.

묘청은 궁궐이 가진 위와 같은 주술성 때문에 궁궐을 신비화 내지는 장엄화(莊嚴)하게 할 수 있는 요승(妖僧), 즉 주술승(呪術僧)으로 등장

陛下 處非其位 任非其人 明堂 久曠而不居 天可懼 而不省 移徙無常 號令不時 故有此異 王 竟不悟.

한 것이다. 묘청의 등장과 궁궐 수축(修築)과는 다음과 같이 깊은 관계
가 있었다.

> 인종 10년에 비로소 서울 궁궐(宮闕)을 수축하면서 평장사(平章事)
> 최홍재(崔弘宰) 및 문공인(文公仁) 임경청(林景淸)이 그 역사(役事)를
> 감독하게 되었다. 기초(基礎)를 열매 미쳐 묘청(妙淸)이 최홍재(崔弘宰)
> 등 및 역사(役事)를 담당한 관원에게 모두 공복(公服)을 입고 차례로 서
> 게 하고 장군(將軍) 4인은 갑옷을 입고 칼을 차고 사방에 서게 하고 군
> 사 120명은 창(槍)을 들고 300명은 횃불을 들고 20명은 촛불을 들어 둘
> 러서게 하고 묘청(妙淸)은 가운데서 길이가 360보(步)나 되는 백마(白
> 麻) 끈 네 가닥을 사방(四方)에서 당겨 법(法)을 짓고 스스로 말하기를,
> "이는 태일옥장보법(太一玉帳步法)인데 선사(禪師) 도선(道詵)이 이를
> 강정화(康靖和)에게 전수하였고 강정화(康靖和)가 나에게 전하였는데
> 내가 늙으면 백수한(白壽翰)에게 이를 전수하리니 여러 사람의 알 바가
> 아니다."라고 하였다.[81]

당대에 시공간의 중심축이며 소우주라고 생각된 궁궐을 수축할 때
묘청 등은 관인들과 함께 신비적인 의례를 집행하여 궁궐의 주술성을
한껏 높이고 있었다. 즉, 공복을 입은 관원들, 칼을 들고 갑옷을 입은
장군 4인, 그리고 각각 창, 횃불, 촛불을 든 120명, 300명, 20명의 병
사들을 동원하고 있다. 이를 보아 이 의식은 밤에 거행되고 있었다. 그
리고 묘청 자신은 백마 끈 가닥을 잡아당기면서 도선과 강정화를 통해
전수받았다고 하는 태일옥장보법을 시행하고 있었다. 이런 연출은 관

---

81) 『고려사』, 열전40 반역 묘청: 十年 始修宮闕 平章事崔弘宰及公仁・景淸 董其役
及開基 妙淸 使弘宰等及勾當役事員吏 皆公服序立 將軍四人 甲而劍 立四方 卒
百二十人 槍三百人 炬二十人 燭而環立 妙淸在中 以白麻繩四條 長三百六十步
四引作法 自言此太一玉帳步法 禪師道詵 傳之康靖和 靖和 傳之於我 臨老 得白
壽翰 傳之 非衆人所知也.

원과 장군 등을 동원한 왕조의 공식적 행사였다. 이것만을 보아도 표면 상 고려왕조는 합리적으로 조직된 관리 체제에 의해서 움직이는 것 같 지 보이지만 그 내면에는 주술성에 의존하는 바도 많았다고 하겠다.

실제로 묘청 집단의 서경천도 운동도 묘청 자신이 아니라 왕실의 요 청에 의거해 일어나고 있었다. 그 경위에 대해 사건 당사자인 인종의 말을 직접 들어 보겠다.

> 인종 6년 8월: 서경으로 행차하였다. 중 묘청과 분사검교소감 백수한 (白壽翰)이 스스로 음양의 술법을 안다 하고 허황되고 이치에 맞지 않 는 말로 여러 사람을 현혹시켰다. 정지상은 역시 서경 사람이라 그 말을 깊이 믿고 말하기를, "상경(上京)[개성(開城)]의 기업이 이미 쇠하여 궁 궐이 다 타서 남은 것이 없고, 서경에는 왕기(王氣)가 있으니 마땅히 임 금께서 옮겨가서 상경으로 삼아야 된다." 하였다.[82]

묘청 집단은 개경 궁궐이 이미 불타버렸고, 대신 서경에는 왕기(王 氣)가 있으므로 이리로 천도할 것을 주장했다. 인종은 묘청 등이 궁궐 축조 건의를 받아들여 재위 6년 8월에 서경 행차하여 임원역지에 터를 잡고, 같은 해 11월에 착공하여, 다음 해 7년 2월에 대화궐을 낙성시켰 다. 그 공사 기간이 겨울철 3개월 동안이란 단기간이었고, 이로 인해 공사 인부들의 원성이 높았던 점을 보면 인종이 궁궐 준공을 위하여 얼

---

82) 『고려사절요』, 인종 6년(1128) 8월: 幸西京 僧妙淸 分司檢校少監白壽翰 自稱知 陰陽之術 以詭誕不經之說 眩惑衆人 鄭知常 亦西京人 深信其說 以謂上京 基業 已衰 宮闕 燒盡無餘 西京 有王氣 宜移御爲上京. 『고려사』 열전11 묘청, 인종 10 년: 묘청(妙淸) 백수한(白壽翰)이 또 아뢰기를, "상경(上京)은 지세(地勢)가 쇠약 한 고로 하늘이 재얼(災孽)[화(禍)]를 내리어 궁궐(宮闕)이 다 탔으니 모름지기 자 주 서경(西京)에 거동하여 재앙을 가시고 복을 모아 써 무궁한 왕업(王業)을 누리 소서."하는지라(妙淸·壽翰 又奏 上京地勢衰故 天降災 宮闕焚蕩 數御西京 禳災 集禧 以享無窮之業).

마나 서둘렀는가를 알 수 있겠다.[83]

그러나 재이 발생은 인종 6년 13회나 발생하여 전년보다 8회가 증가
하였다. 특히 태백성도 4회나 대낮에 출현하였다. 천변지이(天變地異)
의 발생 추이는 묘청의 활동의 마지막인 해인 인종 12년까지 다른 기간
과 비교하여 높은 발생 빈도를 유지하였다(〈그림 3〉 참조). 인종은 이
렇듯 빈발하는 재변(災變)으로 인하여 왕조의 존속 여부에 대하여 심
하게 불안을 느끼게 되었다. 이러한 그의 심정은 신궁(新宮)을 완성한
후에 내린 조서에 분명하게 나타나 있다.

> 인종 7년 2월 경인: 서경(西京)으로부터 돌아와서 사면(赦免)하고 조
> (詔)하기를, "때에 따라 변(變)을 타고 그 거처(居處)가 항구(恒久)하지
> 않음은 예로부터 그러하였다. 해동(海東) 선현(先賢)의 말씀에 궁궐(宮
> 闕)을 '대화세(大花勢)에 창건(創建)하여 기업(基業)을 연장(延長)하라'
> 고 하였다. 이제 이미 땅을 상정(相定)하고 신궁(新宮)을 창건(創建)하
> 여 때를 따라 순유(巡遊)하게 되었으므로 은택(恩澤)을 중외(中外)에
> 널리 펴려고 생각한다. 그 사죄(死罪)를 범한 자는 유배(流配)하고, 유
> 배(流配) 이하를 범한 자는 이를 놓아주고, 일찍 유배(流配)된 자로서
> 사면(赦免)하지 못할 중죄(重罪)를 제외하고는 다 양이(量移)함을 허락
> 하라.[84]

인종은 대화세[85]에 궁궐을 창건한 사업이 왕업을 연장하기 위한 것

---

83) 『고려사절요』, 인종 6년 11월 갑신: 임원역(林原驛)에 옮기고, 신궁(新宮)을 지을
   때에 내시 낭중(內侍郎中) 김안(金安)에게 명하여 역사(役事)를 감독(監督)하게
   하니, 때는 바야흐로 모진 추위에 물이 얼어붙는지라 백성들이 심히 원망하였다
   (移林原驛 作新宮 命內侍郎中金安 督役 時方寒 民甚怨咨).
84) 『고려사』, 인종 7년(1129) 3월 경인: 至自西京 赦 詔曰 因時乘變 不常厥居 自古
   而然 海東先賢 有言 創宮闕於大花勢 以延基業 今旣相地 創造新宮 順時巡遊 思有
   恩澤遍及中外 其犯死罪者 流配 犯流以下 原之 曾配流者 除不赦重罪外 許量移.

이라 했다. 그리고 그는 아울러 널리 사면령을 내려 관형(寬刑)을 표방
하였다. 그러나 인종이 단순히 재이를 계기로 하여 서경천도를 단행하
여 사회체제를 재조직할 수 있는 기회로 이용하려 했는지 또는 대화세
에 궁궐을 세우면 왕조를 중흥할 수 있다고 실제로 믿었는지는 확인할
도리가 없다. 그러나 앞서 언급한 바와 같이 당시 주술성이란 지배적
관념형태를 참작할 때, 후자가 더 역사적 실상에 가깝다고 생각된다.
왕이 대화궐을 창건함으로써 왕의 교화를 부흥할 수 있다는, 즉 '왕화
부흥(王化復興)'할 수 있다는 신념은 당대 일반적 시대정신의 반영이
었고, 또 이에 구속되어 표출된 것이라고 하겠다. 이때 묘청의 성격은
재이를 해소할 수 있는 주술의 소유자로서 왕실의 국가외적인 영위적
(靈威的) 권위를 돕는 부차적 역할에 불과했다고 하겠다.

  그리고 인종 9년에 묘청은 임원궁성을 쌓고 궁중에 팔성당(八聖堂)
을 설치하여 그 신비적 권위를 높이려고 하였다.

  묘청(妙淸)도 또 왕을 설유(說諭)하여 임원궁성(林原宮城)을 쌓고 팔
  성당(八聖堂)을 궁중(宮中)에 설치하라 하였으니 팔성(八聖)은 첫째 호
  국백두악(護國白頭嶽) 태백선인(太白仙人)이니 실체는 문수사리보살
  (文殊師利菩薩)이요, 둘째 용위악(龍圍嶽) 육통존자(六通尊者)이니 실
  체는 석가불(釋迦佛)이요, 셋째 월성악천선(月城嶽天仙)이니 실체는 대
  변천신(大辨天神)이요, 넷째 구려평양선인(駒麗平壤仙人)이니 실체는
  연등불(燃燈佛)이요, 다섯째 구려목멱선인(駒麗木覓仙人)이니 실체는

85) 최창조, 「풍수지리・도참사상」『한국사』 16, 국사편찬위원회, 324쪽. 여기서 핵심
  이 되는 풍수 개념은 대화세(大花勢)이다. 화(華)는 화(花)로도 쓰는데, 대개 풍수
  가에서는 산수의 발맥(發脈)과 결국(結局)을 흔히 수목의 근간지엽화실(根幹枝葉
  花實) 등에 비유하여 표현하는 것이 상례이다. 산과 물이 모여들어 길격(吉格)을
  이루는 명당 터를 흔히 화세(花勢) 혹은 화혈(花穴)이라고 부른다. 이것은 풍수의
  논리 체계로 말하자면 形局論에 해당된다고 할 수 있다.

비파시불(毗婆尸佛)이요, 여섯째 송악(松嶽) 진주거사(震主居士)이니
실체는 금강색보살(金剛索菩薩)이요, 일곱째 증성악신인(甑城嶽神人)
이니 실체는 늑차천왕(勒叉天王)이요, 여덟째 두악천녀(頭嶽天女)이니
실체는 불동우파이(不動優婆夷)로 모두 화상을 설치하였다.[86]

　팔성(八聖)의 명칭을 살펴보면, 산악신앙과 직결되어 있는 우리 고
유의 신선사상과 불교사상이 합류되어 있음을 곧 알 수 있다. 우리나라
의 진산(鎭山)인 백두산을 비롯하여 거기서 약간 떨어져 있는 용위악
(평안북도 용천 용골산), 월성악(고려 인종대 송도 토산), 구려평양(고
구려의 도읍지 평양의 진산이고 모란봉이 있는 금수산), 한때 고구려
고국원왕이 머물렀던 평양 땅에 있는 목멱산, 송도의 송악, 증성악(평
양 근처 증산의 국령산), 두악(경기도 강화 마이산) 등 8개소의 산악이
내세워져 있다. 이 가운데 평양은 산 이름은 아니나 그 진산을 가리키
는 것으로 볼 수 있고, 또 평양을 내세워 상경의 적지로 돋보이게 하려
는 의도도 개재되어 있었을 것이다. 평양 이북의 산악이 5개소이고 송
도의 그것은 2개소에 불과하며, 단군이 제천한 마이산이 하나 들어 있
다. 마치 평양과 송도의 지기(地氣) 상의 우열을 드러내려는 저의가 깔
려 있는 듯하다. 한편, 우리나라의 선파(仙派) 측에서는 묘청이 불승이
었기 때문에 팔성의 명칭에 보살이나 부처의 이름을 덧붙였을 뿐이지 산
악을 중심으로 한 팔성은 이 땅 고유의 신명(神明)임을 주장하였다.[87]
　묘청은 우리나라의 고유한 산악신앙, 신선사상과 불교 등을 습합하

---

86) 『고려사』, 열전40 반역 묘청: 妙淸又說王 築林原宮城 置八聖堂于宮中 八聖 一
日 護國白頭嶽太白仙人實德文殊師利菩薩 二日 龍圍嶽六通尊者實德釋迦佛 三
日 月城嶽天仙實德大辨天神 四日 駒麗平壤仙人實德燃燈佛 五日 駒麗木覓仙人
實德毗婆尸佛 六日 松嶽震主居士實德金剛索菩薩 七日 甑城嶽神人實德勒叉天
王 八日 頭嶽天女實德不動優婆夷 皆繪像安.
87) 『한국민족문화대백과사전』, 팔성당(八聖堂) 조.

여 대화세의 신성한 권위를 한층 높이려고 하고 있다. 또한 이는 당시 고려 기층민은 불교와 산악신앙, 신선사상을 가리지 않고 어떤 목적을 위해 그 신앙들이 가지고 있다고 생각되는 힘 또는 권위를 동원하고 있었음이 여기서 드러난다.

그러나 묘청 집단이 그렇게 공들인 대화궐이 준공(인종 7년 2월, 1129)되었지만, 그 이래로 재이 발생은 줄어들기는 고사하고 오히려 증가 추세를 보였다. 인종 7년에 10건이었던 천재지변이 8년 18건, 9년 21건으로 이때 최고점에 달했다. 인종 9년 태백성이 낮에 보이는 '태백주현(太白晝見)'의 천변만도 3회 있었다(〈그림 3〉 참조). 이렇듯 재이속발은 재이 해소할 수 있는 주술적 힘을 가진 인물로 등용된 묘청에게는 불리한 상황이 되었다. 특히 인종 12년 6월 서경 대화궐 건룡전에 벼락이 떨어졌다.[88] 이는 묘청 반란(인종 13년 1월, 1135)이 일어나기 6개월 전이었다.

대화궐에 벼락이 떨어지자 인종은 더 이상 서경이 왕조 기업을 연장시킬 수 있는 신성한 터전으로 생각하지 않게 되어서 계획하고 있던 서행을 중단하게 되었다. 이에 관해 당대 권신인 김부식은 다음과 같이 주장하고 있다.

> 인종 12년에 왕이 묘청(妙淸)의 말로써 서경(西京)에 행차하여 재앙(災殃)을 피하고자 하거늘 김부식이 아뢰기를, "금년 여름에 서경 대화궁(大華宮) 3십여 소(所)에 뇌성하고 벼락 쳤으니 만약 여기가 좋은 땅이면 하늘이 반드시 이같이 하지 않을 것입니다. 이곳에 재앙을 피하려 함은 또한 잘못이 아니겠나이까. 하물며 아직 서경은 추수(秋收)를 거두지 못하였으니 행차가 만약 출발하시면 반드시 곡식을 밟을 것이니 백

---

88) 『고려사』, 인종 12년(1134) 6월 갑신: 서경(西京)의 대화궐(大華闕) 건룡전(乾龍殿)에 벼락 쳤다(震西京大華闕乾龍殿).

성을 어질게 하고 만물을 사랑하는 뜻이 아닙니다."하고 또 간관(諫官)
과 함께 글을 올려 극진히 말하니 왕이 말하길, "말한 바가 지극히 마땅
하니 짐이 서경으로 가지 않겠다."고 하였다.[89]

인종이 묘청의 요청에 따라 서경에 행차하려 하는데 김부식이 금년
여름에 서경 대화궁 30여 소에 벼락이 떨어졌으니 그곳은 묘청의 말대
로 명당이 아니라면서 만류하였다. 아울러 그는 백성이 추수가 끝나지
않아 민폐가 심할 것이 걱정된다 하면서 서행(西幸)의 단념을 재촉하
고 있었다. 물론 왕조에서 언론을 장악한 간관(諫官)들도 이에 합세하
였는데, 이에 인종은 서행을 그만 두게 되었다.

이렇게 진재(鎭災)의 목적과 더불어 왕조기업 연장을 위한 궁궐로써
왕실의 온갖 기대의 상징인 대화궐이었으므로 인종은 이 사건을 계기
로 하여 왕조 중흥할 수 있다는 서경의 주술성과 그 제창자인 묘청을
더 이상 신용하지 않게 된 것 같다. 이 벼락 사건과 왕의 불신이 6개월
후에 일어난 묘청의 난이 직접 관계가 있었다고 생각된다. 또한 왕은
이 사건이 전에 있었던 12년 2월 서경 행행(行幸)을 마지막으로 그 후 서
경 순행을 중단하고, 그 대신에 개경 근처에 있는 장원정(長源亭)을 순주
처(巡駐處)로 삼고 있었던 것도 상기한 사실과 연관된다고 여겨진다.[90]

그리고 인종은 12년 이후에 유신들에게 예기월령(禮記月令)을 진강
(進講)시켰음에 주의가 간다.[91] 이는 초자연적 비합리적 주술이란 국

---

89) 『고려사』, 열전11 김부식: 十二年 王以妙淸言 欲幸西京避災 富軾奏曰 今夏雷震
西京大華宮三十餘所 若是吉地 天必不如此 避災於此 不亦左乎 今西成未收 車駕
若出 必踐禾稼 非仁民愛物之意 又與諫官 上極言 王曰 所言至當 朕不西行.

90) 『고려사절요』에 의하면 인종의 서경 행행(行幸)은 7회였다. 장원정(長源亭) 순행
(巡行)도 역시 7회였다(출발 3년 8월-귀경(歸京) 3년 11월, 5·2-5·7, 6·8-6·
10, 7·2-7·3, 8·8-8·8, 10·2-10·4, 12·2-12·3). 장원정 순행도 역시 7회였
다(12년 9월, 14·2, 14·8, 15·3, 15·9, 20·8, 20·10).

가 외적 권위에 대한 신념이 약화되고 보다 합리적인 관료제로 조직된
국가내적인 권위와 이를 지지하는 유가 관료에 의존하려던 왕의 태도
를 반영한 것이 아닌가 한다. 왕은 12년 이후 묘청의 주술적 능력을 신
용하고 않았음을 이를 통해 알 수 있다.

묘청은 재이빈발로 인하여 왕조를 부흥하겠다는 왕실 측 요망에 의
해 등장했다고 할 수 있는데, 조정의 문벌귀족은 그를 둘러싸고 분파작
용을 일으키고 있었다. 여기서 묘청 집단과 그 반대세력의 사회성분을
살펴서 그 파벌의 성격을 분명히 하겠다. 우선 두 집단 중에 중요한 인
물들과 반란 직전의 관직을 비교하여 보면 다음과 같다(〈표 4〉 참조).

묘청 집단			김부식 집단		
인명	관직	품계 (품)	인명	관직	품계 (품)
문공인 (文公仁)	평장사(平章事)	정 2	김부식 (金富軾)	평장사(平章事)	정 2
임경청 (林景淸)	추밀원부사 (樞密院副使)	정 3	임원애 (任元敳)	평장사(平章事)	정 2
홍이서 (洪彝敍)	지주사(知奏事)	정 3	이지저 (李之氐)	승선(承宣)	정 3
김안 (金安)	내시랑중(內侍郎中)	정 5	이중 (李仲)	직문하성(直門下省)	종 3
정지상 (鄭知常)	기거주(起居注)	종 5	임완 (林完)	국자사업(國子司業)	종 4
이중부 (李仲浮)	내시원외랑 (內侍員外郎)	정 6	문공유 (文公裕)	시어사(侍御史)	종 5

〈표 4〉 묘청·김부식 집단 대조표. 『고려사』 참조 작성.

---

91) 『고려사』, 인종 12년 6월 신사: 대명궁(大明宮) 수락당(壽樂堂)에 거동하여 한림
    학사(翰林學士) 김부의(金富儀)에 명하여 『예기(禮記)』 「월령편(月令篇)」을 강독
    (講讀)하게 하였다(御大明宮壽樂堂 命翰林學士金富儀 講月令).

그리고 이 두 집단을 대표하는 인물인 묘청과 김부식의 경력을 소개하면 다음과 같다.

묘청(妙淸)은 생년 미상(未詳)-인종(1135)의 고려 중기 승려이다. 서경(西京)[평양[平壤] 사람이나, 속성(俗姓)과 본관은 알 수 없다. 뒤에이름을 정심(淨心)이라 고쳤다. 승려이면서도 도교적인 요소를 함께 갖추었으며, 풍수지리와 도참사상(圖讖思想)을 익혀 이를 바탕으로 서경천도를 주장하다가 받아들여지지 않자 반란을 일으켰다.

인종 6년(1128)에 같은 서경 사람인 정지상(鄭知常)과 분사검교소감(分司檢校少監) 백수한(白壽翰), 근신(近臣) 김안(金安)·홍이서(洪彝敍)·이중부(李仲孚), 대신(大臣) 문공인(文公仁)·임경청(林景淸) 등의 지지를 받아 서경천도론을 처음 제기하였다.

묘청은 상경(上京)[지금 개성(開城)]은 기업(基業)이 이미 쇠했고 서경에는 왕기(王氣)가 있으니 서경으로 천도하자며, 서경의 임원역(林原驛)이 음양가에서 말하는 대화세(大華勢)이므로 이곳에 궁궐을 짓고 천도하면 가히 천하를 아우르게 되어 금(金)나라가 스스로 항복하고 36국이 모두 신하가 될 것이라 하였다. 이 주장은 앞서 이자겸(李資謙)의 난으로 왕궁이 불타고, 새로이 등장한 금나라의 압력이 점차 거세져 민심이 동요하던 상황에서, 인종의 호응을 얻어 곧바로 천도를 위한 준비가이루어졌다. 즉 인종은 묘청을 수가복전(隨駕福田)으로 삼고 친히 서경에 행차했으며, 곧 임원역에 궁궐을 짓기 시작해 다음 해 임원궁(林原宮)이 완성되었다. 그리고 인종이 임원궁에 행차하자 이번에는 칭제건원(稱帝建元)과 금국정벌(金國征伐)을 주장하기도 하였다.

인종 9년(1131)에는 […] 팔성당(八聖堂)을 지었다. 다음 해에는 서경의 상서로움을 부각시키기 위해 기름을 넣은 큰 떡을 대동강에 담가두어 그 기름이 물 위로 떠오르면서 오색 빛을 내게 했다가 발각 당하였다. 그러나 서경천도에 더욱 박차를 가해 인종 10년(1132) 서경에 대화궐(大華闕 또는 大花闕)을 창건하기에 이르렀다. 이때 대화궐에서 태일옥장보법(太一玉帳步法)이란 것을 펼쳐 보이며, 이것이 도선(道詵)으로부터 강정화(康靖和)를 거쳐 자신에게 전수되었다고 주장하였다. 정지상·김안 등 지지자들에 의해 성인으로 받들어지면서 계속 서경천도를 주장했고, 인종 12년(1134) 삼중대통지누각원사(三重大通知漏刻院事)에 제수되고 자의(紫衣)를 하사받았다.

그러나 인종 10년(1132)부터는 임원애(任元敱)·이중(李仲)·문공유(文公裕)·임완(林完) 등 서경천도를 반대하는 문신들에 의한 탄핵이 끊이지 않았다. 더욱이 인종 12년(1134) 대화궐의 건룡전(乾龍殿)에 벼락이 치는 등 재이(災異)가 속출함에 따라 풍수도참에 기반을 둔 천도론이 점차 명분을 잃게 되었다.

이러한 가운데 인종에게 서경 행차를 요청했다가 김부식(金富軾) 등의 반대로 거부되고 서경천도의 가능성 또한 희박해지자, 인종 13년(1135) 서경에서 분사시랑(分司侍郎) 조광(趙匡), 병부상서(兵部尚書) 유참(柳旵) 등과 함께 국호를 대위(大爲), 연호를 천개(天開)라 하고 난을 일으켰다가, 곧 조광의 배신으로 부하들에 의해 죽임을 당하였다.[92]

김부식(金富軾): 문종 29년(1075)-의종 5년(1151), 고려 중기의 유학자·역사가·정치가·문학가이다. 본관은 경주(慶州), 자는 미상, 호는 뇌천(雷川). 얼굴이 검고 우람하였으며, 고금의 학식에 있어서 그를 당할 사람이 없었다. 신라 무열왕계의 후예로 신라가 망할 무렵 그의 증조부인 위영(魏英)은 태조에게 귀의해 경주지방의 행정을 담당하는 주장(州長)에 임명되었다. 그 뒤 김부식 4형제가 중앙관료로 진출할 때까지의 생활기반은 경주에 있었다. […]

숙종 1년(1096) 과거에 급제해 안서대도호부(安西大都護府)의 사록참군사(司錄參軍事)를 거쳐, 추밀원 승선 위계정(魏繼廷)의 천거로 한림원의 직한림(直翰林)에 발탁되었다. 이후 20여 년 동안 한림원 등의 문한직(文翰職)에 종사하면서 자신의 학문을 발전시켰고, 한편으로 예

92) 『한국민족문화대백과사전』, 묘청 조.

종·인종에게 경사(經史)를 강(講)하였다. […]

인종 4년(1126) 어사대부 추밀원부사에 올랐으나 이자겸의 난 때에는 침묵을 지킨 듯하다. 이듬해 송나라에 고종의 등극을 축하하러 갔으나 금나라 군에 의해 수도가 함락되고 남천을 하였으므로 수도에 가지도 못하고 돌아왔다.

이때 사신 파견의 목적은 송나라 고종의 즉위를 축하하기 위한 것이었으나, 당시 송나라와 금나라의 정세에 대한 정확한 정보입수의 목적이 곁들여 있었던 듯하다. 그러나 이를 감지한 송나라의 반대로 수도까지는 가지 못하고 중도에서 돌아왔다. […]

인종 4년(1126) 이자겸 난으로 개경의 궁궐이 불에 타자 묘청(妙淸) 일파가 서경천도설을 주장해 서경에 궁궐을 새로 짓고 왕이 자주 행차하였다. 그러나 개경 유신들의 반대에 부닥치어 천도가 어렵게 되자, 묘청은 인종 13년(1135) 1월 서경에서 난을 일으켰다.

이 때 중서시랑평장사로서 판병부사(判兵部事)를 맡고 있었는데, 원수(元帥)로 임명되어 직접 중군을 거느리고 삼군(三軍)을 지휘 통솔해 그 진압을 담당하였다. 출정하기에 앞서 재상들과 의논해 먼저 개경에 있던 묘청의 동조세력인 정지상(鄭知常)·김안(金安)·백수한(白壽翰) 등의 목을 베었다. 그리고 개경의 재상들과 부하 장군들이 그에게 조속한 반란진압을 독촉하고 건의하였으나, 완공책(緩功策)을 펴서 관군의 피해가 없이 이를 진압하였다.

묘청의 내부에서 분란이 일어나 조광은 묘청·유참 등의 목을 베어 윤첨(尹瞻)으로 하여금 개경정부에 바쳤다. 이때 반란군의 진압을 위해 그들을 관대하게 처분할 것을 요청하였으나 개경 재신들은 이를 듣지 않고 윤첨을 가두고 극형에 처하자 반군의 재결전이 시도되었다. 1년 2개월 만에 반란군을 겨우 진압할 수 있었다. […]

또한, 문학가인 그는 한림원에 있을 때 선배인 김황원(金黃元)과 이궤(李櫃)와 함께 고문체(古文體) 문장의 보급에도 대단한 노력을 하였다. 당시 유행하던 육조풍의 사륙변려문체(四六騈儷文體)에서 당·송시대에 발전한 고문체를 수용하려는 것이었다. 『삼국사기』의 중찬도 이러한 문체운동과 깊은 관련이 있다. 문집은 20여 권이 되었으나 현전하지 않으며, 많은 글이 『동문수(東文粹)』와 『동문선(東文選)』에 전하는데, 우리나라 고문체의 대가라 할 수 있다.[93]

위와 같이 서경천도에 대해 찬성 반대하는 두 집단 중, 그 주역들이라 할 수 있는 묘청과 김부식은 그 출신 성분, 등장 배경, 역사인식과 정책 내용 등에서 서로 대조적이었다. 묘청은 서경 출신으로 본관은 모른다. 그는 인종 6년에 왕의 측근 신하들이 추천해서 서경천도론을 주장하면서 중앙 정계에 등장하였다. 왕조를 부흥하는 수단으로 서경에 임원궁을 완성하였고, 대외적으로 칭제건원(稱帝建元)과 금국정벌(金國征伐)을 주장하였다. 팔성당을 짓고 그것을 신비화하는 의식을 집행했으며, 서경의 상서로움을 부각시키는 갖가지 술책을 행하였다. 정식 관직을 갖지 않고 불교의 교종계통과 사천대의 말단직을 합친 애매모호한 직책을 띠고 있다.

묘청과는 반대로 김부식은 가계가 경주 호장 출신으로 과거합격자이다. 그는 안서대도호부의 사록참군사(司錄參軍事)(7품)를 거친 이래 한림원의 직한림(直翰林) 등 20여 년 동안 당대에 청요직(淸要職)[94]으로 영예롭게 여겨지던 문한직(文翰職)에 종사하였다. 이렇게 그는 고려 권력구조의 핵심에서 놀았던 인물이다. 그 후 인종 4년 이자겸이 반란을 일으켰다가 제거된 후에 고위직으로 점차 승진하여 인종 10년

---

93) 앞의 책, 김부식 조.
94) 박용운, 『高麗時代 官階・官職 硏究』, 고려대학교 출판부, 1997, 230쪽. 청요직은 그의 중요성이나 임무에 비추어 그만큼 자격에 까다로운 조건이 뒤따랐다. 예컨대 대간들은 군주・재상을 상대로 간쟁(諫諍)과 시정(時政)의 득실(得失) 등을 논의해야 하므로 강직성과 함께 논리적이고 설득력 있는 언론을 펼 수 있어야 했으며, 한림관원(翰林院官)의 경우 풍부한 학식과 뛰어난 문장력을 갖추어야만 하였다.

(1132)에 수사공중서시랑동문하평장사(守司空中書侍郎同門下平章事)
(정2품) 판병부사(判兵部事)라는 고위직에 올라 병권을 잡게 되었다.
이후 인종 13년(1135) 묘청의 난을 맞게 되었는데 판병부사로서 중군
(中軍)을 직접 지휘하고 3군을 통솔하여 난을 진압하는데 결정적 역할
을 하게 되었다. 이렇게 양자의 인생 경력을 비교해 보면 김부식은 고
려왕조의 관료집단의 핵심 성원으로 20년 동안 지내온 자인데 비해 묘
청은 그 출생 소생도 모르는 일개의 떠돌이 주술승에 불과했다고 하겠
다. 묘청은 애초부터 '왕화부흥'하겠다는 인종의 뜻에 따라 서경에 궁
궐을 세우는 등의 세인의 주목을 끌다가 왕의 신임을 잃자 몰락한 역사
의 막간에 등장한 인물에 불과하다고 하겠다.

　외면상 묘청 집단은 그들의 반대파와 비견할만한 세력을 형성한 듯
했다. 그러나 실제적으로 두 집단에서 적극적 활동을 한 인물들을 비교
해 보면 현격한 차이를 드러낸다. 묘청 집단 중에서 자신은 '삼중대통
지루각사사자(三重大統知漏刻事賜紫)'라는 정식 관직이 아닌 '삼중대통
(三重大統)'이라는 교종계(敎宗系)의 최고 승직(僧職)[95]과 '지루각사
(知漏刻事)'라는 사천대(司天臺)의 애매모호한 직함[96]을 겸하고 있다.

----

95)『한국민족문화대백과사전』, 승과(僧科) 조: 승과 합격자에게는 교종·선종의 구
　별 없이 대선(大選)이라는 법계(法階: 승려들에게 주어지는 품계)가 주어졌다. 이
　대선을 시발로 하여 대덕(大德)·대사(大師)·중대사(重大師)·삼중대사(三重大
　師)의 순으로 승진할 수가 있었다. 그 위로 교종계에서는 수좌(首座)·승통(僧統),
　선종계에서는 선사(禪師)·대선사(大禪師)의 법계가 있었다. 그리고 승통 또는 대
　선사에서 다시 오를 수 있는 지위는 국사(國師)·왕사(王師)였는데 여기에는 교
　종·선종의 구별이 없었다. 이는 승려가 국가로부터 받는 최고의 영예직이었다.
96)『고려사』, 지30 백관(百官) 서운관(書雲觀): 서운관(書雲觀)은 천문(天文)·역수
　(曆數)·측후(測候)·각루(刻漏)의 일을 관장하였다. 국초(國初)에는 나누어 태복
　감(太卜監)과 태사국(太史局)이라 하였다. 태복감(太卜監)에는 감(監)·소감(少
　監)·사관정(四官正)·승복박사(丞卜博士)·복정(卜正)이 있었고 태사국(太史局)
　에는 영(令)·승(丞)·영대랑(靈臺郎)·보장정(保章正)·설호정(挈壺正)·사진(司

일자(日者) 백수한은 분사검교소감(종4품)에 불과하고, 정지상과 김안은 각각 종5품과 정5품인 기거주와 내시랑중에 불과했다. 이에 비하여 묘청 반대파 중에 적극적인 인물들인 김부식과 임원애는 각각 정2품인 평장사로서 재상직을 가졌고, 더욱이 임원애는 왕의 장인이었다. 따라서 묘청 집단은 왕권의 국가외적 권위의 보조자 내지 하급관리로서 군주의 의향에 의존했고, 국가내적 권위인 관료체제 내에서는 반대파의 적수가 되지 못했다고 하겠다.

두 집단의 성격에 관하여 남인국은 국왕인 인종의 정치적 입장에서 다음과 같이 분석하고 있다. 즉 인종의 서경세력과의 연계는 기존 정치세력 내부에 동요를 가져와 인종의 새로운 구상을 적극 지지하는 문공인·임경청·홍이서 등의 집단과 이에 반대하는 임원후·김부식·문공유 등의 집단으로 분화가 이루어졌다. 그러나 인종의 입장에서는 당시 강력한 왕권의 확립을 달성하지 못한 상황이어서 반대집단에 대하여 강력한 응징을 하기보다는 그들의 지지를 확보하기 위하여 서경세력과의 관계는 지속적으로 유지하면서 내정개혁을 통해 그들을 지지세력화하는 데 노력하였다고 할 수 있다. 인종이 이러한 대응책을 채택할 수밖에 없었던 것은 인종의 새로운 구상에 반대하는 집단에는 새로이 외척이 된 임원후, 강력한 왕권의 확립을 추구하다가 화를 당하기도 하였던 문공유 및 당시 정국을 주도하였던 유신의 대표적 인물이었던 김부식 등이 포함되어 있었기 때문일 것이다.[97] 이 지적에서 중요한 점은 두 집단이 어디까지나 인종의 왕권 강화에 대한 이해관계의 대립

辰)·사력(司曆)·감후(監候)가 있었다. 현종(顯宗) 14년에 태복감(太卜監)을 고쳐 사천대(司天臺)라 하였다(書雲觀 掌天文曆數測候刻漏之事 國初 分爲太卜監·太史局 太卜監 有監·少監·四官正·丞·卜博士·卜正 太史局 有令·丞·靈臺郎·保章正·壺正·司辰·司曆·監候 顯宗十四年 改太卜監 爲司天臺).

97) 남인국,『고려 중기 정치세력연구』, 신서원, 1999, 146쪽.

에서 나왔다는 것이다. 이는 종래 서경천도 운동을 군왕인 인종을 도외
시하여 마치 개경과 서경이라는 지방세력 간의 정권 투쟁인 것처럼 여
기는 관점에서 벗어난 새로운 견해이다. 왕조의 정치운영에서 왕이 그
중심에 서 있다는 것은 당연하고 신하들은 군왕과 이해관계를 둘러싸
고 서로 대립하던지 지지하는 양상을 보이는 것이 보통이다. 다시 말하
자면, 고려국왕은 왕조정치에서 정치활동의 주체였지 객체가 아니었
다. 이런 사실을 무시하고 일방적으로 기득권을 가진 문벌귀족과 지방
출신의 새로운 관인 사이에 대립 또는 투쟁으로 보는 견해는 재고를 요
한다. 그래서 본서에서는 서경천도 운동은 어디까지나 빈발하는 재이
때문에 왕조의 미래에 불안을 품게 된 인종이 서경에서 왕조기업을 연
장하겠다는 의도에서 나왔다는 입장이다.

　상술한 것처럼 두 집단 간의 차이점은 여러 각도에서 검토되고 있으
며, 특히 고려 중기 문풍(文風)의 차이도 그 일역을 담당했다고 한다.
이 중에서도 윤언이와 김부식의 학문적 경향이 다른 점에서 이 시대의
학풍 경향이 잘 나타나고 그것이 또한 묘청 집단에의 참가하는 하나의
계기가 되고 있었다 한다. 이에 관하여 김용곤은 다음과 같이 지적하고
있다. 즉 김부식의 학문경향은 양반관료체제의 확립과 그 위에 강력한
왕권행사가 그가 가지고 있는 기본사상이었다. 그래서 그는 그러한 왕
권강화에 장애가 되는 귀족세력들과 그 세력들의 정신기반을 이루고
있던 불교적 성향과 풍수사상 등에 비판을 가하게 되었다. 이에 비해
묘청파의 윤언이는 유교적 실천성보다는 심성적(心性的) 추구에 기울
어져 있었다. 특히 불교, 도교와의 융회적(融會的) 성향을 강하게 나타
내고 있었다. 다시 말하자면, 두 파벌 중 김부식 일파가 유교적 예의
실천을 통한 왕권강화에 있었다면 윤언이 일파는 대내적으로 왕권의 강
화보다는 귀족세력의 입장을 옹호하는 쪽이었고 대외적으로는 중화적

(中華的) 세계질서에서 보다 독립적인 자세를 나타나게 되었다 한다.[98]

위와 같은 양자 사이의 갈등은 역(易)을 매개로 해서 표면화되었다. 즉 경연석상에서 『주역(周易)』에 능한 윤언이가 김부식의 강역(講易)에 대해 난해한 질문을 던져 김부식을 궁지에 몰아넣은 사건이 그것이다. 여기서 김부식이 곤욕을 치르게 된 이유로 윤언이가 『주역』에 능통하였다는 점도 지적될 수 있지만 이밖에도 김부식의 학문경향이 보다 실천적인데 치중되어 있다는 것에 연유하였다고 하겠다. 이들의 갈등은 그 후 다시 한 번 노정되는 바, 즉 묘청이 서경에서 반란을 일으키자 윤언이가 묘청일파인 정지상과 당파를 맺어 대소지사(大小之事)를 상의했다는 이유로 좌천된 사건이 그것이었다.[99] 이렇게 두 집단이 그 정치적 입장 의 차이를 국왕 앞에서 『주역』 해석이라는 담론(談論) 투쟁으로 표출하였다 함은 매우 흥미 있는 지적이다. 이는 고려 중기에 이르러서는 학술도 정쟁의 한 도구가 되었을 정도로 유학사상이 매우 심화되고 있었음을 말해주는 사례라 하겠다.

또 한 가지 중요한 사실은 두 집단 간의 대립이 어떤 사회성분을 반

---

98) 김용곤, 「고려시기 유교관인층의 사상동향」 『國史館論叢』 6, 국사편찬위원회, 1989, 80-81쪽.

99) 김용곤, 앞 논문, 81쪽. 또한 김병인은 그의 저서, 『高麗 睿宗代 政治勢力 研究』 (경인문화사, 2003, 201-204쪽)에서 비슷한 견해를 피력하고 있다. 즉, 김부식은 고문(古文)과 관련이 깊었는데, 정지상은 변려문(騈儷文)을 중시했다. 당시 서경세력은 음양설과 도참사상을 바탕으로 서경천도를 주장하였다. 이에 윤언이 · 정지상 · 홍이서 등의 서경세력은 『주역(周易)』에 능통하고 음양설에 밝았기 때문에 경연에서 논쟁의 주도권을 잡을 수 있었고, 이를 바탕으로 자신들이 주장하는 서경천도의 정당성을 확보하기 위해 노력했다. 반면에 김부식 · 김부의 · 정항 등의 반서경파는 윤언이 · 정지상 등의 서경천도에 반대했으며, 이를 위해 『주역』의 해석과 응용을 그들과 달리했다. 즉, 윤언이와 김부식은 서경천도를 둘러싸고 첨예하게 대립하고 있던 당시의 정치상황 속에서 국왕이 임석한 경연을 통해 자신들의 주장을 관철하려 했던 것이다.

영하고 있지 않았다. 현종 이래 지방 토성(土姓) 출신의 신진세력이 계
속 중앙으로 진출하여 신구세력 간에 충돌이 야기되고 있었던 시기였
다는 주장도 있다.100) 그러면 여기서 상당한 정치적 동요를 수반한 묘
청 활동은 바로 이 신구세력 간의 갈등을 표출할 수 있는 적절한 정치
현장을 제공하였다고 추정할 수 있다. 그러나 실제로 지방 토성 출신중
대표적이라 할 수 있는 경주김씨 출신의 김부식은 고려전기의 대표적
문벌귀족인 인주이씨 출신의 이지저(李之氐) 및 구문벌(舊門閥) 귀족
인 정안임씨(定安任氏) 출신의 임원애(任元敱)와 결합하고 있다. 또
지방토성 출신인 남평문씨(南平文氏)의 문공인(文公仁)과 문공유(文
公裕)는 각자 정치적 노선을 달리하고 있었다. 즉, 형인 문공인은 묘청
을 성인(聖人)으로, 그의 아우인 문공유는 그를 요인(妖人)으로 평가하
고 있어 이를 통해 보면 가족관계와 혼인관계로 연결된 신진관인들이
라 하더라도 반드시 정치적 성향을 같이 하였다고 볼 수 없다. 이것은
관인층의 분파 작용은 외적 기준인 어떤 사회성분에 근거한 것이 아니
라, 개인들의 사회·문화·전통에 대한 이념적 내지 실리적 입장의 차
이에서 기인되었기 때문이라 하겠다. 왕조 초창기는 어떤 출신 지역에
의한 집단 편성이 가능했을지 모르지만 왕조의 수성기(守成期)인 인종
대에 이르면 각자 개인들로서 신하들이 고려왕조 운명에 대해 가지는
심리적 태도가 더 결정적 요인이 되었다고 여겨진다.

또 중요한 점의 하나는 고려시대 정파 형성에 과거제도를 통해서 맺
어진 인물들이 포진하여 서로 이해를 공유하고 있었다는 점이다. 고려
시대 과거 급제자들 사이에 동기생들끼리의 관계도 그러하거니와, 특
히 좌주(座主)와 문생(門生)이라는 관계는 부자 관계에 맞먹을 정도로

---

100) 이수건, 「高麗時代의 土姓研究(上)」, 『亞細亞學報』 12, 1976, 5-137쪽.

그 사회적인 의미가 컸다는 것이다.101) 이것도 앞서 말한 신구 관인층
이라든지 지방간 대립이라는 단순한 이분법이 고려사회에서는 이미 통
용되지 않았다는 것을 입증하는 사례라고 하겠다.

오히려 묘청 일파의 특징은 고급 관인층이 아닌 기층사회와의 연결
이었다. 묘청, 백수한, 유개, 그리고 최봉심 등의 직무는 각각 승려, 일
관(日官), 환관(宦官), 하급 무관들이었다. 이들은 억압된 사회계층이
란 공통점을 가지고 당대 전반적으로 피폐된 기존체제를 재편하려는
묘청과 왕실의 활동에 동참하였다고 생각된다.

하여튼 김부식을 비롯한 문벌귀족들이 천재지변에 관한 생각은 군주
는 오로지 도덕적 수성(修省)으로 이를 극복해야 한다는 관점에서 묘
청 집단의 주술적 방법을 맹렬히 공격하였다. 다음 같은 국자사업(國子
司業) 임완의 상소는 문벌귀족의 견해를 잘 집약한 것이라고 할 수 있다.

인종 12년 5월: 국자사업 임완(林完)이 상소하였는데, 그 대략에, 신은
일찍이 말하기를, '말을 진달하기가 어려운 것이 아니요, 그 말을 듣는
것이 어렵고, 말을 듣는 것이 어려운 것이 아니라 그 말을 행하는 것이
더욱 어려운 것이다.' 하였습니다. 그렇기 때문에 충신이 임금을 섬길 적
에 말이 간절하고 곧으면 그 말은 쓰이지도 못하고 몸만 위태로우며, 말
이 간절하고 곧지 못하면 도(道)를 밝힐 수 없는 것입니다. 옛날 한(漢)
나라 문제(文帝)의 시대는 태평한 때라 할 수 있지만 그러나 가의(賈誼)
는 '오히려 통곡하고, 눈물을 흘리고, 긴 한숨을 지을 만하다.'는 말을 했

---

101) 김용선, 『고려 금석문 연구』, 일조각, 2004, 101-102쪽. 그리고 같은 책, 28쪽에
서 "고려시대 관리의 일상생활에 영향을 미치는 친족의 범위는 사실상 3대 내의
친족 범위가 더 주요한 의미를 가졌다 한다. 따라서 부·조·증조에 이르는 3세대
는 일정한 의미를 가질 수 있다. 이러한 직계인 부계 친족에다 모족과 처족이 부가
되어 친족 범위가 되었다" 한다. 이를 보면 고려시대 정파 형성에서 친족관계도
그리 중요하지 않았다고 할 수 있다.

습니다. 요사이 천변이 이상하여 폐하께서 천명을 공경하고 두려워하여 바른말을 들으시고자 조서를 내려 바른 말을 구하시니, 이는 만세의 복입니다.

신이 일찍이 동중서(董仲舒)의 대책을 보니, 그 글에, '국가에 장차 도를 잃어 패망함이 있게 될 때에는 하늘이 먼저 재이를 내어서 경고하고, 그래도 스스로 반성할 줄 모르면 또 변괴를 보여서 두렵게 하니, 그래도 오히려 고칠 줄 모르면 손상과 패망이 비로소 이른다. 여기에서 하늘이 임금을 사랑하며 그 난을 그치게 하고자 함을 볼 수 있다. 만약 크게 무도한 세상이 아니면 하늘은 다 붙들어서 온전하고 편하게 하려고 하니, 임금이 된 이가 위로 하늘의 경고에 답하려면 힘써 실지로 응하지 않으면 안 됩니다.' 하였고, 옛글에 이르기를, '천재에 응답하는 데는 실지로써 하는 것이요 형식으로 하는 것이 아니다.' 하였으니, 이른바 실지란 덕을 말함이요, 형식이란 오늘날 도량을 개설하고 재를 올리는 등이 그것입니다. 임금이 덕을 닦아 하늘에 응답하면 복(福)을 기약하지 않아도 복이 스스로 이르고, 만약 덕을 닦지 않고 한갓 헛된 형식만을 일삼으면 무익할 뿐만이 아니라 이는 바로 하늘을 모독할 따름입니다. 『서경』에 이르기를, '하늘은 사사로이 친함이 없고 오직 덕 있는 자만을 돕는다.' 하였으며, 또 이르기를, '제물(祭物)이 향기로운 것이 아니요, 밝은 덕이 오직 향기로운 것이다.' 하였으니, 이른바 덕이란 것을 어찌 다른 데서 구하겠습니까. 임금의 마음가짐과 행사(行事)에 있을 뿐입니다.

하늘과 사람 사이가 아득히 멀리 떨어져 말로 통할 수 없으나, 착한 자에게 복주고 악한 자에게 화를 주는 것이 그림자나 메아리같이 빠릅니다. 근년 이래로 재변이 여러 번 있었고 흉년이 겹쳤으며, 최근에 흰 무지개가 해를 꿰었고 4월에 벼락과 우레가 특히 이상하니, 하늘의 견책과 경고가 이와 같은 것은 하늘이 폐하를 사랑하여 붙들어 안전하게 하려는 것임을 볼 수 있습니다. 폐하께서는 어찌 한갓 재 올리는 것만 일삼으시고 몸을 조심하여 덕을 닦아 하늘의 경계에 응답하시지 않습니까. […] 근대에 와서는 일체 이와는 반대로 모든 관리는 이전의 배나 되

며, 교만과 사치만 날로 늘고 염치가 없어졌으며 권세를 끼고서 백성을
침해하고, 또는 과중한 납세와 노역을 가하여 민심이 모두 원망하고 있
습니다. 만일 가의(賈誼)로 하여금 오늘의 정세를 보게 했다면 어찌 한
숨짓고 눈물 흘리며 통곡만 할 뿐이겠습니까. 바라건대, 폐하께서는 지
극한 정성으로 선정을 행하시어, 좌우에서 속이고 가리는 간사한 무리
를 누르며 괴상하고 허탄한 음양설을 끊어 버리시고 날로 더욱 삼가시
어 만대의 그지없는 복과 경사가 되게 하소서.

신이 보건대 묘청이 오직 간사한 일만 하여 주상을 교묘하게 속이는
것이 송(宋) 나라 때의 임영소(林靈素)와 다를 것이 없습니다. 임영소가
바르지 못한 사도를 끼고 상황(上皇)[휘종(徽宗)]을 현혹하게 하여 화란
을 초래하였던 것이니, 이는 폐하께서 친히 들으신 바입니다. 폐하께서
묘청을 총애하고 신임하여 좌우에서 가까이 모시는 신하에서부터 대신
까지 서로 천거하고 찬양하기를 성인이라 하여, 뿌리가 깊고 꼭지가 굳
어서 쉽사리 뽑아 낼 수 없게 되었습니다. 대화궐의 역사를 일으킨 뒤로
부터 지금 이미 7, 8년에 재변이 거듭 이르니 이는 하늘이 반드시 이것
으로써 폐하께 경고하여 반성하고 깨닫게 하심입니다. 폐하, 어찌 한 간
신을 애석히 여겨 하늘의 뜻을 어겨서야 되겠습니까. 원하건대, 묘청을
베어 하늘의 경계에 응답하시고 민심을 위로하소서." 하였다.102)

---

102) 『고려사절요』, 인종 12년(1134) 5월: 國子司業林完 上疏略曰 臣 嘗謂進言非難
而聽其言者爲難 聽言非難 而行其言者爲尤難 故曰 忠臣之事君也 言切直則不用
而身危 不切直則不足以明道 昔 漢文之世 天下可謂無事矣 賈誼 猶有痛哭流涕長
太息之言 近者 天變異常 陛下 祗畏天命 思聞直言 下詔求言 此萬世之福也 臣嘗
觀董仲舒策 有曰 國家將有失道之敗 天乃先出災異 以譴告之 不知自省 又出怪異
以警懼之 而尙不知變 而傷敗乃至 此見天心之仁愛人君 而欲止其亂也 自非大無
道之世 天 盡欲扶持而全安之 人君 所以上答天譴者 非勉强以實應之 則不可也
傳曰 應天以實 不以文 所謂實者 德也 所謂文者 若今之道場齋醮之類 是也 人君
修德以應天 不與福期 而福自至焉 若不修德 而徒事虛文 則非徒無益 適足以黷天
而已 書曰 天無私親 惟德是輔 又曰 黍稷非馨 明德惟馨 所謂德者 豈他求哉 在人
君用心 與夫行事而已 天之於人 相去遼絶 非言可諭 而福善禍淫 疾若影響 比年
以來 災變屢作 饑饉荐臻 近者 白虹貫日 正陽之月 震雷特異 天之譴告如此 足以

임완은 동중서를 인용하면서 하늘의 경고에 답하려면 덕이란 실지로 해야 하며 형식으로 해서는 안 된다하였다. 형식이란 도량을 개설하고 재를 올리는 일이다. 임금은 덕을 닦아, 즉 수덕(修德)해서 하늘에 응답하면 복이 기약하지 않아도 이르고, 만약 덕을 닦지 않고 한갓 헛된 형식만을 일삼으면 무익할 뿐만 아니라 이는 바로 하늘을 모독할 따름이다. 근년 이래로 흰 무지개가 해를 꿰었고 4월에 벼락과 우레가 이상하니 이는 하늘이 임금을 사랑하여 견책과 경고를 한것이었다. 요즘 묘청은 간사한 일만 하여 임금을 속이고 대화궐의 역사를 일으켰다. 그 뒤로부터 지금 이미 7, 8년이 되나 재변이 거듭되고 있으니 이는 하늘이 왕을 경고하여 반성하게 하려는 것이다. 그러니 묘청을 베어 하늘의 경계에 응답하고 민심을 위로하소서라고 임완은 결론짓고 있었다.[103]

임완은 이 상소에서 왕조가 재이 해소를 위해 거행하는 도량(道場), 재초(齋醮) 등의 제례(祭禮)를 헛된 일과 빈 글, 즉 '도사허문(徒事虛

見天心之仁愛陛下 切欲扶持而安全之也 陛下 豈可徒事於齋醮 不側身修行 以答天戒耶 […] 近代以來 一切反是 凡百執事 倍數於前 驕侈日滋 廉恥道喪 挾權恃勢 剝削誅求 加之以重斂勞役 人心胥怨 設使賈誼 若見今日之勢 豈特太息流涕痛哭而已哉 伏望陛下 以至誠行善政 抑左右欺蔽之姦 絶陰陽怪誕之說 日愼一日 以爲萬世無疆之休 臣 觀妙淸 惟事姦詐 欺君罔上 與宋朝林靈素 無異也 靈素 挾左道 眩惑上皇 以速禍亂 此陛下所親聞也 陛下寵信妙淸 左右近習 以至大臣 交相薦譽 以爲聖人 根深蔕固 牢不可拔 自起大華之役 今已七八年 而灾變疊至 天必以此 警悟陛下耳 陛下 豈可惜一姦臣 而違天意乎 願斬之 以答天戒 以慰民心.

103) 임완의 상소는 동중서의 재이론이 잘 반영되어 있다. 참고: Michael Loewe, *Divination, mythology and monarchy in Han China*, Cambridge University Press, 1994, pp.138~139. 여기서 루이는 다음과 같이 지적하고 있다. 동중서의 견해에 의하면, 재이는 이를 한 전조(前兆)로서 받아들인 여후(呂后)에게는 유익한 경고가 되었다. 기원전 178년에 보고된 일식(日食)은 신임 황제가 그의 양심을 반성하고 과오를 밝히려고 한 칙령(勅令)의 원인이었다. 그 후에 많은 칙령들이 관리의 실행이나 비행의 관점 또는 제국의 물질적 상황의 관점에서 난처한 사건들을 설명하려고 하였다.

文)'이라 하여 극구 부정하면서 왕은 오직 수덕에 힘써 재이를 없앨 것을 아울러 강조하였다. 이런 주장은 도량과 같은 주술적 의식을 통하여 왕권이 갖는 국가 외적 영위적(靈威的) 권위를 부정하여, 왕권을 국가 내적 권위인 관료체제 안으로 끌어들임으로써 문벌귀족 우위의 통치체제를 확보하려는 데에 그 목적이 있었다.

그리고 임완은 정사(正邪)라는 이분적 범주로써 묘청을 간신으로 규정하고, 이를 참수(斬首)할 것을 왕에게 요구함과 동시에 자기의 주장을 천(天)과 민(民)의 이름으로 합리화하고 있다. 또한 이 상소문의 특징은 재이발생을 배경으로 한 왕실과 백성의 동향이라는 보다 큰 영역에 대한 감각이 완전히 결여되어 있다는 점이다. 결국 문벌귀족의 입장을 대변한 그의 상소는 왕조의 영위적 권위[104]라든지 전통적으로 백성과의 결합수단인 여러 의례(儀禮)들을 부정하면서 자기들의 고유한 영역이라 할 유교적 교양과 도덕을 강조하고 있다. 이는 간접적으로 유학교육을 전업하는 문벌귀족의 지배적 측면을 확보하는 방책이기도 하였다.

그리고 임완은 동중서의 재이설을 인용하고 있다. 원래 재이설은 미

---

104) 『고려사』, 인종 16년(1138) 2월 임오: 조(詔)하기를, "제왕(帝王)은 덕(德)을 겸손(謙遜)의 선(先)으로 삼은 것이다. 그러므로 노자(老子)가 말하기를, '왕공(王公)은 스스로 고(孤)·과(寡)·불곡(不穀)이라 자칭(自稱)한다'고 하였고, 한(漢) 광무(光武)는 조(詔)하여 상서(上書)에 성(聖)이라 말하지 못하게 하였고, 중니(仲尼)도 또한 인성(仁聖)에 거(居)하지 않았거늘, 이제 신하(臣下)가 임금을 높이고 아름다움을 추앙(推仰)하는데 칭위(稱謂)가 과당(過當)하니, 심히 이치(理致)에 합당(合當)하지 않도다. 지금으로부터는 무릇 올리는 장소(章) 및 공행(公行)의 안독(案牘)[서류(書類)]에 신성제왕(神聖帝王)을 칭하지 말지어다."라고 하였다 (詔曰 帝王之德 謙遜爲先 故 老子曰 王公 自稱孤·寡·不穀 漢光武詔 上書不得言聖 仲尼 亦不居仁聖 而今臣下 尊君推美 稱謂過當 甚不合理 今後 凡上章 及公行案牘 毋得稱神聖帝王). 여기서 국왕 스스로가 영위적 신비적 권위를 상징하는 신성제왕(神聖帝王)이란 존칭을 거부한 배후에는 왕권을 국가내적 관료기구에 속박하려는 문벌귀족의 세력증대를 상정할 수 있다.

신적인 여러 요소들을 수합한 종합적인 종교 성격을 가진 한대 유학이었다. 이것은 유가의 도덕 본위로만으로 주술을 신봉하는 민중을 지도할 수가 없었으므로 군주 권위를 보존하기 위하여 신비적 권위가 필요했던 데서 기인된 것이라 한다.[105]

따라서 재이설은 유학의 일부로서 민중의 주술적 세계관과 유착된 관념형태였으므로 고려사회에서도 농민에게 쉽게 접근할 수 있는 사상이었다고 하겠다. 그러므로 재이설은 도교를 비롯한 음양오행설, 풍수도참설 등을 포함한 광범위한 사상체계였음에 주의된다.[106] 이런 사상적 배경에서 보면, 고려전기 재이설 및 풍수도참설 등은 주술적 세계관을 매개로 한 기층사회의 사유방식이기도 하였다. 따라서 도덕 본위의 유학은 주로 관료체제를 운영하는 문벌귀족에게 수용되는 경향을 보이는 것이 임완의 상소문에도 드러난다.

하여튼 인종 12년 5월에 이러한 강경한 상소가 제출되었다는 것은 묘청 일파가 거의 정치적 몰락 직전에 있었다는 증거라고 생각된다. 인종 12년경쯤 개경과 서경에 있었던 묘청의 지지세력 중에 전자는 왕과 더불어 묘청으로부터 소원해져 있었던 듯하다. 김부식은 묘청의 난이 일어남과 동시에 개경에 있던 정지상, 백수한 등을 참수하고, 음중인 등을 유배할 수 있었던 것이라든지 반란 소식을 접한 문공인도 이를 이외로 생각했던 사실을 봐서도 그렇다.[107] 이러한 사태가 의미하는 것

---

105) 板野長八, 「儒家の成立」『岩波講座 世界歷史』 4, 岩波講座, 1973, 363-366쪽.
106) 日原利國, 「災異と讖緯」『東方學』 43, 1972, 31-43쪽. C. K. Yang, *Religion in Chinese Society*, Berkeley, 1961, pp.263-264.
107) 『고려사절요』, 인종 13년(1135) 정월: 묘청이 조광 등과 더불어 관풍전(觀風殿)에 모여 군마를 호령하여 두어 길로 나누어 곧장 상경(上京)으로 향하려 하였다. 백수한의 아들 청(淸)이 서경에서 상경으로 오는데, 수한의 친구가 몰래 글을 보내어 수한을 부르기를, "서경이 이미 반역하였으니 몸을 빼어 오라." 하니 수한이 그 글을 왕에게 아뢰었다. 왕이 문공인을 불러 보이니, 공인이 말하기를, "이 일이

은 정자상 등이 서경천도를 통해 왕조 중흥을 획책하는 인종의 의도에
영합하다가 묘청의 반역 행동을 주시하지 못했다가 당했다는 것이다.
소위 묘청 반란이라고 불리는 일련의 사태 진행과정에서 기본적으로
국왕의 입장이 강조되어야 마땅하다고 생각된다.

　전술한 것을 종합하자면, 묘청 반란의 발생 원인은 대략 다음과 같
다. 인종 대는 문벌귀족의 세력증대와 자의적 지배로 국가질서가 전반
적으로 해체되어 가던 시기였다. 이로 인하여 동족적·전통적 공동체
질서로부터 이탈된 다수의 빈궁 농민이 출현하고 있었다. 그들은 주술
적 불교 결사체를 조직하여 고려왕조에 은연한 반항을 보이고 있었다.
이런 데다 이자겸, 척준경 반란이라는 지배층 내부의 공연한 분열은 고
조된 사회불안을 더 한층 자극시키는 결과가 되었다.

　여기에다 더욱 결정적인 것은 다른 역대 국왕들 비교할 때 인종 치세
에 우심 하게 발생하는 천재지변이었다. 재이발생은 왕조 역수를 감소
시킨다는 당시 관념형태에서 왕권의 이데올로기적 권위를 위협하는 것
이었다. 그래서 인종은 재이 빈발로 인한 왕조의 지속 가능성에 대한
심한 위기감에 빠져서 재이 해소와 왕조기업 연장을 위해 사상적으로
불교와 주술을 겸하고 있는 묘청을 등용했다. 묘청은 서경에 대화궐을
창건함으로써 진재(鎭災)와 왕조 중흥이란 문제를 해결하려 하였다.
이것은 당시 지배적 관념형태인 주술을 매개한 해결 방법으로써 기층
사회의 사고방식을 반영한 것이었다. 그러나 군주의 영위적 권위의 확
대를 바라지 않았던 문벌귀족의 반대와 속발되는 재이로 인해 왕의 신

의심스러워 진위를 알기 어려우니 우선 비밀에 붙여 두소서.''하였다(妙淸 與趙匡
等 會觀風殿 號令軍馬 欲分數道 直趣上京 白壽翰之子淸 自西京來 壽翰親舊 以
書招曰 西京已反 可抽身以來 壽翰 奏其書于王 召示文公仁 公仁曰 是事可疑 難
究眞僞 姑閣之).

임을 잃고 정치적 몰락에 직면하자 묘청은 그의 출신지인 서경에서 반란을 택했다고 생각된다. 결론적으로 묘청의 난은 인종이 재이 빈발로 인한 왕조의 위기감 증폭에서 서경천도를 통해 왕조 중흥하겠다는 정책 수행 과정에서 파생된 사건이라 할 수 있겠다.

묘청의 난(인종 13년 1월)이 끝나고 서경이 정부군에 의해 함락된 2월에 인종의 다음과 같은 회상은 그간 사정을 우리에게 분명하게 밝혀준다.

> 인종 13년 2월 임술: 조서(詔書)를 내려 이르기를, "자기를 죄책(罪責)함에 일어남이 성(盛)함은 노사(魯史)가 대우(大禹)의 덕(德)을 가상(嘉尙)함이오, 허물을 고침에 인색(吝嗇)하지 않다 함은 상서(商書)에 성탕(成湯)의 명덕(明德)을 기재(記載)한 것이다. 이제 전세(前世)의 현인(賢人)을 따라 그 미덕(美德)을 이루리라.
>
> 짐(朕)이 후동(後侗)의 미약한 몸으로 선세(先世)의 풍성함을 이었도다. 심궁(深宮)에서 자라나 모든 경국(經國)의 일에 어두워서 숙야(夙夜)로 우근(憂勤)하노라. 비록 물을 건너는 것과 같은 마음을 더 가졌으나, 간웅(奸雄)을 제어(制馭)함에는 아직 먼저 기미(幾微)를 살피는 견식(見識)이 모자라 숭덕(崇德)의 발호(跋扈)가 잇달았으며, 다시 병오(丙午)의 요란(擾亂)[이자겸(李資謙)의 난(亂)]으로 난여(鑾輿)[어가(御駕)]가 파천(播遷)하고 궁실(宮室)이 분탕(焚蕩)되어, 위로는 조종(祖宗)의 위탁(委托)을 욕되게 하여 매양 기업(基業)의 연홍(延洪)에 허물[고(辜)]가 되었더니, 마침 음양인(陰陽人)이 호읍(鎬邑)[평양(平壤)]으로부터 나오므로 게다가 좌우(左右)의 천거(薦擧)도 있어 대현(大賢)으로 우대(優待)하였도다. 짐(朕)이 진실로 밝지 못하여 드디어 그 말에 그르치게 되어 이에 대화(大華)의 친궐(親闕)을 창건(創建)하여서 조업(祖業)의 중흥(重興)을 기(期)하여 한 몸의 노고(勞苦)를 생각하지 않고 여러 차례 서순(西巡)의 가(駕)로 심방(尋訪)하였으나, 길상(吉祥)의 응

험(應驗)은 대개 적고 재해(災害)의 생김이 점점 많아 마침내 명징(明徵)은 없고 헛되이 뭇 비방만 불러 일으켜 성과(成果)가 없고 말았다.

짐(朕)이 바야흐로 잘 들어 좇는 것을 경계하였더니, 저들이 미련하여 알지 못하고 날로 원망을 품고 마음대로 군마(軍馬)를 일으켜 관원(官員)을 수계(囚械)하며, 천개(天開)로 그 연원(年元[연호(年號)])를 표(表)하고, 충의(忠義)로 그 군액(軍額)을 부르며, 공공연히 병졸(兵卒)을 징집(徵集)하여 상도(上都)를 침범(侵犯)하려는 뜻을 품었도다. 변(變)이 생각지도 못한 데에서 생겨 그 기세가 장차 막지 못하리만큼 되었으니, 예로부터 대역(大逆)의 죄가 뉘가 서도(西都) 사람과 같으리오. 여형(呂刑)이 3천(千)이로되 죄를 논(論)함에 무상(無上)보다 우선함이 없고, 순공(舜功)이 20이로되 사람을 알아봄이 진실로 흉인(凶人)을 제거(除去)함에 근본 하였도다.

이러므로 먼저 내응(內應)의 간(奸)을 주(誅)하고, 드디어 원융(元戎)[대군(大軍)]을 파견(派遣)하였노라. 그러나 또한 엄격(掩擊)을 하지 않고 귀항(歸降)을 기다리기로 약속(約束)하였더니 어찌 역명(逆命)이 지심(至深)한지. 이에 성(城)을 견수(堅守)하여 굳게 항거(抗拒)하므로 밖에서 오랫동안 고로(苦勞)하여 사졸(士卒)이 때를 지내도 돌아오지 못하고, 행군(行軍)[용병(用兵)]을 마지않으매 병량(兵糧)이 길에 연하여 끊어지지 않았도다. 뭇 사람들이 군사에 피로하여 원근(遠近)이 소연(騷然)하도다. 더구나 이제 이미 농사(農事)에 방해(妨害)될까 염려(念慮)하여 오랫동안 월첩(月捷)이 오래 늦으니 말이 이에 미치매 그리된 바를 알지 못하겠노라. 서리를 밟으면 굳은 얼음이 이르는 것으로서 허물의 근본이 그렇게 순치(馴致)한 것이니, 마음이 아프고 머리가 괴로우니 [분한(憤恨)] 죄는 진실로 나에게 있도다.

바라건대 조정(朝廷)에 있는 신하(臣下)나 근왕(勤王)의 사졸(士卒)들은 그 힘을 분발(奮發)하여 그 군흉(群凶)을 섬멸시켜 위로 과인(寡人)의 마음을 위로(慰勞)하고, 다음에 삼한(三韓)의 분(憤)을 풀게 한 뒤에 함께 미치지 못함을 보충(補充)함은 장래(將來)에 소망(所望)을 두고 길이길이 자신(自新)하여 두 번 허물을 없기를 바라노라. 이러한 회과(悔過)·자책(自責)의 조(詔)는 중외(中外)에 포고(布告)하여 다 듣고 알도록 하라.”고 하였다.108)

이자겸의 난(인종 4년)의 소란으로 궁궐이 불타서 조상을 욕되게 하였다. 그래서 왕조 기업을 연장시킬 계획을 세웠는데 마침 서경 출신인 묘청이 출현하였고, 좌우의 신하들이 이를 추천하였다. 그래서 대화궐을 창건했고 왕조 중흥을 기원했다. 그 후 매번 서경에 행차했으나 길상(吉祥)은 적고 오히려 재이만 빈발하여 중흥의 증거가 없었다. 그래서 서경 방문을 적게 했더니 묘청 일파는 이를 원망하여 반란을 일으키자 대군을 파견하여 이를 진압하게 되었다. 이 조서에서 인종은 궁궐소실, 왕조 운명에 대한 불안, 묘청 등용, 대화궐 창건, 재이빈발, 묘청에 대한 신뢰 상실, 그리고 묘청 반란 사람이 적나라하게 진술되어 있다.

---

108)『고려사』, 인종 13년(1135) 2월 임술: 下詔曰 罪已勃興 魯史嘉大禹之德 改過不吝 商書載成湯之明 今率前脩 以成其美 朕 以後侗之眇 繼先世之 長於深宮之中 暗諸經國之務 憂勤夙夜 雖增若涉之懷 制馭奸雄 尙乏先幾之見 屬崇德之跋扈 更丙午之擾攘 鑾輿播遷 宮室焚蕩 上辱祖宗之委寄 每辜基業之延洪 適有陰陽之人 出從鎬邑 加之左右之薦 待以大賢 朕誠不明 遂其說 乃創大華之新闕 以期祖業之重興 不思一己之勞 屢訪西巡之駕 而吉祥之應 盖寡 異之生 浸多 訖無明徵 空速衆謗 無成乃已 朕 方戒於聽從 彼昏不知 日有懷於怨望 擅興軍馬 囚械官員 以天開 表其年元 以忠義 號其軍額 公然徵集兵卒 意欲陵犯上都 變出不圖 勢將莫 自古大逆之罪 孰與西都之人 呂刑三千 淪罪莫先於無上 舜功二十 知人實本於去凶 是用先誅內應之奸 遂有元戎之遣 然且約無掩擊 待以歸降 何逆命之至深 乃城而固拒 久勞於外 士卒 經時而未 不已于行 饋餉 屬途而弗絶 衆庶勞士 遠近騷然 今慮已妨農 久稽月捷 興言及此 莫知所然 履霜堅 過本馴致 痛心疾首 罪實在予 所冀 在庭之臣 勤王之卒 奮其力 殲厥群凶 上慰寡人之心 次釋三韓之憤 然後 共補不逮 有望於將來 永言自新 幾無於二過 所有悔過曰責之詔 布告中外 咸使聞知.

Ⅳ. 묘청의 서경천도론(西京遷都論)

묘청 집단은 대내적으로 서경천도운동을 벌리는 한편 대외적으로 금
국정벌론을 내세웠다. 묘청 일파의 대외정책은 서경에 관한 당대의 모
종의 관념형태를 반영하는 것이므로 서경에 대한 이해 단서를 제공해
준다는 데서 중요하다. 따라서 여기서는 묘청 반란의 종합적 이해를 위
해서 고려전기에 서경이 갖고 있었던 성격을 구체적 파악해 보겠다.

우선 당시 대외적 상황을 보면 금나라는 요나라를 멸망시키고(인종
3년, 1125), 나아가서 송나라의 변경을 함락하여 황제들인 휘종과 흠종
을 포로로 하였다(인종 5년, 1127). 또한 금나라는 고려에 대하여 무력
침해는 가하지 않았으나 때때로 칭신(稱臣)을 요구하는 등의 외교적
모욕을 가하며 오만한 태도를 취하였다. 그래서 고려는 금나라에 대해
적대적 태도를 취했다. 그러나 인종 때에 이르러 권신인 이자겸은 대외
적 분쟁을 피하면서 자기 권력을 확보하기 위해 금나라에게 사대(事大)
의 예로서 칭신함으로써 그 관계를 일단락 지었다.[109]

그러나 묘청 집단은 위와 같이 일단 안정시킨 대(對)금나라 관계를
금나라 정벌을 주장하면서 흔들었다. 인종이 대화궐 준공을 기념하기

---

109) 『고려사』, 인종 4년(1126) 3월 신묘: 백관(百官)을 불러 금(金)을 섬김에 대한
가부(可否)를 의론하니, 다 불가(不可)라 하였다. 그런데 홀로 이자겸(李資謙)과
척준경(拓俊京)이 말하기를, "금(金)은 옛날 소국(小國)으로서 요(遼)와 우리나라
를 섬겼다. 이제 이미 갑자기 흥륭(興隆)하여 요(遼)와 송(宋)을 멸(滅)하고, 정사
(政事)가 잘 행하고, 군사가 강하여 날로 강대해진다. 또 우리나라와 경계(境界)가
상접(相接)하여 있으니 형세가 섬기지 아니할 수 없다. 또한 소국(小國)으로써 대
국(大國)을 섬김은 선왕(先王)의 도리이니 마땅히 먼저 사신을 보내어 빙문(聘問)
하여야 할 것이라."하니 이를 잘 들어 좇았다(召百官 議事金可否 皆言不可 獨李
資謙・拓俊京曰 金昔爲小國 事遼及我 今旣暴興 滅遼與宋 政修兵 日以大 又與
我境壤相接 勢不得不事 且以小事大 先王之道 宜先遣使聘問 從之).

위해 서경에 행차하자 묘청 일파는 왕에게 금나라를 공격할 것을 건의
하고 있다.

(가) 인종 7년 2월: 서경에 행차하여 새 궁궐에 들어앉았다. 이때 어떤
     사람은 표를 올려 칭제건원(稱帝建元), 곧 '황제'라 일컫고, 원년의
     칭호를 정하라고 왕에게 권하고, 어떤 사람은 제(齊)나라와 동맹하
     여 금나라를 협공하여 멸하기를 청하였다. 식자(識者)는 그것을 비
     난하였으며 묘청(妙淸)의 무리는 유창한 말로 지껄여댔으나 왕이
     마침내 듣지 않았다.110)

(나) 임자년(壬子年) 임금이 서경(西京)으로 행차하실 때에 글을 올려
     서 건원(建元)하고 황제(皇帝)를 칭호(稱號)하기를 청하고 또 국학
     생(國學生)을 풍유(諷誘)하여 전건(前件)의 일을 아뢰게 하였으니
     대개 대금(大金)을 격노(激怒)시켜 일을 내게 하고 그 틈을 타서
     뜻을 방자히 하여 자기 붕당(朋黨)이 아닌 사람은 처치(處置)하고
     반역[不軌]하기를 꾀하고자 함이니 인신(人臣)의 뜻이 아닙니다.'
     라고 하였습니다. 신이 두세 번 읽고 난 뒤에야 마음이 이에 안정되
     었습니다. 아아, 이 건원(建元)하자고 청함은 우리 임금을 높이는
     정성에 근본 함이니 우리 본조(本朝)에서는 태조와 광종(光宗)의
     옛 일이 있고 그 왕첩(往牒)을 상고하건대 비록 신라(新羅)와 발해
     (渤海)가 그러하였으나 대국(大國)이 일찍이 그 군사를 내지 않았
     으며 소국(小國)이 감히 그 과실이라고 의론하지 않았거늘 어찌하
     여 성세(聖世)에는 도리어 참람히 행함이라고 말하셨습니까.111)

---

110) 『고려사절요』, 인종 7년 2월: 幸西京 入御新宮 時 或者 上表 勸王稱帝建元 或
     請約齊國 夾攻金滅之 識者非之 而妙淸之徒 利口喋喋 王 竟不聽.
111) 『고려사』, 열전9 윤관(尹瓘)·윤언이(尹彦頤): 在壬子年西幸時 上請立元稱號
     又諷誘國學生奏前件事 盖欲激怒大金 生事乘閒 恣意處置朋黨外人 謀爲不軌 非
     人臣意 臣讀過再三 然後心乃得安 是立元之請 本乎尊主之誠 在我本朝 有太祖·
     光宗之故事 稽其往牒 雖新羅·渤海以得爲 大國未嘗加其兵 小國無敢議其失 奈

(가)에서 왕이 서경에 행차하여 새 궁궐에 들어앉았을 때 묘청집단 중, 어떤 사람은 표를 올려 칭제건원을 주장하고, 어떤 사람은 제나라와 동맹하여 금나라를 협공하자는 주장이 있었다. 그러나 왕은 이런 주장들을 묘청 일파의 주장을 왕은 끝내 들어주지 않았다. 여기서 제나라란 금나라가 자기 힘에 겨운 한민족(漢民族)의 영토와 통치를 위해 과도적으로 세운 괴뢰국이었다. 이런 제나라와 협력하여 금나라를 정벌하자는 묘청 일파의 주장은 국제정세를 전혀 모르는 우둔한 제안으로 현실을 무시한 것이었다.

(나)에서 묘청 일파인 윤언이는 건원하고자 청함은 임금을 높이고자 하는 정성에서 나왔고 그 고려에서는 그 선례가 태조와 광종의 옛일에 있고, 더 나아가 옛날에는 신라와 발해도 그러하였다고 하였다. 그렇다고 해서 당나라가 우리나라를 침범하지 않았다고 역사적 고사(故事)를 들면서 자기의 주장이 정당함을 옹호하였다. 이렇게 건원하자는 주장은 서경에 천도하고 왕실의 위신을 높여 유신정치를 하자는 뜻 정도이지 신채호 이래 학계 일각에서 말하는 사대파에 대한 독립파의 대립된 주장112)이라고 확대 해석할 수가 없다.

묘청 등이 주장한 '건원(建元)'은 중국의 황제처럼 연호(年號)를 정하고 쓰자는 뜻이다. 박성래는 이에 대해 다음과 같이 지적한다. 즉, 중국에서 연호가 처음 사용된 것은 한무제가 '건원'이란 연호를 제정한 이후이다. 그 이전의 중국사에서는 연호라는 것이 없는 대신, 왕의 이름을 들어 그 재세기년(在世紀年)으로 사용했다. 그러나 재세기년 대신 연호라는 것이 발달된 것은 당시 동중서113)를 비롯한 사상가들이

何聖世 反謂僭行 臣嘗議之 罪則然矣.

112) 하현강, 「김부식과 묘청의 대립」『한국사의 재조명』, 독서신문사편, 1975, 289쪽.

받아들인 전국시대의 음양사상의 영향 때문으로 여겨진다. 이후 이는 한대(漢代) 유학에 깊은 영향을 미쳐 상서설과 오행역사관 등으로 정리되었다. 이런 사고방식의 영향 아래 발달된 연호란 다름 아닌 '인조상서(人造祥瑞)'라고 할 수 있다. 자연 속에서 상서가 일어나기를 기다릴 필요도 없이 인간이 기구하는 바를 두어 글자에 실어 연호로 쓰게 된 것이다. 말하자면 연호란 원래는 희망에 찬 신시대를 바라는 유신(惟新) 심리의 발현이었다고도 하겠다. 그러기에 반란 같은 사건이 있고 난 다음 해에는 같은 천자의 재세 기간이라도 새 연호를 써서 새 출발을 꾀하는 일이 많아 연호는 아주 빨리 바뀌는 경향이 있었다.[114] 묘청 등이 '건원', 즉 연호를 제정 건의는 대화궐이 완성되었으니 이를 기회로 유신정치를 해서 새로운 세상을 만들어가자는 의지를 표명한 것이라고 할 수 있다. 그리고 고려 초에 태조의 천수(天授), 광종의 광덕(光德)이라 하여 그 선례도 있다. 그보다 오래 전부터 신라, 고구려, 그리고 백제에서도 연호가 사용되고 있었다.[115]

---

113) 『브리태니커 백과사전』 CD, 동중서 조. 기원전 179경-104경. 기원전 136년 유교를 중국의 국교이자 정치 철학의 토대로 삼는 데 이바지한 철학자. 유교는 그 뒤로 2천년 동안 국교 지위를 유지해왔다. 동중서는 철학자로서 유교철학과 음양철학(陰陽哲學)을 통합했다. […] 동중서의 이론에 따르면 우주의 기본적인 두 기운인 양(陽: 밝음·적극성·남성)과 음(陰: 어두움·소극성·여성)은 서로 조화를 이루어야 한다. 통치자는 음양의 조화를 유지해야만 하며 백성을 돌보고 계몽하여 혼란을 막아야 한다. 또한 필요하다면 제도를 개혁할 수는 있지만 하늘의 근본적 도덕원리를 바꾸거나 파괴해서는 안 된다. 동중서의 철학체계에서는 통치자가 가장 중요한 자리를 차지한다. 이것은 분명 한 무제가 유교를 받아들인 중요한 이유 가운데 하나였다. 그러나 유학자들도 통치자만큼 두드러지지는 않지만 거의 동등한 권력을 부여받는다. 그들은 여러 가지 자연의 징후를 해석하여 통치자의 정책을 저지한다.

114) 박성래, 「고려초의 曆과 年號」『한국학보』 10, 1978, 141-142쪽.

115) 박성래, 위의 논문, 142쪽. 여기서 우리나라 역사상 고대에 보이는 고유 연호들로서 (1) 고구려의 영락(永樂)/광개토왕, (2) 백제의 건흥(建興)/위덕왕, (3) 신라

여기서 고려국왕을 황제라고 일컫자는 묘청의 또 다른 주장은 별로 문제될 것이 없었다. 연호를 제정하는 것을 제외하면 황제 칭호는 이미 고려가 내부적으로 시행되고 되고 있었다. 우리는 고려국가를 그 후기와 왕조의 관점에서 보아 단순하게 왕국이었다고 생각하기 쉽다. 그러나 고려국가 또는 이를 상징하는 고려국왕은 전기·중기를 통해 왕이 아닌 황제로 호칭되고 있었다. 고려왕이 황제였고, 나라가 황제국이었음은 그 제도들에서도 나타난다.

김기덕은 고려의 국가체제가 황제국의 그것이었음을 다음과 같이 지적하고 있다. (1) 왕작(王爵), 공작(公爵), 후작(侯爵), 백작(伯爵), 자작(子爵), 남작(男爵)의 5등작(等爵)을 갖추고 있었다. 왕족에게는 공작·후작·백작 3단계까지 수여하였고, 일반신하에게는 공작, 후작, 백작, 자작, 남작을 다 수여해주었다. 그리고 이들 작위는 다른 나라와는 달리 상속되지 않고 자신의 당대에 한하였다. (2) 제왕(諸王)의 존재로서 왕족에게 수여한 공작·후작·백작과 그들의 다음 대(代)에 해당하는 자들에게 수여한 사도(司徒)·사공(司空)을 총칭하여 제왕(諸王)이라고 했다. 기타 (3) 형식적이지만 식읍제(食邑制)가 있었다. (4) 태자(太子)·제왕(諸王)·후비(后妃)는 사무관청으로 봉건막부(封建幕府) 성격의 부(府)를 설치하였다. (5) 신하들은 국왕에 대한 경칭으로 황제폐하(皇帝陛下)·성지(聖旨)·조(詔)·칙(勅)·제(制) 사용하였고, 생일(生日)·절일(節日)의 명호(名號) 개칭하였다. 기타 복식(服飾)과 의장(儀仗)에서 중국의 황제체제의 그것을 준용하였다. 그리고 왕위계승자를 태자라 하였고 선왕(先王)의 생존한 부인을 태후(太后)라고

의 연수(延壽)/지증왕, 건원(建元)/법흥왕, 개국(開國)/진흥왕, 대창(大昌)/진흥왕, 홍제(鴻濟)/진흥왕, 건복(建福)/진평왕, 인평(仁平)/선덕왕, 태화(太和)/진덕왕 등이 있었음을 지적하고 있다.

하였다. 그러나 국왕과 그 배우자는 왕과 왕후(王后)라는 제후국 용어를 사용하였다. (6) 태조(太祖)·혜종(惠宗)·정종(定宗)·광종(光宗)·경종(景宗) 등과 같이 묘호(廟號)에다 조(祖)나 종(宗)을 붙였다. (7) 황제국 체제의 제천의식(祭天儀式), 즉 하늘에 대한 제사인 원구제(圓丘祭)를 거행하였다. (8) 중앙관제가 당제(唐制)를 받아들여 황제국체제의 삼성육부(三省六部) 체제로 운영되었다. 기타 종묘(宗廟)로서 칠묘제(七廟制) 있었으며, 군대는 5군(五軍)으로 편성되었다. (9) 원 간섭시대에 이런 황제국 수준의 관제(官制)와 칭호가 참월(僭越)하다고 하여 모두 제후국 체제로 변경되었다.[116] 이러한 여러 점들에서 고려는 당시 중국 중심의 세계관을 인정하여 중국왕조로부터 제후국으로 책봉(冊封) 받았으면서도 내부적으로 보았을 때 실제로는 황제국의 요소를 많이 간직하고 있었던 점을 주목할 수 있다.

노명호는 이규보의 글을 분석하여 고려국이 황제국이었다는 주장을 하고 있다. 즉 시기별 약간의 변동이 있었지만 국초 이래로 고려에서는 중국 중심의 천하와 다른 독자적인 천하를 설정하고 고려의 군주를 자체적으로 천자·황제라 하며, 국가제도의 대부분에서 천자국·황제국으로서의 제도를 사용해 오고 있었다. 이규보의 글에서도 고려의 군주에 대해 천자·황제·성황(聖皇)·제(帝)라는 위호를 사용한 것들과 함께, 그들 폐하(陛下)·성상(聖上)·성상폐하(聖上陛下)라는 존칭으로 부른 것이 도처에 발견된다. 또한 이러한 용어들은 이규보가 관리로서 작성한 공적인 글들뿐만 아니라 사적으로 작성한 글들에서도 사용되고 있었다.[117]

---

116) 김기덕, 「高麗의 諸王制와 皇帝國體制」, 『國史館論叢』 78, 한국정신문화원, 1997, 160-171쪽.

117) 노명호, 「'東明王篇'과 李奎報의 多元的 天下觀」, 『東國李相國集』, 진단학회 편,

노명호는 고려가 황제국 체제를 가졌다 함은 결국 고려인들의 천하관 문제로 귀착될 수 있다고 한다. 고려시대에 발견되는 천하관은 크게 세 가지로 나누어 볼 수 있다. 그 하나는 중국만이 천하의 중심이라는 사대적인 화이론적(華夷論的) 천하관이고, 다른 하나는 그와는 정반대로 고려만이 유일한 천하의 중심이라는 자주적이지만 폐쇄적인 국수주의적 천하관이었다. 또 다른 하나는 고려도 중국 등의 천하와 별도로 병존하는 하나의 천하 중심이라는 자주적이면서도 개방적인 다원적(多元的) 천하관이었다. 세 계열의 천하관은 대외 정책이나, 외래문화와 전통문화에 대한 이해 및 정책 등의 기본적인 방향을 달리하는 것이었는데, 이중에서도 시기별 변동은 있었으나 고려 전·중기에 걸쳐 대체로 주류를 이룬 것은 다원적 천하관이었던 것으로 보인다. 당시 요나라·금나라로 이어진 북방 왕조·송·고려가 공존하며 대립한 동아시아의 국제적 상황은 고려에서 자주적이면서도 개방적인 천하관이 사회적 저변을 확대하는 데 적지 않은 영향을 미친 것으로 보인다.[118]

이런 언급은 전·중기 고려가 어떤 대외적 세계관과 정책적 틀을 갖고서 격동하는 외부세계에 대응하여 왔는가를 적절히 지적하고 있다. 고려 전기 국가체제는 상술한 것처럼 중국에 대하여는 제후국, 내부적으로 황제국 체제이어서 다원적이고 중층적(重層的)이어서 단순하지 않았다. 그래서 묘청 일파가 제기한 '칭제건원'론은 연호 제정을 제외하면 고려는 이미 내부적으로 시행하고 있어서 공개적으로 하자는 것 말고는 별 문제가 될 수 없는 주장이었다고 하겠다.

그런데 인종 7년 2월에 제기한 금국정벌론을 묘청 집단이 더욱 적극

일조각, 2000, 54쪽. 노명호, 「高麗時代의 多元的 天下觀과 海東天子」 『한국사연구』 105, 1999, 5-6쪽.

118) 노명호, 「'동명왕편'과 이규보의 다원적 천하관」, 73쪽.

적으로 들고 나온 것은 인종 10년 3월의 일이었다.

　　인종 10년 3월: 서경의 부로(父老)인 검교태사로 치사한 이제정(李齊
梴) 등 5십 명이 표를 올려 존호와 연호를 새로 올릴 것을 청하니, 묘청
과 정지상의 뜻을 따른 것이다. 정지상 등이 왕을 꾀어 말하기를, "대동
강에 상서로운 기운이 있으니, 이것은 신룡(神龍)이 침을 토하는 것으로
서 천 년에 한 번 만나기도 드문 것입니다. 청컨대 위로 하늘의 뜻에 응
하고 아래로 백성의 희망에 좇아서 금나라를 누르소서." 하였다. 왕이
이것을 이지저(李之氐)에게 물으니, 대답하기를, "금나라는 강적이라 가
볍게 볼 수 없습니다. 더욱이 양부의 대신이 상도(上都)[개성]에 머물러
지키고 있으니, 편벽되게 한두 사람의 말만 듣고 대사를 결정해서는 안
됩니다." 하니, 왕이 "그렇겠다."고 하였다.119)

　　묘청, 정지상 등은 서경 부로들을 시켜 대동강에 서기(瑞氣)가 있으
므로 금나라를 정벌할 수 있는 절호의 기회라고 왕을 설득하려 하였다.
그러나 승선 이지저가 이에 반대하여 그 제안은 좌절되었다.
　　묘청 집단의 이런 대외론(對外論)은 인종 10년 이래 왕이 그에 대한
신임이 없어져가자 당시 조야에 퍼졌던 금나라에 대한 반대 감정을 이
용하여 대외적 관계를 긴장시킴으로써 국내에서 자기 파벌의 위치를
강화하려 했던 의도에서 나왔다 하겠다. 그러나 만일 이러한 정치적 복
선이 없었더라도 확실한 것은 그들의 금국정벌론이 서경과 밀접한 관
계 속에서 유래한 것이다. 앞서 두 사료에서 그들의 주장이 왕의 서경
행차를 기회로 하여 제출되고 있었다. 이 점에서 서경은 당대 고려인의

---

119) 『고려사』, 인종 10년(1132) 3월: 西京父老 檢校太師致仕李濟梴等五十人 上表
　　請稱尊號建元 承妙淸 鄭知常之意也 知常等 因說王曰 大同江 有瑞氣 此神龍吐
　　涎 千載罕逢 請上應天心 下順人望 以壓金國 王 以問李之氐 對曰 金國 强敵 不
　　可輕也 況兩府大臣 留守上都 不可偏聽一兩人之言 以決大議 王 然之.

의식 속에서 어떤 특별한 위치를 차지하고 있었음을 추측할 수 있다.
여기서 묘청 집단의 서경천도 운동과 금국정벌론은 백성 대중의 서경
에 대한 어떤 관념형태를 매개하여 추진되고 있었다고 가정되며, 여기
에서는 그것에 대해 좀 더 상세하게 분석해 보겠다.

고려왕조의 서경 경영정책은 태조 때까지 소급되는데, 그는 이 지역
이 지닌 우세한 군사력의 동원을 그들을 우대 조처함으로써 보다 원활
히 하려는데 목적이 있었다. 그것은 후백제와 더불어 쟁패전을 앞두고
보다 군사적으로 안전한 배후지를 얻고자하는 의도도 함께 있었을 것
이라 한다.[120] 이렇듯 군사상 목적으로 서경경영에 착수한 태조는 서
경의 중요성을 단순한 제도상에서뿐만 아니라 당시 지배적 관념형태를
가지고 백성대중의 의식 속에 심어 넣으려던 것 같다.

태조는 훈요십조 제5조에서 서경에 관해 다음과 같이 언급하고 있다.

> 태조 26년 하4월: 다섯째로 짐(朕)이 삼한(三韓) 산천의 신령한 도움
> 을 힘입어 써 대업(大業)을 성취하였다. 서경(西京)은 수덕(水德)이 순
> 조로워 우리나라 지맥(地脈)의 근본이 되며 대업(大業)을 만대에 전할
> 땅인 까닭에 마땅히 사중월(四仲月)에는 거기에 행차하여 백일이 지나
> 도록 머물러 안녕(安寧)을 이루도록 하라.[121]

서경은 수덕(水德)이 순조로운 국가 지맥의 근본이므로 왕업을 영구
히 전할 수 있는 곳이라 하였다. 앞서 명당의 성격을 시간·공간의 중
심지라고 이해했는데 서경이 바로 그런 대명당지로 간주되고 있었다.
또한 태조는 총신(寵臣) 최응에게 불탑(佛塔) 건조를 위한 발원소(發願

---

120) 이태진, 「金致陽 亂의 性格」『韓國史研究』17, 1977, 74-78쪽.
121) 『고려사』, 태조 26년(943) 夏4월: 其五曰 朕三韓山川陰佑 以成大業 西京 水德
    調順 爲我國之之根本 大業萬代之地 宜當四仲巡駐 留過百日 以致安寧.

疏)를 지을 것을 명령하면서 다음같이 삼한 통일 의지를 피력하고 있다.

　뒷날 태조가 최응에게 말하기를, "옛적 신라가 9층탑을 세워서 드디어
통일의 업(業)을 이룩하였으니 이제 개경(開京)에 7층탑을 세우고 서경
(西京)에 9층탑을 세워서 현공(玄功)을 빌려 군추(群醜)를 제거하고 삼
한을 합하여 일가(一家)를 삼고자 하나니 경은 나를 위하여 발원소(發
願疏)를 지어 달라."하므로 최응이 드디어 제술(製述)하여 올렸다.122)

　신라가 9층탑을 세워서 삼국을 통일했듯이 태조 자신도 개경에 7층
탑, 서경에 9층탑을 지어서 삼한을 통일하겠다고 하였다. 여기서 태조
가 각각 서경 9층탑, 개경 7층탑이라 하여 서경의 지덕(地德)으로서 공
덕(功德)을 개경보다도 더 높게 평가하고 있음에 주목된다. 그런데 불
탑은 일종의 극락정토를 상징하는 것으로, 그 구조는 극락의 묘사와 극
히 합치된다고 한다.123) 태조는 당시 지배적인 관념형태로서 불탑 신
앙과 토속적인 지축(地軸)124)신앙을 결합하여 서경을 일종의 이상향

122) 『고려사』, 열전5 최응(崔凝): 他日 太祖謂凝曰 昔新羅造九層塔 遂成一統之業
　　今欲開京建七層塔 西京建九層塔 冀借玄功 除群醜 合三韓爲一家 卿爲我作發願
　　凝遂製進.
123) 平川 彰,「大乘佛敎の成立」『古代史講座』12, 學生社, 1965, 82~83쪽.
124) 고대사회에서 자기 부족이나 국가의 한 지점이 세계 중심지라는 지축(地軸) 관
　　념은 인류의 보편적 사유방식이었다. 이런 지점에 궁전 사원 성도(聖都)가 위치한
　　곳으로 세계의 시공(時空) 중심지이므로 시간의 갱시(更始)가 가능하였다고 믿어
　　졌다. 참조서: M. Eliade, *The Myth of the Eternal Return*, Princeton University
　　Press, 1974, pp.12~20. 또 명당(明堂)은 우주 중심지이므로 이곳에 위치하면 하늘
　　의 중앙문[天門]을 통해서 내려오는 신비력을 얻을 수 있는 지역이라는 신앙이 한
　　대(漢代)에 있었다. 참조서: S. C. Cammann, "Types of Symbols in Chinese
　　Art", *Studies in Chinese Thought*, ed. by A. F. Wright, University of Chicago
　　Press, 1967, p.202. 고려전기 서경은 바로 이 지축(地軸) 신앙의 내용과 유사함을
　　알 수 있다. 또 이런 토속적 신앙은 재이·도참사상과 습합되어 더욱 강화되었다
　　하겠다.

의 성격을 띠는 신성 영역으로 신민(臣民)의 생각 속에 투입하려고 했던 것 같다.

태조에 의해 조성된 서경의 신비성은 시대가 올수록 더 강화되어 가고 있었다. 인종 연대에 이르면 서경의 주술성은 대개 다음같이 이해되고 있었다. (1) 국왕이 서경에 임어하거나 궁궐을 세우면, 서경은 천재지변 발생을 중지시킬 수 있는 힘을 가진 영역이라고 관념되고 있었다.[125] 따라서 서경은 왕조기업을 영구화시킬 수 있는 주술적 지역인데 특히 대화세가 그러한 대명당지로 간주되었다.[126] (2) 서경에서는 신비한 기(氣)를 새로 얻어 모든 것을 새롭게 한다는 '만물갱시(萬物更始)'가 가능한 신성지역으로 믿어졌다. 이 관점에서 고려조정은 유신포고(維新布告)[127]를 대개 서경이나 귀경한 후에 즉시 내려지고 있었다.[128] (3) 위와 같이 신비롭고 경이로운 서경지역은 이민족을 쉽게 복속시킬 수 있는 신비한 힘으로서 영위력(靈威力)이 내재한 곳이라고

---

125) 『고려사』, 열전40 반역 묘청: 묘청(妙淸)·백수한(白壽翰)이 또 아뢰기를, "상경(上京)은 지세(地勢)가 쇠약한 고로 하늘이 재얼(災孽)[화(禍)]를 내리어 궁궐(宮闕)이 다 탔으니 모름지기 자주 서경(西京)에 거동하여 재앙을 가시고 복을 모아써 무궁한 왕업(王業)을 누리소서."(妙淸·壽翰 又奏 上京地勢衰故 天降災 宮闕焚蕩 數御西京 禳災集禧 以享無窮之業).

126) 『고려사』, 인종 7년 3월 경인: 조(詔)하기를, "때에 따라 변(變)을 타고 그 거처(居處)가 항구(恒久)하지 않음은 예로부터 그러하였다. 해동(海東) 선현(先賢)의 말씀에 궁궐(宮闕)을 '대화세(大花勢)에 창건(創建)하여 기업(基業)을 연장(延長)하라'고 하였다(詔曰 因時乘變 不常厥居 自古而然 海東先賢 有言 創宮闕於大花勢 以延基業).

127) 유신(維新)의 출처: 『시경(詩經)』대아(大雅) 문왕(文王): 주나라는 비록 옛 나라이지만 그 천명은 새롭다(周雖舊邦 其命維新).

128) 『고려사』, 인종 5년(1127) 3월 무자: 이제 일관(日官)의 논의(論議)로 서도(西都)에 행차하여 깊이 기왕(旣往)의 허물을 반성(反省)하고, 유신(惟新)의 교(教)가 있기를 바라 중외(中外)에 포고(布告)하노니, 모두 들어 알도록 하라(今以日官之議 行幸西都 深省旣往之愆 冀有惟新之教 布告中外 咸使聞知).

여겨졌다. 예를 들면, 예종 2년에 17만 대군을 지휘한 여진정벌군 원수
(元帥) 윤관129)은 서경에 가서 왕으로부터 무력의 상징인 부월(斧鉞)130)
을 받고 난 연후에 정벌 예정지인 동계로 출발하였다. 이는 서경이 이
민족을 제압할 수 있는 신비한 지역이라는 사고방식이 반영된 것이라
고 할 수 있다.131) 이를 참작하면, 묘청 집단이 서경천도와 금나라 정
벌을 연결시킨 것은 이런 사고방식의 결과라고 하겠다.

상술한 서경의 관념적 여러 특징은 의종의 서경 행차 때에 내린 교지

---

129) 『한국민족문화대백과사전』, 윤관 조: 생년미상-1111(예종 6). 1107년(예종 2)
여진족의 동태가 심상치 않다는 변장(邊將)의 보고를 접하자 원수가 되어 부원수
인 지추밀원사 오연총(吳延寵)과 17만 대군을 이끌고 정주로 출발하였다. 한편,
여진 추장에게 거짓통보를 하여 고려가 앞서 잡아둔 허정(許貞)·나불(羅弗) 등을
돌려보낸다고 하자 여진족 400여 명을 보내왔다. 이 때 이들을 유인해 거의 섬멸시
키고 사로잡았다. 5만3천명을 거느리고 정주에 도착한 뒤 중군(中軍)은 김한충(金
漢忠), 좌군(左軍)은 문관(文冠), 우군(右軍)은 김덕진(金德珍)으로 하여금 지휘
하게 하였다. 수군(水軍)은 선병별감(船兵別監) 양유송(梁惟摩) 등이 2,600명으로
도린포(都鱗浦)의 바다로부터 공격하였다. […] 특히 함흥평야의 함주에 대도독부
(大都督府)를 두어 이곳이 가장 요충이 되었다. 이렇게 함경도 일대를 석권하자
그곳에 웅거하던 우야소가 반발해 1108년(예종 3) 초에 군사를 이끌고 정면으로
대결하게 되었다.

130) 부월(斧鉞): 작은 도끼와 큰 도끼. 옛날 형벌에 쓰이던 도끼임. 전(轉)하여 정벌
(征伐) 또는 형벌(刑罰)[『漢韓大字典』, 민중서림, 1986, 부(斧) 조]. 『고려사』 지31
외직 병마사: 병마사(兵馬使)는 성종(成宗) 8년에 동서북면 병마사(東西北面兵馬
使) 1인을 두되 3품으로 하고 옥대(玉帶)에 자금(紫襟)을 달며 왕이 친히 부월(斧
鉞)을 주어 부진(赴鎭)하게하여 곤외(閫外)를 오로지 제어[전제(專制)]하게하였
다(兵馬使 成宗八年 置於東西北面 兵馬使一人 三品 玉帶紫襟 親授斧鉞赴鎭 專
制閫外).

131) 『고려사절요』, 예종 2년(1107) 11월 경오: 서경에 거둥하였는데, 이때 일관이
아뢰기를, "마땅히 서경에 거둥하여 장수를 전송해야 합니다." 하자 이 행차가 있
었다. 을해일에 서경에 이르렀다(幸西京時日官 奏 宜御西京 以遣將帥 故 有是行
乙亥 至西京). 『고려사』, 열전9 윤관: 왕이 서경(西京)에 행차하여 위봉루(威鳳樓)
에 거둥하고 부월(斧鉞)을 주어 보내었다(王幸西京 御威鳳樓 賜鉞遣之).

(敎旨)에 분명하게 드러난다.

　　의종 22년 3월 무자: 관풍전(觀風殿)에 거동하여 하교(下敎)하기를,
"짐(朕)이 듣건대 호경(鎬京)[서경(西京)]은 만세불쇠(萬世不衰)의 지
(地)인지라. 뒤의 임금이 이곳에 임어(臨御)하여 신교(新敎)를 반포(頒
布)하면 국풍(國風)이 청명(淸明)하고 소민(小民)이 안태(安泰)한다고
하였으니, 짐(朕)이 곧 정사(政事)한 이래로 만기(萬機)가 실로 번거로
워 순어(巡御)할 여가를 가지지 못하였다. 이제 일관(日官)이 아뢰는 바
에 의하여 이곳에 온 것이니, 장차 낡은 것을 고치고 새로운 것을 정하
여[혁구정신(革舊鼎新)] 다시 왕화(王化)를 부흥(復興)하고자 하여, 고
성(古聖)이 권계(勸戒)한 유훈(遺訓)과 현재 민폐(民弊)를 구제(救濟)할
사무(事務)를 채택(採擇)하여 신령(新令)을 반포(頒布)하노라.132)

　이 포고문에서 서경은 영원히 쇠하지 않는 터전이므로 군왕이 여기
에 임어하여 신령(新令)을 반포하면 국가와 백성이 안정되고 왕조가
부흥될 수 있다고 하였다. 즉 여기가 고려왕조가 직면한 모든 문제점들
이 저절로 해결될 수 있는 이상향(Utopia)로 생각되고 있었다.
　의종 22년 행차는 당시 왕의 두 동생이 인심을 얻고 있었기 때문에
이루어졌다고 한다.133) 이것도 의종이 서경의 주술성을 이용하여 자신
의 위치를 굳히려는 데서 나온 행동이라하겠다. 이것을 고려왕조 권력

---

132) 『고려사』 의종 22년(1168) 3월 무자: 御觀風殿 下敎曰 朕聞 鎬京 萬世不衰之地
　　後之王者 臨御于此 頒下新敎 則國風淸明 小民安泰 朕 卽政以來 萬機實繁 未暇
　　巡御 今以日官所奏 來幸此都 將欲革舊鼎新 復興王化 採古聖勸戒之遺訓 及當時
　　救弊之事務 頒布新令.
133) 앞의 책, 의종 22년 3월 정축: 서경(西京)에 행차하였다. 그 때에 왕의 동모제(同
　　母弟)인 익양후(翼陽侯)와 평량후(平凉侯)가 자못 중심(衆心)을 얻은지라. 왕이
　　변(變)이 있을까 의심하여 이어(移御)하여 이것을 피하려 한 것이다(幸西京 時 王
　　母弟翼陽·平凉二侯 頗得衆心 王 疑有變 移御以避之).

구조상에서 서경이 항상 왕권의 지지 세력이었기 때문이었다는 정치적 해석[134]은 수긍할 수가 없다. 보통 경우라면 정변 소식이 있으면 지방에 있다가도 급히 귀경(歸京)하는 법인데, 의종은 오히려 정반대의 행동을 취하고 있었다. 그리고 묘청 반란으로 인하여 다수의 살육과 지위 격하를 겪은 서경 사람들이 계속하여 왕실에 호의적일 수가 있었겠는가하는 문제와 두 왕제(王弟)도 결국 왕실의 일원이었다는 점을 아울러 지적할 수 있다. 또한 왕은 서경에서 정치 군사적으로 아무런 실제 조치를 취하지 않았으며, 단지 대동강에 배를 띄우고 유흥행각을 벌리고 있었을 따름이었다.[135] 그런데 의종의 놀이도 오락을 위한 것이 아니라 불안한 사회의 여러 난문제들을 서경의 주술적 힘을 빌려 해결하려던 과정에서 파생되지 않았나한다.

여기서 인간의 어떤 현실적 문제점들도 자연히 해소될 수 있는 이상적 시간과 공간을 우리는 유토피아라고 이해한다면, 서경은 적어도 고려전기회에 그러한 곳으로 상상되었던 듯하다. 현대적 관점에서 볼 때 묘청 집단의 기묘한 여러 주장들(서경천도와 더불어 재이발생이 중지되어 왕조기업이 영속화될 수 있다든지 금나라가 스스로 항복해 온다)은 당대 서경의 이상향이라는 주술성을 반영하였다 하겠다. 그리고 서경천도 운동의 사회사적 의미는 개경 중심의 왕조질서가 피폐해 가면 갈수록 점점 궁박한 생존 상황 속으로 빠져들어 가던 농민에게 구원 가능성의 구심점이 되었다는 데에 있다.

인종 6년에 묘청 집단은 왕에게 서경천도를 하면 다음 같은 결과가

---

134) 하현강, 「高麗西京考」『韓國史論文選集』3(고려편), 1976, 147-148쪽.
135) 『고려사』, 의종 22년 하4월 계사: 흥복사(興福寺)에 행차하여 용선(龍船)을 남포(南浦)에 띄우고 재추(宰樞)와 근신(近臣)을 향연 하였다(幸興福寺 泛龍船於南浦 宴宰樞·近臣).

있을 것이라 예언하고 있다.

> 이에 묘청(妙淸) 등이 상언(上言)하기를, "신(臣) 등이 서경(西京)의 임원역(林原驛) 땅을 보니 이는 음양가(陰陽家)의 말하는 대화세(大華勢)라 만약 궁궐(宮闕)을 세워 이에 이어(移御)하시면 천하를 합병할 수 있을 것이요 금국(金國)이 폐백을 가지고 스스로 항복할 것이며 36국(國)이 다 신첩(臣妾)[신하(臣下)]가 될 것입니다."하니 왕이 드디어 서경(西京)에 행차하였다.136)

여기서 묘청 등은 만일 서경 대화세에 궁궐을 세우면 36국,137) 즉 모든 이민족의 나라, 특히 고려를 괴롭히고 있거나 괴롭혔던 금나라, 요나라, 북방의 여러 민족들이 고려에게 항복하여 신첩이 될 것이라 예언했다. 이것은 물론 전술한 서경의 주술적 관념형태를 반영한 것이긴 하지만 묘청 일파는 해외 이민족들이 고려왕조에 복종하여 오는 중국과

---

136) 『고려사』, 열전40 반역 묘청: 於是 妙淸等上言 臣等 觀西京林原驛地 是陰陽家所謂大華勢 若立宮闕御之 則可幷天下 金國 執贄自降 三十六國 皆爲臣妾 王 遂幸西京.

137) 보통 고려 이외의 모든 나라들이라고 생각되고 있다. 그러나 필자는 고려 측에서 보아 북방 이민족(異民族), 특히 고려와 밀접하게 역사적 관계를 가진 여진족이나 거란족을 지칭한 것이 아닌가 한다. 아무리 터무니없는 묘청일지라도 36국 안에 황제국인 송나라를 포함시켰을 이가 없었다고 생각된다. 묘청 집단이나 지지세력 내에는 정지상 등의 문신이 다수 포함되어 있었기 때문에 송나라에 대한 불경(不敬)을 범했을 리가 어렵다. 이와 같은 추론의 근거는 다음 두 사료에 의했다. (1) 『漢書 西域傳序』: 西域以孝武時始通 本三十六國 其後稍分至五十餘 皆在匈奴之西 烏孫之南. 현재 대부분 신강성유오이자치구(新疆維吾爾自治區) 경내(境內)에 살고 있는 소수민족들이다. (2) 『淮南子 墜形訓』: 凡海外三十六國 自西北至西南方 有修股民 天民肅愼民 白民 沃民 […]. 여기서 중국은 자기중심으로 하여 해외의 여러 민족이나 나라를 36국이라 지칭한 것이다. 그래서 필자는 36국이 불교가 전래될 당시 서역(西域)의 사정을 말한 것으로서 불교승려들에게 해외 나라들을 지칭하는 용어로 사용된 것이 아닌가 생각한다.

는 다른 또 하나의 별세계인 고려 중심적 세계질서를 구상하고 있었으며, 또 그 중심지를 서경에다 놓았음에 그 의미가 있었다 하겠다.

하여튼 묘청 집단의 대외관은 유학을 정통 학문으로 삼고 있었던 문벌귀족의 그것과는 정면 대립할 성격을 띤 것이었다. 유가의 대외관이란 예(禮) 질서의 중심인 중국과 그렇지 못한 이적(夷狄)을 엄격히 이분하는 화이관(華夷觀)에 토대한 것이었다. 만일 이민족이 정식으로 중국과 외교접촉을 가지려면 중국이 제시하는 예(禮) 질서의 대외형식인 책봉체제(冊封體制)를 통해서만 가능하였다. 그리고 이 책봉체제는 중국황제로부터 관작 수여와 이에 대한 답례로써 조공을 그 중심 내용으로 한 것이었다. 이것은 중국 황제를 주군으로 여타 나라의 왕을 신하로 간주하는 화이적(華夷的) 질서관이었다. 고려의 대(對)중국 관계는 대체로 이 책봉체제 안에서 행해지고 있었다.[138]

인종대의 대외관계를 보자면 무력적 위압 아래 맺은 금나라와의 칭신(稱臣)관계는 허식적이고 무의미한 것으로 간주되었고, 정치상 영향력이 없던 송나라와의 관계가 진지하게 추구된 것은 이 책봉체제의 성격에서 유래되었다. 실제적 한 예로써 송나라 휘종(徽宗) 황제가 금나라 견제 방책으로 인종에게 조서를 내렸는데, 거기서 '권(權)' 자를 빼는 등, 인종을 진왕(眞王)으로서 대우해 주었다. 이런 예우를 받자 인종은 감격하여 다음과 같이 회답하고 있다.

인종 원년 6월 계묘: 왕이 답하기를, "폐방(弊邦)은 조종(祖宗) 이래로 화풍(華風)을 낙모(樂慕)하였다. 하물며 우리 선고(先考)께서는 예(禮)로써 사대(事大)하였고, 충(忠)으로써 술직(述職)하시어 비록 해외에 있

---

138) 西嶋定生, 「東アジア世界と冊封體制: 6-8世紀の東アジア」 『日本歷史』 2(古代 2), 岩波講座, 1962, 231-278쪽.

었으나 마음을 항상 왕실에 있었다. 그러므로 천자께서 밝고 자세히 아
시어 자주 총택(寵澤)을 더하셨으며, 이제 또 친제(親製)의 제문(祭文)
으로 특히 이은(異恩)을 보이셨다. 신(臣)에게. 주신 직함(職銜)에도 또
한 권자(權字)를 제거하셨으니, 비록 선고(先考)께서는 일찍이 이런 예
우(禮遇)를 입었사오나, 소자(小子)가 어찌 족히 이에 당하리오. 책명
(冊命)이라 함은 천자가 제후(諸侯)를 포상(褒賞)하는 대예전(大禮典)
인지라. 이제 상제(喪制)[상중(喪中)]를 마치지 못하였는데 갑자기 대전
(大典)을 구함은 의리(義理)에 미안하며, 진실로 황공하고 부끄러움을
더할 뿐입니다. 바라건대 다음 해에 사신을 보내어 은혜에 감사하고, 아
울러 작은 정성을 이루고자 하니 오직 공(公) 등은 잘 펴서 주달(奏達)
하라."고 하였다.[139]

책명(冊命)이란 것이 제후를 포상하는 대전(大典)이므로 왕은 이런
은혜를 입은 것에 감격하고 있었다. 결국 책봉체제라는 것은 송나라라
는 중국 중심적 세계질서 속에서 고려가 한 제후로서 종속되는 것을 의
미했다. 즉 송나라 황제가 관작을 수여하는 주군으로서 고려 국왕은 이
에 보답하여 조공을 바치는 신하로서 상하의 의제(擬制)적 군신관계가
설정되었다. 이것은 상호 독립적인 국제관계가 아니라 상하 종속적인
국제관계였다고 하겠다.

이렇게 인종대의 유신은 자주적인 성격을 가졌던 고려 초기 최승로
시대와는 달리 사대주의적 위축을 보여 기성 세력기반의 유지를 위해
사대(事大)를 '선왕지도(先王之道)'라고 주장하게 이르렀다.[140] 여기

---

139) 『고려사』, 인종 원년(1123) 6월 계묘: 王答曰 弊邦 自祖宗以來 樂慕華風 我先
考 以禮事大 以忠述職 雖在海外 心常在於王室 故天子灼見 屢加寵澤 今又親製
祭文 特示異恩 於臣職銜 又去權字 雖先考 嘗蒙此禮 小子 何足以當之 所謂冊命
天子所以褒賞諸侯之大典也 今憂制未終 而求大典 於義未安 實增惶愧 冀於明年
遣使謝恩 幷達微誠 惟公等 善爲敷奏.
140) 『고려사』, 인종 4년(1126) 3월 신묘: 또한 소국(小)으로써 대국(大國)을 섬김

서 사대란 송나라와 고려가 일가(一家)라는 공동성의 환상에 기초한 상하 의제적(擬制的) 군신관계를 내용으로 한 유가의 예 질서였다. 이런 사유방식은 기층사회 및 이와 연결된 묘청 집단의 고려 중심적 세계상과는 본질적으로 대립적인 것이었다. 따라서 묘청 일파의 금국정벌론은 거란 전쟁 이래 전통적 북진정책파가 몰락하고, 기성세력 유지만을 절대적 조건으로 삼고 중국 중심적 세계상을 가졌던 문벌귀족에 대하여 서경의 유토피아라는 환상을 빌어 전통적 자국 중심적 세계상을 재차 확보하려던 기층사회의 관념형태의 표출이기도 하였다.

인종은 대외정책에 관해서는 문벌귀족과 의견을 같이 하였다. 국왕은 왕조중흥을 위한 수단으로써 서경의 주술성을 필요로 하였지 그 이상으로 왕권에 위험을 초래할 수 있는 대외 정벌기지로는 생각하지 않았다. 실제 인종은 묘청집단의 금국정벌론에 대해서는 한 번도 호의적 반응을 보인 적이 없었다.

묘청 등은 국왕이 이렇게 나오자 최후로 서경이 소유한 실질적인 힘, 즉 군사력에 의지하여 정치적 목적을 달성하려던 것 같다. 여기서 서경의 군사적 성격이 묘청 반란과 어떤 관계가 있었는지를 살펴보겠다.

서경의 군사적 성격은 태조의 북방정책에서 유래하였다. 태조가 고구려 부흥을 표방하면서 지은 국호 제정과 북방정책은 그의 출자를 상징했던 것 같다.141) 그는 즉위와 동시에 서경 경영에 착수하였고, 청천강 일대에 여러 진들을 설치하고 있었다. 이러한 그의 움직임은 물론

은 선왕(先王)의 도리이니 마땅히 먼저 사신을 보내어 빙문(聘問)하여야 할 것이라."하니 이를 잘 들어 좇았다(且以小事大 先王之道 宜先遣使聘問 從之).

141) 이기동, 「新羅下代의 浿江鎭」『한국학보』4, 1976. 박한설, 「高麗王室의 起源」『사총(史叢)』21 · 22합집, 1977. 김의규, 「高麗前期의 歷史認識」『韓國史論』6, 1979. 이 논문들에서 고려왕조는 군사적으로 신라 하대(下代)의 패강진(浿江鎭)과 연결되어 성립되었고, 역사의식으로는 고구려계승을 표방했다고 한다.

내정 상의 군사 정치적 이용에도 있었겠으나, 더 본질적인 것은 호전적인 북방민족들에 대한 군사적 견제와 고려왕조의 생활권 보존을 그 목적으로 하였다고 생각된다. 결국 유목민의 군사적 위협이 고려 양계(兩界)에 상존하는 이상, 고려왕조의 제일차적인 전략과 정책은 북방지향적일 수밖에 없었다 하겠다.

그리고 고려왕조의 북방 지향적 성격을 제도화한 것이 서경의 분사제도와 양계 지방의 군사지역화였다. 여기에는 28개의 전투단위인 여러 진들로써 구성되었고, 약 14만에 달하는 주진군이 배치되고 있었다. 이런 병력인원은 남부지역의 주진군 총수 약 4만8천에 비하여 현격한 차이를 보여준다.[142] 그리고 주민 구성도 군사상 필요한 인적 자원을 확보하기 위하여 남부지역에서 차출된 입진성(入鎭姓)으로 구성된 이주민 계통이었다.[143]

변태섭은 서북면(西北面)과 동북면(東北面)에 파견된 양계병마사(兩界兵馬使)의 성격에 관해 다음과 같이 지적하고 있다. 남부지방의 행정적 5도의 안찰사와는 달리하여, 양계에는 병마사(兵馬使)가 파견되어 전제권(專制權)을 행사하였다. 그리고 양계병마사는 단순히 국방지대인 변경을 방위하는 변장(邊將)에 그치지 않고 서북면과 동북면이라는 행정구획을 통치하는 외관(外官)의 지위에 있었다. 즉, 양계병마사는 각각 서북면과 동북면의 제주진(諸州鎭)을 통할하고 수령을 감독하는 장관(長官)의 위치에 있었던 것이다. 또한 병마사는 하부(下部)의 주진을 관할하고 상부(上部)의 중앙정부에 직접 상주(上奏)한 사실로 알 수 있다. 이와 같이 양계병마사는 군사면 뿐만 아니라 민사행정적

---

142) 이기백, 「軍事組織」『한국사』 5, 국사편찬위원회, 1981, 94-126쪽의 여러 곳.
143) 이수건, 「高麗時代의 北方移民에 대하여」『徐廷德敎授紀念論叢』, 1970, 498-496쪽.

(民事行政的) 기능에 있어서도 관내의 주진을 통할하였다. 남도(南道)
는 고려 전기에 중앙과 주현이 직첩(職牒)관계에 있었으며, 한정된 기
능에 있어서만 주목(主牧) 계수관(界首官)으로 하여금 중간기구의 역
할을 내행케 하는 이중 체제를 이루고 있었으나, 양계에 있어서는 일찍
부터 병마사가 주진을 지배하고 중앙과 직결되는 일원적 체제를 확립
하였던 것이다. 물론 양계에도 서북면에 안북도호부(安北都護府), 동
북면에 안변도호부(安邊都護府)라는 주목(主牧)이 있었으나 이들은
병마사의 통제를 받았다. 그리고 양계병마사는 문종대에는 서북면에
지병마사(知兵馬使), 동북면에 병마사가 임명되고, 예종대 이후에는
서북면에 병마사, 동북면에 역시 부사(副使)가 임명됨이 보통이었다.
서북면에 3품직인 정병마사(正兵馬使) 또는 지병마사(知兵馬使)가 임
명된 데 대하여, 동북면에 4품직인 병마부사(兵馬副使)가 임명된 것은
서북면의 우위(優位)를 표시한 것이다. 양병마사(兩兵馬使)의 임명이
언제나 서북면을 먼저 쓰고 동북면을 다음에 기록한 것도 이 때문이다.
양계병마사의 임기는 단기간으로 6개월이었다.[144]

　　이렇게 고려왕조는 왕도 개경을 중심으로 한 정치·경제의 중심지역
인 남부지방과 서경으로 상징되는 군사중심의 양계 지방으로 이중적
구조를 가졌다고 하겠다.[145] 양계라는 고려왕조의 최대 무력집결지를
배후로 가진 서경세력은 개경에서 집권세력 간에 분파 작용이 일어났

---

144) 변태섭,『高麗政治制度史研究』, 일조각, 1977, 212-216쪽.
145) 인종대(仁宗代) 초기에 가장 강력했던 두 권신(權臣)인 이자겸과 척준경이 차
　　례로 서경유수사(西京留守使)를 겸직하고 있었다. 이 직책은 고려의 이중 권력구
　　조의 하나인 양계지방(兩界地方)을 상징했던 것으로 생각된다. 하현강의 연구에
　　의하면, 서경유수사(西京知留守事)는 협의(狹義)의 서경 행정 책임자이고 재상겸
　　대(宰相兼帶)의 유수사(留守使)는 광의(廣義)의 서경 행정수반으로 추측되며, 또
　　한 광의(廣義)의 서경은 북계(北界)의 행정을 총괄하였다 한다(하현강,「고려서경
　　의 행정구조」『한국사연구』5, 1970, 66쪽).

을 경우, 서경의 우세한 군사력을 정치적으로 이용하려 했음은 당연했
다고 하겠다. 특히 인종 대에 서경인은 중앙 정계에서 왕년의 정치적
힘을 상실하고 군사적 부담만을 지고 있었다. 따라서 묘청의 난에 즈음
하여 서경인은 군사력에 상응한 정치권력을 획득하려던 지방 의식을
가졌다고 하겠다.146)

이때 문벌귀족들이 묘청 등장을 계기 하여 상호 분파작용이 있었고
또 그들의 사적 지배의 확대로 왕조체계의 전반적 피폐 및 농민의 불만
이 고조되어 가고 있었음은 전술했다. 거기다가 인종 연대에는 역대 왕
들의 시대에 비해 재이발생, 특히 한재(旱災) 발생이 더욱 심해져서 기
근이 곳곳에 발생하고 있었다. 그런데 그것도 주로 개경 이북의 양계
지역이었다.147) 또한 재이 해소를 위한 7회에 걸친 인종의 서경 행차
와 대화궐 축조를 위한 노역 동원은 도리어 백성의 고통을 가중시켜 원
성을 높이는 결과가 되었다.148)

인종은 이런 점을 염려하여 양계 지방에 사절을 파견하여 관민을 위
로하고 있었다.

인종 7년 동10월: 겨울 10월에 동북 양계(兩界)에 사신을 나누어 보내

---

146) 서경세력은 목종 때 김치양의 반란을 고비로 하여 쇠퇴했던 것 같다(이태진,
「金致陽 亂의 性格」『한국사연구』17, 1977). 실제로 묘청 반란 전에 중앙관직에
서 서경출신 관원은 기거주(起居注)(종5품) 정지상(鄭知常)뿐이다.

147) 『고려사절요』, 인종 5년 7월: 西京西北道蝗; 6년 3월: 定州饑饉發倉賑之; 9년
6월: 鹽州旱饑; 10년 7월: 京城饑.

148) 『고려사』, 인종 6년 11월 무신: 임원역(林原驛)에 옮기고, 신궁(新宮)을 지을
때에 내시 낭중(內侍郞中) 김안(金安)에게 명하여 역사(役事)를 감독(監督)하게
하니, 때는 바야흐로 모진 추위에 물이 얼어붙는지라 백성들이 심히 원망하였다
(移林原驛 作新宮 命內侍郞中金安 督役 時方寒 民甚怨咨);『고려사절요』, 인종
7년 3월: 서경 백성이 대궐을 짓는 데 수고하였기 때문에 창고의 곡식을 풀어 진휼
하고 금년의 조세를 면하게 하였다(以西京民 勞於創闕 發倉賑之 免今年租稅).

어 여러 성의 관리에게 선유하고 백성의 고통을 조사하고 병장기를 점
검하였다.[149]

왕의 사절들은 백성과 관리들을 선유하고 있었으며 만일에 대비하여
군기를 점검하고 있었다.

상술한 여러 조건들을 참작했을 때 서경인은 정치·경제적으로 우수
하나 군사력이 미비한 문벌귀족 중심의 중앙정부를 전복하여 자기들이
주도하는 권력구조로 재편하려 했던 정치적 목적이 반란의 제일 동기
였다고 하겠다.

이 경우 묘청의 역할은 왕조기업 연장을 위한 노력을 서경으로 유도
하여 서경이 가진 무력과 연결시켜 주는 정도의 것이었다 하겠다. 따라
서 서경인은 중앙에서 묘청이 정치적 영향력을 상실했다는 것을 알자
반란을 일으킴과 동시에 그를 제거했다.[150] 이런 점에서도 소위 묘청
반란이라고 불리는 명칭 자체가 적당하지 못하다. 이른바 묘청 반란은
그의 피살을 전후하여 양분될 수 있다고 여겨진다. 전반은 심한 재이발
생으로 인하여 왕조의 존속 여부에 불안을 느낀 인종이 당시 서경의 유
토피아라는 환상을 빌어 왕조 중흥을 위한 운동이라고 하면, 후반은 현
종 연대 이래로 위축된 왕년의 정치권력을 회복하려던 서경인의 중앙
권력을 위한 쟁탈전이었다고 하겠다. 그러므로 반란의 성격은 왕조 권
력구조의 테두리를 넘는 것이 아니었다. 이 사실은 반란이 관료체계 내
의 존재인 관리와 군사 지휘관에 의하여 지도되고 있었다는 점에서도

---

149) 『고려사절요』, 인종 7년(1129) 동(冬)10월: 分遣使於東北兩界 宣諭諸城官吏 問
民疾苦 點檢兵仗.

150) 『고려사』, 인종 13년(1135) 정월 을축: 서인(西人)이 묘청(妙淸)과 유참(柳旵)
을 참살(斬殺)하고 분사대부경(分司大府卿) 윤첨(尹瞻)을 보내어 항복(降服)을
청하였다(西人 斬妙淸及柳旵 遣分司大附卿尹瞻 請降).

확인된다.151)

그리고 묘청의 난을 이해하기 위해 안북도호부와 서경의 병력인원, 동원능력 등을 비교하여 보겠다. 이를 통해서 보면 묘청의 난 때 서경의 군사력 동원 능력은 정부군의 그것보다 상당히 열악한 것이었음이 드러난다.

> (가) 서경(西京): 정용(精勇) 1령(領) 내에 도령별장(都領別將) 2인, 좌우부별장(左右府別將) 각 2인, 교위(校尉) 10인, 대정(隊正) 20인, 기두(旗頭)와 행군(行軍)은 아울러 970인이다. 보창잡군(保昌雜軍) 19대(隊) 안에 행수(行首)과 행군(行軍)이 아울러 931인이다. 해군(海軍) 1대(隊) 안에 행수(行首) 1인, 행군(行軍) 49인인데 원래 정한 양반군(兩班軍)·한인(閑人)·잡류(雜類)는 모두 계산하여 9천 5백 72정(丁)이다.152)

> (나) 안북대도호부(安北大都護府) 영주(寧州): 본래 고려의 팽원군(彭原郡)으로 태조(太祖) 14년에 안북부(安北府)를 설치하고 성종(成宗) 2년에 영주안북대도호부(寧州安北大都護府)를 칭하였으며 현종(顯宗) 9년에 안북대도호부(安北大都護府)를 칭하였으며, […] 방어군(防禦郡) 25개, 진(鎭) 12개, 현(縣) 6개를 관령(管領)하였다.153)

---

151) 반란의 주도자들은 분사시랑(分司侍郞) 조광(趙匡)과 묘청(妙淸)으로 나타났으나 곧 서경인(西京人)에 의하여 피살되고, 그 후에 적괴(賊魁)로 지칭된 최영(崔永), 대장군(大將軍) 황린(黃麟), 장군(將軍) 덕선(德宣) 등이 반란을 지휘했다. 여기에다 낭중(郎中)·주부(注簿)·판관(判官) 등의 하급 직책을 가진 관원들이 참여했다-필자 주.

152) 『고려사』, 지37 병(兵) 주현군 북계 서경 조: 西京 精勇一領內 都領別將一人 左右府別將各二人 校尉十人 隊正二十人 旗頭·行軍 幷九百七十人 保昌雜軍十九隊內 行首·行軍 幷九百三十一人 海軍一隊內 行首一人 行軍四十九人 元定兩班軍閑人雜類 都計九千五百七十二丁.

153) 『고려사』, 지12 북계, 안북대도호부(安北大都護府) 영주(寧州) 조: 본安北大都護府 寧州 本高麗彭原郡 太祖十四年 置安北府 成宗二年 稱寧州安北大都護府

(다) 안북부(安北府): 도령중랑장(都領中郎將) 1인, 중랑장(中郎將) 2
인, 낭장(郎將) 7인, 별장(別將) 14인, 교위(校尉) 20인, 대정(隊正)
50인, 행군(行軍) 1천 5백 50인이다. 초군(抄軍) 16대(隊) 안에 말
[馬] 4대(隊)이고 우군(右軍) 4대(隊) 안에 말[馬] 1대(隊)이고 좌군
(左軍) 26대(隊) 안에 말[馬] 노(弩) 각 2 보창(保昌) 7대(隊) 백정
(白丁) 27대(隊)이다.154)

(라) 3월에 5군(軍)이 일제히 공격하여 이기지 못하고, 여름을 지나 가을
에 이르도록 적과 더불어 서로 버티고 결단하지 못하였다. 10월에
적의 양식이 다 되어 노약(老弱)과 부녀를 가리어 쫓아내니 다 주
리고 여위어 사람 형색이 없고 싸우던 군졸이 간혹 나와서 항복하
였다. 김부식이 가히 공취(攻取)할 수 있는 상황임을 알고 제장(諸
將)에게 명하여 토산(土山)을 일으켜 먼저 양명포(楊命浦)의 산 위
에 책(柵)을 세우고 진을 펴 전군(前軍)을 옮겨 이에 웅거케 하고
서남계(西南界)의 주현(州縣)에 군사 23,200과 승도(僧徒) 550을 징
발하여 토석(土石)을 지고 재목(材木)을 모아 놓고 장군(將軍) 의
보(義甫)와 방재(方宰)·노충적(盧積)에게 명하여 먼저 정예(精銳)
한 군사 4,200 및 북계(北界)의 주진(州鎭)의 전졸(戰卒) 3,900을 거
느리고 유군(遊軍)을 삼아서 적의 노략함을 방비케 하였다.155)

(가)에서 서경에는 도령별장(정7품)부터 대정(종9품)에 이르는 장교

顯宗九年 稱安北大都護府 […] 領防禦郡二十五·鎭十二·縣六.

154) 『고려사』, 지37 병 주현군 안북부 조: 安北府 都領中郎將一 中郎將二 郎將七
別將十四 校尉二十八 隊正五十八 行軍一千五百十五人 抄軍十六隊內 馬四隊 右
軍四隊內 馬一隊 左軍二十六隊內 馬弩各二 保昌七隊 白丁二十七

155) 『고려사』, 열전 11 김부식: 三月 五軍會攻不克 涉夏至秋 與賊相持不決 十月
賊糧盡 簡老弱及婦女驅出之 皆羸無人色 戰卒往往出降 富軾知有可取之狀 命諸
將起土山 先於楊命浦山上 堅柵列營 移前軍據之 發西南界州縣卒二萬三千二百
僧徒五百五十 負土石集材木 分命將軍義甫·方宰·盧積 先將精卒四千二百及北
界州鎭戰卒三千九百 爲遊軍 以備剽掠.

급의 지휘관들, 행군, 그리고 잡다한 병종에 속해있는 군졸들을 합하여 11,555명 정도의 병력이 있었다. (나)와 (다)에서 안북도호부는 방어군 25개, 진 12개, 현 6개를 관령(管領)하는 서북면의 군사령부였다. 그래서 여기에는 도령중랑장(정5품) 이하 대정(종9품)에 이르는 장교들[156] 93명과 행군 1520명, 즉 도합 1,613명이 주둔하고 있었다. 그 외에 초군 16대, 좌군 26대, 보창 2대, 백정(농민) 27대, 즉 도합 71대(71대 ×25명=1775명)라는 병력이 보조하고 있었다. 그러므로 안북도호부는 그 아래에 43개나 되는 군, 현, 진의 병력을 지휘할 뿐만 아니라 자체 내에 3,295명 정도의 군인들이나 보충부대를 거느리고 있었던 서북면의 최대 군사거점이었다. (라)에서 인종 13년 3월에 서정원수(西征元帥) 김부식은 서남계의 주현군 23,000명, 승도 550명, 정예병 4,200명과 더불어 북계 주진의 정예병 3,900명, 즉 도합 31,650명을 지휘하여 서경 공략에 만전을 다하고 있었다. 이는 김부식이 거느린 전체 병력이 아니라 토목공사와 적의 기습을 방비하기 위한 유격대로 구성된 인원이었다. 그러므로 김부식의 지휘한 군사인원은 여기에 예비대를 더하여 추정되어야 할 것이다. 또한 서경의 최고 계급의 장교가 별장(정7품)인데 반하여 안북도호부의 그것은 중랑장(정5품)이었다. 이렇게 군사지휘관의 품계에서도 안북도호부가 한층 상위였다. 결국, 김부식이 원수가 되어 동원된 정부군은 3만 명 이상이었는데 비하여 서경은 1만 명 정도로 이를 대항하고 있었던 상황이었다.

드디어 서경인은 인종 13년 정월에 반란을 일으켰다. 그들은 서경 자

---

156) 김상기, 『신편 고려시대사』, 374쪽. 고려시대서반직관표(高麗時代西班職官表): 정3품 상장군(上將軍), 종3품 대장군(大將軍), 정4품 장군(將軍), 정5품 중랑장(中郎將), 정6품 낭장(郎將), 종6품 장사(長史), 정7품 별장(別將), 정8품 산원(散員)·녹사(錄事), 정9품 위(尉), 종9품 대정(隊正).

체의 무력만을 갖고는 왕조가 가진 전국적 군사동원에 대항할 수 없음
을 알고서, 반란과 동시에 개경을 통하는 절령도를 차단하여 북계의 여
러 진의 병력 동원에 주력하고 있었다.157) 이를 진압하고자 출동한 정
서원수 김부식은 반란군과 직접 충돌을 회피하면서 동쪽으로 이동하여
성주(成州)를 장악하였다. 이것은 동계와 서경군의 연계를 절단하려는
군사작전이었다. 여기서 그는 군을 다시 서북면 방면으로 우회시켜 안
주에 설치된 안북대도호부158)로 진군하여 이를 장악하였다. 이를 통해

---

157) 『고려사절요』, 인종 13년(1135) 정월: 묘청과 유참(柳旵)이 분사시랑 조광(趙
匡) 등과 더불어 서경에서 반란을 일으켰다. 임금의 명령을 위조하여 유수와 관원
을 잡아 가두고, 또 위승선(僞承宣) 김신(金信)을 보내어 서북면병마사 이중(李
仲) 등과 여러 성의 군사·장교와 서경에 있는 상경(上京) 사람은 귀천을 막론하
고 또한 모두 구류하고, 군사를 파견하여 절령(岊嶺)길을 단절하였으며, 또 사람을
보내 위협하여 여러 성의 군병을 징발하고 국호를 '대위(大爲)'라 하고 기원 연호
를 '천개(天開)'라 하였으며, 정부의 부서를 정하고 그 군대를 '천견충의(天遣忠
義)'라 이름하였다(妙淸 柳旵 與分司侍郎趙匡等 以西京叛 矯制 囚留守員僚 又遣
僞承宣金信 執西北面兵馬使李仲等 及諸城軍將 凡上京人在西都者 無貴賤 亦皆
拘之 遣兵 斷岊嶺道 又遣人 劫發諸城兵 國號大爲 建元天開 署官屬 號其軍曰天
遣忠義).

158) 『고려사』, 지12 북계, 안북대도호부(安北大都護府) 영주(寧州) 조: 본래 고려의
팽원군(彭原郡)으로 태조(太祖) 14년에 안북부(安北府)를 설치하고 성종(成宗) 2
년에 영주안북대도호부(寧州安北大都護府)를 칭하였으며 현종(顯宗) 9년에 안북
대도호부(安北大都護府)를 칭하였으며 […] 방어군(防禦郡) 25개, 진(鎭) 12개, 현
(縣) 6개를 관령(管領)하였다(安北大都護府 寧州 本高麗彭原郡 太祖十四年 置
安北府 成宗二年 稱寧州安北大都護府 顯宗九年 稱安北大都護府 […] 領防禦郡
二十五·鎭十二·縣六). 따라서 안북도호부는 방어군, 진, 현 등을 관할하는 군사
령부였다. 여기에다 자체 병력과 지휘관들이 대거 주둔해 있었다. 앞의 책, 지37
병 주현군 안북부 조: 안북부(安北府). 도령중랑장(都領中郎將) 1인, 중랑장(中郎
將) 2인, 낭장(郎將) 7인, 별장(別將) 14인, 교위(校尉) 20인, 대정(隊正) 50인, 행
군(行軍) 1천 5백 50인이다. 초군(抄軍) 16대(隊) 안에 말[馬] 4대(隊)이고 우군(右
軍) 4대(隊) 안에 말[馬] 1대(隊)이고 좌군(左軍) 26대(隊) 안에 말[馬] 노(弩) 각
2 보창(保昌) 7대(隊) 백정(白丁) 27대(隊)이다(安北府 都領中郎將一 中郎將二
郎將七 別將十四 校尉二十八 隊正五十八 行軍一千五百十五人 抄軍十六隊內 馬

그는 강동6주를 비롯한 군사력 집결지인 서북계에 대한 반란군의 연결을 차단함과 동시에 서경을 고립시켜서 이를 포위 공격하였다. 그러나 정부군과 서경군의 공성전은 장기간 계속되어 해를 넘기어 인종 14년 2월에야 정부군은 드디어 서경을 함락할 수 있었다.159)

이런 김부식의 군사운용에 대해 부장(副將)들이 작전 지연이란 비판이 있었음에도 불구하고, 이는 서경이 양계지방의 군사력과 단절될 경우에 그 자체에 가진 병력이 약체임을 간파하고 이를 이용해 정벌에 성공한 것이라 평할 수 있다. 이를 보아서도 김부식은 탁월한 군사전략을 구사하였던 정벌군 사령관이었다. 이에 한 가지 덧붙여 지적해 둘 것은 김부식이 반란 당시 중서시랑평장사로서 판병부사를 맡고 있어서 모든 군사 문제의 책임자였다. 그리고 그는 진압작전을 다른 장수에게 맡기지 않고 직접 서정원수가 되어, 중군을 거느리는 한편, 반란 진압을 위해 출동한 전체 5군을 지휘하여 서경 공략에 성공했다는 사실이다. 문신인 김부식은 이런 군사적 재능을 보인 것은 숙종 1년(1096) 과거시험 합격 후에 첫 관직이 해주 안서대도호부의 사록참군사(司錄參軍事)160)

四隊 右軍四隊內 馬一隊 左軍二十六隊內 馬弩各二 保昌七隊 白丁二十七隊).

159) 『고려사』, 인종 14년(1136) 정사: 김부식(金富軾)이 제군(諸軍)을 모아 서경(西京)을 치니 성(城)이 함락(陷落)되므로 조광(趙匡)이 스스로 분사(焚死)하였다(金富軾 會諸軍 攻西京 城陷 趙匡 自焚死).

160) 『브리태니커 백과사전』 CD, 사록(司錄) 조: 고려시대의 지방관직. 목(牧)·도호부·유수관(留守官)에 파견한 7품 관직이었다. 정원은 목과 대도호부에서는 1명으로 장서기(掌書記)를 겸했다. 동경유수관에는 7품인 사록참군사(司錄參軍事)와 장서기를 1명씩, 남경유수관에는 사록·참군사·장서기를 1명씩 두었다. 그러나 사록과 사록참군사라는 명칭은 경우에 따라 병행해서 사용한 것 같다. 이들의 임무는 반란진압·도적체포·호랑이사냥 등 군사임무, 사역, 향리관할과 행정관리, 속읍(屬邑) 순찰, 제사, 사신접대 등 폭넓은 임무수행을 했다. 이 같은 이유로 비록 품계는 낮았지만 보통 문과급제자를 임명했다. 특히 무신정권 이후 수령의 자질 저하가 큰 문제가 되었는데, 이로 인해 사록의 위상은 더욱 중요해졌다.

을 역임하여서 서북지역의 군사 정세를 숙지하였기 때문인 것이 아닌
가 한다.

　김부식이 통솔하는 정부군에 의한 서경의 포위공격 상황은『고려사』
에 의해 다음과 같이 생생하게 전해진다.

　인종 13년 정월(正月)에 묘청이 조광(趙匡)과 유참(柳旵) 등과 더불
어 서경에 웅거하여 반(反)하니 왕이 김부식으로 원수(元帥)를 삼아 중
군(中軍)을 거느려 김정순(金正純)·정정숙(鄭旌淑)·노령거(盧令)·임
영(林英)·윤언이(尹彦)·이진(李瑱)·고당유(高唐愈)·유영(劉英)으
로 이를 보좌(補佐)하게 하고 이부상서(吏部尙書) 김부의(金富儀)는 좌
군(左軍)을 거느리고 김단(金旦)·이유(李愈)·이유개(李有開)·윤언
민(尹彦旼)으로 이를 보좌케 하고, 지어사대사(知御史臺事) 이주연(李
周衍)은 우군(右軍)을 거느리고 진숙(陳淑)·양우충(梁祐忠)·진경보
(陳景甫)·왕수(王洙)로 이를 보좌(補佐)하게 하였다.
　서인(西人)이 조(詔)를 꾸며 군사를 양계(兩界)에 징발하기를 급히
하거늘 왕이 진숙(陳淑)·이주연(李周衍)·진경보(陳景甫)·왕수(王
洙)를 보내어 우군(右軍) 2천인을 나누어 거느리고 동로(東路)로부터
가서 제성(諸城)에 효유(曉諭)하며 인하여 적당(賊黨)을 수색케 하고
김부의를 명하여 좌군(左軍)을 거느리고 먼저 서경으로 향하게 하였다.
　왕이 양부 대신(兩府大臣)을 불러 장차 군사 낼 것을 물으니 김부식
이 모든 재상과 더불어 의론하길 "서도(西都)의 반란에 정지상(鄭知常)
·김안(金安)·백수한(白壽翰) 등이 모의에 참여하였으니 이 사람들을
제거하지 않으면 서도를 평정할 수 없을 것입니다."고 하니 모든 재상이
깊이 이를 그렇게 여겨 정지상 등 3인을 불러오게 하고 비밀히 김정순
(金正純)을 훈휴하여 용사(勇士)를 시켜 3인을 끌어내어 궁문(宮門) 밖
에서 베고 이를 아뢰었다. 왕이 천복전(天福殿)에 거동하매 김부식이
군복으로 들어와 뵈옵거늘 이에 명하여 뜰에 오르게 하고 친히 부월(鉞)
을 주어 보내면서 말하기를, "곤외(閫外)의 일은 경이 상벌(賞罰)과 용

명(用命) 불용명(不用命)을 그 오로지 할 것이다. 그러나 다 서인(西人)도 나의 적자(赤子)이니 그 큰 괴수(魁首)는 죽이되 삼가 많이는 죽이지 말지어다."라고 하였다.

우군(右軍)이 먼저 행하여 마천정(馬川亭)에 머물고 중군(中軍)은 금교역(金郊驛)에 머무는데 순라군이 서경의 간첩 전원직(田元稷)을 잡아오거늘 김부식이 묶은 것을 풀어 위로하여 보내면서 말하기를, "돌아가서 성중(城中) 사람에게 말하라. 대군(大軍)이 이미 떠났으니 능히 스스로 새롭게 하여 귀순하는 자는 가히 성명(性命)을 보존할 것이요 그렇지 않으면 하늘이 죽이는 것을 오래 면하지 못할 것이다."라고 하였다. 때에 군사들이 자못 교만하여서 쉽게 싸움을 이기고 돌아갈 것이라 하여 의복(衣服)을 많이 준비하지 않았는데, 때마침 하늘에서 비와 눈이 내리매 군사와 말이 얼고 굶주려 군사들의 마음이 해이하거늘 김부식이 무마하여 고루 물품을 나누어 주니 군사의 마음이 이에 안정하였다.

왕이 홍이서(洪彛敍)·이중부(李仲孚)는 서인(西人)의 당(黨)이라 하여 조서를 주어 가서 효유(曉諭)하게 하매 홍이서 등이 늦게 행하여 4일 만에 비로소 생양역(生陽驛)에 이르렀는데 두려워 능히 나아가지 못하고 역리(驛吏)를 시켜 조서를 전하고 돌아왔다. 이에 김부식이 홍이서는 평주(平州)에 가두고 이중부는 백령진(白翎鎭)에 내치고 보산역(寶山驛)에 이르러 3일 동안 군사를 사열(査閱)하고 장수(將帥)와 보좌관(輔佐官)을 모아 계책을 물으니 다 말하길, "병(兵)은 졸속(拙速)함을 귀히 여기니 먼저 하면 남을 제어하는 것이라 이제 대군이 이미 출발하였으니 마땅히 갑옷을 단속하고 길을 배로 하여 빨리 달려가서 적의 방비하지 않음을 덮치면 보잘것없는 그 소추(小醜)를 날을 헤아려 가히 사로잡을 것이요, 만약에 이르는 곳마다 머무르게 되면 반드시 기회를 잃을 것이며 또한 적으로 하여금 계책을 세우게 함이니 우리의 이익이 아닙니다."하였다. 김부식은 말하기를, "그렇지 않다. 서경이 모반(謀反)함은 이미 5-6년이다. 그 설계함이 반드시 주밀하고 싸우며 지키는 기구를 이미 갖춘 뒤에 거사(擧事)한 것이니 이제 그 방비하지 않음을 덮친다

함은 이미 늦지 아니한가? 또 우리 군사는 적을 가볍게 여기는 마음이 있어 기구를 정비하지 못하였으니, 창졸히 복병이 가만히 나오는 것을 만나면 첫째로 위태함이요, 견고한 성 아래에서 군사를 주둔하매 날이 차고 땅이 얼어서 진터를 이루지 못하고 갑자기 적이 틈을 탄 바가 되면 둘째로 위태함이다. 또 들건대 적이 임금의 조서를 꾸며 양계(兩界)의 군사를 징집함에 여러 성이 의심하여 진위(眞僞)를 분별하지 못하니 만약 간악한 사람이 있어 이를 응하여 밖과 안으로 서로 결탁하여서 길이 막히게 되면 화가 이보다 더 큰 것이 없을 것이다. 군사를 끌고 샛길로 좇아 적의 배후(背後)로 둘러나가 모든 성의 군자(軍資)를 인수하여 대군(大軍)을 먹이고 순역(順逆)으로 고유(告諭)하여 하여금 서인(西人)과 더불어 왕래(往來)를 끊은 연후에 군사를 더하여 사졸(士卒)을 휴양(休養)시켜 적중(賊中)에 격문을 보내고 천천히 대병(大兵)으로써 임박함만 같지 못하니 이것이 만전(萬全)의 계책이다."라고 하였다.

드디어 군사를 끌고 평주(平州)를 거쳐 관산역(管山驛)으로 향하여 좌우군(左右軍)이 다 모여서 차례로 연하여 나아가니 김부식은 사암역(射岩驛) 신성부곡(新城部曲)으로부터 성주(成州)에 바로 가서 군사를 쉬게 하고, 하루는 모든 성에 격문을 돌려 임금의 명을 받아 적을 침으로써 효유하고 군리(軍吏) 노인해(盧仁諧)를 보내어 서경을 초유(招諭)하면서 또한 성중(城中)에 허실(虛實)을 엿보게 하고 모든 군사를 끌고 연주(漣州)로부터 안북대도호부(安北大都護府)에 이르게 하니 진숙(陳淑)과 이주연(李周衍) 등이 동계(東界)로부터 와서 모였다. 이에 앞서 녹사(錄事) 김자호(金子浩) 등을 보내 조칙을 가지고 샛길로가 양계(兩界)의 성(城)·진(鎭)을 두루 방문[역방(歷訪)]하며 서인의 반상(反狀)을 고유하였으나 사람들이 오히려 의심을 품다가 대군이 이름에 미쳐 여러 성이 크게 두려워하여 나가서 관군(官軍)을 맞이하였다.

김부식의 또 아랫사람을 보내어 3, 4차로 호유하니 조광(趙匡) 등이 가히 항거하지 못할 것을 알고 나와 항복할 뜻이 있으나 스스로 죄가 중함으로써 유예하여 결단하지 못하거늘 평주 판관(平州判官) 김순부

(金淳夫)가 조서를 가지고 성에 들어가니 서인이 드디어 묘청과 유참(柳旵)과 유참(柳旵)의 아들 유호(柳浩) 등의 머리를 베고 분사대부경(分司大府卿) 윤첨(尹瞻)·소감(少監) 조창언(趙昌言)·대장군(大將軍) 곽응소(郭應素)·낭장(郎將) 서정(徐挺) 등으로 하여금 김순부와 함께 조정에 죄를 청하게 하고 또 중군(中軍)에 투서(投書)하여 말하기를, "삼가 조서의 뜻과 원수(元帥)의 말을 받들어 이미 거괴(渠魁)를 베어 달려가서 궐하(闕下)에 바쳤고 양주(羊酒)로써 군사를 먹이고자 하오니 삼가 기일을 청합니다."하거늘 김부식이 녹사(錄事) 백록진(白祿珍)을 서울에 보내어 임금에게 이를 아뢰고 또 양부(兩府)에 글을 보내어 말하기를, "마땅히 윤첨(尹瞻) 등을 관후하게 대우하여서 스스로 새롭게 하는 길을 열어 줄 것이다."라고 하니 재상(宰相) 문공인(文公仁) ·최유(崔濡)·한유충(韓惟忠)이 백록진(白祿珍)에게 말하기를, "너의 원수(元帥)는 바로 서경(西京)으로 나아가지 않고 우회(迂回)하는 길을 따라 안북(安北)으로 나아갔으므로 한 사람이 사신을 보내어 조서를 가지고 항복을 효유하였으니 너의 원수의 공이 아니거늘 네가 오는 것은 무엇 때문이냐."고 하였다. 김순부가 교(郊)에 이르러 윤첨 등을 면전(面前)에 포박(捕縛)하여 장차 서울에 들어오고자 하거늘 양부(兩府)가 법사(法司)를 보내어 칼을 씌워 옥(獄)에 내리기를 청하고 대간(臺諫)도 또한 극형에 처하기를 청하였으나 왕이 모두 허하지 않았다. 명하여 포박을 풀고 의관(衣冠)을 입혀 들어와 알현케 하고는 주식(酒食)을 하사하여 위로하고 객관(客館)에 두었다가 얼마 안 되어 옥(獄)에 내리고 묘청(妙淸) 등의 머리는 저자에 달았다.[161]

161)『고려사』, 열전11 김부식: 十三年正月 妙淸與趙匡·柳旵等 據西京反 王以富軾爲元帥 將中軍 金正純·鄭旌淑·盧令·林英·尹彦·李瑱·高唐愈·劉英佐之 吏部尙書金富儀將左軍 金旦·李愈·李有開·尹彦旼佐之 知御史臺事李周衍將右軍 陳淑·梁祐忠·陳景甫·王洙佐之 西人矯詔 徵兵兩界急 王遣淑·周衍·陳景甫·李洙 分將右軍二千人 自東路往諭諸城 仍搜賊黨 命富儀率左軍 先趣西京 王召問兩府大臣將出師 富軾與諸相議曰 西都之反 鄭知常·金安·白壽翰等與謀 不去是人 西都不可得平 諸相深然之 召知常等三人至 密諭正純 使勇士

위의 기사를 요약하자면 인종 13년 묘청이 조광과 유참 등과 더불어 서경에서 반란을 일으켰다. 김부식이 원수(元帥)가 되어 중군을 이끌고, 김부의는 좌군을 이주연은 우군을 거느리고 출정하였다. 그는 서경을 우회하여 그 배후에 청천강 이남에 설치된 안주에 설치된 안북대도호부에 이르러 북방 병권을 장악하여 서경의 군사력과 연계할 것을 미리 단절하는 한편 부하들을 서경에 보내어 재삼 항복을 권유하였다. 그

曳出三人 斬於宮門外 乃奏之 王御天福殿 富軾戎服入見 乃命上陸 親授鉞遣之曰
闌外之事 卿其專之以賞罰用命不用命 然西人皆吾赤子 殲厥渠魁 愼勿多殺 右軍
先行 次馬川亭 中軍次金郊驛 邏騎擒致西京諜者田元穉 富軾解縛慰遣之曰 歸語
城中人 大軍已發 有能自新放順者 可保性命 不爾 天誅不可久 時士卒頗驕 謂朝
夕凱還 裝單寡 會天雨雪 士馬凍 衆心解弛 富軾撫循給 軍情乃安 王以洪彛敍・
李仲孚 爲西人黨 授詔書往諭之 彛叙等緩行 四日始至生陽驛 懼不能前 使驛吏傳
詔書而還 富軾囚于平州 流仲孚于白翎鎭 至寶山驛 閱兵三日 集將佐問計 皆曰兵
貴拙速 先則制人 今大軍已出 宜卷甲倍道 疾馳 掩賊不備 爾小醜 計日可擒 若所
至掩留 必失機會 且使賊益得爲計 非我之利 富軾曰 不然 西京謀反已五六年 其
設計必周 戰守之具旣備 然後擧 今欲掩其不備 不已晩乎 且我軍有輕敵心 器仗未
整 猝遇伏兵竊發 一可危也 頓兵堅城之下 天寒地凍 壁壘未就 忽爲賊所乘 二可
危也 又聞賊矯制 徵兵兩界 列城狐疑 莫辨眞僞 萬一有姦人應之 表裏相結 道路
梗塞 禍無大於此矣 莫若引軍從間道 繞出賊背 取諸城軍資 以餉大軍 告諭順逆
使與西人絶 然後 益兵休士 飛檄賊中 徐以大兵臨之 此萬全之計也 遂引兵由平州
趣管山驛 左右軍皆會聯次以行 富軾由射岩驛新城部曲 徑到成州 休兵 一日 馳檄
諸城 諭以奉辭討賊之意 遣軍吏盧仁諧 招諭西京 且城中虛實 引諸軍 道漣州抵安
北大都護府 淑・周衍等 自東界來會 前此 遣錄事金子浩等 懷開行 歷兩界城鎭
告諭西人反狀 人心猶顧望 及大軍至 列城震懼 出迎官軍 富軾又遣寮椽 曉諭至數
四 匡等知不可抗 意欲出降 自以罪重 猶豫未決 平州判官金淳夫詔入城 西人遂斬
妙淸・呂及呂子浩等首　使分司大府卿尹瞻・少監趙冒言・大將軍郭應素・郎將
徐挺等 偕淳夫請罪于朝 又投書中軍曰 謹奉詔旨及元帥之言 已斬渠魁 馳獻闕下
欲以羊酒獻 敢請日期 於是 富軾遣錄事白祿珍奏之 又貽書兩府曰 宜厚待瞻等 以
開自新之路 宰相文公仁・崔濡・韓惟忠 謂祿珍曰 汝元帥不直趣西京 循路以赴
安北 吾等奏遣單介 詔諭降 非爾元帥之功 爾來何爲 淳夫至郊 面縛瞻等 將入京
兩府遣法司枷鎖請下獄 臺諫亦請置極刑 王皆不許 命解縛襲衣冠入見 賜酒食勞
慰置客館 未幾下獄 梟妙淸等首于市.

러자 묘청과 더불어 반란을 일으킨 조광 등이 항거하지 못할 것을 알아서 묘청, 유참, 그리고 유호 등의 머리를 베고 나와 항복하였다. 그리고 김부식은 이런 서경 우회 전략의 목적을 다음과 같이 분명히 피력하였다. 즉, (1) 적군이 이미 모반 준비를 5, 6년 전부터 하여 그 방비태세가 엄중하다. 정부 진압군은 적을 경시하는 마음이 있어 기구들을 정비하지 못하고 있는데 적의 복병을 만나면 위태로울 수가 있다. (2) 만일 서경의 견고한 성 아래에서 군사를 주둔하면 날이 차고 땅이 얼어서 진터를 이루지 못하게 되어 갑자기 적이 틈을 타 반격을 하면 아군이 위태하게 된다. (3) 적이 임금의 조서를 꾸며 양계의 군사를 징집함에 여러 성이 의심하여 진위를 분별하지 못하니 간악한 사람이 있어 이를 응하여 밖과 안으로 서로 결탁하여서 길이 막히게 되면 큰 재난이 생길 수 있다. (4) 군사를 끌고 샛길로 좇아 적의 배후로 둘러나가 모든 성의 군자(軍資)를 인수하여 대군을 먹이고, 순역(順逆)으로 고유(告諭)하여 하여금 서인(西人)과 더불어 왕래를 끊은 연후에 군사인원을 더 늘이고, 적중(賊中)에 격문을 보내고 천천히 대병(大兵)으로써 임박함만 상책이다.

김부식의 상기한 전략이 적중하여 반란군은 묘청과 유참의 머리를 베고 항복을 스스로 청하게 되었다. 위의 사실을 보아 김부식은 군대 통수자로서 정보, 병력 보충과 병참, 지형, 심리 등의 다방면에 걸치는 용의주도한 전략과 전술을 구사하여 서경인의 항복을 받아낸 탁월한 군사 능력의 소유자였다고 하겠다. 그리고 여기서 분명히 한 가지 사실이 지적되어야 한다. 묘청 일파가 서경에서 반란을 일으킨 것은 인종 13년 1월이었고, 같은 달에 서경인은 묘청 등을 죽이고 항복할 의사를 밝혔지만 항복 교섭 도중에 쌍방의 분규로 인하여 반란 상태를 계속하게 되었다.[162] 앞서 김부식이 예견한대로 서경은 난공불락의 성이어서 그 후 공방전은 2년에 걸쳐 치열하게 전개되었다. 그간의 사정을 『고려사』는 다음과 같이 전한다.

[인종 13년] 3월에 5군(五軍)이 일제히 공격하여 이기지 못하고, 여름을 지나 가을에 이르도록 적과 더불어 서로 버티고 결단하지 못하였다. 10월에 적의 양식이 다 되어 노약(老弱)과 부녀를 가리어 쫓아내니 다 주리고 여위어 사람 형색이 없고 싸우던 군졸이 간혹 나와서 항복하였다. 김부식이 가히 공취(攻取)할 수 있는 상황임을 알고 제장(諸將)에게 명하여 토산(土山)을 일으켜 먼저 양명포(楊命浦)의 산 위에 책(柵)을 세우고 진을 펴 전군(前軍)을 옮겨 이에 웅거케 하고 서남계(西南界)의 주현(州縣)에 군사 2만3천2백과 승도(僧徒) 5백5십을 징발하여 토석(土石)을 지고 재목(材木)을 모아 놓고 장군(將軍) 의보(義甫)와 방재(方宰)·노충적(盧冲積)에게 명하여 먼저 정예(精銳)한 군사 4천2백 및 북계(北界)의 주진(州鎭)의 전졸(戰卒) 3천9백을 거느리고 유군(遊軍)을 삼아서 적의 노략함을 방비케 하였다.
11월에 모든 군사가 전군(前軍)의 진 친 곳에 나아가 토산을 일으켜 양명포에 걸쳐 적성(賊城)의 서남우(西南隅)에 이르게 하고 낮 밤으로 역사(役事)를 독촉하니 적이 놀래서 날랜 군사로써 나와 싸우고 또 성 위에 궁노포석(弓弩砲石)을 설치하고 힘을 다하여 항거하거늘 관군이 편의를 따라 막고 북을 치며 고함을 지르면서 성을 쳐서 적의 기세를 분산케 하는데 교인(僑人)[중국(中國)에서 와서 우거하는 사람] 조언(趙

162) 『고려사』, 열전11 김부식: 조광(趙匡) 등은 윤첨 등의 하옥함을 듣고 자기들도 반드시 면하지 못할 것이라고 하여 다시 반하거늘 왕이 전중시어사(殿中侍御史) 김부(金阜)와 내시(內侍) 황문상(黃文裳)을 보내어 윤첨과 함께 가서 조서를 펴게 하였더니 김부(金阜)의 무리가 위엄으로써 겁내게 하고 위무(慰撫)를 쓰지 않으므로 서인(西人)이 원망하고 분노하여서 2월에 난병(亂兵)을 풍유하여 김부(金阜)와 황문상(黃文裳) 및 종자(從者)를 죽였다(匡等聞瞻等下獄 謂必不免 復反 王遣殿中侍御史金阜·內侍黃文裳 與瞻往頒詔 阜等 劫之以威 不加慰撫 西人怨怒 二月 諷亂兵 殺阜·文裳及諸從者).

彦)이란 자가 꾀를 들이어 포기(砲機)를 만들어 토산위에 설치하니 그 제도가 높고 커서 돌 수백 척 중량을 날려 성루(城樓)를 쳐서 부수고 이어 화구(火毬)를 던져 태워 버리니 적이 감히 가까이 하지 못하였다. 토산(土山)은 높이가 8장(丈)이요, 길이는 70여 장(丈)이요, 넓이는 18장(丈)인데 적성(賊城)과의 거리는 수장(數丈)뿐이었다.

김부식이 5군(軍)을 모아 성을 쳐서 또 이기지 못하고 녹사(錄事) 박광유(朴光儒)가 전사하였다. 밤에 적이 군사를 3분하여 나와 전군의 진을 치거늘 김부식이 승(僧) 상숭(尙崇)을 시켜 도끼를 들고 마주쳐서 10여 인을 죽이니 적병이 무너져 달아나거늘 장군(將軍) 우방재(于邦宰)·김숙(金淑)·적선(積先)·김선(金先)·권정균(權正均) 등이 군사를 거느리고 쫓아 치니 적이 병갑을 버리고 성으로 들어갔다.

이듬해 2월에 적이 우리가 토산을 만들어 핍박하므로 성 안에서 중성(重城)을 쌓고자 하였다. 김부식이 듣고 말하기를, "적이 비록 성을 쌓은들 무엇이 유익하리오."하니 윤언이(尹彦)·지석숭(池錫崇)이 말하기를, "대군(大軍)이 나온 지가 이미 2년이라 날을 허비하여 버티기를 오래하매 사변을 요량하기가 어려우니 군사를 잠복시켜 돌격하여 중성(重城)을 파(破)하여 가히 성공하는 것만 같이 못하다."하거늘 듣지 않으니 윤언이(尹彦)가 굳게 청하는지라 이에 날랜 군사를 나누어 세 길로 하되 진경보(陳景甫)·왕수(王洙) 및 형부 원외랑(刑部員外郎) 박정명(朴正明)·합문지후(閤門祗候) 김예웅(金禮雄) 등은 3천인을 거느리고 중도(中道)가 되며, 지석숭(池錫崇)·전용(全鎔)과 전중내급사(殿中內給事) 이후(李侯) 등은 2천인을 거느리고 좌도(左道)가 되며 이유(李愈) 및 합문 지후(閤門祗候) 이영장(李永章)·김신련(金臣璉) 등은 2천인을 거느리고 우도(右道)가 되며 장군(將軍) 공직(公直)은 거느린 군사로써 석포도(石浦道)로 들어가고 장군 양맹(良孟)은 당포도(唐浦道)로 들어가게 하고 또 모든 군사를 시켜 길을 나누어 성을 쳐서 적으로 하여금 오로지 서남우(西南隅)를 방비하지 못하게 하여 부서(部署)를 정하기를 마치매 군사에게 후하게 사물(賜物)하였다. 김부식(金富軾)은 중

군(中軍)에 돌아와서 밤 4고(鼓)에 이르러 경기(輕騎)로 전군(前軍)에
달려들어가 제장(諸將)을 신칙하여 크게 거병(擧兵)하게 하였다. 정사
일(丁巳日) 새벽에 진경보(陳景甫) 군(軍)은 양명문(楊明門)으로 들어
가 적의 목책(木柵)을 빼고 나아가 연정문(延正門)을 치고 지석숭(池錫
崇)의 군(軍)은 성을 넘어 들어가 함원문(含元門)을 치고 이유(李愈) 의
군(軍) 또한 성을 넘어 흥례문(興禮門)을 치고 김부식은 아병(衙兵)으
로써 광덕문(廣德門)을 치니 적도(賊徒)가 우리의 토산(土山)이 이루지
못하였으므로 설비하지 않았다가 제군(諸軍)이 돌격해 이르매 황망하
여 어찌 할 바가 없거늘 김부식이 김정순(金正純)과 더불어 독촉하여
싸우매 장수와 군사가 다투어 떨치고 제군(諸軍)이 또한 북을 치고 고
함을 지르면서 불을 놓아 성옥(城屋)을 태우니 적병이 크게 무너졌다.
관군이 승세를 타서 함부로 참괵(斬)하는지라 김부식(金富軾)이 명을
내리기를 "적을 사로잡는 자는 상주고 항복한 자를 죽이거나 표략(剽
掠)하는 자는 죽인다."하니 군사가 다 칼날을 거두고 나아가는데 마침
날이 저물고 비가 내리는지라 군사를 지휘하여 물러가게 하고 생금(生
擒) 및 강자(强者)는 순화현(順和縣)에 보내어 식사를 제공케 하였다.
이날 밤에 성중(城中)이 궤란(潰亂)하매 조광(趙匡)이 할 바를 알지 못
하여 온 가족은 스스로 불에 타서 죽고 낭중(郎中) 유위후(維偉侯)・팽
숙(彭淑)・김현근(金賢瑾)은 다 목매어 죽고 정선(鄭璇)・유한후(維漢
侯)・정극승(鄭克升)・최공비(崔公泌)・조선(趙瑄)・김택승(金澤升)은
모두 자문(自刎)하였다.163)

---

163)『고려사』, 열전11 김부식: 三月 五軍會攻不克 涉夏至秋 與賊相持不決 十月 賊
糧盡 簡老弱及婦女驅出, 皆羸無人色 戰卒往往出降 富軾知有可取之狀 命諸將起
土山 先於楊命浦山上 竪柵列營 移前軍據之 發西南界州縣卒二萬三千二百 僧徒
五百五十 負土石集材木 分命將軍義甫・方宰・盧積 先將精卒四千二百及北界州
鎭戰卒三千九百 爲遊軍 以備剽掠 十一月 諸軍就前軍屯所 起土山 跨楊命浦 抵
賊城西南隅 晝夜督役 賊驚駭 以銳士出戰 又於城頭 設弓弩砲石 盡力拒之 官軍
隨宜禦 鼓攻城 以分賊勢 有僑人趙彦獻計制砲機 置土山上 其制高大 飛石重數百
斤 撞城樓碎 繼投火毬焚之 賊不敢近 土山高八丈 長七十餘丈 廣十八丈 去賊城

위의 기사에 의하면, 인종 13년 3월에 서정군원수 김부식은 5군을 모아 적을 쳤으나 이기지 못하였다. 그래서 군사 2만3천2백 명과 승도 5백5십 명을 동원하여 양명포의 산위에다 토성을 쌓게 함과 동시에 그 방어에 철저하게 대비하였다. 11월에 토성을 완성하여 그 위에다 궁노석포(弓弩砲石)를 설비하여 적을 막는 동시에 특별한 포기(砲機)를 설치하여 수백 척 중량이 되는 포탄을 날려 적의 성루를 쳐서 부수었다. 다시 김부식이 5군을 모아 성을 쳤으나 이기지 못하였다. 이듬해, 인종 14년 2월에 정예 병사를 선발하여 각각 3천, 2천, 2천명으로 된 3개의 특별돌격부대를 편성하여 성을 공격하게 하여 정사일 새벽에 드디어 이를 함락시켰다. 이때 반란군의 지휘자인 조광은 온 가족과 함께 분사(焚死)하였다. 드디어 2년에 걸친 서경인의 반란은 종지부가 찍힌 것이다.

이 반란은 소위 묘청의 난이라고 일컬어지고 있지만 난의 계기는 묘청이 만들었지만 그는 바로 난이 발생한 인종 13년 1월에 반란군 조광에 의해 살해되었다. 따라서 이 반란은 발생과 종결까지 1년 2개월 동

數丈 富軾會五軍攻城 又不克 錄事朴光儒死 賊夜分軍爲三 出攻前軍營 富軾令僧尙崇 荷斧逆擊 殺十餘人 賊兵奔潰 將軍于邦宰·金叔·積先·金先·權正均等 率兵追擊之 賊甲入城 明年二月 賊以我起土山逼之 欲於城內築重城 富軾聞之曰 賊雖築城何益 尹彦·池崇曰 大軍之出 今已二年 曠日持久 事變難料 不如師突擊 破重城 可以成功 富軾不聽 彦固請 於是 分銳兵爲三道 陳景甫·王洙及刑部員外郎朴正明·閤門祗候金禮雄等 將三千人 爲中道 崇·全銛·殿中內給事李侯等 將二千人 爲左道 李愈及閤門祗候李永章·金臣璉等 將二千人 爲右道 將軍公直 以所領兵 入石浦道 將軍良孟 入唐浦道 又使諸軍分道攻城 無令賊專備西南隅 部分訖 厚賜軍士 富軾還抵中軍 至夜四鼓 輕騎馳入前軍 勒諸將大擧 丁巳昧爽 景甫軍入楊命門 拔賊柵 進攻延正門 崇軍 踰城入攻含元門 李愈軍 亦踰城攻興禮門 富軾以衙兵 攻廣德門 賊徒以我土山未就不設備 及諸軍突至 惶遽無所措 富軾與正純 督戰將士爭奮 諸軍亦鼓 縱火燒城屋 賊兵大潰 官軍乘忝其斬 富軾令曰 擒賊者賞 殺降及剽掠者死 士皆斂而進 會日暮雨作 麾兵而却 生擒及降者 送順化縣 飮食之 是夜 城中潰亂 匡不知所爲 闔家自焚死 郎中維偉侯·彭淑·金賢瑾 皆縊死 鄭璇·維漢侯·鄭克升·崔公泌·趙瑄·金澤升 自刎.

안 묘청과는 아무 관계없이 진행되었다. 그러므로 이 반란의 명칭을 오히려 그 저항의 주역인 조광의 이름을 따서 조광의 난이라든지 서경의 난이라고 부름이 적당하다고 하겠다.

여기서 묘청은 당시 재이들이 빈발하자 왕조의 역수에 의심을 품은 인종의 뜻에 따라 서경에 대화궐 등을 창궐하여 왕조의 연기(延基)를 도운 주술승, 즉 요승(妖僧)에 불과하였다. 이후 서경 반란은 서경인이 서울의 천도와 중앙권력의 장악을 획책하다가 이것이 좌절되자 무력을 가지고 달성하려 했던 전형적인 지방 반란에 불과하였다 하겠다.

반란 이후에 서경은 분사제도의 축소, 경기4도의 혁파 등으로 인해 태조 이래로 유지되어온 독립된 정부형태의 행정기구로서의 성격이 상실 되어, 그 지위가 대폭 감소되었다.164) 그리고 난 이후 고려전기 서경이 누렸던 왕조 기업의 연장지라는 신성한 권위를 가진 지역으로서 주술성도 일대 타격을 받게 되어, 후대 고려국왕들은 서경이 신비스러운 주술의 정원이라는 생각에서 탈출할 수가 있게 되었다.

---

164) 『한국민족문화대백과사전』, 서경(西京) 조: 인종 때 서경을 기반으로 한 묘청(妙淸)의 난 이후, 서경의 행정기구에 커다란 변화가 나타났다. 1136년(인종 14) 유수·감군(監軍)·분사어사대(分司御史臺)는 모두 그대로 두되 다른 관반(官班) 은 모두 없앴다. 이어 1138년 서경의 속관으로 의조(儀曹)·병조·호조·창조(倉曹)·보조(寶曹)·공조를 설치, 각각 영(令) 2인, 승(丞) 2인씩을 두었고, 팔관도감(八關都監)에 부사(副使) 1인, 판관 1인, 동남면서북면도감(東南面西北面圖監)과 제학원(諸學院)에 각각 판관 1인, 성용전(聖容殿)에 직원(直員) 1인을 두었다. […] 그러나 이때의 개편으로 서경 관제는 태조 이래 지속되어온 독립된 정부형태의 행정기구로서의 성격을 상실하고, 토관(土官)으로서의 관제의 단서를 열게 된 것으로 보인다. 즉, 인종 때의 서경 관제의 성격은 그 이전의 분사제도와 그 이후에 나타나는 토관제로서의 과도적인 제도로 추측된다.

맺음말

종래에 소위 묘청의 반란에 관한 연구는 정치·군사는 물론이고 이념·사상 등의 여러 측면에 걸쳐 상당히 다각도로 행해졌다고 볼 수 있다. 이 글은 이런 여러 연구 업적들을 토대하여 반란의 성격을 재검토한 결과 대략 다음같이 그 성격을 규정할 수 있었다.

우선 고려시대 국왕에 대한 관념은 군주의 덕을 우주적 생명력으로 파악하여 사회는 물론 초목인 유기물에까지 미치며 또 이들의 생육을 그 본성으로 한다는 생각이었다. 이런 관점에서 국왕은 우주·자연과 사회를 관통하는 질서의 연속성을 상징하였고 또한 두 체계를 통합하는 연결고리로 여겨졌다. 또한 왕은 계절에 맞춘 파종과 수확, 즉 자연의 순환과정에 깊이 관여하면서 모든 생명체의 생성을 주관하는 실체로서 관념되고 있었다.

그리고 고려국왕들은 단순한 생물학적인 개체가 아니라 사시(四時)의 순행과 더불어 우주 자연의 질서와 그 생명력의 유지에 깊게 관련되고 책임지는 존재로서 그 위상을 규정하고 있었다. 다시 말하자면 고려국왕들은 단순히 죽음과 더불어 소멸하는 인간적 존재가 아니라 천상의 운행, 자연의 생성, 사회의 정상 상태에 관여하는 초시간적이고 불변적인 우주적 인격이었다 하겠다. 결국 고려 국왕은 생멸하는 개체적 자연적 인격임과 동시에 자연질서를 상징하는 초시간적 영원한 존재로서 정치적 인격이라는 두 가지 신체의 소유자로 자신을 표현하고 있었다.

또한 고려시대에 궁궐은 명당이라 하여 계절의 순환 작업, 궁극적으로 시간의 작업이 행해지는 장소였다. 여기에서 군왕은 자연과 사회의 질서 형성의 제일 요소인 시후 조절하는 의식을 가졌다. 만약 이런 주술적 행사를 소홀히 한다면 재이가 발생하고 그 책임은 군주에게 돌아갔다. 따라서 국왕은 시계열에 관계된 행사와 문물, 즉 입하진빙제, 시령, 역(曆) 등에 지대한 관심을 쏟게 되었다. 이런 행사와 제도는 군왕이 전반적인 인간 활동의 시령의 기준자이며 집행자였음을 의미하는 것이다. 이런 국왕에 대한 관념에서 이후 묘청 반란이 일어나게 되었다.

인종대는 문벌귀족의 세력의 증대로 인하여 국가질서가 전반적으로 피폐해가던 시기였다. 이로 인하여 동족적이며 전통적 공동체 질서로부터 이탈되어 생계수단을 잃은 다수의 농민이 출현했다. 그들은 주술적 불교 결사체를 조직하여 왕조질서에 은연한 반항을 보이고 있었다. 여기에다 이자겸, 척준경의 반란이라는 지배층 내부의 공연한 분열은 사회불안을 일층 고조시키는 결과를 가져왔다.

한편 이보다 더 결정적 사건은 역대 국왕들과 비교할 때, 우심한 천재지변이 인종 대에 집중적으로 속발했다는 것이다. 재이발생은 왕조역수를 감소시킨다는 관념형태에서 왕권의 영위적 권위를 위협하는 일로 믿어졌다. 그러므로 인종은 재이발생으로 인하여 왕조의 지속 가능 여부에 대한 강한 불안감을 품게 되었다. 이에 왕은 진재(鎭災)와 왕조기업의 연장을 위해 사상적으로 주술과 불교를 내세운 묘청을 등용하였다.

묘청은 서경에 대화궐을 창건함으로써 진재와 왕조중흥이란 문제점을 해결하려 했는데, 이것은 그 당시 지배적 관념형태인 주술에 의거한 것이었다. 그러나 군왕의 영위적 권위의 확대를 원치 않던 문벌귀족의 반대와 여전히 빈발하는 재이로 인하여 묘청은 그의 주술적 능력에 대한 왕의 신용을 잃자 그는 자기 향리인 서경에서 반란을 일으켰다. 결국 묘청 반란은 변경지대 서경에서 왕조를 중흥한다는 왕조의 기본정책 수행과정에서 파생되었다 하겠다. 그런데 여기서 결정적 요인이 되었던 것은 당시 고려인의 재이관과 재이 발생으로 인한 인종의 왕조

미래에 대한 불안감이었다.

그리고 묘청 집단의 서경천도론과 금국정벌론은 당시 기층사회가 서경에 대하여 품었던 유토피아적 환상을 반영한 것이었다. 즉, 서경은 재이발생을 방지하고 왕조기업을 영구화할 수 있을 뿐만 아니라 이민족도 쉽게 복속시킬 수 있는 신비스런 영역으로 간주되고 있었다. 그런데 묘청 일파의 금국정벌론은 자국 중심의 세계 질서상인데 유학 교양을 위주로 한 문벌귀족의 중국 중심적 세계상과는 정면으로 대립하는 것이어서 문벌귀족의 반대를 받아서 수용될 여지가 없었다.

묘청은 최후로 서경의 군사력에 의존하여 목적을 관철시키려 하였다. 고려왕조는 5도와 양계라는 정치와 군사의 이중 구조를 가졌는데, 각각 왕도 개경과 서경으로 상징하였다. 서경인은 자신들의 군사력을 기반으로 하는 한편, 묘청을 이용하여 현종대 이후 상실하였던 중앙에서의 정치권력을 다시 회복하려 하였다. 소위 묘청 반란의 후반은 서경인의 중앙 정치무대에서 권력 쟁탈전의 양상을 띠고 있었다.

여기서 소위 묘청 반란을 왕조의 최고 권력 주체이자 군주인 인종이 당시 심한 재이발생과 이것의 방지를 위한 주술적 방법으로써 변방 서경에서 왕조를 중흥하려던 과정에서 파생되었다 하겠다. 또한 이글은 적어도 고려전기 사회에서 지배적 관념형태인 주술성[165]을 정당하게 평가하려고 노력하였다. 왜냐하면 이에 대한 적당한 평가와 이해 없이는 묘청 반란의 진행을 본질적으로 파악할 수 없기 때문이다.

끝으로 묘청 반란의 결과는 역사상 다음 같은 의미를 가졌다고 하겠

---

165) 고려는 고대적 요소가 다분히 존재한 중세사회로 토속적인 풍습과 불교적인 문화체질이 뿌리 깊게 스며있었다(변태섭, 「'고려사'에 표현된 역사관」, 『'고려사'의 연구』, 1982, 147쪽). 주술성이란 이런 고대적 요소를 가르치며, 고려전기의 사회에서는 아직도 지배적 사유방식이었다고 생각된다.

다. 첫째로 왕권의 국가제도외적 영위적 권위축소는 왕권을 국가내적
관료체계 속으로 더욱 속박시켜 문벌귀족의 세력증대를 가져왔다. 둘
째로 고려초기의 자국 중심적 세계관이 약화된 반면에 유신들의 중국
중심적 세계상이 확대되어 지배층의 의식을 지배적으로 파악하는 계기
가 되었다. 셋째로 고려왕조의 북방지향적 성격의 위축을 가져와 새외
(塞外)민족에 대한 고려왕조의 영향력 및 그 행사 의지 자체가 약화되
게 되었다.

제2장 고려 국왕의 서경 순행

머리말

　고려국왕의 서경경영과 순행(巡幸)은 지금까지 여러 시각에서 연구되어 왔다. 첫째로 태조가 서경을 설치 운영한 것은 풍수도참설에서 개경의 수덕부조(水德不調)를 비보(裨補)하여 고려왕조의 기업(基業)을 연장시키려는 의도에서였다 한다.[166] 둘째로 고려왕조 권력구조에서 서경의 위치에 착안하여 태조의 서경창설은 그곳에 왕실세력기반을 마련하여 개경세력을 견제하려는 데에 있었다 한다.[167] 셋째로 태조의 통혼권을 분석한 결과로 태조의 기반인 해상세력과 평산(平山)을 중심한 서경세력은 별개의 것이었다. 따라서 태조는 서경세력의 우세한 군사력을 동원하기 위해서 우대조치로 나타났다. 그리고 그것은 대(對)후백제전에서 개경밖에 안전한 군사적 배후지를 얻고자 하는 목적도 아울러 갖고 있었다 한다.[168]

　상술한 여러 관점들은 전적으로 부정할 수 없는 중요한 것들이기는

---

166) 이병도, 『高麗時代의 研究』(改訂版), 아세아문화사, 1980.
167) 하현강, 「高麗西京考」『歷史學報』 35・36 합집, 1967.
168) 이태진, 「金致陽亂의 性格」『한국사연구』 17, 1977.

하나 서경운영의 전체상을 종합적으로 설명하고 있지는 않다고 생각한
다. 따라서 전술한 여러 관점들의 주장을 고려하면서 고려시기 서경경
영의 의미를 종합적으로 고찰하고자 한다. 특히 서경이 고려왕조의 북
방정책과 어떤 관계에 있었으며 또한 그 당시 이데올로기에서 어떤 의
미가 있었는가를 밝히려 한다. 그리고 고찰 시기는 자연히 태조-의종,
약 250년간(918-1170)으로 정해지겠다. 왜냐하면 의종 이후에 분명한
공식적 목적을 가지고 서경을 방문한 국왕들이 사료에서 안 보이기 때
문이다.[169]

I. 서경과 북방정책

우선 이 장의 중심 주제인 거란의 침입 위협과 이에 대한 방비책으로
서경 설치에 관해 논의에 들어가기 전에 주제어들인 개성부(開城府)
[개경(開京)]과 서경(西京)에 관해 간단하게 예비지식을 얻어두겠다.

> **개성부(開城府)**: 고려시대 왕도(王都)에 설치되었던 특별행정구역. 당
> 나라의 경조부(京兆府)와 신라 하대 왕경에 설치된 통화부(通化府)
> 의 전통을 이은 것이다. 당나라의 왕기(王畿)는 나성(羅城)을 중심으
> 로 성내의 경현(京縣)과 성밖의 기현(畿縣)으로 구성되었다. 기현은
> 다시 경도(京都)에서 직접 관장하는 적현(赤縣)과 경도의 방읍(旁
> 邑)인 기현으로 나뉜다.

---

169) 『고려사』에 의하면 원종 1년(1260) 2월(迎駕于西京 時 王 已過西京), 충렬왕
　　즉위년(1274) 10월(王至西京), 충렬왕 4년(1278) 4월(次西京 謁聖容殿), 충렬왕
　　29년(1303) 10월(王至西來 帝不許入朝 乃還), 충숙왕 후5년(1336) 3월(王不欲入
　　朝 久留西京). 왕들은 원나라에 가다가 잠시 서경에 들른 정도이지 태조-의종 기
　　간처럼 거기서 유신(維新) 포고 등을 내리고 있지 않았다.

고려의 왕도는 태조 2년(919) 송악산 남쪽에 도읍을 정하고, 개주(開州)라 부르면서 조성되기 시작하였다. 당시 개주에 궁전과 시전(市廛)을 세우고, 방리(坊里)를 구분해 5부(部)로 나누었다. 성종 6년(987) 5부 방리를 다시 정했으며, 성종 14년(995) 개성부로 바꾸고 개성부윤을 두어 왕경 성내와 중첩된 송악현(松嶽縣)을 비롯해 적현 6현과 기현 7현을 관장하였다. 현종 9년(1018) 개성부를 없애면서 경중(京中) 5부를 별도의 행정구역으로 독립시켜 중앙정부가 직할하게 하고, 따로 경기(京畿)를 제정하였다. 이에 따라 적기현(赤畿縣) 13현 중 왕경인 송악현 이외 12개현은 개성현(開城縣)과 장단현(長湍縣)이 각각 3현과 7현을 관할하였다. 문종 16년(1062)에 개성현을 다시 개성부로 바꾸고, 개성부사·부사(副使)·판관·법조(法曹)를 두어 경기 11개현을 통치하게 하였다. 이후 서해도 평주(平州) 관내에 있던 우봉군(牛峯郡)을 개성부에 소속시켰다. 문종과 인종 때 제정된 외관록(外官祿)에 따르면, 개성부사는 86석10두, 부사는 40석, 판관이 26석10두, 법조가 13석5두이었다. 충렬왕 34년(1308) 충선왕이 복위한 뒤, 급전도감(給田都監) 및 5부를 개성부에 합쳐 수도내의 사무를 맡아보게 하면서, 개성부의 행정상의 지위가 바뀌었다. 지금까지 개성부는 경기지역을 통치하고, 왕도 5부는 중앙정부의 직할이었는데, 이제 도성내의 5부까지 모두 관할하게 되면서 왕경을 관할하는 중앙기관으로 승격하게 되었다. 이에 직제도 확대되어 판부윤(判府尹: 정2품) 1인, 부윤(府尹: 정3품) 2인(1인은 겸임관), 소윤(小尹: 정4품) 3인(1인은 겸임관), 판관(判官: 정5품) 2인, 기실참군(記室參軍: 정7품) 2인을 두었다. 이 가운데 부윤 이하의 관리는 서울 성안을 맡되, 모두 선공시(繕工寺)의 사무를 겸임하였다. 이와 별도로 개성현령을 두어 수도 주변지역에 관한 사무를 맡아보게 하였다. 공민왕 5년(1356) 품계를 개정해 윤(尹)을 종2품, 소윤을 정4품, 판관을 정5품, 참군을 정7품, 현령을 정7품, 현승을 정8품으로 개정하였다. 공민왕 11년(1362) 판부사를 더 두었는데, 위(位)는 윤의 위이고, 품계는 윤과 같았다. 그 뒤 공양왕 2년(1390) 조준(趙浚)의 건의에 따라 개성부를 다시 개성부와 경기좌우도로 분리시켰다. 개성부는 명나라에서 응천부(應天府)가 중서성에 바로 보고하는 관례와 마찬가지로 직접 도평의사사에 보고하도록 했으며, 경기는 좌우도로 나누어 각각 도 관찰출척사(道觀察黜陟使)를 두었다.170)

서경(西京): 고려시대 평양에 설치되었던 유수경(留守京)이다. 서경은 고려시대의 지방제도와 권력구조, 그리고 도참사상(圖讖思想)에 있어서 중요한 위치를 차지하고 있었다. 고려 태조는 즉위 초부터 서경 경영에 많은 관심을 보였다.

당시 고도였던 평양이 황폐한 지 오래되고 여진족에게 노략질당하는 것을 걱정해, 태조 1년(918) 이곳에 대도호부(大都護府)를 설치하였다. 그리고 당제(堂弟)인 왕식렴(王式廉)과 광평시랑(廣評侍郎) 열평(列評)을 보내 지키게 하고, 참좌(參佐) 4, 5인을 두었다.

이로 보면 처음에 평양은 군사적인 필요성에서 크게 주목된 듯하나, 얼마 뒤부터 국내정치상의 필요성이 더욱 강조된 것으로 생각된다. 그것은 평양을 서경으로 승격시킨 정책의 전환에서 엿볼 수 있다. 태조는 국내 호족(豪族)들의 세력을 견제하고 왕권의 안정을 꾀할 수 있는 새로운 세력기반을 구축할 필요가 있었던 것이다.

언제 서경으로 승격시켰는지는 확실하지 않으나, 기록에 '서경'이라는 명칭이 처음 보이는 것은 태조 4년(921) 10월이었다. 그리고 새로운 행정기구를 본격적으로 설치한 것은 태조 5년이었다. 『고려사』 태조 세가에 의하면 이 해 "서경에 거둥해 새로 관부(官府)와 원리(員吏)를 두었다."고 한다. 그리고 『고려사』 권77 백관지(百官志) 서경 유수관 속관(屬官) 연혁 조에, 서경의 행정을 총괄하는 최고관부로 낭관(廊官)을 설치하고, 시중(侍中) 1인, 시랑(侍郎) 2인, 낭중(郎中) 2인, 상사(上舍) 1인, 사(史) 10인의 원리를 두었으며, 그 아래 아관(衙官)·병부(兵府)·납화부(納貨府)·진각성(珍閣省)·내천부(內泉府) 등 서경의 행정실무를 분담하는 기관을 마련하였다고 한다.

---

170) 『한국민족문화대백과사전』, 개성부(開城府) 조.

이와 같이 설치된 태조 5년의 서경행정기구는 고려 분사제도(分司制度)의 시초로서 주목될 만하다. 태조 때에 마련된 서경의 행정기구는 그 뒤 다소의 변경이 있었으나, 대체로 성종 14년(995)의 관제개편 때까지 존속되었다.

성종 14년(995) 서경유수관의 관제가 개편되어, 지서경유수사(知西京留守事) 1인, 부유수(副留守) 1인, 판관(判官) 2인, 사록참군사(司錄參軍事) 2인, 장서기(掌書記) 1인, 법조(法曹) 1인을 두었다.

이와 같은 서경 관제는 태조 때에 비해 외견상 뚜렷한 차이를 보여주고 있으나, 제도운영의 정신은 서로 큰 차이가 없었던 것 같다. 그 뒤 목종 1년(998) 호경(鎬京)으로 명칭을 바꾸었다가, 문종 16년(1062) 다시 서경유수관으로 칭하고 경기사도(京畿四道)를 설치하였다.

숙종 7년(1102) 문무반(文武班) 및 오부(五部)를 두었고, 예종 11년(1116) 분사제도를 한층 더 강화해 그 체제를 개경과 같게 하였다. 서경은 이러한 단계를 거쳐 발전과 번영을 누리게 되었다.

그러나 인종 때 서경을 기반으로 한 묘청(妙淸)의 난 이후, 서경의 행정기구에 커다란 변화가 나타났다. 인종 14년(1136) 유수·감군(監軍)·분사어사대(分司御史臺)는 모두 그대로 두되 다른 관반(官班)은 모두 없앴다.

이어 인종 16년(1138) 서경의 속관으로 의조(儀曹)·병조·호조·창조(倉曹)·보조(寶曹)·공조를 설치, 각각 영(令) 2인, 승(丞) 2인씩을 두었고, 팔관도감(八關都監)에 부사(副使) 1인, 판관 1인, 동남면서북면도감(東南面西北面圖監)과 제학원(諸學院)에 각각 판관 1인, 성용전(聖容殿)에 직원(直員) 1인을 두었다. […] 그러나 이때의 개편으로 서경 관제는 태조 이래 지속되어온 독립된 정부형태의 행정기구로서의 성격을 상실하고, 토관(土官)으로서의 관제의 단서를 열게 된 것으로 보인다. 즉, 인종 때의 서경 관제의 성격은 그 이전의 분사제도와 그 이후에 나타나는 토관제로서의 과도적인 제도로 추측된다.[171]

---

171) 『한국민족문화대백과사전』, 서경(西京) 조.

개성부·서경의 설치와 그 연혁은 대략 위와 같다. 여기서 우선 문제가 되는 것은 태조가 서경을 설치한 근본 목적이 무엇인가 하는 점이다. 그는 당시 민간신앙이었던 음양(陰陽), 지리(地理), 참위(讖緯), 비록(秘錄)에 관하여 비상한 신심(信心)이 있었으며 또한 실제로 산천의 영묘한 힘에 의하여 통삼(統三)을 달성하려고 하였다. 그리고 개경과 서경의 양경 지역에 층탑을 건조한 것도 지력(地力)을 비보(裨補)하여 그 혜택을 입으려 한 것이었다. 그래서 서경 경영은 불력(佛力)과 지력에 대한 태조의 신앙심의 발로에서 기인하였다는 설명이 있다.172)

태조가 송악산록 만월대를 중심하여 도읍한 개경은 풍수지리의 모든 조건을 갖춘 대명당지라고 당대에 관념되고 있었다. 그럼에도 불구하고 개경은 풍수도참설 상에 결점이 없는 것도 아니었다. 즉 입지(立地) 국면이 너무나 산강(山岡)으로 포위되어 있기 때문에 광활하지 못하고 북산제곡(北山諸谷)에서 흘러나오는 계수(溪水)가 모두 중앙 한가운데에 모이기 때문에 하계(夏季) 강우기(降雨期)에는 수세(水勢)가 자못 거칠고 분류(奔流)가 급격하여 순조롭지 못하다는 것이다.173)

그리고 풍수지리설 상에서 개경의 입지 조건 및 지세를 개관한 최창조는 다음과 같은 결론을 내리고 있다. 즉 개경은 송악(松岳)을 현무(玄武), 즉 진산(鎭山)으로 내성(內城)·외성(外城)을 내외(內外) 청룡(靑龍), 백호(白虎), 주작현(朱雀峴), 용수산(龍岫山)을 주작(朱雀)으로 완벽한 사신사(四神砂)를 갖춘 도읍(都邑)이지만 국난(國難)에 임해서는 개경 사수(死守)를 할 수 없는 전략적 취약성을 드러냈던 곳이기도 하다. 그리고 장풍(藏風)에 따라 개경 주변의 산세(山勢)가 너무도 주밀(周密)하여 국면(局面)이 관광(寬廣)치 못하고 또 북산(北山) 제곡

---

172) 이병도, 『고려시대의 연구』, 43-47쪽.
173) 앞의 책, 85-94쪽.

(諸谷)에서 흘러나오는 계수(溪水) 모두 중앙에 모이기 때문에 하계(夏季) 강우기(降雨期)에는 수세(水勢)가 거칠고 분류(奔流)가 급격하여 순조롭지 못한 결점이 있다. 이와 같은 역순(逆順)의 수덕(水德)을 진압하고 지덕(地德)을 비보(裨補)함에는 도선(道詵)의 산수순역법(山水順逆法) 내지 사탑비보설(寺塔裨補說)을 응용하여, 광명사(廣明寺)와 일월사(日月寺)는 이상 제수(諸水)의 합류점(合流點)에, 개국사(開國寺)는 개경의 내수구(內水口) 위치에 건설하여 이들 사원(寺院)으로써 수세(水勢)를 진압코자 하였다.174)

개경의 이런 수덕부조(水德不調)를 거시적 관점에서 보완하여 신흥 고려왕조의 주술적 완벽성을 기약하려 했던 것이 서경 창설이었다. 서경은 침산대수(枕山帶水) 혹은 부강임수(負崗臨水)의 형승(形勝)을 이루고 있어 풍수지리상의 모든 조건들을 갖추고 있었기 때문이었다. 그러므로 태조는 서경에 분사제도, 학교, 내성(在城), 나성(羅城) 등을 갖추어 오히려 개경을 능가하게 하였다. 이것은 장차 그가 이에 도읍하려는 의사를 가졌기 때문이었다 한다.175)

위와 같은 풍수도참설에 의한 개경과 서경의 명당설에 관해 김기덕은 풍수적 조건인 주세(主勢)·국세(局勢)·수세(水勢)를 분석한 결과 개경과 서경 모두가 풍수상의 명당이 될 수 없다고 지적한다. 특히 태조가 훈요 제5조에서 서경에 관한 언급, 즉 '서경은 수덕이 순조로워 우리나라 지맥(地脈)의 근본이 되며 대업을 만대에 전할 땅이다'는 구절176) 중에서 '서경수덕조순(西京水德調順)'을 분석하여 서경의 대동

174) 최창조, 『韓國의 風水思想』, 민음사, 1984, 212-213쪽.
175) 이병도, 『고려시대의 연구』, 101-107쪽.
176) 『고려사』, 태조 26년(943) 4월: 다섯째, 짐(朕)이 삼한(三韓) 산천의 신령한 도움을 힘입어 써 대업(大業)을 성취하였다. 서경(西京)은 수덕(水德)이 순조로워 우리나라 지맥(地脈)의 근본이 되며 대업(大業)을 만대에 전할 땅인 까닭에 마땅히

강과 보통강이 서경의 지세를 외호(外護)하며 감고 있는 것이 아니라
서경 지세를 깎아내며 지나가고 있어 보호하는 것이 아니라 공격하는
태세를 하고 있다 한다. 그래서 그는 태조의 훈요십조 이래로 정설이
되어온 '수덕조순설'을 부정하고 있다. 또한 그는 김두진의 주장을 수
용하여 이는 고려 초에 등장한 비보 사상에서 나왔다는 것이다. 곧 왕
건의 호족연합책과 연결되면서 호족연합정책과 연결되면서 호족세력
을 편제하고 일방으로 그들을 제어하려는 왕실의 통치정책과 얽히어
정략적으로 이용된 것이라 하였다. 따라서 김기덕과 김두진의 주장은
서경이 중시된 것은 원칙적으로 당시 풍수 사상을 이용한 왕권강화정
책의 일환이었다는 시각이다.[177]

위와 같은 서경경영의 목적을 태조의 호족연합정책에서 구하는 설명
은 다음과 같은 문제점을 갖는다. (1) 태조시기에 서경 지역에는 호족
이란 것이 없었고, 병영과 관사로 구성되고 관원과 군인이 주가 된 병
영적 집락지에 불과하였다. 여기에 후대에 분사(分司) 관원이 더욱 완
비되게 되어서 시중(侍中) 1인, 시랑(侍郎) 2인, 낭중(郎中) 2인, 상사
(上舍) 1인, 사(史) 10인의 원리를 두었으며, 그 아래 아관(衙官)·병부
(兵部)·납화부(納貨府)·진각성(珍閣省)·내천부(內泉府) 등 서경의
행정실무를 분담하는 기관이 마련 되었다 한다(『고려사』 백관지 서경
유수관 속관 조). 이렇게 분사 기구에 정식 배치된 인원은 17인이었다.
물론 각종 실무분담 기관에 종사하는 속관원은 1기관 당 10인[178] 정도

사중월(四仲月)에는 거기에 행차하여 백일이 지나도록 머물러 안녕(安寧)을 이루
도록 하라(其五日 朕三韓山川陰佑 以成大業 西京 水德調順 爲我國地脈之根本
大業萬代之地 宜當四仲巡駐 留過百日 以致安寧).

177) 김기덕, 「高麗時代 開京과 西京의 風水地理와 遷都論」『<韓國 中世의 首都와
遷都> 발표논문집』, 한국사연구회 2003년도 학술대회, 2003, 41-91쪽.

178) 고려시대 문종대를 기준하여 볼 때, 중서문하성 이하 핵심 관부들을 제외하고

로 계산하여 아(衙) 이하 5관서에 배치된 속관은 최대치 50인을 넘지 않았을 것으로 추정된다. 그러나 여기에 주둔한 병력은 많은 편이어서 행군(行軍) 1,950명, 원정양반군한인잡류 9,570명으로 총계 11,520명이었다(『고려사』 병지3 주현군 조). 그런데 여기에 인용된 백관(百官) 병지(兵志)의 내용이 어느 시기를 기준해서 작성된 것인지 그 연대가 불명하나 적어도 문종대(1046-1083) 이후의 완비된 제도와 소속 관원 인수라는 것은 확실하다.[179] 그래서 상기한 군인 인수는 적어도 문종 이후의 숫자이어서 태조대, 혜종대, 그리고 정종대의 주둔 인원을 반영했다고는 할 수 없다. 그러면 서경은 분사의 관원들과 그 가족을 합쳐서 수백 명, 그리고 여기에 주둔된 행군 2천인 정도가 거주한 집주지(集住地)였다고 하겠다. 그래서 여기에 남도처럼 대대로 거주하면서 일반 농민에게 지배권을 행사하는 그런 호족의 존재를 서경과 그 인근 지역에 상정할 수는 없다. 그러나 대동강 이남에 8세기부터 설치된 패강진 지역에서는 재지 주민을 대대로 통제해 왔던 호족을 상정해도 무리가 없겠다 하겠다.

(2) 북계와 동계로 구성된 양계라는 고려의 북방 국경지대는 특수행정지대였다. 이에 관해서 이기백은 다음과 같이 지적한다. 양계에는 주진(州鎭)이 배치되어 남도와는 달리 특수한 군사적 성격을 지닌 지역이었다. 여기에 배치된 군대는 남도의 그것과는 달리 주진군이라 부를

각종 잡무를 맡은 관서들은 이속(吏屬)을 포함해도 그 배치 관리는 10인 내외의 소수였다. 무작위로 선별하여 예를 들자면, 상약국(尙藥局) 10인, 경시서(京市署) 11인, 전옥서(典獄署) 8인 등이다(김상기, 『신편 고려시대사』, 서울대학교 출판사, 1986, 871쪽, 文宗代東班官職表에 의거).

179) 변태섭, 『고려사』의 연구』, 43쪽. 『고려사』 지(志)는 거의 송사(宋史)와 원사(元史)의 구성과 비슷하나 특히 원사(元史)와 가까운 편이다 한다. 이를 참조하면, 병지는 조선 문종 원년, 1451)에 완성된 『고려사』 편자들이 제도가 갖추어진 문종 이후의 제도들과 그 연혁(沿革)으로 구성된 것으로 추정된다.

수 있다. 그리고 원래 진이라는 것은 국경 지대에 군사적 거점으로서 설치된 것으로 후삼국 통일 이후에는 남쪽의 진은 없어지고, 오직 북쪽의 거란·여진과 접경지대, 즉 양계에만 남게 되었다. 국경을 북쪽으로 넓혀감에 따라 새로이 고려 영토로 편입된 지역에는 점차 진을 증설하여 그 수가 증대되어 갔는데, 현종 9년(1018)에 그 진은 28개나 되었다. 이 진들은 성곽으로 둘러싸인 무장도시로서 독립된 전투적인 단위 부대를 형성하고 있었다. 그러므로 이들은 남도 지방의 주현과 달리 속현을 거느리지 않는 것이 그 특징의 하나가 되었다. 이러한 여러 진이 안북과 안변의 두 도호부에 의해서 관할되고 있었다.[180]

위와 같이 서경이 속해 있는 북계의 역사적 상황에 비추어 보면 위에서 태조가 호족연합정책이란 정치적 목적을 갖고 서경을 건설하고 풍수 사상은 이를 합리화하는 명분 정도였다는 주장은 수긍하기 어렵게 된다. 서경은 북방에서 오는 거란족의 위협에 대처하기 위해 군사목적에서 설치된 군사진영이었다 함이 더욱 적절한 해석이 될 수 있겠다. 북계에 남도처럼 호족들이 존재하지도 않았고, 거주 주민들이란 진과 거기에 주둔한 무관과 군졸, 병적에 편입된 농민이 주종을 이루었다.

(3) 태조가 서경의 수덕(水德)이 순조로운 명당이어서 우리나라의 중심지라고 한 것은 태조의 개인적 신심 또는 이 시대의 정신적 풍조에서 나온 말이라 할 수도 있다.[181] 물론 그는 군사적 목적에서 서경을 중시

---

180) 이기백, 「군사조직」, 『한국사 5』, 국사편찬위원회, 1981, 120-121쪽.

181) 눈앞에 보이는 외적(外的) 대상(對象)으로 구성되는 현실(現實)(actuality)을 포함하여 무엇이 실재(實在)(reality)한다는 것은 인간정신, 신념(belief), 이해가 빚어내는 산물에 불과하다고도 할 수 있다. 예를 들어 조선후기의 소설 춘향전에 나오는 춘향은 역사적 인물은 아니었지만 그 누구보다 역사적 실재로 우리의 관념에 실재하고 있다 -필자주. 참조서: Wikipedia, *The Free Encyclopedia*, Online Edition, reality article: 신념, 인식과 독립된 실재가 있다는 견해는 실재론(realism)이라고 부른다. 더 상세하게 말하자면, 철학자들은 이것과 저것에, 즉 보

함과 동시에 거기가 수덕이 순조로운 천하 명당이라는 신앙도 가질 수가 있다. 또한 훈요십조 제8조에서 태조는 후계자들에게 차현 이남 공주강외의 지역민에 관해서는 이들과 상종하지 말라는 매우 부정적인 훈계를 내리고 있다.[182] 이것은 차령산맥 이남과 금강 밖의 후백제 지역 지세가 배역(背逆)을 달리고 있으므로 그 지역 사람들도 역시 배역하는 마음을 가졌다는 하는 소위 지세배역론(地勢背逆論)이다. 그러나 태조의 지세배역론은 실제 개경을 중심해서 보았을 때 우리나라의 강

편자들 또는 외부세계에 관한 실재론에 관하여 말하는 것이라고 이해된다. 일반적으로 어떤 부류의 대상, 인식에 의존하지 않는 것의 존재 또는 본질적 성격 인지할 수 있는 곳에서 우리는 그 대상에 관한 실재론을 말할 수 있는 것이다. 우리는 반(反)실재론(anti-realism)에 관하여 말할 수 있다. 반실재론은 실재론에 반대되는 오랜 견해들 중에 최신의 것이다. 아마 첫째는 관념론(idealism)이다. 실재는 마음 또는 우리의 생각들의 산물 속에 있다는 하기 때문에 관념론이라고 이름이 붙여진 것이다. […] 그 반면에 더욱 나아가 러셀(Russell)에 의해 옹호된 현상학은 마음 자체는 단순히 인식, 기억 등의 집합체이며, 이런 정신적 사건들을 초월한 마음 또는 영혼은 없다고까지 단언한다. 최후로 반실재론은 어떤 대상의 존재가 마음 또는 문화적 산물(産物)(artifact)에 의존한다는 주장을 나타내는 유행어가 되었다. 소위 외부세계는 실제로 단순히 하나의 사회적 또는 문화적 인위적 산물에 불과하다는 견해, 즉 사회적 구성주의라고 불리는 시각은 다양한 반실재론의 하나이다.
182) 『고려사』, 태조 26년 4월: 여덟째, 차현(車峴)[차령산맥(車嶺山脈)] 이남과 공주강(公州江) 밖은 산의 모양과 땅의 형세가 함께 배역(背逆)으로 달리니 인심(人心)도 또한 그러하다. 저 아래 고을 사람이 조정에 참여하여 왕후(王侯), 국척(國戚)과 혼인하여 국정을 잡게 되면 혹은 국가를 변난케 하거나 혹은 통합된 원한을 품고 거동하는 길을 범하여 난을 일으킬 것이며 또 일찍이 관시(官寺, 관청)의 노비(奴婢)와 진역(津驛)의 잡척(雜尺)에 속하던 무리가 혹은 권세(權勢)에 붙어 이면(移免)하고 혹은 왕후궁원(王侯宮院)에 붙어 말을 간교하게 하여 권세(權勢)를 농락하고 정사(政事)를 어지럽혀 재앙을 일으키는 자가 반드시 있을 것이니 비록 양민(良民)이라 할지라도 마땅히 벼슬자리에 두어 일을 보게 하지 말라(其八曰 車峴以南 公州江外 山形地勢 趨背逆 人心亦然 彼下州郡人 與朝廷 與王侯國戚 婚姻 得秉國政 則或變亂國家 或統合之怨 犯生亂 且其曾屬官寺奴婢 津驛雜尺 或投勢移免 或附王侯宮院 姦巧言語 弄權亂政 以致變者 必有之矣 雖其良民 不宜使在位用事).

들의 모습을 반영하는 것이 아니라 매우 정치적인 발언이었다. 홍승기
는 이에 관하여 다음과 같이 지적하고 있다. 고려시대에 개경을 등지고
흐르는 대표적인 강으로 전라도의 영산강·섬진강과 경상도의 낙동강
이 꼽혔음을 알 수 있다. 개경이 중심이 되는 한, 배역하는 강이 여기에
그칠 리가 없다. 동해로 들어가는 강들은 거의 전부가 그렇게 이해되어
야 할 것이다. 함경도의 강들이 대체로 그러한 예가 될 것이다. 황해도
의 재령강도 배역강수(背逆江水)의 한 전형이라고 생각한다. 그것이
개경에 근접하여 있는 강이었다는 점에서 무엇보다도 주목되어야 마땅
한데도 실제는 그러하지 않았다.[183] 이렇게 지적된 점들에 비추어보아
서도 태조의 지세배역론은 풍수지리설에 대한 신심에 근거하면서 모종
의 정치적 목적을 띤 것이 아니었나한다.

　위와 같은 서경과 차현 이남의 지세배역론을 보아서도 태조의 심상
은 냉정한 군사적·정치적 감각과 더불어 지력(地力)에 대한 초월적
신앙이 혼합되고 있었다 하겠다. 태조가 품었던 지력 신앙은 그의 고려
창업주로서 권위와 권력과 더불어 일종의 이데올로기[184]가 되어 후대

---

183) 홍승기, 「高麗初期 政治와 風水地理」 『韓國史 市民講座』 14, 1994, 일조각, 38-
　　39쪽.
184) 인간의 신앙, 정신적 태도, 지식 등으로서 이데올로기의 기능은 다음 책을 참조
　　하였다. Michael Mann, *The sources of social power*, vol. I, Cambridge
　　University Press, 1986, pp.21-23. 종교 등과 같은 이데올로기가 수행하고 있는
　　광범위한 역할이 있다. 그것들은 생산물을 저장하고 재분배하는 경제적 역할, 무
　　역규제, 전쟁과 외교 규칙들을 고안해내는 정치 군사적 역할들이다. 그 내용은 족
　　보와 사회 기원, 생활주기의 변화, 자연 풍요성에 대한 영향, 폭력의 정당화와 규
　　제, 자기 친족집단, 마을, 국가를 초월한 정통적 권력의 근거를 확립하기 위한 관심
　　들을 갖는다. 이렇게 종교가 중심이 된 문화는 넓은 지역에서 비슷한 조건 안에
　　살고 있는 사람들에게 집단적 규범적 자기상(自己像, identity)과 동원력에서는 강
　　력하지는 않으나 국가·군대·생산양식보다는 넓게 펴져있는 협동능력을 제공한
　　다(21쪽). […] 이데올로기 조직에는 또 다른 중요한 형태가 있다. 그것은 더욱 자

고려 정치·사상 등에 일대 영향력을 행사하게 되었다. 이렇게 이데올로기는 사회를 조직하는 정치·경제·군사라는 다른 힘들과 동일하거나 오히려 그것들보다 상위에 있을 수 있다는 것이다. 이런 점에서 태조는 서경 명당설을 뒷받침 하듯이 재위 1년에 평양에다 대도호부를 두고 종제(從弟) 왕식렴으로 하여금 지키게 하였으며, 재위 4년경에 평양을 서경의 경(京)으로 승격시킨 것 같다. 그리고 재위 5년에 서경에 분사제도로서 행정기구를 마련하였다. 결국, 서경은 태조가 서경에 대한 주술적 신심에서였든지 그 배후에 서경의 군사화와 신비화라는 목적에서였든 지를 불문하고 새로 창업된 왕조권력을 동원하여 대동강변에 설치한 군사적이고 인위적 도회처였다. 이후 태조의 이런 언설은 고려 일대를 통해 그리고 조선시대에까지 서경(평양)의 명당설의 전거로써 크게 영향력을 발휘하게 되었다.

한편 여러 서경경영에 관한 여러 설을 비판하면서 그곳에 토착세력이 없었다는 점에서 태조의 서경 정책은 고려왕실 세력을 뒷받침하는 새로운 기반을 형성하여 개경의 문벌귀족 세력을 견제하려는 데에 있었다는 하현강의 견해가 있다. 그는 태조-무신집권시기까지 고려왕조의 권력구조면과 관련시켜 서경에 관한 연구를 한 결과로 개경왕실은 최기부터 독자적인 세력기반을 가지지 못했으므로 이러한 상황을 극복하기 위해 서경경영에 착수하였다. 그 결과 개경세력에 의해 왕권이 크게 동요될 경우에는 왕의 요청에 의한 서경세력의 개입으로 그 위기를 모면할 수가 있었다. 그리고 서경세력이 왕실과 결합하였을 때에는 능히 개경세력을 제압할 수 있었으나, 왕실의 지지를 받지 못했을 경우에

율적인 형태에서 사회·공간적으로 초월적이다. 그것은 이데올로기·경제·군사·정치적 군사력을 갖는 현존제도들을 초월하여 "신성한 형태"의 권위를 창출하며, 한층 세속적인 권위구조와는 분리하여 그 상위에 위치한다(23쪽).

는 개경세력에 억눌리지 않을 수 없었다. 따라서 고려 왕실에서는 본래부터 확고부동한 세력기반이 없었음에도 불구하고 모든 세력 위에 군림할 수 있었던 것은 서경세력과 개경세력을 상호 대립 견제시켜 그 힘의 균형 위에 왕권의 안정을 꾀할 수 있었다.[185]

하현강의 상술한 주장에서 맹점은 다음과 같은 점들에 있다. (1) 고려 성립초기에 해당하는 태조, 혜종, 정종 연대에 한해서 말하자면 앞에서 주장한 바와 같이 토착주민들이 있고, 그 위에 이들을 지배하는 호족 등이 있어서 이를 바탕으로 하여 집단적 이익을 추구할 수 있는 서경세력이란 것이 존재하지 않았다. 서경은 단지 분사(分司)가 설치되고 대도호부라 하여 관인, 군인들이 집주하는 변경의 군사진영에 불과하였다. 그리고 태조의 권력 기반인 패강진은 서경과 분리해서 생각해야 한다. 그래서 왕조의 모든 제도와 인적 · 물적 자원이 집중되어 있는 개경과 대립된 세력으로 서경을 파악하는 것은 합당하지 않다는 것이다. 결국 혜종과 정종의 왕위 교체는 왕족끼리 궁중 내의 권력 쟁탈전의 문제에 귀결되어 거기에다 왕식렴이 서경 군대를 동원한 것에 불과하다고 할 수 있다.

(2) 하현강의 논점에서 또 하나의 중요한 착오는 '고려왕실'이란 애매모호한 말을 사용함으로써 정권의 핵심 담당자가 재위하는 현직 왕인지 또는 왕의 형제, 친족, 외척 등을 포함한 고려왕족을 가리키는 것인지 모르게 되어 논의상의 혼선을 일으키고 있다는 점이다. 제1대 태조, 제2대 혜종, 제3대 정종, 그리고 왕식렴의 관계를 보면, 혜종은 태조의 장자이며, 정종은 태조의 둘째 아들로서 혜종의 이복동생이었다. 왕식렴은 태조의 종제(從弟)(사촌동생)로 모두가 왕족의 일원이었다. 문제

---

185) 하현강, 「고려서경고」, 150-151쪽.

는 고려 초기 정치적 분쟁은 고려 왕족의 성원들이 왕위를 둘러싼 권력 투쟁이었다. 개경, 셔경을 가리지 않고 문무 신하들은 자기들의 이해관계 여부에 따라 신구(新舊)의 왕들 중에 어느 하나를 지지하거나 반항하고 있었다. 혜종을 폐하고 정종을 즉위시킨 왕식렴도 태조의 종제로서 서경의 무력을 사용하여 정변을 일으킨 것이지 토착 서경세력의 대표로서 그런 것이 아니었다.

위의 논의를 좀 더 부연하여 고려 초기에 왕실 내에서 왕위 계승관계를 몇 개 보기로 하겠다. 제2대 태조의 장자인 혜종, 태조의 둘째 아들이며 혜종의 이복동생인 제3대 정종, 태조의 셋째 아들이며 정종의 친동생인 제4대 광종, 광종의 아들인 제5대 경종이 상호 왕위를 계승하고 있다. 이를 보면 혜종, 정종, 광종은 형제상속을 하고 있으며 제5대 경종에 이르러야 부자상속을 하고 있다. 제6대 성종은 중간에 왕위계승에서 탈락된 대종의 둘째 아들로서 태조의 손자이며, 다음 제7대 목종은 제5대 경종의 아들이며, 제8대 현종은 아버지가 태조의 8번째 아들인 안종 욱(郁)이며 강조의 정변에 의해 왕위에 올랐다. 제2대에서 제8대에 이르기까지 모두가 태조의 아들이거나 손자들이었다. 이렇게 왕위를 둘러싼 쟁탈전은 혜종·정종의 형제뿐만 아니라 혜종의 외조인 왕규, 목종의 외척으로서 어머니인 천추태후, 인종의 외척으로 장인인 이자겸 등으로 고려 왕족 범주 내에 드는 인물들에 의해서 이루어지고 있었다. 그리고 제15대 숙종은 제11대 문종의 3남으로 조카에 해당되는 제14대 헌종의 선양을 받아 왕이 된 인물이다. 그러니까 왕위를 쟁탈할 가능성이 있는 왕족의 범위에 숙부를 더 첨가해야 된다.

그리고 고려 왕족 간에는 족내혼(族內婚)이 행해지고 있었다. 정용숙은 이에 관하여 다음과 같이 지적하고 있다. (1) 고려 태조는 후삼국이 통일되고 국가기반이 안정된 후에 셋째 아들인 왕자 소(昭)[광종(光

宗)]을 이복누이와 혼인시켜 족내혼의 단서를 열었다. 그래서 충선왕
이 동성금혼령(同姓禁婚令)[186]을 내리기까지 고려 역대 국왕은 대부
분이 후비 가운데 1명 이상을 왕족 내에서 맞았다. (2) 국왕의 후비 가
운데 가장 근친인 경우로는 왕의 이복남매가 있다. 고려 4대 왕 광종이
태조 셋째 아들로서 남매간에 혼인하였고, 9대 덕종과 11대 문종이 모
두 현종의 왕자로서 누이를 왕후로 맞고 있었다. 그러나 이러한 남매간
혼인은 전체 27건의 족내혼 사례 중에 단 4건에 불과하여 고려왕실의
보편적인 혼인형태라고 할 수는 없다. (3) 숙질(叔姪)간에 맺어진 혼인
은 광종이 이복형인 혜종의 공주를 제2비로 맞은 그것이다. 이는 남매
간 혼인사례와 유사한 부류에 포함시킬 수 있다. (4) 4촌간에 맺어진
혼인으로 왕족 가운데서 이런 혼인을 한 인원은 총13명에 이르며, 전체

---

186) 『고려사』, 충선왕 복위년(1308) 11월: 1. 앞서 지원(至元) 12년에 세조황제(世祖
皇帝)가 아독인(阿禿因)을 보내와 전(傳)한 성지(聖旨)를 흠몽(欽蒙)하였고 또 지
원(至元) 28년에는 내가 정가신(鄭可臣) 유청신(柳清臣) 등과 더불어 자단전(紫
檀殿) 안에 나아가 친히 세조황제(世祖皇帝)의 황제의 명령을 받들었는데 말씀하
기를 '동성(同姓)이 통혼(通婚)할 수 없음은 천하의 통리(通理)이거늘 하물며 너
희 나라는 문자(文字)를 알고 부자(夫子)[공자(孔子)]의 도(道)를 행하니 응당 동
성(同姓)을 요(要)치 아니할 것이다.'라고 하였다. 이때에 이수구(李守丘)가 유청
신(柳清臣)에게 말을 전하였고 또 정가신(鄭可臣)에게도 통역하여 전하였으나 본
국(本國)에서는 그대로 지내와 갑자기 개혁(改革)치 못하였도다. 이제로부터 만약
종친(宗親)으로서 동성(同姓)에 장가드는 자는 황제의 명령을 위배(違背)한 자로
써 처리할 것이니 마땅히 여러 대를 내려오면서 재상을 지낸 집안의 딸을 취(娶)
하여 실(室)[실인(室人)]을 삼을 것이며 재상(宰相)의 아들은 종세(宗世)[왕족(王
族)]의 딸과 혼인함을 허락할 것이다. 만약 가세(家世)가 비미(卑微)하면 반드시
그렇게 할 필요까지는 없다(一 先於至元十二年 欽蒙世皇帝 遣阿禿因 來傳聖旨
又於至元二十八年 予 與鄭可臣·柳清臣等 詣紫檀殿裏 親奉世皇帝聖旨 云同姓
不得通婚 天下之通理 爾國 識會文字 行夫子之道 不應要同姓 時有李守丘 傳說
柳清臣 又傳譯鄭可臣 本國因循 未遑遽革耳 自今 若宗親娶同姓者 以違背聖旨論
宜娶累世宰相之女 爲室 宰相之男 可聽娶宗世之女 若家世卑微 不在此限).

족내혼 후비 27명 가운데 약 반수를 차지한다. 위와 같은 사실을 볼 때 고려의 국왕은 대체로 족내혼 후비를 4촌 이내의 근친혈족에서 구했던 것으로 보아야 한다. 그리고 이 같은 근친결혼은 모두 예종 이전의 고려 전기에 집중되어 있다. 따라서 무신란 이전의 왕실혼인은 소수 왕족에만 국한된 극히 폐쇄적인 근친혼이었다고 말할 수 있다. 이는 고려 왕실이 왕실 혈통의 순수성을 유지하고 왕족을 귀족집단과 구별코자 한 정치적 목적에서 나온 처사였다.187)

이런 왕위계승의 실례를 보면, 고려 왕족들은 자기들 사이에서 족내혼을 하며 배타적으로 왕위를 계승시키고 있었다. 이런 점에서 서경의 역할이란 거기에 파견된 관원들이 자기들의 이해관계에 따라 특정한 왕이나 왕족을 무력을 가지고 지지하거나 반항하는 정도였다고 하겠다. 따라서 여기에 재지세력으로서 독자적인 서경세력의 존재는 보이지 않았다.

하현강은 한 사례를 들고 있는데, 목종 12년(1009)에 강조가 목종을 폐하고 현종을 즉위시킨 정변이 있었다. 그 이듬해 현종 1년(1010)에 이를 트집 잡아 거란의 성종이 직접 고려를 침공하였다. 이때 서경의 부유수(副留守) 원종석은 요좌(僚佐) 최위·함질 등과 더불어 항표(降表)를 만들고 거란 군에 항복하려 하였다. 이는 거란 성종(聖宗)이 강조의 무도함을 들어 항복을 권유했기 때문이었다. 이때 서경세력은 목종이 적극적인 서경경영에 고마움을 느껴 목종에 대한 충성과 애착이 정부군에 대한 비협조로 나왔다고 해석하고 있다.188) 이 문제는 서경세력이 집단적으로 그러한 행동을 한 것이 아니라 서경 부유수 원종석이 현종이 즉위함으로써 자기의 출세가 위태롭게 되어서 거란 군에 항

---

187) 정용숙,『고려시대의 后妃』, 민음사, 1992, 107-109쪽.
188) 하현강,『한국중세사연구』, 일조각, 1991, 337-339쪽.

복하여 연명하려는 처사였다고 단순화할 수 있겠다. 결국 서경세력이
나 개경세력이라는 이분적인 정치적 대립구도는 없었고, 서경은 고려
왕조가 국가 차원에서 북방민족들의 침입을 방지하기 위해서 설치한
한 변경 방어기지에 불과했다고 하겠다. 이를 가지고 개경세력과 양립
하는 일대세력으로 서경의 정치적 위상을 설정하는 것은 무리다.

이태진은 태조의 서경 정책과 통일전쟁과의 관계에 주목하여 태조의
서경 우대책이 이 지역의 우세한 군사력을 동원하기 위한 군사적 목적
에 이루어진 것이라 한다. 즉, 태조의 제4비의 황주황보씨(黃州皇甫
氏)의 세력 근거지는 예성강 서북의 패서 내륙지역 일대였다. 그리고
이 지역은 통일신라의 후반, 곧 9세기에 들어와서부터 북방의 외적방
위를 위해 평산에 설치된 패강진[189]으로 14개 군현을 거느린 일대 군
사적 기반이었다. 따라서 태조는 황주황보씨를 왕비로 채택하고 각종
의 서경 우대정책을 채용한 것은 당시의 가장 절박한 문제인 후백제와
의 쟁패전에서 서경지역의 가진 군사력을 동원하려는 목적에서이었다.
또한 태조가 후삼국을 통일한 무렵에 이르러서 제4비의 부(父)인 황보

---

189) 『한국민족문화대백과사전』, 패강진 조: 신라통일기 서북지방에 설치한 군진. 신
   라는 삼국통일을 달성한 뒤 패강(浿江: 지금의 大同江) 이남의 고구려 옛 땅을 점
   유하고 있었는데, 735년(성덕왕 34)에 당나라로부터 정식으로 이에 대한 영유권을
   공인받게 되면서 이 지방의 개척에 착수하였다. 그리하여 748년(경덕왕 7)에는 예
   성강(禮成江) 이북에 대곡성(大谷城) 이하 14군현을 두었고, 762년에는 오곡성(五
   谷城) 이하 6성을 수축하여 태수(太守)를 두었다. 이 같은 준비 작업이 끝난 뒤
   782년(선덕왕 3)에 현재의 황해도 평산에 패강진을 설치하여 패강이남, 예성강 이
   북의 땅을 군정(軍政)방식으로 통치하도록 하였다. 그 뒤 헌덕왕 때에 패강진의
   관할지역은 더욱 북쪽으로 확대되어 취성군(取城郡) 및 그 영현(領縣) 셋을 신설,
   이윽고 대동강 남안에 이르게 되었다. 패강진은 바로 이 지역의 군정을 맡은 패강
   진전(浿江鎭典)의 본영(本營)에 해당하였다. 한편, 패강진전에는 장관인 두상대감
   (頭上大監) 1인을 비롯하여 대감 7인, 두상제감(頭上弟監) 1인, 제감 1인, 보감(步
   監) 1인, 소감(少監) 6인을 두었다.

제공은 이미 서경세력을 주도하는 위치에 이르게 되었다. 이런 정치적 위치는 자신의 공로뿐만 아니라 서경경영을 계기로 하여 왕족과의 혼인관계에 힘입은 바가 컸던 것이 분명하였다. 외척으로서 황보씨의 서경세력의 중심적 위치와 활약상은 태조 이후에 더욱 두드러지게 제7대 목종대까지 이르게 되었다. 목종 때의 정치상황은 천추태후와 김치양을 대표로하는 패서 내륙을 기반으로 한 서경세력과 성종대에 유교적인 관인형으로 양성된 부류 양자의 병존체제였다. 이것이 김치양의 찬위(簒位) 도모를 계기로 하여 서북면순검사 강조가 김치양 일파를 제거함과 동시에 현종을 옹립함으로써 드디어 서경세력은 중앙정치 무대에서 막을 내리게 되었다 한다(목종 9년, 1009).[190]

위에서 태조의 서경 우대조치가 서경세력의 우세한 군사력을 후백제와의 쟁패전에 동원하기 위해서라 하였는데, 이 설명에는 다음과 같은 문제점들이 있다. (1) 우선 서경지역과 패강진 지역을 한데 묶어 서경세력이라고 일괄하고 있는데, 서경지역과 패강진 지역은 분리되어서 생각되어야 한다. 서경세력의 출발점이 된 태조의 제4비인 황주황보씨는 말 그대로 황주지역 출신이다. 황주는 평양에서 약 30㎞ 떨어진 곳에 설치된 군사 거점이었으며 성종 2년에 황주목(黃州牧)이 되었다. 그 이외에 태조의 세력집단 중 패강진 출신자들로서 유금필(평산), 박수경(평산), 김낙(중화현), 최웅(황주토산현: 상원), 김행파(동주: 서흥) 등이 있었다. 이 지역은 모두 대동강 이남지역으로 서경지역과는 거리가 떨어진 곳에 있었다(〈표 5〉 신라 하대의 패강진 참조). 또한 태조의 23인 부인을 보면 평산 1인, 동주 2인, 황주 1인, 신주 1인으로 모두 8인에 달했다. 이렇게 신흥하는 태조를 도와 새 왕조를 창건한 세력은

---

190) 이태진, 「김치양 난의 성격」, 67-112쪽.

패강진 출신자들이 많아서 가히 왕건의 세력집단의 중심을 이룬다고
할 수 있다. 이렇게 왕건세력의 중추를 이룬 것은 패강진 출신이었지
서경 출자의 인물은 단 한 명도 없었다.

  (2) 서경은 태조 원년에 사민(徙民) 정책에 의해서 패강진 해주·백
주·염주 등의 여러 인호(人戶)를 옮기어 인구가 들어서기 시작했지
그 전에는 황폐하여 가시밭이 우거질 정도였고, 번인(蕃人)의 사냥터
가 되고 있었다(태조 원년 9월 병신). 그래서 태조의 각종 우대정책이
베풀어지기 이전에는 아무런 세력 운운할 인구가 없었던 지역이었고,
위와 같이 이민이 있은 후에도 그곳은 분사제도에 의해 설치된 관원이
나 주둔 군인들로 구성된 병영적 성격의 집락지에 불과하였다. 고려 초
기 태조, 혜종, 정종 연대에 걸쳐서, 실지로 서경이 역사상 그 모습을
드러낸 것은 왕식렴191)이 혜종 2년(945) 왕규가 왕위를 찬탈하고 그의
외손자인 광주원군을 세우기 위해 2차례에 걸쳐 혜종의 암살을 도모하
는 등 중앙 정계가 어수선해지자, 서경에서 군사를 거느리고 개경에 들
어가 왕규와 그 일당을 제거하여 정종의 즉위에 결정적인 공헌을 했을
때였다. 그 이외에는 서경 자체의 어떤 정치적 집단으로 세력 행사가

---

191)『한국민족문화대백과사전』, 왕식렴 조: 생년미상~949(정종 4). 고려 전기의 공
  신. 아버지는 삼중대광(三重大匡) 평달(平達)이며, 태조의 종제이다. 처음에 군부
  서사(軍部書史)가 된 뒤에 여러 벼슬을 거쳤다. 918년(태조 1)에 태조가 황폐한
  평양에 사람들을 이주시켜 대도호부로 삼고 담당관원을 파견할 때 그 책임자로
  등용되어 평양을 지키면서 안수진(安水鎭)·흥덕진(興德鎭) 등에 성을 쌓아, 그
  공으로 여러 차례 승진하여 좌승(佐丞)이 되었다. 태조가 죽고 혜종이 왕위에 오른
  뒤에는 서경을 기반으로 한 막강한 실력자가 되어 혜종의 이복동생 요(堯: 뒤의
  定宗)와 제휴하였다. 945년(혜종 2)에 왕규(王規)의 혜종 암살음모 등 중앙의 정정
  (政情)이 어수선해지자 서경에서 군사를 거느리고 수도에 들어가 왕규와 그 무리
  300여명을 제거하여 정종의 즉위에 결정적인 공헌을 하였으며, 광국익찬공신(匡
  國翊贊功臣)으로 대승(大丞)이 되어 왕의 극진한 예우를 받았다.

보이지 않는다. 왕식렴은 태조 1년 대도호부로 승격한 이후 상당한 규모로 주둔된 서경의 병력을 동원하여 쿠데타를 일으켰을 따름이다. 이후 정종이 계획한 서경천도는 너무 과대한 의미를 부여할 것이 아니라 단지 자기를 추대해준 왕식렴의 군사거점인 서경으로 도읍을 옮겨 정권을 안정시키려는 목적에서 나온 것이라 할 수도 있다.

(3) 태조는 재위 15년에 이후에 서경 지역을 후백제와의 쟁패전에서 그 군사력 동원하여 우위를 차지함과 동시에 보다 개경 후방에 보다 안전한 배후지를 얻고자하는 목적을 갖고 있었다 한다. 이는 국제적 계기, 곧 거란족의 침입을 무시한 발상으로 오로지 내부적 정쟁을 우선시킨 관점이라고 생각된다. 거란족은 고려와 인접한 북방에서 발해를 멸망시키고(태조 9년, 926), 중국 북부 방면으로 나아가서 연운16주를 점유하여(태조 19년, 936)하는 등, 그 맹위를 떨치고 있어 언제 신흥 고려를 침공할지 모르는 상태였다. 이런 군사적 위협 아래서 태조가 후백제와의 대치도 물론 중요하였겠지만 북방에 대한 경계를 등한시하였을 리가 없다고 생각된다. 더구나 그는 일생을 전쟁터에 지낸 무장 출신의 왕이었다. 그리고 이런 거란의 침공위협은 성종 12년(993), 현종 1년(1010), 그리고 현종 6년(1015)에 걸쳐 3회의 침입으로 현실화되었다.

(4) 태조는 재위 19년(936) 9월에 3군을 동원하여 일리천 전투에서 후백제의 군을 공파하여 통일을 완수했다. 이때 삼군의 병력 43,000명과 이와는 별도로 지방호족과 북방민족의 독립된 부대가 전투에 참가하고 있었다. 그중 유금필이 지휘하는 흑수, 달고, 철륵 등 북방민족의 경기(輕騎) 9,500명의 병력이 포함되어 있었다.[192] 서경의 주위에 있는 모든 이민족이 대량 소집되어 참전하고 있었는데도 서경 출자의 병

192) 하현강, 「고려왕조의 성립과 호족연합정권」, 『한국사』 4, 국사편찬위원회, 1981, 41-42쪽.

력은 그 이름조차도 보이지 않는다. 그리고 태조가 전력을 기울려 소집한 총 군사력은 87,500명[193])이나 달했는데도 그 어디에도 서경의 병력이 나타나지를 않는다. 이를 통해서 보면, 결국 태조 19년 시점에서 서경에는 통일전쟁에 참여할만한 여분의 병력이 없었고 기껏해야 자체 방위에 적당한 인원밖에는 없었다고 추정할 수 있다. 상술한 몇 가지 점에서 이태진의 상기 논문에서 주장, 즉 서경경영은 이 지역의 우세한 군사력을 후백제와 쟁패전에서 동원하려는 목적에 있었다는 것은 수긍할 수 없는 부분들이 많다. 그러나 서경세력이라는 말 대신에 패서호족이라든지 패강진 세력이라고 말을 바꾸면 그의 논리는 대부분 타당하겠다. 그러나 패강진 출신세력은 태조이후 목종까지 중앙정치 무대에서 상당한 비중을 가졌던 역사적 집단이었지만 서경세력이란 존재는 역사상 없었다고 하겠다.

---

193) 정경현, 「高麗前期 二軍六衛制 研究」, 서울대학교 대학원, 문학박사학위논문, 1992, 20–34쪽. 여기서 83,000명이라는 숫자는 믿을 수 없다고 하며 63,000이 타당하다고 한다. 그러나 이 숫자도 전설적 병력수이며 결코 그대로 신용할 수 없다고 한다. 고려군을 고려시대의 호수(戶數), 목장의 숫자, 전술적·병참적 관점 등에서 분석하여 고려군은 후백제 신검(神劍) 측의 병력, 약 2만 명의 두 배 정도, 즉 4만 명 정도가 아니었나하고 추정하고 있다.

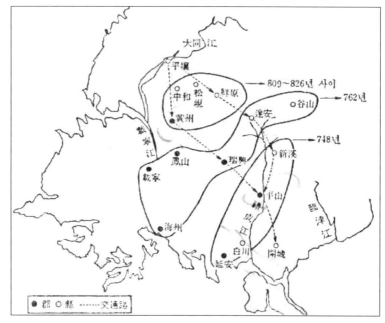

〈표 5〉 신라 하대의 패강진. 출처: 이기동, 『신라골품제사회와 화랑도』, 215쪽. 각 지역 간의 대략 직선거리: 개성→서경 120km, 개경→황주 100km, 황주→서경 30km, 개경→남경(한양) 60km. 개경→황주→서경 130km.

　다른 한편 이기동은 고려왕조의 지배세력의 출자에 착안하여 태조가 서경에 가졌던 특별한 관심을 설명하고 있다. 태조의 세력집단은 일차적으로 송악 지방에서 형성된 것이었으나 또한 신라하대에 설치된 패강진 지역의 무역을 배경으로 하고 있었다. 후일 왕건 아래서 군사적 공로가 큰 유금필이나 박수경, 김낙, 왕건의 수석 참모 최응이 각각 중화현, 평주(평산), 황주토산(서흥) 출신들이었다. 그 외에도 왕비를 납부한 김행파가 동주인, 윤선과 태평 등이 염주 출신이었다. 이처럼 왕건의 세력집단은 일차적으로 송악 지방에서 형성된 것이었으나 그것은 어디 정도 패강진 지역과 연결된 것이었다. 그리고 패강진세력은 태조 즉위와 더불어 평양의 개척과 경영에 착수하였으며, 나아가 청천강 일대의 서북방 여러 진들을 설치함으로써 북진정책을 추진하였다. 이런 일련의 사실들이 내포했던 의미는 왕실세력 기반의 확립이나 고구려 구강(舊疆) 회복에도 있었을 것이나 근본적으로 군사 정치 경제적 의미에서 변경에서 대국토개발계획으로서 주목해야 한다는 주장이다.[194]

상술한 사항에서 중요한 점은 왕건의 군사집단이 패강진세력을 중심하여 편제되었다는 것이다. 그런데 이 집단이 고구려 옛 땅을 회복하거나 대국토개발계획으로서 서경과 여러 진들을 설치했다는 주장에는 그 증거가 없다. 오히려 단순히 북방의 거란 위협에 방비하기 위해 서경과 여러 진들을 설치하였다는 것이 더욱 설득력이 있다. 패강진 집단의 출자가 군사적 배경을 가졌다는 점에서 더욱 그렇게 생각될 수 있다.

역사적 사건이라는 것이 여러 복합적 요소들이 결합하여 나타난 것이기 때문에 서경 경영에 관한 전술한 논문들의 관점들은 각각 일면적 진실성이 있어 전적으로 부정될 수는 없는 일이다. 그러므로 필자는 고려왕조의 서경정책에 관한 여러 조건들 중에 북방 거란족에서 오는 위협에 대처하기 위한 군사적 방비가 서경 설치하는 제일 요인이 되었고, 그것이 대개 12세기 초엽 예종대 이후에 거란족의 군사적 위협이 사라지자 왕조 기업의 중흥을 위한 주술적 요인이 지배적이 되었다는 점을 이 장에서 강조하고자 한다.

우선 상술한 논문들에서 공통적으로 인정되고 있는 것은 태조가 서경에 천도할 목적으로 그 경영에 착수하였다는 점이다.[195] 태조는 즉위와 동시에 서경건설을 착수하는 한편에 청천강 일대에 여러 진을 설

194) 이기동, 『新羅骨品社會와 花郎徒』, 일조각, 1984, 208-231쪽.
195) 이병도, 『고려시대의 연구』, 106쪽. 하현강, 「고려서경고」, 134-135쪽. 이태진, 「김치양 난의 성격」, 74쪽.

치하고 있었다. 이 조치는 태조가 향리인 송악에 천도하기 넉 달 앞서
취해진 것이었다.[196] 이런 북방정책은 그와 대치하고 있었던 후백제보
다도 북방민족의 침략 위험에 대한 방위가 신흥 왕조인 고려에게 급선
무로 대두되었다는 사실을 반영한 것이 아닌가 한다. 특히 당시 흥기하
고 있던 거란[197]의 침입에 대한 방위가 절실하였으므로 그 완충지대로
서 서경이 창설되지 않았나한다. 이를 뒷받침하는 것이 태조가 내린 유
시에서 엿볼 수 있다.

> 태조 원년 9월 병신: 신하들에게 유시(諭示)하기를, "평양(平壤) 옛 도
> 읍이 황폐한 지 비록 오래 되었으나 터는 아직도 남아 있어 가시밭이
> 우거져 번인(蕃人)들이 그 사이에서 돌아다니며 사냥 하다가 이로 인하
> 여 변경을 침략하니 해로움이 크다. 마땅히 백성을 옮겨 이곳에 채워 변
> 경을 굳게 하여 백세(百世)의 이로움이 되게 할 것이다."라 하고 드디어
> 대도호(大都護)로 삼아 당제(堂弟) 왕식렴(王式廉)과 광평시랑(廣評侍
> 郎) 열평(列評)을 보내어 이를 지키게 하였다.[198]

여기서 태조는 평양 재건의 목적이 울타리, 즉 번병(藩屛)을 굳게 하
여 백세의 이익이 되게 하려는 데에 있음을 분명하게 피력하였다. 한반
도 내의 후백제와는 비교도 되지 않을 정도의 거대한 군사력을 소유한

---

196) 『고려사』, 지31 백관(百官) 외직(外職) 서경유수관(西京留守官): 태조 원년 평
    양대도호부(平壤大都護府)가 설치되었고, 중신(重臣) 2인을 파견하여 지키게 했
    다. 그리고 참좌(參佐) 4, 5인을 두었다(太祖元年 置平壤大都護府 遣重臣二人 守
    之 置佐四五人). 또 태조가 궁예를 축출하여 고려를 개창한 것은 서기 918년 6월이
    었으며 다음해(919) 정월에 철원(鐵原)으로부터 송악(松岳)에 천도하였다—필자 주.
197) 거란의 야율아보기(耶律阿保機)는 고려 건국 2년 전에 황제를 칭하였다(916)—
    필자 주.
198) 『고려사』, 태조 원년(918) 9월 병신: 論群臣曰 平壤古都 荒廢雖久 基址尙存
    而莉棘滋茂 蕃人遊獵於其間 因而侵掠邊邑 爲害大矣 宜徙民實之 以固藩屛 爲百
    世之利 遂爲大都護 遣堂弟式廉·廣評侍郎列評 守之.

거란이 침입하였을 경우, 새로 창건된 고려왕조는 순식간에 와해되어 버릴 가능성을 배제할 수 없다. 그러므로 태조의 최우선 정책은 북방에서 오는 군사적 위협에 대응하는 것이었고 후백제와 한반도 쟁패전은 차후의 문제였다고 할 수 있다.

또한 태조는 당시 급박한 국제정세를 재빨리 파악할 수 있는 출신 배경의 소유자였다. 그의 일차적 세력기반은 서해 중부 연안지대에서 성장한 해상세력이었다.[199] 그의 이런 출자는 무역활동을 통한 재부의 축적 이외에도 해외정보 수집 역량에서 한반도내의 다른 어떤 집단보다도 그에게 유리했을 것이었다. 그는 이런 국제정보의 입수를 토대로 하여 신흥왕조가 택할 정책의 우선순위가 제일차적으로 북방에 두었다는 것이 자연스런 일이었다. 결국 북방에서 오는 거란의 군사적 위협이 태조의 대외 정책을 우선적으로 북방 및 서북변 방어의 상징적 거점인 평양으로 눈을 돌리게 했을 것이다.

고려 창업 2년 전(916년)에 거란족은 야율아보기에 의하여 통일되었고, 태조 9년(926) 중국본토의 석권을 위하여 그 배후지에 있는 발해를 멸망시켰다. 그 후 거란은 계속하여 그 침략의 촉수를 만주와 한반도로 향하고 있었다.[200] 이렇게 전투가 습속화 되고 호전적인 거란 침략의 위협에 직면한 태조의 정책은 우선적으로 북방지향적 일수밖에 없으며, 차후 그것은 고려왕조의 대외정책에도 결정적으로 영향 했으리라는 것은 쉽게 추측할 수 있다.

실제로 태조는 9차에 걸쳐 서경과 북방 여러 진들을 순행(巡幸)하고 있는데 이는 당시 절박한 국제정세를 반영한 것이 아닌가 한다. 태조의 서경순행 기사를 표로 만들면 다음과 같이 된다.

---

199) 이태진, 「김치양 난의 성격」, 82쪽.
200) 이용범, 「10-12 세기의 국제정세」『한국사』 4, 국사편찬위원회, 1981, 222쪽.

년/서기	월	일	순행 내용	대외적 사건
3/920			순행서경(巡幸西京)	—
4/921	겨울10	임신	행서경(幸西京)	—
8/925	봄3	—	행서경(幸西京)	거란, 발해 부여성 포위
9/926	겨울12	계미	행서경(幸西京), 친행재초(親行齋醮), 순력주진(巡歷州鎭)	발해, 거란에게 망함
12/929	여름4	을사	행서경(幸西京), 역순주진(歷巡州鎭)	발해 정근 등, 고려에 귀순
13/930	여름5	임신	행서경(幸西京)	—
14/931	겨울11	신해	행서경(幸西京), 친행재초(親行齋醮), 역순주진(歷巡州鎭)	—
17/934	봄1	갑진	행서경(幸西京), 역순제진(歷巡諸鎭)	발해국 세자 대광현, 고려 귀순
18/935	가을9	갑오	행서경(幸西京), 역순황해주(歷巡黃海州)	—

〈표 6〉 고려태조 서경 순행일지:『고려사』 참조 작성

〈표 6〉에서 태조는 서경순행과 동시에 반수 이상을 북방의 여러 진들 방문도 겸하고 있었다. 여기서 나타나는 그의 입장은 후백제와의 한반도 쟁패전을 벌리는 한편, 거란족의 침입 가능성이란 양면적 위협에 사로잡혀 있었다. 특히 태조 9년에 해동성국(海東盛國)이라고 불리던 발해국이 하루아침에 거란에게 멸망당한다. 발해가 이렇게 망하자 태조의 위기감이 더욱 높아졌으리라는 것은 짐작하고도 남음이 있다. 이런 거란의 침입에 대한 공포감이 그를 거의 해마다 서경과 북방 제진으로 불러낸 것이 아닌가 한다.

또한 태조는 서경의 중요성을 왕조 기구 내에서 제도적으로 보장하

려 하였다. 서경에는 특수한 분사제도가 마련되었는데 중앙 관제의 축
소판이었다. 어떤 점에서는 그 관제는 개경의 그것보다도 능가하는 점
이 많았다고 생각된다. 관제 이외에도 재성, 나성과 같은 대성벽(大城
壁) 축조는 수도인 개경에는 없었고 서경에만 설치되어 있었다.

　이런 설비들은 서경을 한층 권위 있게 할 계획[201]으로 마련된 것이
라 할 수 있으며 한편으로 그것은 한반도 통일 이후 서경에다 도읍을
옮기겠다는 태조의 발언과도 관계있었다고 하겠다. 그런데 개경은 태
조대에는 잠정적 수도에 불과했으며, 이것을 확실히 서울로 확정지은
것은 광종이었다는데 주의해야 한다.[202] 따라서 광종 때까지 개경은
서울로서 지위가 불안정한 것이었으며, 또한 그것도 향후 거란족의 움
직임에 달려있었다 하겠다. 상기한 태조의 언동은 차후 왕조 정책에 크
게 영향을 주었으며, 역대 여러 왕들의 서경순행은 북방 민족의 한반도
침략 가능성과 연결되어 나타났다고 하겠다.

　여기서 태조의 거란에 관한 생각을 살펴보기로 하겠다. 태조는 관대
온후한 성품의 소유자로 정평이 나 있었다. 이런 성격은 물론 정치적이
긴 하지만 대내적으로 호족들에게 선물을 많이 하고 언사를 겸손하게
했다는 '중폐비사(重幣卑辭)'로 그의 겸손이 표현되기도 하였다.[203]

---

201) 『고려사』, 태조 15년(932) 하(夏)5월 갑신: 군신(君臣)에게 유시(諭示)하기를,
　　"근자에 서경(西京)을 완전히 보수하고 민호(民戶)를 옮겨 이곳을 채운 것은 지방
　　(地方)에 의지하여 삼한(三韓)을 평정하고 장차 여기에 도읍(都邑)하기를 바랐던
　　바인데 요즈음 민가의 암탉이 수탉으로 변하고 큰 바람이 불어 관사(官舍)가 무너
　　지니 도대체 어찌하여 재난이 이렇게까지 일어난단 말인가(諭群臣曰 頃 完葺西京
　　徙民實之 冀憑地力 平定三韓 將都於此 今者 民家雌 化爲雄雞 大風 官舍頹壞
　　夫何災變 至此).
202) 하현강, 「고려서경고」, 133-134쪽. 태조가 정종 대까지 가변적인 상태에 있었던
　　서울이 광종 11년 개경으로 확정되었다.
203) 하현강, 「고려왕조의 성립과 호족연합정책」, 30쪽.

이런데도 불구하고 태조는 이상하게도 거란족에게 관해서는 아주 강경노선을 취하고 있었다. 태조 25년 고려와 거란과의 관계를 상징하는 유명한 한 사건이 발생한다.

> 태조 25년 동10월 임인: 거란(契丹)이 사신을 보내와 낙타(駱駝) 50필(匹)을 선사하매 왕은 "거란이 일찍이 발해(渤海)와 화목하게 지내오다가 별안간 의심을 내어 맹약(盟約)을 어기고 멸망을 시켰으니 심히 무도한지라 멀게리 화친을 맺어 이웃을 삼을 것이 되지 못한다."하여 드디어 외교관계를 거절하며 그 사신 30명을 섬으로 유배하고 낙타를 만부교(萬夫橋) 아래에 매어놓아 다 굶어 죽게 하였다.[204]

태조는 죄 없는 낙타를 굶어 죽게 하고 거란 사절들을 해도에 유배시키는 등 거의 증오에 가까운 처사를 하고 있었다. 이런 조치는 그의 대내적 행적[205]에 비추어 볼 때 매우 이례적인 것이었다. 태조의 이런 모

---

204) 『고려사』, 태조 25년(942) 동(冬)10월 임인: 契丹遣使 來遺五十匹 王 以契丹嘗
與渤海 連和 忽生疑貳 背盟殄滅 此甚無道 不足遠結爲隣 遂絶交聘 流其使三十
人于海島 繫萬夫橋下 皆餓死.

205) 『고려사』, 태조 18년(935) 하(夏)6월 을미: 견훤(甄萱)이 막내아들 능예(能乂)와
딸 애복(哀福)과 애첩(愛妾) 고비(姑比) 등과 함께 나주(羅州)로 달아났다가 입조
(入朝)하기를 청하므로 장군(將軍) 유금필(庾黔弼), 대광(大匡) 만세(萬歲) 원보
(元甫) 향예(香乂), 오담(吳淡), 능선(能宣), 충질(忠質) 등을 보내어 군함 40여 척
을 거느리고 바다로 나아가 그를 맞이하게 하였다. 견훤이 도착하자 다시 견훤을
일컬어 상부(尙父)라 하고 남궁(南宮)을 관사(館舍)로 주고 지위를 백관(百官)의
위에 차지하게 하며 양주(楊州)를 내려주어 식읍(食邑)을 삼게 하고 겸하여 금과
비단 그리고 노비 각각 40명과 구마(廐馬) 10필을 내려주었으며 앞서 항복해 온
사람 신강(信康)으로 아관(衙官)을 삼았다(甄萱與季男能乂·女哀福·嬖妾姑比
等 奔羅州 請入朝 遣將軍庾黔弼·大匡萬歲·元甫香乂·吳淡·能宣·忠質等 領
軍船四十餘 由海路 迎之 及至 復稱萱 爲尙父 授館南宮 位百官上 賜楊州 爲食邑
兼賜金帛·奴婢各四十口·廐馬十匹 以先降人信康 爲衙官). 같은 책, 태조 19년
추9월 병신: 신검(神劍)이 왕위를 찬탈한 것은 다른 사람에게 협박을 당하여 한

순된 양면성에 관해 다음과 같이 해석할 수도 있다. 즉 유동적인 생활 습속을 가진 유목민 거란과 농경 위주의 정착민 왕조인 고려는 애초부터 서로 융화할 수 없는 사회구조상의 차이가 있다. 그리고 호전적인 거란족은 기회가 닿는 대로 고려를 침략해 올 것은 분명하며, 그런 호전성을 가진 거란족과의 어떤 장기적인 강화나 연맹은 불가능하다는 거란족의 속성에 관한 정확한 판단에서 내려진 조치였다는 것이다.[206] 그리고 그의 판단이 옳았다는 것은 그 후 3차에 걸친 거란족의 대거 침입이 증명해 주고 있었다.

　태조는 국교단절에서 한 단계 더 나아가 거란을 정벌하려는 의도마

짓이므로 죄가 두 아우보다 가벼우며 또 귀순(歸順)하였으므로 특히 죽음을 면해 주고 관작(官爵)을 내려주었다. 이에 견훤(甄萱)은 근심하고 번민하다가 등창이 나서 수일만에 황산(黃山 연산(連山))의 절에서 사망하였다(以神劍僭位 爲人所魯 罪經二弟 又且歸命 特免死賜官 於是 甄萱 憂發疽 數日 卒于黃山佛舍).

206) 『고려사절요』, 태조 25년(942): 이제현(李齊賢)이 말하기를, "충선왕(忠宣王)이 일찍이 신(臣) 제현에게 묻기를, '우리 태조 때에 거란이 낙타를 선사하였는데 이것을 다리 밑에 매어 두어 먹이를 주지 않고 굶겨 죽였으므로 그 다리를 낙타교(駱駝橋)라고 불렀다. 낙타가 비록 중국에서 생산되지는 않으나 중국에서도 기르지 않았던 것은 아니다. 나라 임금으로서 수십 마리의 낙타를 기를 정도면 그 피해가 백성을 해치는 데는 이르지 않을 것이니, 우선 이를 물리치면 그만이지 어찌 굶겨서 죽이기까지 하였는가.' 하시므로, 신이 대답하기를, '창업하여 자손에게 전해 주는 임금은 그 소견이 원대하고 그 생각이 깊어서 훗날의 사람들이 미칠 수 있는 정도가 아닙니다. […] 그러니 우리 태조께서 이런 일을 하신 것이 오랑캐(거란)의 간사한 계책을 꺾으려는 것이었는지, 아니면 또한 훗날의 사치한 마음을 막으려 하신 것인지 알 수 없으나, 대개 반드시 은미한 뜻이 있었을 것입니다. 이것은 전하께서 공경하고 묵묵히 생각하고 힘써 행하여 알아내시기에 달렸을 것이요, 어리석은 신이 감히 경솔하게 의논드릴 수 없습니다.' 라고 하였다."하였다(李齊賢 曰忠宣王 嘗問於臣齊賢曰 我太祖之世 契丹 遺橐駝 繫之橋下 不與芻豆 以餓而死 故以名其橋焉 橐駝 雖不産於中國 中國 亦未嘗不畜之 國君而有數十頭橐駝 其弊不至於傷民 且却之則已矣 何至餓而殺之乎 對曰 創業垂統之主 其見遠 而其慮深 非後世之所及也 […] 我太祖之所以爲此者 將以折戎人之譎計耶 抑亦防後世之侈心耶 蓋必有微旨矣 此在殿下 恭默而思之 力行而體之爾 非愚臣所敢輕議也).

저 품었던 것 같다. 태조 재위 19-26년간에 서진에 내조했던 서역승 말라가 고려에 온 일이 있었다. 태조는 그를 통하여 후진과 결탁하여 거란을 협공할 것을 제의하였으나 끝내 실현되지 못한 일이 있었다.[207]

태조의 거란족에 대한 경계심은 그가 서거하기 직전에 내린 훈요십조 중 제4조에 잘 나타나 있다.

태조 26년 하4월: 넷째로 우리 동방은 예로부터 당(唐)의 풍속을 본받아 문물(文物)과 예악(禮樂)이 다 그 제도를 준수하여 왔으나 그 지역이 다르고 인성(人性)이 각기 다르니 반드시 구차하게 같게 하려 하지 말라. 거란(契丹)은 짐승과 같은 나라인지라 풍속이 같지 않고 언어도 다르니 의관제도(衣冠制度)를 삼가 본받지 말지어다.[208]

여기에서 태조는 거란이 짐승과 같은 나라인지라 그 풍속과 의관 제도 등을 따르지 말 것을 강조하고 있었다. 이렇게 그는 시종일관하게 거란에 대해서는 강경책을 취하고 있었다.

또한 거란족의 발흥에 직면하여 태조의 북방정책은 고려의 북쪽 경계선을 압록강 이북, 요하(遼河)·패하(浿河)로 구상했던 적극적인 것이었다. 성종이 원년 6월에 신하들에게 구언하자 최승로는 이에 응하여 다음과 같이 상서(上書)하고 있다.

우리나라가 삼국을 통일한 이래 47년에 사졸(士卒)이 안침(安枕: 편히 잠자는 일)을 얻지 못하고 양향(糧餉)에 미비(費)를 면치 못함은 서북이 융적(戎狄)에 이웃하여 방수(防戍)하는 곳이 많으므로써 입니다.

---

207) 박현서, 「北方民族과의 抗爭」『한국사』 4, 국사편찬위원회, 1981, 257쪽.
208)『고려사』, 태조 26년(943) 하(夏)4월: 其四曰 惟我東方 舊慕唐風 文物禮樂 悉遵其制 殊方異土 人性各異 不必苟同 契丹 是禽獸之國 風俗不同 言語亦異 衣冠制度 愼勿效焉.

바라건대 성상은 이것을 생각하소서. 대저 마헐탄(馬歇灘)으로 경계를 삼음은 태조의 뜻이요 압록강변(鴨綠江邊)의 석성(石城)으로 경계를 삼음은 대조(大朝)의 정한 바입니다. 바라건대 장차 이 두 곳에 신충(宸衷)』[신념(宸念)]으로 판단하여 요해(要害)를 택하여 강역을 정하시고 토인(土人)으로 활쏘기와 말 타기 잘하는 자를 가려서 그 방수(防戍)에 충당토록 하시고 또 그 중에서 2, 3인의 편장(偏將)을 선임하여 통령(統領)하게 하시면 곧 경군(京軍)은 경수(更戍)의 수고를 면할 것이요 추속(芻粟)[병마(兵馬)의 군량]은 운반하는 비용을 덜 것입니다.[209]

거란은 압록 강변 석성(石城)을 경계로 삼으려는 반하여 태조는 압록강 이북의 마헐탄[210]을 서북변의 경계선으로 정하려 했다. 그런데

209) 『고려사』, 열전6 최승로(崔承老): 我國家 統三以來四十七年 士卒未得安枕 糧餉未免費者 以西北隣於戎狄 而防戍之所多也 願聖上 以此爲念 夫以馬歇灘爲界 太祖之志也 鴨江邊石城爲界 大朝之所定也 乞將此兩處 斷於宸衷 擇要害 以定疆域 選土人能射御者 充其防戍 又選其中二三偏將 以統領之 則京軍免更戍之勞 芻粟省飛挽之費矣. 『고려사절요』, 태조 26년 6월: 우리 태조께서는 왕위에 오른 후에, 김부(金傅)가 아직 귀순하지 않았고 견훤이 포로가 되기 전이었는데도 자주 서도(西都)에 행차하여 친히 북방의 변경을 순수(巡狩)하였었다. 그 의도 또한 동명왕(東明王)의 옛 영토를 집안에 대대로 전해오는 물건처럼 여겨서 반드시 모조리 거두어 차지하려 하였으니, 어찌 다만 계림(鷄林)을 취하고 압록강(鴨綠江)을 칠[조계박압(操鷄搏鴨)] 뿐이었으리요(我太祖 卽位之後 金傅 未賓 甄萱 未虜 而屢幸西都 親巡北鄙 其意亦以東明舊壤 爲吾家靑氈 必席卷而有之 豈止操鷄搏鴨而已哉).

210) 마헐탄(馬歇灘)이 어딘지 역사상 미상(未詳)하나 요하(遼河)·패수(浿水)라고 추측된다. 참고: 『고려사절요』, 성종 원년(982) 6월에 성종에게 올린 최승로의 시무28조(時務二十八條)에 다음과 같은 기사가 있다. "삼가 살피건대, 우리 태조 신성대왕(神聖大王)이 왕위에 오르실 때, 시기는 백육(百六)에 해당하고, 운수는 천년에 해당하였습니다. 당초 흉악한 도적들을 평정할 때에는 하늘이 전주(前主 궁예)를 내어 그의 손을 잠깐 빌렸었고, 그 뒤에 도참에 응하여 천명(天命)을 받으니, 사람들이 태조의 성덕(聖德)을 알아 마음으로 따랐습니다. 이에 금계(金鷄)[신라]가 스스로 멸망하는 시기를 만나고 병록(丙鹿)[여(麗)]가 다시 일어나는 운수를 타서 향리(鄕里)[송악(松岳)]을 떠나지 않고 문득 그대로 대궐이 되어, 요패(遼浿)

요나라는 압록강변의 석성을 경계로 삼았다 한다. 최승로는 두 곳 중의 하나를 요새지로 삼아 토인을 기마 훈련시키고 국경 방어를 담당하게 해서 경군(京軍)의 수고, 군량, 그리고 운반비용을 덜자고 성종에게 상서한 것이다.

전술한 것을 종합해 보면, 태조의 서경경영은 개경의 호족세력을 견제할 수 있는 왕실세력의 부식이라든지 대(對)후백제전에서 서경지역의 군사력을 동원하기 위한 우대정책이 아니었다. 그의 서경정책의 일차 목적은 북방족, 특히 거란족의 침략 위협에 대한 군사적 방어 전략에서 기인했다고 하겠다. 그래서 태조는 서경과 북방의 여러 진들을 설치하였고, 그것들을 시찰하기 위해 9차 순행하고 있었다. 그의 이런 행적은 차후 고려왕조의 대외정책을 일차적으로 규정하여 북방 지향적 성격을 띠게 하였다.

태조 이후에 서경에 관한 역대 국왕들의 정책이 앞선 역사해석에 부합되는지를 살펴보겠다. 우선 제3대 정종의 서경천도가 문제가 된다. 정종은 왕위쟁탈전에서 서경 진장(鎭將) 왕식렴의 무력을 빌어 적대자인 왕규 세력을 제거하여 즉위한 임금이었다. 그러나 그는 아직도 온존해 있는 개경세력에 불안을 느껴 왕실세력 근거지인 서경으로 천도를 결심하고 또한 서경에다 여러 시설들을 설치하다가 도중 서거하게 되자 그 계획이 중지되었다한다.[211]

그러나 이 문제는 다른 각도에서 볼 수도 있다. 태조 당시에 고려 영

의 놀란 물결을 안정시키고 진한(秦韓)[진한(辰韓)]의 옛 땅을 얻어서 19년 만에 천하를 통일하였으니 이보다 높은 공이 없다고 할 수 있습니다(伏審我太祖神聖大王之御極也 時當百六 運協一千 當初翦亂夷凶 天生前主 而假手在後 膺圖受命 人和聖德以歸心 於是 値金雞自滅之期 乘丙鹿再興之運 不離鄕井 便作闕庭 定遼浿之驚波 得秦韓之舊地 十有九載 統一實瀛 可謂功莫高矣)."
211) 하현강, 「고려서경고」, 128-133쪽.

토는 북쪽으로 확대되어 서북으로 평안북도 통덕(순천), 박릉(박천)에
다 성을 쌓았으며, 동북으로는 철옹(영흥)에 축성했다. 그리고 정종은
광군사(光軍司)를 설치하고 군사 30만을 선출하여 광군(光軍)이라 불
렀다. 그런데 이런 조치가 있게 된 것은 거란에 벼슬하던 고려 출신 최
광윤이 고려를 침입하려는 거란의 야심을 알고 고려 조정에 미리 통보
한 데서 취해진 것이라 한다.[212] 당시 모든 상황을 고려해 보면 정종의
서경천도 계획은 거란의 침략을 사전 방어하려고 취해진 적극적 대응
책이었다고 할 수 있으며, 이는 단지 왕실 기반지로 삼으려고 한 것은
아니었다.

　정종만이 아니라 역대 집정자들은 거란 등의 북방민족 침입이 예상
되는 서북부에다 북계를 설치하여서 그 방비에 만전을 기하고 있다. 그
설치 경위와 내용은 다음과 같다.

　　북계(北界): 고려시대의 지방 행정구역이다. 동계(東界)와 더불어 양계
　　(兩界)를 이루었으며, 서북면(西北面)·서북로(西北路)·서북계(西
　　北界)라고도 한다. 대체로 오늘날의 평안도 지방에 해당한다. 고려
　　초부터 군사적인 변경지역으로서 중시되었으며 남도에 비해 조직적
　　인 행정조직이 갖추어졌다.
　　태조 때에 북진정책이 추진됨에 따라 평양에 대도호부를, 영주(寧
　　州)[안주(安州)]에 안북부(安北府)를 둔 것을 비롯해 군사적 거점으
　　로서 통덕진(通德鎭)[숙주(肅州)], 안정진(安定鎭)[순안(順安)], 안수

---

212) 『고려사절요』, 정종(定宗) 2년(947): 광군사(光軍司)를 설치하였다. 이보다 앞
　　서 최언위(崔彦撝)의 아들 광윤(光胤)이 빈공진사(賓貢進士)로 유학하여 후진에
　　들어가다가 거란에게 사로잡혔는데, 재주가 뛰어난 이유로 임용되어 관작을 받았
　　다. 거란의 사신으로 귀성(龜城)에 왔는데, 거란이 장차 우리나라를 침략할 줄 알고
　　서신으로 보고하였다. 이에 유사에게 군사 30만 명을 뽑도록 명하여 광군(光軍)이
　　라 하였다(置光軍司 先是 崔彦撝子光胤 以賓貢進士 遊學入晉 爲契丹所虜 以才
　　見用 受官爵 奉使龜城 知契丹將侵我 爲書以報 於是 命有司 選軍三十萬 號光軍).

진(安水鎭)[개천(价川)], 흥덕진(興德鎭)[북창(北倉)], 마산진(馬山鎭), 강덕진(剛德鎭)[성천(成川)], 통해진(通海鎭)[평강(平康)] 등을 두고 진두(鎭頭)를 파견하였다.

성종 2년(983) 남도(南道)에 12목(牧)이 설치되고 처음으로 지방관이 파견되면서 영주가 안북대도호부로 승격되고 순주(順州), 위주(渭州)[영변(寧邊)], 은주(殷州)[은산(殷山)], 숙주(肅州)[숙천(肅川)], 자주(慈州)[자산(慈山)] 등에 새로 방어사가 파견되었다.

성종 13년(994)에는 청천강 이북의 여진족을 토벌하고 이곳에 구주(龜州)[구성(龜城)], 곽주(郭州)[곽산(郭山)], 용주(龍州)[용천(龍川)], 통주(通州)[선천(宣川)], 철주(鐵州)[철산(鐵山)], 흥화진(興化鎭)[의주(義州)] 등 이른바 강동6주(江東六州)를 설치함으로써 서북쪽 경계가 압록강에 이르게 되었다.

다음해에는 전국에 10도제(十道制)가 실시되어 패서도(浿西道)로 되면서 평양이 서경유수(西京留守)로 칭해지고 운주(雲州)[운산(雲山)], 연주(延州)[운산(雲山)], 박주(博州)[박천(博川)], 가주(嘉州)[가산(嘉山)], 무주(撫州)[영변(寧邊)]에 방어사가 파견되는 등 모두 14주(州)·4현(縣)·7진(鎭)이 설치되었다. 그 뒤 이 지역을 북계라 하였으며, 숙종 7년(1102)부터는 서북면(西北面)이라 부르기도 하였다.213)

상술한 기사를 보아도 고려왕조는 북방 방어에 얼마나 고심했는지를 엿볼 수 있다. 특히 태조는 서경을 서북면 방어거점으로 삼으면서도 이 이외에도 안북부를 설치하는 이중 조치를 취하고 있으며, 성종은 재위 2년에 안북부를 안북도호부로 승격시키고 있었다. 이 안북부 설치는 태조와 성종이 북방으로부터 오는 거란의 침입 위협을 얼마나 중대하게 파악하고 있었는가를 보여주는 상징적 조처였다는 생각이 든다. 왜냐하면 만일 거란군의 침략할 경우에 그 일차적 도강지점인 흥화진(의주)로부터 서경과 안북도호부는 약 160㎞, 110㎞ 정도 떨어져 있다(〈표

---

213) 『한국민족문화대백과사전』, 북계(北界) 조.

7) 참조). 따라서 안북도호부는 북계에 배치된 10여 만의 군대를 지휘하면서 서경보다는 훨씬 근거리에서 그러나 적당한 거리를 유지하면서 쳐들어오는 외적을 격퇴할 수 있는 전진기지의 성격을 띠었다고 하겠다. 이 사실 하나만 보아도 태조, 정종, 성종 등의 역대 왕들이 북방 방비 문제에 얼마나 고심했는가를 알 수 있다.

지점	개경	서경	안북부	구주	의주
거리(km)	0	130	190	240	350

〈표 7〉 개경부터 서북면 군사 거점들 간의 거리. 개경-의주: 350km, 서경-의주: 220km, 안북부-의주 140km

또한 이기백은 양계 주진군(州鎭軍)의 성격에 대해 그 특징을 다음과 같이 지적하고 있다. 양계에는 주진군이 배치되어 남도의 주현과는 달리, 양계의 행정구획은 항상 주진이라 불렀으며, 특수한 군사적 성격을 가진 지역으로 파악되고 있었다. 진이라는 것은 국경지대에 군사적 거점으로 설치된 것이었다. 고려가 국경을 북쪽으로 넓혀감에 따라 새로이 고려 영토로 편입한 지역에는 점차 진이 증가하여 현종 9년(1018)에 지방 제도를 정비했을 때 그 진은 28개였던 것으로 기록되어 있다. 이 진들은 성곽으로 둘러싸인 무장도기로서 독립된 전투적인 단위부대를 형성하고 있었다. 그러므로 이들은 남도지방의 주현과 같이 속현을 거느리지 않는 것이 특징이었으며 안북과 안변의 두 도호부에 의해서 통솔되고 있었다.214)

그런데 이들 여러 진들에 배치된 군대는 크게 둘로 구분해서 생각할 수 있다. 그 하나는 초군·좌군·우군 및 보창군·영새군이다. 이들은

---

214) 이기백, 「軍事組織」 『한국사』 5, 국사편찬위원회, 1981, 120-121쪽.

주진군의 기간이 되는 부대로서 주진의 성 안에 배치되고 있었던 것 같
으며 그 병력은 대략 5만이 좀 넘는다. 다른 하나는 북계의 신기·보
반·백정대, 동계의 공장·전장·투화 등의 제군(諸軍)이다. 이들은 상
비군이기보다도 예비군이었던 것으로 보인다. 특히 백정대는 성 밖에
사는 농민들로써 구성되어 있었을 것이며, 그 수도 많아서 북계만도 약
7만에 달한다. 이리하여 전체를 합치면 주진군의 총병력은 약 14만에
달하는 것으로 추측된다.215) 여기에서 북계의 병력 인원은 정규군의
42,494명, 정용·초군·좌군·우군의 1,349명, 신기·보반의 1,984명,
백정대의 61,000명으로 도합 106,827명에 달하였다. 이에 비하여 동계
는 정규군 12,300명, 초군·좌군 등의 476대(인원수 미정, 만약 1대
×25인으로 계산하면 11,900명)로 도합 약 24,200명이 된다. 그래서
양계의 총병력은 131,027명인데, 북계와 동계의 비율은 4.4배나 되어
서 북계가 동계보다 압도적인 비중을 차지하고 있었다(동계: 북계의
22.6퍼센트).216) 그리고 양계를 제외한 남도 지방에 한해서 보면 보승
군이 8,601명, 정용군이 19,754명, 일품군이 19,882명으로서 모두 합
하면 48,237명으로 되어 있다.217) 이것도 북계의 106,827명의 45퍼센
트에 불과하다. 그래서 종합하자면 북계, 동계, 그리고 5도의 병력은
각각 106,827명, 24,200명, 48,237명이었다.

또한 북계의 군사력 중에 서경 자체가 보유한 병력은 행군(行軍)
1,950명, 원정양반군한인잡류(元定兩班軍閑人雜類) 9,570명으로 총

215) 위의 책, 121쪽.
216) 여기서 병력인수의 계산은 조인성, 「주현군과 주진군」, 『한국사』 13, 국사편찬위
    원회, 1993, 342쪽 <표 8>에 의거해서 필자가 했다. 그리고 이에 의하면, 북계의
    백정대(白丁隊)는 61,000명으로 집계되어 있는데 이기백은 7만으로 셈하여 1만 명
    정도의 차이를 보이고 있다.
217) 이기백, 「군사조직」, 117쪽.

계 11,520명이었다.[218) 이는 북계의 106,827명의 10.8퍼센트에 불과
하였다(〈표 8〉 참조). 그래서 앞 장에서 지적했듯이 서정군원수 김부식
은 묘청의 난을 진압할 때 서경으로 직행하지 않고 북계의 군사거점인
안북도호부로 우회하여 이를 장악하여 서경과 군사적 연결을 차단하였
다. 그런 다음에 그는 병력면에서 약세인 서경을 포위하여 공성전으로
돌입하고 드디어 정벌에 성공한 것이다.[219) 이렇게 서경은 군사적 면
에서는 안북도호부와는 상대가 안 될 정도였는데도 서북면을 상징하고
있었다. 그 상징성은 이후에 밝힐 바이지만 당대 서경에 내재했다고 믿
어진 풍수도참상의 우월성 또는 주술성에 기인한 것이었다.

지역	북계	서경	동계	남도 5도	전국
병력(인)	106,827	11,520	24,200	48,237	190,784

〈표 8〉 북계·동계·서경·남도 5도 병력 대조표.

상술한 바와 같이 북계 방비를 위한 군사 병력인원만 보아도 고려왕
조는 북방에서 오는 거란·여진·몽고 등의 이민족 침입 가능성에 대
해 얼마나 고심했으며, 그래서 이를 방비하기 위해 왕조의 병력 태반을
여기에 집중한 이유를 알 수 있을 것이다. 이렇게 안북대도호부를 중심
으로 한 양계 지방의 군사력 집중은 외적방위를 위해 필요한 정책이기
도 하지만, 이는 한편으로 중앙 정부에 대하여 극히 위협적인 조치가
될 수 있다. 그래서 고려 정부는 양계에다 병마사(兵馬使)를 파견하여
그 관할 하에 있는 주진에 대한 감독과 감시를 수행하게 하였다. 그리

---

218) 『고려사』, 병지(兵志)3, 주현군(州縣軍) 조.
219) 반란 진압차 직접 종군한 정부군은 최소한 2만 4천 이상이었다고 추측된다(『고
  려사』, 열전 11, 김부식: 兩南界州縣卒二萬三千二百 僧徒五百五十 負土石集材).

고 남부 5도의 수령 등 일반 외관(外官)의 임기가 대체로 3년이라고 생
각되는 데 비하여 양계 병마사의 임기가 6개월인 것은 병마사로 하여
금 외관으로서 직무를 수행케 하는 한편, 양계 주진과 병마사의 밀착을
막고 다른 한편으로는 양계의 상황을 중앙정부에 직접 정확하게 보고
토록 하는 방편이라고 생각된다.[220] 다시 말하자면, 병마사의 임기가
6개월로 매우 단기간인 것은 병마사가 막중한 군사력을 지휘하고 있기
에 그 반란이 우려되기 때문에 나온 제도적 장치라고 여겨진다. 그리고
양계(兩界)병마사는 5도안찰사(五道按察使)와 동렬적인 위치에 있었
으나, 병마사가 안찰사보다 서열이 높았다. 우선 안찰사는 4품 내지 6
품관으로 대개 5, 6품의 미관(微官)이 임명되었으나, 병마사는 3품관
이며 병마부사도 4품으로 관질(官秩)이 높았다. 또한 그 기능에 있어
서도 안찰사보다 병마사가 더 강력한 권한을 행사할 수 있었다. 양자는
모두 군사(軍事)·민사적(民事的) 기능을 가지고 있었으면서도 안찰사
가 민사행정면을 제일차적 기능으로 하였는데 대하여, 병마사는 군사
적 기능을 주로 하여 군사적 강권(强權)을 가지고 있었다.[221] 고려 조
정의 병마사제도는 서북방에서 오는 이민족의 침입을 방비하기 위한
서북지방을 중시했던 정책의 산물이었다고 하겠다.

상술한 서북부의 군사적 배경에서 서경은 태조 때부터 국가 방위의
한 상징적 지역인 것 같다. 제6대 성종은 재위 8, 10년 두 차례 걸쳐
서경을 방문하고 있다. 그는 재위 9년에 서경에 관해 다음과 같은 조서
를 내리고 있다.

성종 9년 추9월 기묘: 우리 태조께서는 적당한 때에 탄생하여 어진 덕

---

220) 김남규, 『高麗兩界地方史硏究』, 새문사, 1989, 26쪽.
221) 변태섭, 『高麗政治制度史硏究』, 218쪽.

으로 사람들을 대하며 모든 고을들이 그에게 복종하였고 3한 지역이 편
안하게 되었다. 높이 임금의 지위에 올라 서경(西京)을 창건하고 왕족의
친근한 사람을 보내어 요충 지대를 지키기 하였으며 여러 부서를 설치
하여 각각 긴요한 직무를 맡게 하였다. 매년 춘추에 친히 제사를 지내고
오랑캐들을 막아 국가의 울타리를 공고히 하려고 하였으며 평양의 웅대
한 도시에 의거하여 우리 조상들의 왕업을 튼튼히 하려고 하였다. 그 후
슬기로운 임금들이 서로 계승하여 국가가 편안하였으니 이들은 혹은 옛
규례에 따라 친히 평양으로 가기도 하였고 혹은 근신들을 파견하기도
하였는바 그것은 때를 따라 결정한 것이요 역대의 풍습이 다르기 때문
이다.222)

여기서 성종은 서경 순행의 목적이 요새를 지켜 오랑캐를 막아 조상
들의 왕업을 튼튼히 하는 데에 있다고 말하고 있었다. 또 성종 9년 3월
에 동서북면에 병마사가 설치되었다는 기록223)과 연관시켜 볼 때에 왕
의 서행(西幸)은 거란족 방비를 목적한 것이었다.

거란은 이후 송나라를 대거 공략하고 있었으며, 또한 고려 성종 10년
(991) 송나라와 정안국의 통교관계를 끊기 위해 성종 10년 압록강 강변

---

222) 『고려사』, 성종 9년(990) 추(秋)9월 기묘: 敎曰 我太祖 應期降世 敷德臨人 百郡
　　來庭 三韓安堵 尊居南面 創置西京 差宗室之親 守咽喉之地 分司職務 各掌權機
　　每當春秋 親修齋祭 欲防戎虜 以固藩籬 憑玆平壤之雄都 固我祖宗之霸業 厥後聖
　　神相繼 社稷以寧 或依前跡以遵行 或命近臣而發遣 臨時制斷 歷代風殊.
223) 『고려사절요』, 성종 8년(989) 3월: 3월에 처음으로 동·서·북면(面)의 병마사
　　(兵馬使)를 두고, 문하시중(門下侍中)·중서령(中書令)·상서령(尙書令)을 판사
　　(判事)로 삼았다. 또 병마사와 지병마사(知兵馬事)는 각각 한 사람으로, 모두 3품
　　벼슬이고, 부사(副使)는 2명, 판관(判官)은 3명, 녹사(錄事)는 4명이었다. 판사는
　　서울에 머무르고, 병마사는 진(鎭)으로 부임하였는데, 왕이 친히 부월(鈇鉞)을 주
　　어 군무를 마음대로 처리하게 하였다(始置東西北面兵馬使 以門下侍中 中書令 尙
　　書令 爲判事 又兵馬使知兵馬事各一人 並三品 副使二人 判官三人 錄事四人 判
　　事 留京城 兵馬使赴鎭 親授鈇鉞 使專制閫外).

요지인 위구, 진화, 내원에 축성하였다. 그래서 정안국은 여진 및 송나라와의 교통이 두절되어 고립되었다.[224] 이렇게 한반도 북변에서 국제적 긴장감이 감돌자 성종은 서경에 행차하여 만일의 사태에 대비하였던 것이다. 이런 우려는 서경 행행(行幸) 4년 후인 성종 12년(993) 10월 거란 동경유수 소손녕의 대거 침략으로 현실화되었다(거란 1차 침입). 이번 침입의 기미는 고려에 의하여 사전 탐지된 듯하며 성종은 내침 직전 10월 서경에 행차했으며 안북부까지 이르렀다가 침략 통보가 있자 급거 개경으로 귀환하고 있었다.[225] 이런 사실로부터 추측하면 성종의 3차 서행(西幸)은 거란 침략과 전쟁 위협이라는 국제적 긴장관계와 밀접하게 관련되어 수행된 것이라 하겠다.

제7대 목종은 각각 재위 2년 10월, 7년 11월, 10년 10월, 그리고 11년 10월에 걸쳐서 모두 4차례 서경순행을 하였으며 그때마다 재제(齋祭)를 거행하고 서경에 대한 각종 우대조치를 내렸다.[226] 여기서 목종의 서행 목적이 거란족이나 여진족의 위협과 상관되었다는 뚜렷한 증거는 없다. 그러나 북방의 일은 목종의 제일 큰 걱정거리였다. 목종은 재위 5, 6년에 각각 다음과 같은 교서를 내리고 있다.

---

224) 박현서, 「북방민족과의 항쟁」, 258-263쪽.

225) 『고려사』, 성종 12년(993) 윤(閏)10월 정해: 서경(西京)에 행차하여 안북부(安北府)로 나아갔다가 거란(契丹)의 소손녕(蕭遜寧)이 봉산군(蓬山郡)[봉천(奉川)과 구성(龜城)의 중간을 함락시켰다는 말을 듣고 더 나아가지 못하고 돌아와 서희(徐熙)를 보내어 화의를 청하니 소손녕이 물러갔다(幸西京 進次安北府 聞契丹 蕭遜寧 攻破蓬山郡 不得進 乃還 遣徐熙請和 遜寧罷兵).

226) 『고려사절요』, 목종 7년(1004) 동(冬)11월: 왕이 호경(鎬京)에 행차하여 재계하여 제사를 올리고, 장형죄(杖刑罪) 이하를 사면하고, 호경의 전조(田租)는 1년 분을 덜어 주고, 북변 연로에 있는 주·현의 전조는 반 년 분을 감하였다. 기로(耆老)를 봉양하고 방악(方岳)[오방(五方)의 산악(山岳)]과 주(州)·진(鎭)의 신기(神祇)에게 훈호(勳號)를 더하였다(幸鎬京 齋祭 赦杖罪以下 蠲鎬京田租一年 北邊沿路州縣 半之 養耆老 加方岳州鎭 神祇勳號).

(가) 목종 5년 5월: 교(敎)하기를, "내가 어린 나이로 욕되게 보위(寶位)
[王位]에 올라 조상의 기업(基業)을 계승하고 나라의 번성과 안정
을 생각하니 공(功)은 백배가 아니면 행하지 않고 이익은 천배가
아니면 힘쓰지 않아 반드시 사직(社稷)을 계승하고 생령(生靈)을
개제(開齊)하고자 하였던 것이다.

이에 지난해부터 지금에 이르기까지 마음에 하고 싶은 바가 때에
행함직한 것인가를 헤아리지 아니하였으며, 혹은 편안한데 머물러
위태함을 생각하며, 깊은 곳에 이르렀을 때와 얇은 얼음 밟음같이
할 것을 생각하지 않고, 널리 토목공사로 징발하고 군인과 백성을
노역(勞役)하여 높은 대(臺)를 쌓고 깊은 못을 파서 노는 곳으로 삼
았으며 백성을 부려서 사원[寺]를 지어 함부로 경영(經營)함이 있
었다. 이것은 비록 다 신하들의 바람에 따라서 시행한 것이나 어찌
나 한 사람의 덕을 잃은 것이 아니겠는가. 다만 군인들의 원망이 될
뿐 아니라 또한 백성 모두의 어려움이 될 것이다. 만약 민중(民衆)
을 훈련(訓練)하고 군사를 연습함에 있던지 또 적(敵)이 침입하고
내가 정벌함이 있을 때 장차 무엇으로 용사(勇士)를 부르며 장차
무엇으로 사람을 얻을까 보냐. 이 어찌 날개를 꺾고서 높이 날고자
하는 것이나 배를 버리고 큰물을 건너고자 함과 다르겠는가. 고사
(古史)에 이르기를, '향기로운 미끼 밑에는 반드시 고기가 걸리고
후하게 상주는 조정에는 반드시 용사(勇士)가 있다.'고 하였으니 옛
적이 오히려 이러하거든 이제라도 어찌 그렇지 아니하겠는가. 기왕
의 잘못된 것을 막고 더욱 장래의 권면하고 징계하는 것에 힘쓰고
자 하나니, 특히 짐(朕)의 뜻을 널리 전하여 군행(軍行)에 보이고
마땅히 맡은 관청[소사(所司)]로 하여금 각기 육위(六衛) 군영(軍
營)을 이룩하여 직원(職員)과 장수(將帥)를 비치하고 그 군사(軍
士)로 하여금 잡역(雜役)을 면제토록 하라."고 하였다.[227]

---

227) 『고려사』, 목종 5년(1002) 5월: 敎曰 余以弱齡 登寶位 繼祖先之基業 思邦國之
興安 功不百而不行 利非千而不務 必欲延洪社稷 開濟生靈 爰自前年 于近日 不
心之所欲 謂爲時之可行 或不念居安思危 臨深履薄 廣徵土木 勞役軍夫 築高臺而

(나) 목종 6년 2월: 교(敎)하기를, "당요(唐堯)는 팔원(八元)으로써 다스리고 주(周)는 십란(十亂)으로 인하여 일어났으니 나라를 다스리는 데 믿고 의지할 바는 오직 어진이 뿐이다. 나는 어려서 부모의 가르침을 잃고 자라서 스승의 훈계가 없으므로 조정(朝廷)에 나와서 일에 다다르면 두려워하고 조심하여 왔는데, 어찌됨인지 지난해 이후로 자주 건곤(乾坤)의 변괴(變怪)가 나타나고 또 변경(邊境)의 근심이 많아지니 다만 자책(自責)하는 마음이 깊을 뿐이거늘 어찌 감히 남을 허물로 생각할 수 있겠는가[228]

(가)에서 목종은 불사(佛寺) 경영에 군인 사역, 그로 인한 군사들의 원망을 두려워하고 있으며 그로 인해 만일 적이 내침 때에 용사의 마음을 얻지 못할 것을 걱정하고 있었다. 이와 더불어 6군영을 설치하여 거기에 직원과 장수를 비치할 것과 군사의 잡역을 면제할 것을 명하였다. 실제로 목종은 재위 5년에 평로진과 영풍진을 축성하고 5년 5월에는 6군영 설치하였으며, 6년에 북계 서성을 수축하고 8년 1월에는 동계 진명현 축성하는 등 9년까지 여러 방비시설들을 조영하고 있었다. 이런 사실들로 미루어 볼 때, 4차에 걸친 목종의 서경 행차는 대(對)북방 정책의 일환으로 취해진 것이 아닌가 한다. (나)에서 목종은 자기는 정사를 조심해 보아왔는데 지난해부터 천재지변이 나타나고 변경의 근심이 많아져 자책하고 있었다. 여기서 분명히 변경의 근심이란 거란족의

作深池 爲資遊賞 役人戶而造佛寺 漫有經營 此雖皆從執奏而施行 豈非一人之失德 非但致軍中之怨 抑亦爲宇內之艱難 若有訓衆而練兵 若有彼侵而我伐 將何賈勇 將何得人 何異截羽翼而欲高飛 去舟楫而涉大水 古史云 芳餌之下 必有懸魚 善賞之朝 必有勇士 古猶如此 今豈無之 庶欲防已往之愆違 尤勵將來之懲勸 特宣朕意 用示軍行 宜其所司 各成六軍營 備置職員將帥 令其軍士 除雜役.

228) 『고려사』, 목종 6년(1003) 2월: 敎曰 唐以八元而理 周因十亂而興 爲國所資 惟賢而已 余幼失義方 長無師訓 臨朝事 慄慄兢兢 豈謂去年以來 屢見乾坤之變 又多邊境之憂 但深責己之懷 敢有尤人之念.

위협을 가리키는 것이다. 이로부터 7년 후인 현종 1년에 거란의 제2차 침입이 있게 된다.

제8대 현종은 재위 6년(1015) 3월 단 한번 서경에 행차하였다. 이 거동은 김훈, 최질 등의 무신들을 정략적으로 제거하기 위한 것이었다. 소위 김훈·최질의 난이라고 불리는 반란의 사정은 다음과 같다.

[현종 6년] 3월에 왕이 서경에 행차하였다. 여러 신하들을 장락궁(長樂宮)에 모아 잔치를 베풀고 김훈(金訓)·최질(崔質)·이협(李恊)·최가정(崔可貞)·석방현(石邦賢)·이섬(李暹)·김정열(金貞悅)·효암(孝嵓)·임맹(林猛)·최귀(崔龜) 등 19명을 목 베었다. 이때 무신이 권세를 부려 문관까지 겸임하니 정사가 여러 곳에서 나와 조정의 기강이 문란하였다. 전 화주방어사(和州防禦使) 이자림(李子琳)이 은밀히 일직(日直) 김맹(金猛)에게 말하기를, "왕은 어찌 한 고조(漢高祖)의 운몽(雲夢) 행차를 본받지 않는가." 하니, 김맹이 그 뜻을 알아차리고 은밀히 왕에게 아뢰니 왕이 그 말을 받아들였다. 자림이 일찍이 서경장서기(西京掌書記)가 되었을 때에 자못 인심을 얻었기 때문에 곧 임시로 서경유수판관(西京留守判官)을 임명하고 재촉하여 먼저 가서 준비하게 하였는데, 이때에 와서 김훈 등이 취한 틈을 타 군사를 거느리고 습격하여 죽였다. 최귀는 유사(儒士)인데 병부낭중(兵部郎中)으로 왕을 호종하였으나 성질이 거칠고 비루하여 최질 등과 사귀었기 때문에 죽음을 당하였다.229)

김훈과 최질의 난에 대한 배경과 경과는 다음과 같다. 현종 1년

229) 『고려사절요』 현종 6년(1015) 3월: 三月 幸西京 宴群臣於長樂宮 誅金訓 崔質 李恊 崔可貞 石邦賢 李暹 金貞悅 孝嵓 林猛 崔龜等十九人 是時 武臣用事 竝帶文官 政出多門 朝綱紊亂 前和州防禦使李子琳 密謂日直金猛曰 王何不效漢高雲夢之遊乎 猛諭其意 密奏 王納之 以子琳 嘗爲西京掌書記 頗得人心 卽權授西京留守判官 促令先往設備 至是 乘訓等醉 以兵襲殺之 龜 儒士 以兵部郎中扈從 性麤鄙 與質等交 故及.

(1010)에 거란이 침입하자 이들을 격퇴한 공으로 상장군에까지 오른 인물들로, 거란의 침입 이후 군대의 증강에 따라 부족하게 된 백관의 녹봉을 경군(京軍)의 영업전(永業田)으로 충당하려 하자 크게 불만을 품게 되었다. 그래서 현종 5년(1014) 김훈과 최질은 군사를 이끌고 궁궐로 들어가 문신들로서 그러한 주장을 해오던 황보유의와 장연우 등을 포박하고 왕을 협박하여 이들을 귀양 보내었다. 그리고 무신으로서 상참(常參)은 모두 문신을 겸하게 하였다. 이로부터 무관이 문관을 겸하여 정사를 함부로 하게 되자 국가의 기강이 문란하게 되었다. 이에 전화주방어사 이자림이 왕에게 올린 계교에 따라 현종은 먼저 이자림을 서경유수판관(西京留守判官)으로 임명하고 미리 서경에 보내어 친히 장락궁(長樂宮)에서 잔치를 베풀었다. 이때에 이자림 등은 술에 취한 김훈·최질·이협 등 19인을 주살하였다. 그리고 황보유의·장연우를 다시 불러 기용하고 무신들이 고친 관직의 이름도 모두 복구하였다. 이 김훈·최질의 난은 당시 문신을 우대하고 무신을 천시한 데에서 비롯된 것으로, 뒤에 의종 24년(1170)에 일어난 무신란의 선구가 된 사건이라고 하겠다.[230]

이 최질·김훈의 난에 관하여 김용곤은 다음과 같이 지적하고 있다. 이 난은 유교적 관인층에 의해 움직여 나갔던 중앙집권적 관료체제에 큰 위협을 가했다. 뿐만 아니라 이 난은 유교적 관인층의 토대 위에 권력을 구사하던 국왕에게도 마찬가지로 위협적이었다. 그래서 현종은 아가도의 계책을 받아들여서 서경으로 순행하고 연회를 베풀고 그 자리에서 최질과 김훈을 제거하게 이르렀다. 여기서 이가도의 경우에 상징적으로 나타나고 있듯이 무신들의 정변을 진압하고 중앙집권적 왕정

---

230) 『한국민족문화대백과사전』, 김훈·최질의 난 조.

체제를 안정시킨 것은 대개 과거에 급제한 문신들로서 현종 즉위와 함께 크게 정치적으로 성장을 본 자들이었다.[231]

이 반란에서 주목되는 바는 김훈과 최질은 서경의 군사력을 배경으로 무신들이었고, 이들이 거란의 침입을 성공적으로 방어하는 데서 그 권위를 높여 드디어 왕조의 기본 질서까지도 위협하게 되었다는 사실이다. 그리고 앞서 지적한 바대로 이에 대해 왕과 문신관료들은 합심하여 계책을 내어 무신들의 위협을 제거한 것이다. 그러니까 이번 난은 문신, 특히 과거관료들과 이민족의 침입과 그 방어 과정에서 세력이 확대된 무신들 사이에 왕조의 지배권을 둘러싼 일대 갈등이었다 할 수 있다. 이런 과정에서 서경세력이라는 특정 지방토착 세력의 존재는 보이지 않고 다만 무신과 문신이라는 관함을 띤 관료들이 양대 주축을 이루고 있었다. 그 무대만이 당시 북방 방어의 상징적 지역이었던 서경이었을 뿐이었다.

현종 6년 왕의 서행(西幸)은 태조부터 현종까지 고려왕들의 서경순행은 북방민족의 내침 위협에 직면하여 이를 방비하기 위해 수행되었다고 하는 필자의 주장과는 성질을 달리한다. 그러나 각각 현종 1년(1010) 12월, 6년(1015) 1월에 거란의 성종(제2차), 소손녕(제3차) 침략이 있게 되어서 고려는 장기간 전쟁 외중에 휩싸이게 된다.[232] 이런 상황 하에서 왕의 서경방문은 사실상 불가능해졌다고 하겠다. 그래서 고려왕조에 직접적인 위협을 가했던 김훈과 최질의 난을 제외하고 왕은 서경을 방문하고 있지 않았다. 대신에 왕은 대신에 최사위, 유방, 장

---

231) 김용곤, 「高麗 顯宗代의 文廟從祀에 대하여: 崔致遠의 경우를 중심으로」, 『高麗史의 諸問題』, 삼영사, 524-528쪽.
232) 김상기, 『신편 고려시대사』, 67-104쪽의 여러 곳. 거란의 3차 침입, 경과, 그리고 영향에 관하여 상세하게 설명되어 있다.

형, 김심언, 강감찬 등의 측근 신하들을 서경유수(西京留守)라든지 서북면행영도통사(西北面行營都統使)의 직함을 주어 서경에 파견하고 있었다. 이런 사실만을 보아도 왕의 서경경영 의지가 확고했음을 알 수 있겠다하겠다.

상술한 바를 종합하면, 태조로부터 현종까지 백여 년간 역대 왕들의 서경순행은 고려의 북방정책을 상징하는 행사였다고 하겠다. 이후 왕들의 서행(西幸)이 왕조의 북방 전략면에서 수행되었다고 확인될 수 있는 것은 예종 때 1회뿐이었다(예종 2년 11월). 따라서 덕종-의종 연간(1031-1170)까지 국왕들의 서경 방문은 여태까지의 그것과는 다른 성격에서 행해졌다고 해석될 수밖에 없다.

그간 국제적 상황을 살펴보면 거란은 고려에 대한 집요한 공략에도 불구하고 침략이 실패로 돌아가자, 특히 소배압의 군대가 참패하고 철퇴한 해(현종 10년) 9월 양국 간에 사절교환을 재개시켜 강경정책을 철회했다. 향후 요나라가 멸망하는 1125년까지 약 백 년 동안 양국은 대체로 평화적 관계를 유지했다. 이에 따라 태조 이래 북방전략상 경영되었던 서경의 성격은 차차 퇴색되어간 반면에 또 다른 측면이 점차 부각되어 나타났다. 이 전환의 내용이 무엇이었는지는 다음 절에서 살펴보겠다.

II. 서경의 주술성

거란과의 관계가 일단락되자 고려왕조에 대두된 것은 여진족 문제였다. 여진족은 완안부를 중심으로 점차 통일되어 갔으며, 숙종 9년 1월

에 여진 기병이 정주 관외(關外)에 주둔함으로써 고려군과 충돌하게
되었다. 숙종은 임간, 윤관 등을 차례로 파견하여 이를 축출하려 하였
으나 피해만 얻었을 뿐 성과가 없었다.233)

　제16대 예종이 즉위하자 재위 2년(1107) 10월 여진족을 격퇴하고자
서경에 행행(行幸)하여 윤관을 총 17만 대군의 원수(元帥), 오연총을
부원수(副元帥)로 삼는 임명식을 거행했다. 그리고 나서야 그해 12월
에야 윤관 일행은 정주로 여진정벌을 위해 비로소 출정했다. 그런데 여
기서 주의해야 할 것은 국왕과 윤관이 여진의 접경지대이며 방어 중심
지인 동계 군사기지인 안변도호부를 놔두고서 왜 하필 서경에 가서 원
수 임명식과 출정식을 거행했는가 하는 의문이다. 이에 대한 대답으로
서경은 군사적 집결지였기 때문에 군대 인원 보충을 위해 서경행차가
필요했을 것이라고 생각할 수 있다. 그러나 실정은 그렇지 않았다. 왜
냐하면 국경지대에 산재한 여러 진들이 실제 군사력의 거점들이었으
며, 또한 그들은 안변·안북의 두 도호부에 의해 통령(統領)되었으므
로 서경은 경(京)으로서 도호부의 상위에 있었지만, 몇 개의 속현들만
을 영속(領屬)하였을 뿐 실제로 주진(州鎭)을 거느리지 않아 강한 군사
력이 내속되지 않는 상징적 존재에 불과하였다.234) 즉 실제로 안북도
호부가 북방 국경지대의 여러 진들을 지휘·통솔하고 있었으며 서경은
다만 북계 지역의 상징적 거점에 불과하였다. 따라서 군사 집결을 위해
윤관이 서경으로 출정했다는 가설은 성립되지 않는다.

　결국, 예종 일행은 일관(日官)의 주청(奏請)에 의해 서경으로 행차했
다 한다.235) 고려 개창 이래 국운을 건 최대 총력전을 앞두고서 그들은

233) 박현서, 「북방민족과의 항쟁」, 292쪽 이하 여러 곳.
234) 이기백, 「高麗太祖時의 鎭」『高麗兵制史硏究』, 일조각, 1981, 243쪽.
235) 『고려사』, 예종 2년(1107) 11월 경오: 서경(西京)에 행차하였다. 때에 일관(日

일관 정도의 말을 들어서 이런 불합리한 행동을 했다는데 사태의 심각성이 있었다. 이 점을 염두에 두고 서경의 또 다른 성격을 규명하지 않으면 예종의 거동과 그 후 왕들의 서경순행을 이해할 수 없다고 생각된다.

그런데 이에 대한 해명은 태조의 서경 창설까지 소급하여 설명되어야 한다. 태조가 서거하기 바로 전에 내린 훈요십조 제5조에 다음과 같은 훈시가 있다.

> 태조 26년 하4월 계묘: 다섯째로 짐(朕)이 삼한(三韓) 산천의 신령한 도움을 힘입어 써 대업(大業)을 성취하였다. 서경(西京)은 수덕(水德)이 순조로워 우리나라 지맥(地脈)의 근본이 되며 대업(大業)을 만대에 전할 땅인 까닭에 마땅히 사중월(四仲月)에는 거기에 행차하여 백일이 지나도록 머물러 안녕(安寧)을 이루도록 하라.[236]

태조는 서경이 수덕(水德)이 순조로운 한반도 지맥의 근본임을 천명함과 동시에 여기에 임금들이 백일 이상을 머물도록 하라고 명하고 있었다. 그는 산천에 내재한 어떤 힘, 특히 지맥의 근본에서 나오는 영위력(靈威力)을 빌어 새로이 창건된 왕조의 영속화를 기원하고 있었다.[237]

官)이 아뢰기를, "서경(西京)에 거동하시고, 그 곳에서 장수(將帥)를 여진(女眞)으로 보내줌이 마땅하나이다."고 하였으므로 이 행차가 있었다(幸西京 時日官奏 宜御西京 以遣將帥 故有是行).

236) 『고려사』, 태조 26년(943) 하(夏)5월: 其五日 朕三韓山川陰佑 以成大業 西京水德調順 爲我國之之根本 大業萬代之地 宜當四仲巡駐 留過百日 以致安寧.

237) 『고려사』, 태조 15년(932) 하(夏)5월 갑신: 군신(君臣)에게 유시(諭示)하기를, "근자에 서경(西京)을 완전히 보수하고 민호(民戶)를 옮겨 이곳을 채운 것은 지방(地方)에 의지하여 삼한(三韓)을 평정하고 장차 여기에 도읍(都邑)하기를 바랐던 바인데 요즈음 민가의 암탉이 수탉으로 변하고 큰 바람이 불어 관사(官舍)가 무너지니 도대체 어찌하여 재난이 이렇게까지 일어난단 말인가(諭群臣日 頃 完葺西京 徙民實之 冀憑地力 平定三韓 將都於此 今者 民家雌雞 化爲雄 大風 官舍頹壞 夫何災變 至此).

또한 이보다 앞서 태조는 불력(佛力)을 빌어 삼한 통일을 기원하고
자 내봉경 최응에게 다음 같이 말한 바 있다.

> 뒷날 태조가 최응에게 말하기를, "옛적 신라가 9층탑을 세워서 드디어
> 통일의 업(業)을 이룩하였으니 이제 개경(開京)에 7층탑을 세우고 서경
> (西京)에 9층탑을 세워서 현공(玄功)을 빌려 군추(群醜)를 제거하고 삼
> 한을 합하여 일가(一家)를 삼고자 하나니 경은 나를 위하여 발원소(發
> 願疏)를 지어 달라."하므로 최응이 드디어 제술(製述)하여 올렸다.[238]

여기서 태조는 개경과 서경에 각각 7층탑과 9층탑을 조영하여 그 공
덕을 빌어 삼한 통일을 축원하였다. 그런데 서경의 9층탑이 개경의 7
층탑보다 2층이 더 높아 그 주술성은 후자보다 더 높이 평가되고 있었
음에 주목된다.[239]

서경의 신비력에 대한 태조의 발언은 왕권안정과 호족세력 견제에
필요한 서경경영을 불교 또는 지리도참설로써 합리화하는 데에 있었다
는 관점이 있다.[240] 그러나 이 문제는 그렇게 사회적 요인으로 환원하
여 설명되지 않는다고 생각된다. 왜냐하면 태조뿐만이 아니라 차후 국
왕들도 서경의 영위력에 대한 신앙을 계속 표명하고 있었기 때문이었
다. 한 예로 성종은 서경 행행(行幸)하기 전에 다음과 같은 교서를 내

---

238) 『고려사』, 열전 5 최응(崔凝): 他日 太祖謂凝曰 昔新羅造九層塔 遂成一統之業
　　今欲開京建七層塔 西京建九層塔 冀借玄功 除群醜 合三韓爲一家 卿爲我作發願
　　凝遂製進.
239) 본고에서 주술(呪術)(magic)이란 현세적(現世的) 목적과 이익을 어떤 초자연
　　적 영위(靈威)를 매개하여 해결 실현하려는 체계라고 이해해 둔다. 그리고 종교와
　　주술의 차이점은, 전자가 초월적인 실재에 관하여 갖는 인간의 태도인데 반하여
　　후자는 매우 조종적(操縱的)(manipulative)성격을 갖는다. 참고서, T. F. O'Dea,
　　The Sociology of Religion, New Jersey, Prentice-Hall, Inc., 1966, pp.7-12.
240) 하현강, 「고려서경고」, 128쪽.

리고 있다.

성종 9년 9월 9월 기묘: 매년 춘추에 친히 제사를 지내고 오랑캐들을
막아 국가의 울타리를 공고히 하려고 하였으며 평양의 웅도(雄都)에 의
거하여 우리 조상들의 왕업을 튼튼히 하려고 하였다. 그 후 슬기로운 임
금들이 서로 계승하여 국가가 편안하였으니 이들은 혹은 옛 규례에 따
라 친히 평양으로 가기도 하였고 혹은 근신들을 파견하기도 하였는바
그것은 때를 따라 결정한 것이요 역대의 풍습이 다르기 때문이다.[241]

여기서 성종은 오랑캐들을 막아 국가의 울타리를 공고히 하려 했고
'웅도(雄都)', 즉 평양에 의거하여 왕업을 굳히려고 한다고 했다. 이렇
게 서경은 패업 완수라든가 사직 안녕에 도움이 되는 신성지역으로 간
주되고 있었다.

서경에 대한 이런 주술적 신앙은 고려 초기뿐만 아니라 공식적으로
는 최후로 서행한 의종 때까지 강하게 남아 있었다. 의종은 서경에 행
차하여 그 지덕(地德)을 기리고 있다.

의종 22년 3월 무자: 관풍전(觀風殿)에 거동하여 하교(下敎)하기를,
"짐(朕)이 듣건대 호경(鎬京)[서경(西京)]은 만세불쇠(萬世不衰)의 지
(地)인지라. 뒤의 임금이 이곳에 임어(臨御)하여 신교(新敎)를 반포(頒
布)하면 국풍(國風)이 청명(淸明)하고 소민(小民)이 안태(安泰)한다고
하였으니, 짐(朕)이 곧 정사(政事)한 이래로 만기(萬機)가 실로 번거로
워 순어(巡御)할 여가를 가지지 못하였다. 이제 일관(日官)의 아뢰는 바
에 의하여 이곳에 온 것이니, 장차 낡은 것을 고치고 새로운 것을 정하

241) 『고려사』, 성종 9년(990) 추(秋)9월 기묘: 每當春秋 親修齋祭 欲防戎虜 以固藩
籬 憑玆平壤之雄都 固我祖宗之霸業 厥後聖神相繼 社稷以寧 或依前跡以遵行 或
命近臣而發遣 臨時制斷 歷代風殊.

여[혁구정신(革舊鼎新)] 다시 왕화(王化)를 부흥(復興)하고자 하여, 고성(古聖)이 권계(勸戒)한 유훈(遺訓)과 현재 민폐(民弊)를 구제(救濟)할 사무(事務)를 채택(採擇)하여 신령(新令)을 반포(頒布)하노라.242)

의종은 서경에서 신교반포(新敎頒布)하여 서경이 영원히 쇠약해지지 않는 터, 즉 '만세불쇠(萬世不衰)'의 땅이므로 여기에서 유신 포고를 내려 국가를 안정시키고 왕화(王化)를 부흥하고자 한다고 하였다.

또한 의종은 같은 해 4월에도 선지(宣旨)를 내려 서경에 대하여 다음같이 말하고 있다.

　의종 22년 하4월 기해: 선지(宣旨)하기를, "서도(西都)는 곧 조종(祖宗)이 순어(巡御)하시던 땅이다. 을묘(乙卯)의 난(亂)을 겪은 뒤로 국가가 많은 일로 여러 해 동안 순어(巡御)하지 못하였도다. 이제 오래 젖어 온 구속(舊俗)을 함께 유신(維新)하고 또 기업(基業)을 연보(延保)하려 하여 이 서도(西都)에 행차하였으니, 어가(御駕)를 맞이할 때 잘 못하여 유사(有司)에게 구집(拘執)된 자와 공도사장(公徒私杖) 이하 속동징와자(贖銅徵瓦者)는 모두 방제(放除)하고, 또 을묘년난(乙卯年亂)에 연좌(緣坐)되어 남계(南界)로 유배(流配)된 자도 또한 방환(放還)하게 할 것이며, 여러 영부(領府) 및 3위군(衛軍)으로 어가(御駕)를 맞이하는데 공로(功勞)가 있는 자는 대창(大倉)의 전해고미(典廨庫米)를 한 사람에게 한 섬씩 주어라."고 하였다.243)

---

242)『고려사』, 의종 22년(1168) 3월 무자: 御觀風殿 下敎曰 朕聞 鎬京 萬世不衰之地 後之王者 臨御于此 頒下新敎 則國風淸明 小民安泰 朕 卽政以來 萬機實繁 未暇巡御 今以日官所奏 來幸此都 將欲革舊鼎新 復興王化 採古聖勸戒之遺訓 及當時救弊之事務 頒布新令.

243)『고려사』, 의종 22년 하(夏)4월 을해: 宣旨曰 西都 乃祖宗巡御之地 自經乙卯之亂 國家多事 累年未得巡御 今欲舊染汚俗 咸與惟新 亦將延基保業 乃幸是都 迎駕時 有所違誤 爲有司所拘執者 公徒私杖以下 贖銅徵瓦 皆放除 又乙卯年 緣坐配南界者 亦令放還 諸領府 及三衛軍 迎駕有勞者 給大倉典廨庫米人一碩.

여기서도 의종은 서경에 관해서 구속(舊俗)을 혁신하고 왕조 기업을 연장시킬 수 있는 신성 지역이라고 선포하고 있다. 그리고 여기에서 을 묘년의 반란(인종 13년, 묘청의 난)에 연좌된 사람들을 용서하고 어가 를 호위한 군인들에게 곡식을 내렸다. 이렇게 의종은 서경의 주술성을 높이 평가하여 왕업을 연장시킬 수 있는 터전으로까지 생각하고 있었 다. 그래서 평양에서 모든 것을 새롭게 시작하겠다는 유신 포고가 있게 된 것이다.244)

제10대 정종(1034-1046) 이후에 국왕들의 서경순행 목적은 더 이상 북방민족의 위협과 고려 측의 군사적 대응이란 상관관계에서 설명할 수 없게 된다. 그러므로 국왕들의 서경 순행은 북방 방어라는 이외에 다른 목적을 찾아야 하는데 특히 당대 관념형태라든지 의식형태에 주 의해야 한다.245) 왜냐하면 역사 진행은 인간 일체의 행위에 의하여 결 정되는 것이며, 그리고 그 행위결정은 단지 정치권력이라든지 사회 경 제적 요인들에만 의해 규정되지 않으며 거기에는 반드시 개인 또는 집

---

244) 이것 이외에도 서경에서 반포된 유신포고들이 있는데 두 사례를 들면 다음과 같다. (1)『고려사』, 예종 11년 4월 경진: 이번에 일관(日官)의 소청(所請)으로 서 도(西都)에 사어(徙御)하매 새로운 교령(敎令)을 반포(頒布)함으로써 장차 만물 (萬物)과 더불어 갱신(更新)하고 백성으로 하여금 돌아갈 바를 알게 하여 선왕(先 王)의 구업(舊業)을 흥복(興復)하고자 하노라(今以日官所請 徙御西都 以頒新敎 將以與物更始 使民知歸 以興先王之舊業). (2) 앞의 책, 인종 5년 3월 무오: 이제 일관(日官)의 논의(論議)로 서도(西都)에 행차하여 깊이 기왕(旣往)의 허물을 반 성(反省)하고, 유신(惟新)의 교(敎)가 있기를 바라 중외(中外)에 포고(布告)하노 니, 모두 들어 알도록 하라(今以日官之議 行幸西都 深省旣往之愆 冀有惟新之敎 布告中外 咸使聞知).

245) 여기서 이데올로기라는 관념형태 또는 관념이란 용어는 당시 기층구성원인 백 성대중의 신념, 이해, 정신적 태도를 의미하며, 논리적 교리(敎理)를 가진 사상체 계로서 사용된 것은 아니다. 참조서, M. B. Hamilton, "The Elements of Concept of Ideology", *Political Studies 35*, Butterworths, 1987, p.22).

단들의 관념형태를 매개하여 이루어지기 때문이다. 따라서 당시 고려 사회에 내재했던 서경에 관한 관념형태의 상대적 독자성을 정당히 평가하지 않으면 국왕들의 서경순행 실상을 구체적으로 파악할 수 없다고 여겨진다.

또한 이 문제는 고려왕조의 권력을 상징하는 군왕들의 성격과 기능과도 연결되었다. 상기 기사들에 나타난 왕들의 행적에는 이성이 아니고 주술이 강하게 지배하고 있었기 때문이었다. 이는 군왕들의 의식 관념도 독자적인 것이 아니라 그 시대 민중의 의식형태에 전적으로 규정되었고, 또한 그것의 반영에 불과했을 뿐이었다고 하겠다.

하여튼 고려 국왕들의 서행(西幸) 때에 당대 관념형태가 어떻게 왕조의 영속성을 기원하고 보장하기 위해 이용되었는가를 고찰할 수 있는 귀중한 단서를 제공할 수 있다고 생각된다. 이런 관점에서 태조는 서경에 대해 이 땅의 지력(地力)에 의존하여 삼한을 평정하고 장차 여기에 도읍한다는, 즉 '기빙지력평정삼한장도어차(冀憑地力平定三韓將都於此)'라 하여 서경에는 삼한을 평정할 수 있는 지력이 있다고 믿고 있었다. 그 이유로서 평양은 우리나라 지맥의 근본이기 때문이라 하였다. 이런 생각은 태조 자신의 독창이 아니었을 것이며, 단지 기층사회의 관념형태를 반영하고 있었다고 하겠다. 그는 다만 이런 기층사회의 사고를 빌어 서경의 중대성을 백성의 의식 속에 영구히 심어놓으려 했던 것일 뿐이다. 이를 더 일반화하여 말하자면, 고려 당대에 땅(공간)이란 균일·동질적인 것이 아니었으며, 공간 중에 다른 부분들과는 이질적으로 신성한 영역이 존재했으며 또한 거기에는 고려왕조의 여하한 난문제들도 해결할 수 있는 신비한 영위력이 간직된 유토피아라 믿어졌는데 바로 이곳이 서경이라는 것이다.[246]

상술한 관점을 역사 사례들을 통해 확인해 보겠다. 우선 태조의 예를 보면, 앞서 언급한 바 있듯이 그는 최응에게 "옛적 신라가 9층탑을 세워서 드디어 통일의 업을 이룩하였으니 이제 개경에 7층탑을 세우고 서경에 9층탑을 세워서 현공(玄功)을 빌려 군추(群醜)를 제거하고 삼한을 합하여 일가를 삼고자 한다."고 하였다.247) 태조는 서경의 주술성을 9층 불탑을 조영함으로써 더 높여줄 수 있다고 믿고 있었다. 그래서 더욱 강화된 서경의 주술력을 가지고 삼한을 통일하겠다는 것이다.

또한 불탑뿐만이 아니라 궁궐도 신성 영역에다 신비력을 더해주는 것이었다. 묘청은 반란을 일으킨 직후에 인종에게 다음 같은 글을 올리고 있다.

한 봉서(封書)를 부치니 이르기를, "엎드려 바라건대 주상(主上)은 이 서울[서경(西京)]에 옮기소서. 그렇지 않으시면 반드시 변(變)이 있을 것입니다."하여 말이 매우 불손하였으며 계속하여 검교첨사(檢校詹事) 최경(崔京)을 보내어 상표(上表)하기를, "폐하(陛下)는 음양(陰陽)의 지언(至言)을 믿고 도참(圖讖)의 비설(秘說)을 상고하여 대화(大華)의 궁궐(宮闕)을 창건(創建)하고 균천(鈞天)의 제도(帝都)를 형성하였으매 신(臣) 등은 누경(婁敬)의 맹세한 꾀를 같이하고 반경(盤庚)의 천읍(遷邑)을 바람이요 어찌 신하(臣下)가 신충(宸衷)을 체득치 못하고 다만 향토(鄕土)만 생각하여 그래서 옮김을 중(重)히 여기지 않으며 문득 또한 공(功)을 막고 일을 해(害)하려 함을 기약하였겠습니까. 인심(人心)은 가히 두렵고 중노(衆怒)는 막기 어려우나 거가(車駕)가 만약 왕림하시면 병장(兵仗)은 쉽게 할 수 있을 것입니다."라고 하였다.248)

---

246) 『고려사』, 의종 23년(1169) 3월 무자: 御觀風殿 下敎曰 朕聞 鎬京 萬世不衰之地 後之王者 臨御于此 頒下新敎 則國風淸明 小民安泰 […] 今以日官所奏 來幸此都 將欲革舊鼎新 復興王化 採古聖勸戒之遺訓 及當時救弊之事務 頒布新令.

247) 『고려사』, 열전5 최응: 他日 太祖謂凝曰 昔新羅造九層塔 遂成一統之業 今欲開京建七層塔 西京建九層塔 冀借玄功 除群醜 合三韓爲一家.

248) 『고려사』, 열전40 반역 묘청: 上表曰 陛下 信陰陽之至言 考圖讖之秘說 創大華

여기서 묘청은 대화궐이 하늘 중앙의 상제(上帝)의 궁궐, 즉 '균천(鈞
天)'249)을 모방한 것이라 했다. 따라서 그는 서경에 천도하기만 하면
만사가 형통하게 되어 왕조도 중흥할 수 있다는 생각을 피력하였다.

서경에 건축된 궁궐은 천상질서를 지상에 구현한 상징적 건조물이었
으며 이는 단순한 인간 주거지가 아니었다. 이 신성 지역에서는 만물이
저절로 순화(純化)·갱시(更始)된다고 믿어졌다. 고려왕조의 유신 포
고는 대개 서경에 가서거나 또는 서경 순행 직후에 내려지고 있었다.
한 사례를 보면 인종은 서경에 행차하여 유신을 포고하고 있다.

인종 5년 3월 무오: 조(詔)하기를, "짐(朕)은 천지(天地)의 대명(大命)
을 메[荷]고 조종(祖宗)의 유기(遺基)를 이어 삼한(三韓)을 엄유(奄有)
한 지 이에 6년이 되었다. 지혜(智慧)는 주모(籌謀)에 능하지 못하고 밝
음은 감촉(感觸)함이 없어 재변(災變)이 서로 연달아 거의 평안한 해가
없었으며, 지난 해 2월에는 난신적자(亂臣賊子)들이 틈을 타고 일어나
서 음모(陰謀)가 발각(發覺)되었다. 짐(朕)은 부득이 모두 법(法)으로
다스렸으나, 이로부터 허물[구(咎)]를 들어 내 몸을 책(責)하게 되니 덕
(德)에 부끄러움이 많도다.

이제 일관(日官)의 논의(論議)로 서도(西都)에 행차하여 깊이 기왕
(旣往)의 허물을 반성(反省)하고, 유신(惟新)의 교(敎)가 있기를 바라
중외(中外)에 포고(布告)하노니, 모두 들어 알도록 하라. 하나는 방택
(方澤)에서 지기(地祇)에 제사하고 사교(四郊)에서 사시(四時)의 기운
(氣運)을 맞이하게 하라. 하나는 거마(車馬)와 의복제도(衣服制度)는
힘써 검약(儉約)을 쫓아라. 하나는 불필요한 관리와 급하지 않은 사무

之宮闕 象鈞天之帝都 臣等 同婁敬之矢謀 望盤庚之遷邑 豈期臣下 不體宸衷 非
徒懷土以重遷 抑亦防功而害事 人心可畏 衆怒難防 車駕若臨 兵戈可.

249) '균천(鈞天)'의 출처: 「居二日半 簡子寤 語大夫曰 我之帝所甚樂 與百神游於鈞
天 廣樂九奏萬舞 不類三代之樂 其聲動人心」(『史記』「趙世家」第十二). 「何謂九
野 中央曰鈞天 其星角·亢·氐」(『呂氏春秋』).

(事務)를 제거(除去)하라. 하나는 농(農)을 권장(勸獎)하고 밭일에 힘써 백성들의 식량(食糧)을 넉넉하게 하라. 하나는 힘써 관곡(官穀)을 저장(貯藏)하며 구민(救民)에 대비(對備)하라. 하나는 백성에게 취렴(取)하는 것은 상례(常例)가 있는 것이니, 정상적인 조조(租調) 이외에는 함부로 걷지 말라. 하나는 백성을 어루만지고 지방(地方)을 편안하게 하여 도류(逃流)하는 사람이 없도록 하라. 하나는 제위포(濟危鋪)와 대비원(大悲院)에 축적(蓄積)을 후(厚)히 하여 질병(疾病)을 구제(救濟)하라. 하나는 관고(官庫)의 묵은 곡식(穀食)을 빈민(貧民)에게 억지로 배급(配給)하여 강제(强制)로 그 이식(利息)을 취(取)하지 말 것이며, 또 묵고 썩은 곡물(穀物)을 백성에게 강제(强制)로 방아 찧게 하지 말라. 하나는 산택(山澤)의 이원(利源)은 백성들과 같이 할 것이며, 그것을 약취(掠取)하지 말라."고 하였다.250)

인종은 서경에는 만물을 새롭게 하는 어떤 신비한 영기(靈氣)가 있는데 이를 빌어 유신(惟新)의 교를 중외에 반포한다고 하였다. 유신포고(惟新布告)는 8사(事)로서 (1) 거마의복(車馬衣服) 제도의 검약, (2) 급하지 않은 관리와 사무의 제거, (3) 관곡 저장과 구민(救民), (4) 백성에게 정해진 것 이외의 취렴(聚斂) 금지, (5) 백성의 안정, (6) 구제 기관의 정비, (7) 백성에게 관곡 대여와 이식 취득의 금지, 그리고 (8) 백성과 함께 산택(山澤)의 이원(利源) 공유를 그 내용으로 하는 것이었다.

---

250) 『고려사』, 인종 5년(1127) 3월 무오: 詔曰 朕 荷天地之景命 襲祖宗之遺基 奄有三韓 于茲六載 智不能謀 明無所觸 變相仍 略無寧歲 去年二月 亂臣賊子 乘開而起 陰謀發覺 朕不得已 咸致於法 自是 引咎責躬 慼德多矣 今以日官之議 行幸西都 深省旣往之愆 冀有惟新之敎 布告中外 咸使聞知 一 方澤 祭地祇 四郊 迎氣 一 車服制度 務從儉約 一 除冗官不急之務 一 勸農力田 以給民食 一 務儲官穀 以待救民 一 取民有制 常租調外 毋得橫斂 一 撫民安土 無使逃流 一 濟危鋪・大悲院 厚畜積 以救疾病 一 無以官庫陳穀 抑配貧民 取其息 又無以陳朽之穀 民春米 一 山澤之利 與民共之 毋得侵牟.

그러나 위와 같은 8사를 제외하고는 대부분 왕들의 서경 순행은 수덕이 순조롭고 우리나라 지맥의 중심지로 관념된 서경에 회귀하여 그 지력을 빌어 왕조기업을 연장시키려는 목적에서 수행된 것이었다고 하겠다.[251]

위에서 말한 서경에 관한 당시 관념을 정리해 보면 다음과 같다. (1) 서경은 한반도 지맥의 근본지였으며, (2) 거기에 건조된 사원이나 궁궐 등은 천상질서를 지상에 구현(具現)한 신성한 건조물이었다. (3) 그곳에는 세상 만물을 새롭게 할 수 있는 주술적인 힘이 있다. (4) 고려전기 국왕들은 항상 이 주술적 지역인 서경을 찾아와서 그 영위력을 빌어 왕조를 중흥하려 하고 있었다.

위와 같은 맥락에서 제11대 문종(1046-1083) 이후에 신궁(新宮)과 이궁(離宮) 경영과 서경 순행을 쉽게 이해할 수 있다. 우선 문종 시대를 개관하면 병악(餠岳) 장원정(長源亭)을 위시하여 남경(南京) 설치, 서경기 제도, 좌우궐(左右闕) 창건 등이 있었는데 이들은 모두가 소위 연기시설(延基施設)들이었다.[252] 이들은 태조가 후삼국 통일한 해로

---

251) 세계중심축(世界中心軸) 개념은 다음 책을 참조하였다. M. 엘리아데 저 · 정진홍 역,『宇宙와 歷史: 永遠回歸의 神話』, 현대사상사, 1992, 26-27쪽. 엘리아데는 중심이 지니고 있는 구조상의 상징기능은 다음과 같이 지적되고 있다. (1) 성산(聖山)[하늘과 땅이 만나는 곳]은 이 세상의 중심에 자리 잡고 있다. (2) 모든 사원이나 궁전(이를 더 확대하면, 모든 성도(聖都)나 왕의 주거지까지 포함한다)은 성산이다. 그러므로 중심이 된다. (3) 성도나 사원은 지축(地軸)(axis mundi)에 위치하고 있기 때문에, 그 곳은 하늘과 땅, 그리고 지하계(地下界)가 서로 만나는 점으로 간주되고 있다. (4) 중심지는 원초적 시간을 의미하며, 그래서 여기에서 세계 창조 행위가 영원히 반복된다. 같은 책, 36쪽에서 (1) 모든 건축은 그 하나하나가 뚜렷하게 우주 창조의 행위, 즉 세계의 창조를 반복한다. (2) 천지창조는 중심에서 발생했기 때문에 건축된 것은 그 무엇이나 간에 그 기초를 세계의 중심에다 두고 있다는 점도 지적되고 있다.

252) 이병도,『고려시대의 연구』, 138-146쪽.

부터 60년이 되는 2회갑(정종 4년, 1038년에 해당)이 되는 해에 왕조
가 망한다는 참설 유행과 이를 막기 위해 건설되고 경영되었다고 할 수
밖에 없다.253) 왜냐하면 문종 10년(1056)을 전후해서 동여진과의 작은
충돌을 제외하고는 이렇다 할 국내외 문제가 없었으며, 그리고 문종 재
위 36년간(1046-1083)은 고려 전 기간 중 가장 안정된 평화시기였기
때문이다. 따라서 문종의 여러 시설물들은 왕조가 금방 멸망한다는 참
설과 이로 인한 위기감에서 왕조기업을 연장하려는 주술 신앙에 의해
급거 조영되었다고 할 수 있다.

제15대 숙종은 김위제의 남경 천도 건의에 따라 재위 9년 5월에 7월
에 행차를 하고 있었다. 이는 김위제가 위위승동정(衛尉丞同正)이 되
자 숙종 1년(1096)에 상주(上奏)한 3경에 관한 풍수도참설에 따른 남행
(南幸)이었다.

  김위제(金謂磾)는 숙종(肅宗) 원년(元年)에 위위승동정(衛尉丞同正)
  이 되었다. 신라 말에 도선(道詵)이란 승(僧)이 있어 당(唐)에 들어가서
  일행(一行)의 지리법(地理法)을 배우고 돌아와 비기(秘記)를 지어 전했
  는데 김위제(金謂磾)가 그 술(術)을 배워 상서하여 남경(南京)으로 환
  도(還都)하기를 청하여 말하기를, "도선기(道詵記)에 이르되, '고려(高
  麗)의 땅에 삼경(三京)이 있으니 송악(松嶽)은 중경(中京)이 되고 목멱
  양(木覓壤)은 남경(南京)이 되고 평양(平壤)은 서경(西京)이 되니 11,

---

253) 『고려사절요』, 문종 10년(1066) 12월: 장원정(長源亭)을 서강(西江)·병악(餠
  嶽) 남쪽에 지으니, 도선(道詵)의 『송악명당기(松嶽明堂記)』에, "서강 가에 군자
  가 말을 탄 형국인 명당 자리가 있으니, 태조가 통일한 병신년(936)으로부터 120년
  이 되거든 여기다 집을 지으면 국업이 연장된다."하였으므로 이때에 이르러 태사
  령 김종윤(金宗允) 등에게 명하여 터를 보아 짓게 한 것이다(作長源亭於西江 餠
  嶽之南 道詵 松嶽明堂記 云西江邊 有君子 御馬明堂之地 自太祖 統一丙申之歲
  至百二十年 就此創構 國業延長 至是 命太史令金宗允等 相地 構之).

12, 1, 2월은 중경에 머무르고 3, 4, 5, 6월은 남경에 머무르며 7, 8, 9, 10월
은 서경에 머무르면 36국이 조공을 바칠 것이라.' 하였고 또 이르기를,
'개국 후 160여 년에 목멱양(木覓壤)에 도읍한다.'고 하였사오니 신(臣)
은 이때가 바로 이 새 서울에 순주(巡駐)할 때라고 생각하나이다.

신(臣)은 또 그윽이 도선(道詵)의 답산가(踏山歌)를 보건대 말하기를,
'송성(松城)이 떨어진 뒤에 어느 곳으로 향할 것인가. 삼동(三冬)에는
해 뜨는 평양(平壤)이 있도다. 후대의 현사(賢士)가 대정(大井)을 열매
한강(漢江)의 어룡(魚龍)이 사해(四海)에 통하도다.'라 하였습니다. 삼
동(三冬)에 해 뜬다는 것은 중동절(仲冬節)에 해가 손방(巽方)[東南間]
에서 뜬다는 것이요, 목멱산(木覓山)이 송경(松京)의 동남쪽에 있는 까
닭에 그러함입니다. 또 말하기를, '송악산(松嶽山)은 진한(辰韓) 마한(馬
韓)의 주(主)가 되나니 아아 누구의 대(代)에 시종(始終)됨을 알 것인가.
화근(花根)이 가늘고 약하며 지엽(枝葉)이 그러하니 겨우 백년의 기약
이나 어찌 파(罷)하지 않으리오. 그 뒤에 새 화세(花勢)를 찾고자 하여
나가 양강(陽江)을 건너면 헛되이 왔다 갔다 할 뿐이요, 사해(四海)의
신어(神魚)가 한강(漢江)에 조회(朝會)하매 나라가 태평하고 백성이 편
안하여 대평(大平)을 이루도다.'라 하였습니다. 그런 까닭에 한강(漢江)
의 양지에 도읍하면 기업(基業)이 장원(長遠)하고 사해(四海)가 내조
(來朝)하며 왕족이 창성할 것이매 실로 큰 명당의 땅이 됩니다.

또 말하기를, '후대의 현사(賢士)가 사람의 수(壽)를 인식하여 한강(漢
江)을 넘지 않으면 만대의 풍(風)이요 만약 그 강(江)을 건너 제경(帝
京)을 지으면 한 자리가 중렬(中裂)되어 한강(漢江)을 격(隔)하리라.'고
하였고, 또 삼각산명당기(三角山明堂記)에 말하기를, '눈을 들고 머리를
돌려 산 모양을 살펴보니 임(壬)[북쪽]을 등지고 병(丙)[남쪽]을 향한
곳 이곳이 선오(仙鼇)요, 음양의 꽃이 3, 4겹으로 피었으매 몸소 옷을 벗
어 제치고 산을 지고 수호(守護)에 임(臨)하였도다. 안전(案前)에 조회
하는 산이 5, 6겹이라 고(姑)·숙(叔)·부(父)·모(母)의 산이 솟고 솟았
다. 내외문(內外門)에 개가 각각 세 마리인데 항상 용안을 모시니 마음

을 딴 곳에 두지 말며 청백(靑白)이 서로 등용되니 시비하지 말라. 내외의 상객(商客)이 각각 보배를 바치고 이름을 파는 이웃 손이 자식같이 오며 나라를 돕고 임금을 바르게 함이 모두 한 마음이로다. 임자년(壬子年) 중에 만약 개토(開土)하면 정사(丁巳)의 해에 성자(聖子)를 얻을 것이요 삼각산(三角山)에 의지하여 제경(帝京)을 지으면 9년째에 사해(四海)가 내조(來朝)한다.' 하였으므로 이는 명왕(明王) 성덕(盛德)의 땅입니다.

또 신지비사(神誌秘詞)에 말하기를, '칭추(秤鍾), 극기(極器), 칭간(秤幹), 부소(扶), 양추(樑鍾)와 같은 모양의 것이 오덕(五德)의 땅이요 백아강(白牙岡)을 극기(極器)로 삼으면 70국이 항복해서 조공하여 올 것이고 그 지덕(地德)을 힘입어서 신(神)을 두호할 것이며 수미(首尾)를 정(精)하게 하고 평위(平位)를 고르게 하면 나라가 흥(興)하고 대평(大平)을 보전하리라. 만약 삼유(三諭)의 땅을 폐하면 왕업이 쇠경(衰傾)하리라.' 하였습니다. 이는 저울로써 삼경(三京)을 비유함이니 극기(極器)는 머리요 추(鍾)는 꼬리요 칭간(秤幹)은 제강(提綱)의 곳이라 송악(松嶽)이 부소(扶)가 되매 칭간(秤幹)에 비유함이요, 서경(西京)은 백아강(白牙岡)이 되매 칭수(秤首)에 비유함이요, 삼각산(三角山)의 남방이 오덕(五德)의 언덕이 되매 칭추(秤鍾)에 비유함입니다. 오덕(五德)이란 가운데 면악(面嶽)이 있어 원형이 되니 토덕(土德)이요, 북쪽에 감악(紺嶽)이 있어 곡형(曲形)이 되니 수덕(水德)이요, 남쪽에 관악(冠嶽)이 있어 첨예(尖銳)하니 화덕(火德)이요 동쪽에 양주(楊州) 남행산(南行山)이 있어 직형(直形)이니 목덕(木德)이요, 서쪽에 수주(樹州) 북악(北嶽)이 있어 방형(方形)이니 금덕(金德)이라 이가 역시 도선(道詵)의 삼경(三京)의 뜻에 부합합니다. 이제 국가에 중경과 서경은 있으되 남경이 빠졌으니 엎드려 바라건대 삼각산(三角山) 남쪽 목멱산(木覓山) 북쪽의 편편한 땅에 도성(都城)을 건립하여 수시로 순주(巡駐)하소서. 이는 실로 사직의 흥쇠(興衰)에 관련되는 것이매 신(臣)은 감히 기휘(忌諱)됨을 무릅쓰고 삼가 기록하여 신주(申奏)하나이다."라고 하니 이에 일자(日者) 문상(文象)이 좇아 호응하였다.254)

위의 상주문에서 김위제는 숙종에게 대략 5개 항목을 제안하고 있었
다. (1) 김위제는 자기의 도통(都統)을 당나라 일행(一行)의 지리비법
(地理秘法)을 배운 도선255)에다 두고 있었다. 도선기(道詵記)에는 고
려의 땅에는 3경, 즉 송악의 중경(中京), 목멱양의 남경(南京), 그리고

254) 『고려사』, 열전35 방기(方技) 김위제(金謂磾): 金謂磾, 肅宗元年 爲尉丞同正
新羅末 有僧道詵 入唐學一行地理之法而還 作秘記以傳 謂 學其術 上書請遷都南
京曰 道詵記云 高麗之地 有三京 松嶽 爲中京 木覓壤 爲南京 平壤 爲西京 十
一・十二・正・二月 住中京 三・四・五・六月 住南京 七・八・九・十月 住西京
則三十六國 朝天 又云 開國後百六十餘年 都木覓壤 臣請今時 正是巡駐新京之期
臣 又竊觀道詵踏山歌曰 松城落後向何處 三冬日出有平壤 後代賢士開大井 漢江
魚龍四海通 三冬日出者 仲冬節 日出巽方 木在松京東南 故云然也 又曰松嶽山爲
辰馬主 鳴呼誰代知始終 花根細劣枝葉然 百年期何不 爾後欲覓新花勢 出渡陽江
空往還 四海神魚朝漢江 國泰人安致大平 故漢江之陽 基業長遠 四海朝來 王族昌
盛 實爲大明堂之地也 又曰 後代賢士認人壽 不越漢江萬代風 若渡其江作帝京 一
席中裂隔漢江 又三角山明堂記曰 擧目回頭審山貌 背壬向丙是仙鼇 陰陽花發三
四重 親祖負山臨守護 案前朝山五六重 姑叔父母山聳聳 內外門犬各三爾 常侍龍
顔勿餘心 靑白相登勿是非 內外商客各獻珍 賣名隣客如子來 輔國匡君皆一心 壬
子年中若開土 丁巳之歲得聖子 憑三角山作帝京 第九之年四海朝 故此明王盛德
之地也 又神誌秘詞曰 如秤錘・極器・秤幹・扶・樑錘者 五德地 極器百牙岡 朝
降七十國 德護神 精首尾均平位 興邦保大平 若廢三諭地 王業有衰傾 此以秤 諭
三京也 極器者 首也 錘者 尾也 秤幹者 提綱之處也 松嶽 爲扶 以諭秤幹 西京
爲白牙岡 以諭秤首 三角山南 爲五德丘 以諭秤錘 五德者 中有面嶽 爲圓形 土德
也 北有紺嶽 爲曲形 水德也 南有冠嶽 尖銳 火德也 東有楊州南行山 直形 木德也
西有樹州北嶽 方形 金德也 此亦合於道詵三京之意也 今國家有中京・西京 而南
京闕焉 伏望 於三角山南木覓北平 建立都城 以時巡駐 此實關社稷興衰 臣干冒忌
諱 謹錄申奏 於是 日者文象 從而和之.
255) 고려창업주 왕건과 도선의 관계와 나말여초 선승(禪僧)들의 풍수지리설에 관해
서 고찰한 논문으로서 최병헌, 「道詵의 生涯와 羅末麗初의 風水地理說」(『한국사
연구』 11, 한국사연구회, 1975, 101-146쪽)이 있다. 또한 도선은 동리산파에 속했
지만, 그는 선(禪) 수행(修行)에 의해서가 아니라 고려왕조 창업에 공헌했다는 정
치적 이유로 해서 역사적 명성을 얻은 인물이었다 한다[Sem Vermeersch, *The
Power of the Buddhas: The Politics of Buddhism During the Koyŏ Dynasty
(918-1392)*, Harvard University Asia Center, p.105].

평양의 서경(西京)이 있다. 이 3경에 각각 3개월씩을 머물면 36국이 조공을 바칠 것이다. (2) 숙종대는 도선기에서 말하는 개국 후 160년으로 목멱양에 도읍하여 여기에 순주(巡駐)할 때에 해당된다. (3) 개경 송악산은 화근(花根)이 가늘고 약하며 지엽(枝葉)도 그러하니 겨우 백년을 기약할 수 있을 뿐이므로 누구의 대(代)에 끝날지 모른다. 그런 까닭에 한강의 양지(陽地)(北)에 도읍하면 기업(基業)이 장원(長遠)하고 사해(四海)가 내조(來朝)할 것이다. (4) 삼각산(三角山)은 여기에 제경(帝京)을 지으면 9년째에 사해가 내조할 명왕(明王) 성덕(盛德)의 땅이다. (5) 신지비사(神誌祕詞)에 의하면, 개경 송악, 서경 백아강, 남경 삼각산은 각각 칭간(秤幹)(저울대), 칭수(秤首)(저울의 증판[명(皿)]), 칭추(秤錘)(저울 추)에 해당한다. 그래서 남경은 저울에 비유하자면 3경의 중심에 해당된다. 그런데 지금 국가에 중경과 서경은 있으되 남경이 빠졌으니, 삼각산 남쪽 목멱산 북쪽의 평지에 도성을 건립하여 수시로 순주해야 한다.

제15대 숙종(1195-1105)은 위와 같은 김위제의 요청에 따라 재위 6년 9월 남경 개창도감을 두었으며 재위 9년 5월에 남경 궁궐을 완공하고 7월에 남행(南幸)하였던 것이다.[256] 이때는 삼각산에 의지하여 제경(帝京)을 지으면 9년째에 사해가 내조할 것이라는 김위제의 앞의 참

[256) 이용범,「풍수지리설」, 294-295쪽. 숙종의 지리도참설에 대한 신앙은 그 시대의 조류뿐이 아니고 또 다른 특수한 사정이 있었다. 숙종은 권세가 이자의(李資義) 일당을 무자비하게 숙청하고 조카 헌종의 왕위를 빼앗아 즉위하였다. 이 숙종의 즉위 초에 따라닌ㄴ 서리와 우박 등이 개경 부근에 내려 민심을 어수선하게 하였던 것이다. 이와 같은 천재(天災)에 대하여 중서성(中書省)에서는 참위서(讖緯書) 같은 것을 끌어 이 천재가 정변(政變)과 살육으로 희생된 원통한 기운이 응결한 것이라는 의견을 올려 그 대응책을 세우려 하였던 것이나, 이 대응책으로서 그해 가을 당시의 음양가 관료 김위제가 지리도참(地理圖讖)에 의거하여 주장한 남경 건도의(南京建都議)가 있었던 것이다.

설에 해당되는 해이다. 숙종이 이런 참언을 따르는 이는 국내외 정세에서 찾아보면, 그는 우선 내부적으로 헌종의 대숙(大叔)으로 선위(禪位)를 받은 왕으로서 그 지위가 떳떳치 못하여서 그 정통성에 문제가 있었다. 그리고 국제적으로는 여진족이 신흥하여 고려를 위협하고 있었다. 숙종 1년에 동여진이 와서 헌마(獻馬)하였고, 재위 2년에 동여진 선박이 진명현에 침입하여서 병마사 김한충이 이를 격파하였다. 재위 7년 4월 여진 추장 영가(금나라 목종)가 사신을 보내왔고, 재위 9년 1월에 임간에게 명하여 동여진을 정벌하고 3월에 윤관이 여진과 싸워 결맹(結盟)하고 돌아왔다. 또 재위 9년 5월에 남경 궁궐이 완공되었으며 7월에 여기에 행차하였으며 12월 달에 별무반(別武班)을 창설하였다. 그리고 재위 10년 10월에 서거하였다. 이렇게 숙종의 재위 10년 동안 왕은 여진의 침입 위협에 직면한 시기로 고려왕조의 존속에 위기감을 안 가질 수 없는 시기였다고 하겠다. 숙종은 이런 국가적 불안감을 김위제의 참위설에 의지하여 남경에 천도내지 순주하여 그 지력(地力)이란 주술성을 빌어 여진족의 침입을 제어하려 한 것이라고 추측된다.

인종 6년(1128)에 묘청·백수한 등의 주상에 의해 인종이 서행하기 전까지 남경을 숙종 1회, 예종 4회, 인종 1회로 도합 6차에 걸쳐 왕들이 행차하고 있었다(〈표 9〉 참조).

시기	행사
제11대 문종 22년(1066) 10월 무신	남경 신궁(神宮) 창건
제15대 숙종 6년(1101) 10월 병신	남경 창건
숙종 9년(1104) 5월 갑오	남경 궁궐 준공
숙종 9년(1104) 8월 신해	남경 행차

제16대 예종 3년(1108) 9월 갑술	〃
예종 5년(1109) 8월 계묘	〃
예종 12년(1117) 8월 무오	〃
예종 15년(1120) 2월 병신	〃
제17대 인종 4년(1126) 10월 계축	〃

〈표 9〉 고려전기 남경. 『고려사』 참조 작성

　제16대 예종대(1105-1122)의 국내외 상황을 보면 그의 남행(南幸)도 여진족의 동향과 밀접하게 관계하고 있었음을 알 수 있다. 예종 1년에 여진 정벌을 위한 신기군을 친열(親閱), 여진장수 지훈이 정주 관외(關外)에 와서 납관(納款)하고자 하는 등의 일이 있었고, 동왕 2년 10월에 윤관이 정주로부터 진격하여 여진촌락 135개소를 공파하는 한편, 12월에 여진 점령지역에 영주 등 4성을 축조하였다. 예종 3년 3월에 윤관은 북계 방면에 9성을 쌓고 있었으며, 7월에 다시 여진을 정벌하였다. 예종은 재위 4년 고려군은 여진에게 패전하였으므로 7월에 9성을 여진에게 환부(還附)하여 화친을 하였다.[257] 이렇게 예종은 재위 4년 9성을 여진에게 환부하여 일단 화의를 맺을 때까지 여진족 문제로 세월을 보낸 임금이었다. 그래서 예종도 이런 여진과의 전쟁 상태에서 국가의 위기를 남경의 지력(地力)이라는 신비한 힘을 빌어서 불안한 국면을 타파해 보려했든지 또는 풍수도참의 참설에서 정신적 위안을 얻으려 한 것이 아니었나 한다. 한편 여진의 아골타는 금나라를 세우고(1115, 예종 10년), 요나라를 멸하고(1125, 인종 3년), 드디어 고려로 하여금 자기에게 칭신상표(稱臣上表)하게 하였다. 이리하여 두 나라는 고종 21년(1234)에 몽고가 금나라를 멸망시킬 때까지 화평을 유지하게 되었다.

257) 이러한 자세한 사항들은 다음 책을 참고하였다. 천관우 편, 『韓國史大系』 10(年表), 삼진사, 1974.

여기서 남경, 고려 후기에 한양(漢陽)이라 불린 지금 서울지역의 연혁(沿革)을 소개함으로써 남경 문제에 대해서는 일단락 짓겠다.

서울지역: [고려] 서울지역은 고려시대로 접어들어 양주(楊州)로 개칭되었다(이 때의 양주는 지금의 양주군이 아니라 고려 초 서울의 이름이다.). 성종이 지방 관제를 개편해 전국의 행정조직을 2경·4도호부·10도로 편제할 때, 종래 양주를 포함한 12목(牧)은 12주절도사(州節度使)로 고치고, 양주는 광주·해주(海州)·황주(黃州)와 더불어 관내도(關內道)에 소속시켰다.

현종 9년(1018) 지방관제가 다시 개편되어 과거의 2경·4도호부·10도·12주절도사제도가 2경(서경·동경)·4도호부(안남·안서·안북·안동)·8목으로 편성될 때, 양주는 목에서 지주사(知州事)로 격하되어 광주목(廣州牧)의 관내에 예속되었다. 문종 21년(1067) 양주는 다시 남경(南京)으로 승격되어 서경·동경과 더불어 3경의 하나가 되었다.

양주가 남경으로 승격된 것은 서울의 역사에서 획기적인 중요한 사건으로, 주로 연기사상(延基思想)이라는 일종의 풍수지리적 쇠왕설(衰旺說)을 배경으로 시행된 것이다. 이 때 남경의 범위는 동으로 대봉(大峰: 지금의 낙산), 서로 기봉(岐峰: 지금의 안산), 북으로 면악(面嶽: 지금의 북악산), 남으로 사리(沙里: 지금의 용산)에 이르렀다. 숙종대에 한때 음양가(陰陽家)의 적극적인 주장으로 남경천도운동이 추진되어 도성의 시설이 정비되고 숙종 9년(1104) 지금의 청와대 부근에 새 궁궐이 낙성되어 왕이 친행해 점검하는 등 거의 천도가 실현될 단계까지 이르렀으나, 이듬해 왕이 죽자 실천되지 않았다.

그 뒤 무인정권과 몽고침략 등의 정치적·군사적 시련을 겪는 사이 남경은 서경과 함께 국왕 순주(巡駐)의 이경(離京)으로서의 가치가 감소되어 충렬왕 34년(1308) 한양부(漢陽府)로 개칭되었는데, 이는 그 지위가 격하되었음을 의미하는 것이었다.

공민왕 때 이르러 몽고의 기반을 끊고 과거의 폐정을 혁신함과 동시에 새로 도읍을 옮길 것을 계획했는데, 이 때 천도의 유력한 후보지로 과거의 남경인 한양이 대두되었다. 그 뒤 왜구의 침략으로 수도의 안보문제가 거론되어 또다시 한양이 신도의 후보지로 물망에 올랐다. 이리하여 우왕 때는 한양천도가 본격적으로 논의되고 추진되어 한때 실현을 보았으며, 공양왕 때에도 일시 한양천도가 있었다. 그러나 다시 개경으로 환도했다가 신왕조인 조선의 개창을 계기로 천도문제는 마침내 최종적인 결정을 보게 되었다.

[조선]조선을 개창한 이성계(李成桂)는 천도할 준비를 서둘렀으나, 중신들 사이에 신도의 후보지를 둘러싸고 의견대립이 생겨 조속히 결정을 내리지 못하였다. 한때는 신도의 후보지로 계룡산이 좋다는 의견이 우세해 그 곳으로 천도할 계획을 세워 공사까지 착수했으나, 태조 3년(1394) 마침내 새 도읍지로 한양이 결정되어 이곳을 정식 수도로 삼게 되었다. 태조는 같은 해 11월 26일 백관을 거느리고 구도인 개경을 출발해 29일 신도인 한양에 도착했으며, 그 이듬해 한양부(漢陽府)를 한성부(漢城府)로 개칭하였다. 또한 한성부를 5부 52방으로 구획하였다. 이때부터 한성부에 여러 시설이 착수되어 5백년 도읍으로서의 면모가 갖추어지기 시작하였다.

그 뒤 왕자의 난 등 궁정 내부의 음모와 세력다툼으로 정종 1년(1399)부터 태종 5년(1405) 사이에 도읍이 개경으로 되돌아간 일이 있었으나, 태종 5년(1405) 환도한 이후 한성부는 조선왕조의 수도로서 줄곧 정치 · 경제 · 문화의 중심이 되어 번영하였다.

다시 서경의 주제로 돌아오면, 인종대(1122-1146)에 와서는 서경에 영조된 궁궐의 상징성은 더욱 현저히 드러난다. 인종은 묘청 집단의 요청으로 서경 대화세에 궁궐을 창건하고 서행(西幸)하여 다음과 같은 조서를 내리고 있다.

인종 7년 3월 경인: 서경(西京)으로부터 돌아와서 사면(赦免)하고 조(詔)하기를, "때에 따라 변(變)을 타고 그 거처(居處)가 항구(恒久)하지 않음은 예로부터 그러하였다. 해동(海東) 선현(先賢)의 말씀에 궁궐(宮闕)을 '대화세(大花勢)에 창건(創建)하여 기업(基業)을 연장(延長)하라'고 하였다. 이제 이미 땅을 상정(相定)하고 신궁(新宮)을 창건(創建)하여 때를 따라 순유(巡遊)하게 되었으므로 은택(恩澤)을 중외(中外)에 널리 펴려고 생각한다.258)

인종은 대화세, 즉 고려 지맥의 근본에 궁궐을 세우면 왕조 기업이 연장될 수 있으므로 신궁(新宮)을 세운다고 천명했다.

또한 서경이 가졌다고 생각되는 지력(地力)은 고려 군주의 존재자체를 관념적으로 부정하는 재이259)을 미연에 방지하여 고려 왕업의 연장에 도움이 된다고 믿어졌다. 이런 맥락에서 묘청 등은 인종에게 다음과 같이 아뢰고 있다.

묘청(妙淸)과 백수한(白壽翰)이 또 아뢰기를, "상경(上京)은 지세(地勢)가 쇠약한 고로 하늘이 재얼(災孽)[화(禍)]를 내리어 궁궐(宮闕)이 다 탔으니 모름지기 자주 서경(西京)에 거동하여 재앙을 가시고 복을 모아 써 무궁한 왕업(王業)을 누리소서."하는지라. […] 명년(明年)에 서경(西京) 중흥사(重興寺) 탑(塔)이 불타니 혹(或) 묘청(妙淸)에게 묻기를, "스님이 서도(西都)에 행차하기를 청함은 재앙을 누르기 위함인데 어찌하여 이런 큰 재앙이 생기느냐."하니 묘청(妙淸)이 부끄러워 얼굴

---

258) 『고려사』, 인종 7년(1129) 3월 경인: 詔曰 因時乘變 不常厥居 自古而然 海東先賢 有言 創宮闕於大花勢 以延基業 今旣相地 創造新宮 順時巡遊 思有恩澤遍及中外.
259) 재이(災異)란 자연·사회질서에서 자기 범주로부터 벗어난 사상(事象)을 의미하였으며, 또한 그것은 자연 사회질서의 구현자(具現者)로 관념되었던 군주의 존재론적(存在論的) 의미를 부정하는 것이었다. 그러므로 고려시대에 매우 중대시되었다(진영일, 「高麗前期의 災異思想에 관한 一考: 君王의 성격에 관하여」, 변태섭 편, 『高麗史의 諸問題』, 삼영사, 1986, 493-511쪽.

이 붉어지고 대답하지 못하여 머리를 숙이고 한참 있다가 주먹을 올리고 얼굴을 들며 말하기를, "주상(主上)께서 만약 상경(上京)에 계셨으면 재변(災變)이 이보다 컸을 터인데 지금 이곳에 이행(移幸)한 고로 재앙이 밖에서 나 성궁(聖躬)이 편안하시게 된 것이다."라고 하였다.260)

개경의 지세가 쇠약해서 하늘이 재이를 내리어 궁궐이 다 탔다. 그러니 서경에 거동하여 재앙을 물리치기를 바란다는 것이 묘청과 백수한의 뜻이었다. 그런데 그런 상징으로 세운 중흥사탑이 벼락이 떨어져 타버리자 묘청은 이에 대한 궁색한 변명을 하였다. 즉, 왕이 개경에 있었으면 재앙이 더 컸을 것이라고 핑계대고 있었다. 하여튼 서경은 재이 방지, 왕업의 연장 등과 밀접하게 관련되어 경영되고 있었다.

그리고 서경의 주술성은 대외 관계에도 영향을 끼치고 있었다. 앞서 인용한 김위제가 숙종에게 상주한 말에서도 서경 백아강을 극기(極器)로 삼으면 70국이 항복해서 조공하여 올 것이라고 하였다. 아울러 서경에 순주하여 4개월 동안 머물면 36국, 즉 온 천하가 고려에 조공해 올 것이라 하였다. 이는 서경이 천하를 복종시킬만한 주력(呪力)을 갖추었다는 극단적인 생각이었다.

위와 같은 36국 내항설(來降說)에 대해 최병헌은 그것이 참위설과 결합된 음양오행설에서 수(水)의 수(數)인 6의 배수에서 나왔다고 하고 있다. 즉, 고려왕조는 12대, 360년간 계속되며 그 후는 운명이 불안하다는 참설인데 이는 음양오행설에 의해 수(水)의 수인 6과 배수를 반영한 것이다. 그래서 김위제의 상소 내용 가운데 주목되는 것은 3경 순

---

260) 『고려사』, 열전40 반역(叛逆) 묘청(妙淸): 妙淸·壽翰 又奏 上京地勢衰故 天降災 宮闕焚蕩 數御西京 禳災集禧 以享無窮之業 […] 明年 西京重興寺塔災 或問妙淸曰 師之請幸西都 爲鎭災也 何故 有此大災 妙淸 不能 首良久 抽拳擧顏曰 上若在上京 則災變有大於此 今移幸於此故 災發於外 而聖躬安安.

주의 시기 배정이나 남경의 오덕구설(五德丘說) 등이 모두 음양오행설에 의거해서 안출된 것이라는 점과, 남경에 순주(巡駐)하고 이어(移御)하면 36국이 내조하리라는 참설이 있었다. 특히 도선기의 36국 내조설은 도선답산가나 삼각산명당기에서는 사해(四海)로부터 내조할 것이라고 하고 신지비사에서는 72국의 내조설로 나타나고 있으나 그 의미는 전혀 같은 것이다. 사해라는 말은 36국이라는 구체적인 나라의 수 대신 막연한 표현을 쓴 것이며, 72국의 72수는 36의 배수가 되어 36국에 대한 관념의 한 연장에서 나온 것이라 한다.[261] 고려왕조의 이런 수비학(數秘學)은 다음 장에서 말하겠지만 고려 왕권을 받치는 이데올로기적 권위가 되겠기에 중요하다고 생각된다. 다만 숙종대에 천도 목적지가 남경인데 반하여 인종대 묘청은 서경을 향하고 그 방향만이 반대였다는 점이 틀리다. 이는 묘청이 서경 출신의 승려로서 자기 고향에 천도하여 권세를 잡겠다는 의도와 관계되었다고 하겠다.

하여튼 고려왕조에서 천도와 왕업의 연장이라는 참설은 김위제가 상술한 상소를 한지 40년이 지난 시점에서 재차 묘청 집단은 이번에는 서경의 신비력을 유사한 말로 인종에게 강조하고 있다.

이에 묘청(妙淸) 등이 상언(上言)하기를, "신(臣) 등이 서경(西京)의 임원역(林原驛) 땅을 보니 이는 음양가(陰陽家)의 말하는 대화세(大華勢)라 만약 궁궐(宮闕)을 세워 이에 이어(移御)하시면 천하를 합병할 수 있을 것이요 금국(金國)이 폐백을 가지고 스스로 항복할 것이며 36국(國)이 다 신첩(臣妾)[신하(臣下)]가 될 것입니다."하니 왕이 드디어 서경(西京)에 행차하니 종행(從行)한 재추(宰樞)에게 명하여 묘청(妙淸)과 백수한(白壽翰)과 함께 임원역(林原驛) 땅을 상(相)보고 김안(金安)에게 명하여 궁궐(宮闕)을 짓게 하여 독역(督役)이 매우 급하니 때는 바

261) 최병헌, 「高麗時代의 五行的 歷史觀」『韓國學報』13, 일지사, 1978, 41-42쪽.

야흐로 차고 얼어 백성이 매우 원망하고 탄식하였다.[262]

묘청 일파는 왕이 서경 대화세에 궁궐을 짓고 임어하면 고려에 칭신하라고 압박을 가하고 있는 금나라가 오히려 스스로 항복해 올 것이며 아울러 36국이 다 고려의 신하가 되리라고 예언하고 있었다. 이 정도면 그 주술성도 아주 극단적으로 치달아 정상적인 사람이 믿을 바가 못되게 되었다. 문제는 인종이 서경 임원역 땅에 대화궐이란 궁궐을 신축하고 묘청의 말을 믿었다는 데 있다. 한 시대의 신념 형태라는 것이 굉장한 힘을 가지고 신앙이 되어 위정자의 정점에 있는 왕까지도 움직이고 있었다.

여기서 앞서 말한 예종이 왜 정벌 목적지에서 가장 근접한 군사 거점인 안변도호부에서 출정하지 않고 서경으로 한참 우회하여 거기서 출정군원수 임명식을 거행하고 있었는가에 대한 해답을 얻을 수 있다. 한마디로 예종은 여진을 성공적으로 정벌하기 위해서 서경이 갖고 있다고 믿어진 영위력(靈威力)이 절대 필요했기 때문이었다.

위와 같은 묘청 일파의 이런 주장은 비현실적이었기에 실현 가능성은 없었지만 그런 대로 역사적 의미는 있었다. 즉 그들은 모든 나라가 고려에게 복속해 오는 자국중심의 세계상을 구상하였으며 그 중심점을 서경에 두었다는 것이다. 이런 대외관은 사대·보수적이었던 문벌귀족의 그것과 정면 대립하여 고려역사상 일대 파문을 일으키면서 묘청의 난(인종 13년 1월, 서경에서 반란, 1135)을 유발시켰다. 주술성이란 비합리적이며 후진적인 것으로 생각되지만 그것이 일단 묘청이란 인격을

---

262) 『고려사』, 열전40 반역 묘청: 於是 妙淸等上言 臣等 觀西京林原驛地 是陰陽家所謂大華勢 若立宮闕御之 則可并天下 金國 執贄自降 三十六國 皆爲臣妾 王 遂幸西京 命從行宰樞與妙淸·壽翰 相林原驛地 命金安 營宮闕 督役甚急 時方寒民甚怨咨.

매개했을 때 문벌귀족의 보다 개명(開明)하고 합리적으로 보이는 지배
체제를 흔들 수 있는 원동력을 제공하고 있었다.

　전술한 서경의 성격을 잘 반영하는 사건이 의종 때에 일어났다. 의종
은 재위 22년 3월 서행(西幸)하고 있었는데, 이 행차는 당시 왕의 두
동생이 인심을 얻고 있었기 때문에 이들을 피하기 위해서였다고 한
다.[263] 또한 이것이야말로 서경이 항상 왕조 권력구조상에서 왕실을
지지하는 세력기반이었음을 증명하는 사례라는 주장도 있다.[264]

　그러나 다음과 같은 이유로서 이런 주장에는 동조할 수가 없다. 첫째
로 왕이 지방에 갔다가도 중앙의 정변소식을 들으면 급거 귀경하여 사
태진압에 나서는 법인데, 의종은 정반대의 행동하고 있었다. 둘째로 묘
청 반란으로 인해서 왕조 군대에 의해 다대한 살육과 지위 격하를 겪은
서인(西人)이 얼마나 고려 왕실에 호의적일 수 있었겠는가 하는 문제
이다. 결국 두 왕제도 왕실의 일원이었기 때문이다. 셋째로 의종은 서
경에서 아무런 실제 반란 진압 조처를 취하지 않고 다만 대동강에서 뱃
놀이를 하고 있었다.[265] 이런 점들에 비추어 보면 이번 의종의 행차는
서경의 주력(呪力)을 빌어 급박한 정치적 상황에서 탈출하려는 주술적
행위에서 나왔다고 하겠다.

　실제로 의종은 서경에서 거행한 행사라곤 신교(新敎)를 반포하여 왕
화(王化)의 부흥을 기약한 것뿐이었다.

---

263) 『고려사』, 의종 22년(1168) 3월 정축: 서경(西京)에 행차하였다. 그 때에 왕의
　　동모제(同母弟)인 익양후(翼陽侯)와 평량후(平涼侯)가 자못 중심(衆心)을 얻은지
　　라. 왕이 변(變)이 있을까 의심하여 이어(移御)하여 이것을 피하려 한 것이다(幸西
　　京 時 王母弟翼陽·平涼二侯 頗得衆心 王 疑有變 移御以避之).
264) 하현강, 「고려서경고」, 148쪽.
265) 『고려사』, 의종 22년(1168) 하(夏)4월 계사: 흥복사(興福寺)에 행차하여 용선
　　(龍船)을 남포(南浦)에 띄우고 재추(宰樞)와 근신(近臣)을 향연하였다(幸興福寺
　　泛龍船於南浦 宴宰樞·近臣).

의종 22년 3월 무자: 관풍전(觀風殿)에 거동하여 하교(下敎)하기를,
"짐(朕)이 듣건대 호경(鎬京)[서경(西京)]은 만세불쇠(萬世不衰)의 지
(地)인지라. 뒤의 임금이 이곳에 임어(臨御)하여 신교(新敎)를 반포(頒
布)하면 국풍(國風)이 청명(淸明)하고 소민(小民)이 안태(安泰)한다고
하였으니, 짐(朕)이 곧 정사(政事)한 이래로 만기(萬機)가 실로 번거로
위 순어(巡御)할 여가를 가지지 못하였다. 이제 일관(日官)의 아뢰는 바
에 의하여 이곳에 온 것이니, 장차 낡은 것을 고치고 새로운 것을 정하
여[혁구정신(革舊鼎新)] 다시 왕화(王化)를 부흥(復興)하고자 하여, 고
성(古聖)이 권계(勸戒)한 유훈(遺訓)과 현재 민폐(民弊)를 구제(救濟)
할 사무(事務)를 채택(採擇)하여 신령(新令)을 반포(頒布)하노라.
　하나는 음양(陰陽)을 봉순(奉順)하라. 근래(近來) 호령(號令)을 내려
실시(實施)함이 음양(陰陽)에 어긋남이 있는지라. 이로써 한난(寒煖)이
뒤바뀌고 민물(民物)이 불안하니 이제부터는 봄·여름에 상(賞)을 주고,
가을·겨울에 형벌(刑罰)을 하여 모든 행사(行事)는 한 결같이 월령(月
令)에 의할 것이다. 하나는 불사(佛事)를 숭중(崇重)하라. 때는 말계(末
季)에 해당하여 불법(佛法)이 점차로 쇠퇴(衰退)하니 무릇 조종(祖宗)
때 개창(開創)한 비보사사(裨補寺社)와 예로부터 정행(定行)하여 온 법
석사원(法席寺院)과 따로 은복(恩福)을 기도(祈禱)하기 위해서 세운 사
사(寺社)[별기은사사(別祈恩寺社)]로서 만약 잔폐(殘弊)한 곳이 있거든
중장관(中掌官)은 곧 수즙(修葺)하도록 하라. 하나는 사문(沙門)에게 귀
경(歸敬)하라. 근래에 승도(僧徒)가 생업(生業)을 탐(貪)하고 영리(營
利)를 도모(圖謀)함이 거의 다 그러하니, 이제 탁(濁)한 것을 막고 청한
것을 들추어 그 폐(弊)를 구(救)하고자 한다. 그러니 그 청고(淸高)한 승
도(僧徒)로 산림(山林)에 자취를 감추고 있는 자는 소재(所在)의 관(官)
이 찾아내어 천주(薦奏)하도록 하라. 하나는 삼보(三寶)[불(佛)·법(法)·
승(僧)]을 보호(保護)하라. 그 불사(佛舍)의 진보(珍寶)·미면(米糆)·
잡물(雜物)들을 근자에 내시원(內侍院) 및 제사(諸司)에서 상주(上奏)
하여 비용(費用)으로 취(取)하니 승도(僧徒)들이 탄원(嘆怨)하고 있는

지라. 지금으로부터는 헌대(憲臺)에서 널리 효유(曉諭)하여 금단(禁斷)하도록 하라. 하나는 선풍(仙風)을 준상(遵尙)하라. 옛날 신라(新羅)는 선풍(仙風)이 크게 행하여져서 이로 말미암아 용천(龍天)이 환열(歡悅)하고 민물(民物)이 안녕(安寧)하였도다. 그러므로 조종(祖宗) 이래로 그 풍(風)을 숭상(崇尙)한 지 오래인데 근래에 양경(兩京)의 팔관회(八關會)에 날로 구격(舊格)이 감(減)하여져 유풍(遺風)이 점차로 쇠퇴(衰退)하여 가노라. 지금으로부터 팔관회(八關會)는 미리 양반(兩班)으로 가산(家産)이 요족(饒足)한 자를 택(擇)하여 선가(仙家)로 정하고 고풍(古風)을 의행(依行)하여 인천(人天)으로 하여금 모두 환열(歡悅)하도록 하라. 하나는 민물(民物)을 구휼(救恤)하라. 국가가 특히 동서대비원(東西大悲院) 및 제위보(濟危寶)를 설립하여 어려운 백성을 구제(救濟)하고 있으나 근래에 이 관직에 임명(任命)되는 자가 대개 그 적임자가 아니었으므로 혹은 기근(饑饉)이 있어 능히 생존할 수 없는 자와 질병(疾病)으로 의부(依附)할 곳이 없는 자를 능히 수집(收集)하여 구휼(救恤)하지 못하니, 과인(寡人)의 애민(愛民)하는 마음에 그 어떠하랴. 지금으로부터는 이부(吏部)에서 능히 그 책임(責任)에 감당할 자를 뽑아서 맡기도록 하고, 헌대(憲臺)로 하여금 그 능부(能否)를 규찰(糾察)하도록 하여 권징(勸懲)하도록 하라."고 하였다. 교서(敎書)가 내리므로 백관(百官)이 대궐 뜰에서 축하하였다. 이 날에 재추(宰樞)와 근신(近臣)을 청원루(淸遠樓)에서 향연하고 서와 더불어 창화(唱和)함으로 즐거움을 삼았다.266)

266)『고려사』, 의종 22년 3월 무자: 御觀風殿 下敎曰 朕聞 鎬京 萬世不衰之地 後之王者 臨御于此 頒下新敎 則國風淸明 小民安泰 朕 卽政以來 萬機實繁 未暇巡御 今以日官所奏 來幸此都 將欲革舊鼎新 復興王化 採古聖勸戒之遺訓 及當時救弊之事務 頒布新令 一依月令 一 崇重佛事 時當末季 佛法漸衰 凡祖宗時 開創神補寺社 及古來定行法席寺院 與別祈恩寺社 如有殘弊 主掌官 隨卽修葺 一 歸敬沙門 近來 僧徒 貪生謀利 比比皆是 今欲激濁揚淸 以救其弊其有淸高僧徒 遁迹山林者 所在官 搜訪薦奏 一 保護三寶 其佛舍珍寶·米糧·雜物 近因內侍院 及諸司 奏取費用 僧徒嘆怨 自今 憲臺 遍令曉諭禁斷 一 遵尙仙風 昔 新羅 仙風大行

의종은 재위 22년 3월에 '만세불쇠(萬世不衰)'하다고 소문난 서경에 행차하여 낡은 것을 고치고 새로운 것을 정하여 왕의 교화를 부흥하겠다는 것, 즉 '부흥왕화(復興王化)'하려는 신교(新敎)를 반포하였다. 이는 (1) 음양(陰陽)을 잘 받들어 모든 행사를 월령(月令)에 맞추어 거행할 일, (2) 불사(佛事)를 숭상하여 비보사사(裨補寺社)를 수리할 일, (3) 청빈한 승도(僧徒)를 존경할 일, (4) 불법승(佛法僧)의 삼보(三寶)를 보호하여 그 재물을 약탈하지 말 일, (5) 선풍(仙風)을 존중하여 팔관회(八關會)의 고풍(古風)에 복귀할 일, 그리고 (6) 백성을 구휼(救恤)하도록 힘쓸 것 등을 그 내용으로 하고 있다. 의종은 위의 사항들을 잘 지키면 국풍(國風)이 맑아지고 백성이 평안해질 것이라 기대하고 있었다.

이번 의종 22년 3월의 서행(西幸)은 무신란이 발발하는 24년 8월보다 2년여 앞 둔 시점이었다. 이 시기는 의종이 왕권 행사를 주로 김존중, 정함, 백선연, 왕광취 등의 측근들에 의존하는 정치, 소위 측근정치[267]을 행하고 있어 내외의 불만이 고조된 때였다. 그래서 왕의 파행적 국정운영에 대한 반발로 왕모제(王母弟)인 익양후와 평량후가 민심을 얻고 있었고, 왕의 잦은 유흥 행각에 호종한 무관들은 불온한 조짐을 보였던 시기이도 하였다. 이런 정치적 위기에 처해 있을 때 의종의 서행과 신교(新敎) 반포에는 어떤 현실적 대응조치들이 보이지 않고

由是 龍天歡悅 民物安寧 故祖宗以來 崇尙其風 久矣 近來 兩京八關之會 日減舊格 遺風漸衰 自今 八關會 預擇兩班家産饒足者 定爲仙家 依行古風 致使人天咸悅 一 救恤民物 國家 特立東西大悲院 及濟危寶 以救窮民 然近來 任是官者 率非其人 故或有饑饉不能存者 疾病無所依附者 未能收集救恤 於寡人愛民之心 何如哉 自今 吏部 擇能堪其任者 委之 使憲臺 糾察能否 以爲勸懲 敎下 百官庭賀 是日 宴宰樞·近臣於淸遠樓 相與唱和爲樂.

267) 남인국, 『고려 중기 정치세력연구』, 168-181쪽.

단지 불교, 음양설, 선풍의 존중을 강조하면서 이것들을 통해 왕정을 부흥하겠다고 하고 있다. 그리고 의종은 무엇보다 서경의 지력(地力)이란 신비력을 믿어서 이곳을 '만세불쇠'의 땅으로 기리고 있었다. 이는 의종의 정신세계가 현실과는 동떨어진 주술의 정원 속에서 놀고 있었음을 단적으로 나타내주는 말이라 하겠다.

위와 같은 국왕과 일부 신하들의 주술적 의식은 고려왕조의 이데올로기 성격에 관하여 여러 문제점을 던져준다고 생각된다. 왕조의 여러 제도들의 운영·관리 면에서 권력주체는 주술로부터 해방되고, 그리고 합리적으로 편성된 관료체계였다고 할 수 있다. 그런데 의종의 서경순행에서 나타났듯이 관료제의 합리성은 통치수단과 기술면에서 그치었고, 관인집단의 사상과 의식을 내면적으로 파악한 것은 아니었다. 특히 빈번한 재이 발생, 북방민족의 침략위협 및 왕조 멸망 예언 등의 비일상적적 영역의 사건들이 발생했을 때 관료제적 질서는 무력할 수밖에 없었다. 이때 왕과 신하들은 어떤 초월적 영위력에 의존하여 왕조의 절박한 난문제들을 해결하려 하였다. 고려 역대 국왕들의 서행은 이런 관념형태의 표현이었다고 하겠다.

의종대 이후 무신들이 집권하자 고려왕조의 실질적인 권력이 왕에게서 무신들로 옮겨가자 유신정치의 계기를 만들고자 하는 군왕들의 서경 방문이 없어지게 되었다. 그 대신 명종 4년(1174) 9월에 서경유수 조위총이 무신 집정자 정중부와 이의방을 치기 위해 거병했고 이에 40여 성이 이에 호응했다는 기록이 보인다. 조위총의 반란에 관해『고려사』열전은 다음과 같이 전한다.

조위총(趙位寵)은 사(史)에 세계(世系)를 잃었으나 의종(毅宗) 말년(末年)에 병부 상서(兵部尙書)로 서경 유수(西京留守)가 되었다. 정중부(鄭仲夫)·이의방(李義方) 등이 의종(毅宗)을 죽이고 명종(明宗)을 세웠으므로 명종(明宗) 4년에 조위총이 군사(軍士)를 일으켜 정중부 등을 토벌할 때 드디어 격문(檄文)으로 동북 양계(兩界) 제성(諸城)의 병사(兵士)를 소집하여 말하기를, "듣건대 상경(上京)의 홍중방(洪仲方)이 상의(相議)하여 북계(北界)의 제성(諸城)이 대개 걸오(桀驁)가 많으므로 토벌하고자 군사를 이미 크게 일으켰다 하니 어찌 가히 편안히 앉아서 스스로 주륙(誅戮)에 나아가리오. 마땅히 각각 군사와 말을 규합(糾合)하여 빨리 서경(西京)에 가자"고 하니 이에 절령(岊嶺) 이북 40여 성(城)이 모두 이에 응하였는데 홀로 연주(延州)만이 성문(城門)을 닫고 굳게 지키는지라 왕이 평장사(平章事) 윤인첨(尹鱗瞻)을 보내어 삼군(三軍)[中軍·右軍·左軍]을 거느려 조위총을 치게 하고 또 내시 예부 낭중(內侍禮部郎中) 최균(崔均)을 보내어 동북로 도지휘사(東北路都指揮使)를 삼아 제성(諸城)에 유시(諭示)하게 하였다. 윤인첨이 절령역(岊嶺驛)에 이르니 조위총이 병사(兵士)를 보내어 급히 쳐서 크게 이를 격파하고 조위총의 선봉(先鋒)이 경서(京西)에 이르거늘 이의방이 쳐서 파(破)하니 달아나 대동강(大同江)에 이르러 헤어진 병졸(兵卒)을 거두어 다시 농성(籠城)하여 굳게 지키거늘 이의방이 성(城) 밖에서 오래 둔(屯)치니 조위총이 물리쳤다.[268]

위와 같은 조위총의 반란에 관하여 하현강은 다음과 같은 사실을 지적하고 있다. (1) 조위총이 반란을 일으킨 주요 동기는 무신들이 의종을 살해하고 장례도 지내지 않았다는 것에 기인한다. (2) 이 반란의 특

[268) 『고려사』, 열전13 조위총: 趙位寵 史失世系 毅宗末 以兵部尙書 爲西京留守 鄭仲夫·李義方等 弑毅宗 立明宗 明宗四年 位寵起兵 謀討仲夫等 遂檄召東北兩界諸城兵曰 側聞上京重房議 以北界諸城 率多桀驁 欲討之 兵已大擧 豈可安坐 自就誅戮 宜各糾合士馬 速赴西京 於是 岊嶺以北四十餘城 皆應之,獨延州 閉城固守 王遣平章事尹鱗瞻 率三軍 擊位寵 又遣內侍禮部郎中崔均 爲東北路都指揮使 諭諸城 鱗瞻至嶺驛 位寵遣兵急擊 大破之 位寵先鋒至京西 義方擊敗之 奔還至大同江 收散卒 復城固守 義方久屯城外 位寵擊却之

색은 서경과 그 일대가 하나로 뭉쳐 무신정권에 대항하지는 않았다는
것, 즉 그들 사이에 분열이 있었던 것이다. 그러나 무신정권에 항거하
든, 또는 그 대열에 참여하지 않던 간에 그들이 내세운 명분은 다 같이
왕실에 대한 충성이었지, 결코 무신정권에 대한 동조가 아니었다.[269]
이 주장에는 분명히 서경세력이라는 말은 하고 있지 않지만 서경과 그
일대의 세력이라 하여 그들은 고려왕실의 지지 세력이었다는 것을 암
암리에 전제하고 있다.

조위총의 난을 이해하기 위해서는 그보다 일 년 전, 명종 3년(1173)
동북면병마사 김보당이 정중부를 치고 전왕인 의종을 복위시키려고 군
사를 일으킨 반란을 아울러 보아야 한다. 그가 난의 명분으로 내세운
것은 이의방과 정중부의 제거와 의종의 복위였다. 이 반란 소식에 접한
이의방은 이의민으로 하여금 의종을 살해하도록 했는데, 의종의 죽음
으로 김보당은 힘을 잃고 불과 3개월 만에 진압되고 말았다.

이 두 난에 대해 김당택은 다음과 같은 점을 지적하고 있다. (1) 김보
당의 난과 조위총의 난은 모두 양계에서 일어났고 또 정중부·이의방
을 토멸하기 위한 반란이었다는 점에서 공통성이 있었다. (2) 그러나
김보당의 난에 있어서 주동이 된 인물들은 병마사 기구에 소속된 문신
관료들이었다. 즉 중앙에서 파견된 관료들이 병마사의 병력을 이용하
여 난을 일으킨 것이 김보당의 난이었다. 이에 반해 조위총의 난을 일
으킨 중심인물들은 서북면의 토착세력인 도령(都領)[270]들이 중앙에서

---

269) 하현강, 『韓國中世史研究』, 일조각, 1991, 343-345쪽.
270) 『한국민족문화대백과사전』, 도령(都領) 조: 고려시대의 관직명. 전투부대의 실
     질적인 최고지휘관이다. 『고려사』에서 도령이 나타나는 곳은 전시(戰時)의 군사조
     직인 오군(五軍: 中·前·後·左·右), 별초군(別抄軍), 양계(兩界)의 주진군(州
     鎭軍), 귀화한 여진인의 수령이다. 이들 가운데 성격이나 활동이 가장 주목되는
     것은 양계 주진군의 도령이었다.

파견된 병마사와 수령들을 살해했던 것이다. (3) 도령은 양계 주진군의
지휘관이었다. 그들은 중앙의 무반에 비해 정치·경제적으로 훨씬 낮
은 처우를 받아 왔으므로 그들의 불만을 표출시킨 것이었다. 한편 그들
의 지휘 아래 있었던 양계인은 모두 주진군에 편성되어 있었다. 그들은
병농일치(兵農一致)의 군인이었던 것이다. 조위총의 난이 쉽게 진압되
지 않았던 것도 그들이 군대조직을 갖추고 있었던 것과 무관하지 않았
다. (4) 그들은 그들과 같은 군인들이 무신란 이후 중앙에서 크게 부상
한 데에 자극되어 있었다. 즉 그들이 조위총의 선동에 호응하여 난에
가담한 것은, 무신란 이후 하급 무신들과 일반군인들의 진출에 크게 고
무되어 있었기 때문이었다.271)

위와 같은 견해를 참작하여 조위총의 난을 보면, 원래 서경세력이란
존재하지도 않았으며, 그 난의 주체는 어디까지나 양계의 토착세력인
도령과 군역을 지는 일반 농민이었다. 그리고 이런 토착세력은 자신들
의 처우에 불만을 갖고 무신들의 의종 살해를 핑계하여 반란을 일으킨
것이었지 결코 고려왕실, 구체적으로 의종의 은혜를 갚기 위해 거사한
것이 아니었다. 이렇게 무신집권기(1170-1270)에 들어서자 서경은 북
방에서 오는 군사적 위협이 보이지 않자 서북 방어기지의 성격을 잃고
국내 정권쟁탈전의 한 조역으로 격하되고 있었다고 하겠다.

이 서경에 관한 주제를 마치면서, 고려 군주들은 서행(西幸)을 통하
여 초자연적 영역에 관계하고 있음을 지적해 두고자 한다. 목종은 서경
순행 때 죄인을 사면함과 동시에 땅귀신, 즉 '신기(神祇)'에게도 벼슬을
내리고 있다.

---

271) 김당택, 「무신란과 초기의 무신정권」, 『한국사』 18, 국사편찬위원회, 1993, 29-
31쪽.

목종 7년 동11월 갑인: 호경(鎬京)[서경(西京)]에 행차하여 재제(齋
祭)를 올리고 장죄(杖罪) 이하를 사면하였으며, 노인들을 돌보고 방악
(方嶽)과 주진(州鎭)의 신기(神祇)에 훈호(勳號)를 더하였다.[272]

목종은 인간만이 아니라 방악(方嶽)과 주진(州鎭)의 신기(神祇)에게
도 가호(加號)하고 있었다. 결국 고려군왕은 사회체계뿐만 아니라 자
연질서의 지배자로 나서고 있었다. 따라서 군왕들은 사회관리 조직체
계인 관료체계의 통합자로서 국가내적 권력의 정점에 위치할 뿐이 아
니라 자연 차원에서 신기적 질서의 형성자로서 국가외적 권위의 소유
자이기도 하였다. 다시 말하면 군왕이란 인격은 국가 기구 제도 안에서
만 조직된 것이 아니라 그것을 능가하는 초월적 권위로서도 존재하였
다. 그러므로 왕들은 자연질서에 속하는 산악의 신들에게 훈호(勳號)
를 내릴 수 있는 권위를 가졌던 것이다. 또한 목종은 사회와 자연의 두
차원들을 매개하는 행사인 재제(齋祭)를 거행하고 있다. 서경에서 신
들의 가호, 재제의 의식은 고려왕조의 인위적 제도들을 성화(聖化)하
는 데에 있었으며, 그것들은 궁극적으로 고려 신민의 의식 속에 왕조의
초자연적 신성성을 각인하여 그 충성을 확보를 목적하였다 하겠다. 그
리고 그런 행위들의 중심점에 서경이 중심적 위치를 차지하고 있었다.

맺음말

본고의 목적은 고려왕들이 서경을 순행한 근본 의도가 어디에 있었
는가를 탐색하는 데에 있었다. 이에 대해 지금까지 여러 관점에서 연구

---

272) 『고려사』, 목종 7년(1004) 동(冬)11월 갑인: 幸鎬京 齋祭 赦杖罪以下 養耆老
加方嶽州鎭神祇勳號.

되어 왔는데 풍수도참설의 왕조기업 연장, 왕실세력 기반 구축, 평양
지방의 군사력 동원하기 위한 것 등이라는 여러 해석들이 제시되었다.
이 장에서는 위와 같은 서경 경영에 관한 여러 설들을 비판하고 검토한
결과, 다음 몇 가지 사항들을 지적할 수 있었다. (1) 개경이나 서경이
풍수도참 조건들에 맞는 명당지가 아니었다. 특히 개경의 우수한 풍수
조건으로 여겨졌던 '수덕조순(水德調順)'은 실제 풍수적 지형과 조건
들과는 어긋나고 있다. (2) 서경경영은 호족연합정책이란 목적에서 행
해졌다는 설에 대해서도 부정적 견해를 취하였다. 고려 초기에 서경은
분사의 속관들과 주둔 병력인 군인들이 거주하는 병영적 집주처였고,
거기에는 호족이라 부를만한 토착세력조차 없었다. 그러므로 호족연합
설을 가지고 서경 설치를 설명할 수 없다. (3) 서경이 고려왕실의 지지
기반으로 설치되었고, 그래서 개경세력에 맞서 왕실을 보호하고 지지
하는 경향이 가졌다는 왕실보호설도 부정하였다. 고려 초기에 왕위 쟁
탈전을 벌인 자들은 고려 왕족의 일원인 왕의 형제, 근친, 외척이었다.
그리고 서경은 왕조의 조직상 중요한 군대 거점지에 불과하여 조직적
으로 개경세력에 대항할 지역적 근거지가 아니었다. 그리고 개경세력
이란 용어도 부당하다. 개경은 모든 조직과 제도, 이들을 운영하는 관
리들이 모인 왕조의 핵심지역으로서 왕조 권력 의 소재지였다. 이것을
개경세력이라 특화하여 일개 지방 세력으로 설정할 수 없는 일이다. 따
라서 개경세력은 왕에 적대적이고, 이와는 대조적으로 서경세력은 왕
을 지지했다는 정치상의 이원적 대립구도는 허구에 불과하고 또한 논
리상 잘못되었다. (4) 고려 초에 서경을 설치하고 우대한 것은 이 지역
이 가진 군사력을 동원함과 동시에 개경의 배후지를 얻으려는 정치적
목적에서 시행되었다는 군사동원설이 있다. 이 견해를 검토해 본 결과,
서경세력의 대표자로 지목된 황주황보씨 등의 인물들은 모두가 대동강

이남지역, 개경북방에 설치된 패강진 출신들이었다. 서경은 태조가 각종 우대조치와 사민(徙民) 정책을 취해서 민호를 채우기 전까지는 빈 땅이었다. 그리고 태조 19년 후백제와 최후의 결전 때도 서경은 아무런 병력도 제공하지 않았다. 그래서 서경은 태조가 북방에서 오는 이민족의 침입을 막기 위한 변방에 신설된 병영적 집락지였다고 해석함이 타당하다.

전술한 여러 관점들을 검토해본 결과, 태조의 서경 정책이 거란족의 침입위협에 대한 방어 차원에서 시작되었으며, 차후 고려왕조가 북방지향적 대외성격을 갖는데 결정적 역할을 했음을 알게 되었다. 또한 이런 고려왕조의 서경 정책은 태조 이후 현종 때까지 지속되고 있었다. 그리고 국왕들의 서행(西幸)도 거란족의 침략위협이란 대외적 국제 관계 맥락에서 추구되고 있었음을 논증하였다. 따라서 태조의 서경경영을 왕실 배후의 지지 세력의 확보라든지 서경의 군사력 동원을 위한 우대 조처였다는 견해들은 수정을 요한다.

그런데 제10대 정종부터 18대 의종까지 서경순행은 그 성격이 변질되어 다른 의미, 즉 주술적 측면에서 행해지고 있었다. 이 시기에 거란족의 군사적 위협도 사라졌으므로 서경은 대(對)북방정책의 상징적 거점으로서 의미도 없어졌다. 그 대신에 서경은 왕조가 안고 있는 모든 난제들을 그 신비한 영위력으로써 해결할 수 있다는 주술성의 중심지로 변질되고 있었다.

이렇게 국왕과 신하들의 주술적 의식은 고려왕조의 이데올로기 성격에 관계되고 있었다. 왕조의 여러 제도들의 운영·관리 면에서 권력 주체는 주술로부터 해방되고 합리적으로 편성된 관료체계였다고 할 수 있다. 그런데 의종의 서경순행에서 보이듯이 관료제의 합리성은 통치수단과 기술면에서 그치었고, 관인집단의 사상과 의식을 내면적으로 파악한 것은 아니었다. 특히 빈번한 재이 발생, 북방민족의 침략위협 및 왕조 멸망 예언 등의 비일상적 영역의 사건들이 발생했을 경우, 관료제적 질서는 무력할 수밖에 없었다. 이때 왕과 신하들은 어떤 초월적 영위력에 의존하여 왕조의 절박한 여러 난제들을 해결하려 하였다. 고려전기 역대 국왕들의 서행은 이런 관념형태의 표현이었다.

결국 고려시대라는 상황 하에서 지배적이라 할 수 있는 관념형태인 주술성을 불합리한 것으로 무시하고서는 고려왕들의 국가제도 이외에 갖고 있었던 영위적 권위라든지 서경에서 반포되는 유신지교, 그리고 서경의 지력에 대한 신앙 등을 제대로 평가할 수 없다고 하겠다.

제3장 유가(儒家)의 재이론(災異論)의 성격

머리말

『고려사』 세가에서나 『고려사절요』를 펼쳐보면 '천변지괴(天變地怪)' 등으로 표현된 재이(災異) 현상이 수없이 그리고 세밀하게 기록되어 있다. 그리고 이 재이 기사들은 『고려사』 천문지·오행지에 다시 수록되어 있으며 그 분량도 상당하다.[273)

여기서 고려 군왕들이 깊은 관심을 보였던 재이, 즉 우주(자연과 인간)의 변칙적 현상의 출현이 도대체 그 당시 고려사회에 어떤 의미를 띠고 있었는가에 대하여 생각하게 된다. 이 문제에 대해서 우선 재이기록과 정치권력의 상호 관계부터 고찰한 이희덕의 여러 논고들이 있다.[274) 그는 고려재이 기록들을 중국 고전과 대비를 통해 설명하고 있

---

273) 필자가 참고한 『고려사』(中)(아세아문화사, 1972)에서는 12지(志) 중에 가장 많은 분량을 차지한 것은 예악(禮樂)이 482쪽, 천문지(天文志)·오행지(五行志)가 300쪽에 달한다. 그 다음이 역(曆), 형법(刑法), 식화(食貨), 지리(地理), 그리고 선거지(選擧志)가 각각 203, 189, 139, 133, 그리고 133쪽에 이른다. 당시에 예악(禮樂)과 더불어 오행·천문지의 재이(災異) 기록이 얼마나 중요시되었는가를 우리는 엿볼 수 있다.

274) 이희덕, 『高麗儒敎政治思想의 硏究: 高麗時代 天文·五行說과 孝思想을 중심으로』, 일조각, 1984.

으며, 또한 재이를 단순한 자연현상의 변칙이 아니라 군왕의 수덕(修德)을 위해 이용되었다고 한다. 따라서 고려시대에 재이 발생 기록은 간접적으로 당대 왕조정권의 추이와 관계되었음을 밝히고 있다. 그런데 재이발생과 정치권력의 변천을 일대일의 상관관계275)로 설정하려는 그의 노력은 대개 실패하고 있다. 또한 그 연관 관계가 설정된 것일지라도 그것은 애매모호하며, 그리고 단편적임을 면치 못하고 있다고 생각된다.

이 장에서는 이 점에 유의하여 재이와 정치권력이 상관관계를 갖게 된 것이 재이설의 어떤 고유한 논리 구조에 기인되었는가를 우선 파악하겠다. 그래서 이 작업의 일환으로 제1장에서 인종대(1122-1146)에 빈발한 재이들과 묘청 반란의 연관 지어 설명하였다.276) 그리고 앞의 제1, 2장에서 미비한 점, 즉 논의를 전개하기 전에 그 준거틀이 되는 재이개념이 규정이 되지 않았다는 것을 고려하여 이 장에서는 재이개념을 대충 정의하고자 한다.

이 장을 시작하기에 앞서 한 가지 중요한 점을 유의해 두어야 할 사항이 있다. 즉 재이론은 유학체계에서 형이상학 부문으로서 우주론의 일부라는 것이다. 중국 한대(漢代)에 유가들이 유학을 사상계에서 지도 원리로 삼기 위해서 그 당시 유포되어 있던 대중의 미신적 요소, 즉 도교, 음양오행설, 그리고 천인감응설 등을 광범위하게 수집하여 경전

---

275) 중국 한대(漢代)에 재이 기록과 정치권력의 상관관계를 추적하여 확인한 것으로는 다음과 같은 논문이 있다. W. Eberhard, "The political function of astronomy and astronomer in Han dynasty", *Chinese Thought and Institutions*, University of Chicago Press, 1957, pp.33-70.

276) 진영일, 「妙淸亂에 관한 一考察: 災異觀과 관련하여」 석사학위논문, 서울대 대학원, 1984. 변태섭 편, 「高麗前期의 災異思想에 관한 一考: 君王의 성격과 관련하여」 『高麗史의 諸問題』, 1986, 493-511쪽.

에 결합시켜 사상체계 구성의 완벽성을 기하려 하였다. 따라서 재이론은 도덕적 부분과 형이상학의 그것으로 구성되었던 한대 유학에서 후자였다. 이 형이상학 부분은 많은 요소들로 구성되어 복잡하지만 도교의 것이 주가 되고, 조직과 배치의 정신은 유학의 것이었다.[277]

또한 한대 재이론의 중심 내용을 이루는 음양오행설과 천인감응설에 대해 다음과 같은 지적이 있다. 자연관의 측면에서 볼 때 전국시대 음양오행가에서는 유물론적 성분이 주도적 위치를 차지하였다. 이러한 상황은 진한대 이후 분화의 길을 걷게 되어 두 개의 대립노선이 형성되었다. 그 한 노선은 자연과학의 발전의 발전과 긴밀한 연관을 가지면서 원래의 신비주의적 성분, 특히 '천인감응'의 미신을 포기하면서 유물론의 길을 간 것이 그것이다. 다른 한 노선은 전국시대 이래 음양오행학설에 내재해 있던 신비주의의 성분을 발전시키고 원래의 유물론적 관점을 포기하면서 종교적 미신과 더 굳게 결합하였다. 동중서(기원전 100-120년경)를 대표로 하는 관념론과 신비주의 음양오행사상 같은 그것이다.[278]

그리고 동중서는 유가 사상을 불변하는 우주법칙의 한 부분으로 정립시켰다. 그래서 이른바 '유학의 음양호행화(陰陽五行化)'는 필연적인 추세였다. 그는『춘추공양전(春秋公羊傳)』을 연구하여 그 중의 '미언대의(微言大義)'를 간취해 냄으로써『춘추(春秋)』를 음양오행화시켰다.

---

277) 板野長八,「儒教の成立」『岩波講座 世界歷史』4, 岩波書店, 1973, 363-366쪽.
マーセル・グラネ 原著・內田智雄 譯,『グラネ 支那人の宗教』(河出書房, 1943), 160-163쪽. Marcel Granet, *The Religion of the Chinese People*(trans., ed. Maurice Freedman, Harper & Row Publishers, 1975, orig. 1922), pp.104-105. Fung Yu-lan, *A History of Chinese Philosophy*, vol. 2, trans., by Derke Bodde, George Allen & Unwin Ltd., 1953, pp.8-9.

278) 풍우란(馮友蘭),「유물론적 요소를 가진 음양오행가의 세계관」『음양오행설의 연구』(양계초, 풍우란 외 지음・김홍경 편역), 1993, 신지서원, 309쪽.

그를 통해 『춘추』는 천인의 도를 말하고 음양과 재이를 추론한 책이 되었다. 또한 동중서는 한 무제를 설복시켜 유가의 독존적 지위를 확보하였다. 그를 통해 유가사상은 역사상 첫 번째로 관방철학이 되었다. 그러므로 유학 발전사에서 그의 지위는 뚜렷한 것이었다. 그렇지만 사실 유가경전의 음양오행화는 이미 진한 교체기에 시작되었다.[279)]

상술한 맥락에서 여기서 언급될 재이론은 유학사상의 도덕 부분을 뒷받침하는 형이상학으로서 결국 유가의 우주론이 될 것이다. 그런데 한 가지 덧붙여 둘 것은 이 우주론, 즉 자연과 사회에 대한 질서상은 그 반대 개념으로서 질서의 혼란을 의미하는 재이론과 표리 관계를 이룬다 하겠다. 그래서 그 한 면인 재이 개념을 규정할 수 있다면, 그 다른 한 면, 즉 고려 유가의 질서관을 이해하는 데 하나의 단서를 제공해 줄 수 있다하겠다. 그러므로 본고에서 재이 개념을 규정하는 작업은 당시 유가의 자연과 사회에 대한 개념도식으로서 질서관을 파악하는 것과 같은 작업이 될 것이다.

우리나라의 유학사상은 삼국시대로부터 전해져서 통일신라시대에 상당히 보급되었다. 그러나 이 시기의 유학에 대한 이해는 자기 전통의 유지와 강화를 도모하는 한계 안에서 유교를 이해하였기보다는 당시 고대 군왕들의 지배를 수식하고 합리화하기 위해 유교적 사유방식의 일부를 적용하는 상태에 불과하였다.[280)]

고려시대의 유학은 신라 말과 후삼국의 유교적 왕도(王道) 사상의 시대사조에 뒷받침되어 성립되었고, 그 후 광종의 집권화 정책과 한층 밀착하여 유학 과목을 기초로 하는 과거제의 실현을 보았다. 중앙집권

---

279) 사송령(謝松齡), 「음양오행학설」, 앞의 책, 551-552쪽.
280) 김철준, 「高麗中期의 文化意識과 史學의 性格」 『韓國古代社會硏究』, 知識産業社, 1977, 304쪽.

화정책의 필요에서 성종은 유학을 제도적으로 정립하였고, 또한 집권적 관료체제의 사상으로서 유교적 예(禮) 질서를 확립하였다.[281] 물론 고려시대에도 지배층은 문벌귀족, 무반(武班), 그리고 권문세족 또는 신흥사대부라고 불리는 세력들로 변화하였지만 고려왕조 관료사회의 담지자들은 항상 유학적 질서를 이해하고 실현하려던 유가들이었다 하겠다. 따라서 여기서 필자는 유가의 사유체계 중에 사회 규정의 중심 개념인 예질서의 내용과 그 논리 파악을 첫째 목적으로 하고, 아울러 그 질서 개념이 역사적 현실에서 어떤 의미와 가치를 갖고 있었는지를 밝히려 한다.

이 장에서 자료는 『고려사』, 『고려사절요』, 『동문선(東文選)』, 『동국이상국집(東國李相國集)』이고, 그리고 모두가 온라인에서 제공되는 국역과 한문 텍스트를 이용하였다.

I. 유기체론적 우주론

우선 여기서는 고려 유가들이 우주(자연과 인간) 현상에 관해 어떤 이미지를 가졌는가를 고찰하려 한다. 이것은 그 당시 식자층인 유가들이 자연과 사회에 관한 일반적 관념형태를 추출하는 작업이 될 것이다.

인종은 산이 무너지고 물이 솟는 곧 '산붕수용(山崩水湧)'하는 변이(變異)에 관해서 다음과 같이 조서를 내리고 있다.

> (가) 인종 10년 경진: 명인전(明仁殿)에 거동하여 제(制)를 내려 이르기를, "짐(朕)이 어려서 즉위하였으므로 국가의 다난(多難)함을 감당하지 못하였고, 비록 정사(政事)에 임(臨)하여 선치(善治)를 원하

---

281) 윤남한, 「儒學의 性格」『한국사』 6, 국사편찬위원회, 1981, 217-266쪽.

여 편안할 겨를이 없었다. 그러나 진실로 덕(德)으로 적의(適宜)한 바를 처리(處理)하지 못하였으므로 무릇 시위(施爲)하는 바가 천심(天心)에 잘 맞지 못하였다. 그러므로 산(山)이 무너지고 물이 속는 이변(異變)이 계속하여 일어나니.[282]

　군왕 자신이 덕이 없고 하는 일이 천심에 맞는 바가 없어 산이 무너지고 물이 솟는 변이(變異)가 계속 일어났다 한다. 여기에서 무기물 차원의 급격한 변동인 재이(災異)가 군왕의 덕과 연결되어 이해되고 있었다.
　다음 해에도 인종은 여러 재이 발생에 관해 역시 조서를 내려 다음과 같이 이르고 있다.

　(나) 인종 11년 5월 을축: "짐(朕)이 박덕(薄德)하므로 마침 액운(厄運)을 만나 궁실(宮室)이 소분(燒焚)되고, 창름(倉)이 공궤(空)하며, 조정(朝廷)은 바르지 못하고, 풍속(風俗)이 효박(淆薄)하되 정치(政治)의 술(術)이 적고, 시설(施設)이 방법에 어그러져 상하(上下)의 인심(人心)이 날로 더욱 완비(頑鄙)하고, 원근(遠近)의 민업(民業)이 날로 더욱 쇠잔(衰殘)하여지므로 숙야(夙夜)로 두려워서 편안하게 있을 겨를이 없도다. 지금 간관(諫官)이 아뢰기를, '경기(京畿) 산야(山野)에 황충(蝗蟲)이 송엽(松葉)을 먹는다.'고 하니, 이는 대개 나라에 간사한 사람이 많고 조정(朝廷)에 충신(忠臣)이 없는지라. 천의(天意)에 이르기를, '위(位)에 거(居)하여 녹(祿)을 먹고 공(功)이 없으면 벌레와 같다. 이를 빨리 구(救)하지 않으면 병란(兵亂)이 일어날 것이오. 유도(有道)한 자를 거용(擧用)하여 고위(高位)에 두면 재앙(災殃)이 가(可)히 소멸(消滅)될 것이라'고 하는 듯하다.[283]

---

282) 『고려사』, 인종 10년(1132) 11월 경진: 御明仁殿 下制曰 朕以幼卽位 未堪家多難 雖臨政而願治 不遑康寧 固無德以處宜 凡所施爲 不克當天心 是以 山崩水湧 變異繼作.

여기서 왕의 박덕이 궁궐의 소실, 송충의 번식과 연결되고 나아가서
는 그 원인을 사인(邪人)이 많고 충신이 없기 때문이라 하였다. 그리고
이에 대한 조치로서 고위 관인을 도덕적 인물로 등용해야 한다고 했다.
고려 당시의 사고방식에서는 궁궐 소실 등의 사회적 재난이 유기물 차원
의 황충(蝗蟲)(누리) 번식과 분리됨이 없이 서로 존재론적으로 연속되고
있었다.

위와 같은 점에 유의하면서 인종대 인물인 국자사업 임완의 상소를
보면 다음과 같다.

(다) 요사이 천변이 이상하매 폐하께서 천명(天命)을 공경하고 두려워
하시어 바른 말을 들으시고자 조서를 내려 말(言)을 구하니, 이는
만세(萬歲)의 복입니다. […] 임금이 된 이가 위로 하늘의 경고에
답하려면 힘써 실지로 응하지 않으면 안 됩니다. 옛글에 이르기를,
'천재에 응답하는 데는 실지로써 하는 것이요 형식으로 하는 것이
아니다' 하였사오니, 이른 바, 「실지」란 덕(德)을 말함이요, 「형식」
이란 오늘날 도량(道場)을 개설하고 재를 올리는 등이 그것입니다.
임금이 덕을 닦아 하늘에 응답하면 복(福)을 기약하지 않아도 복이
스스로 이르고, 만약 덕을 닦지 않고 한갓 헛된 형식만을 일삼으면
무익할 뿐만 아니라 이는 바로 하늘을 모독할 따름입니다. […] 하
늘과 사람 사이가 아득히 멀리 떨어져 말로 통할 수 없으나, 착한
자에게 복주고 악한 자에게 화를 줌이 그림자나 메아리같이 빠릅니
다. 근년 이래로 재변이 여러 번 있었고 흉년이 겹쳤사오며, 최근에
흰 무지개가 해를 꿰었고 4월에 벼락과 우레가 특히 이상하오니,
하늘의 견책과 경고가 이와 같은 것은 하늘이 폐하를 사랑하여 붙

283)『고려사』, 인종 11년(1133) 5월 을축: 朕 以薄德 適遭厄會 宮室燒焚 倉空 朝廷
未正 風俗淆薄 而政理寡術 施設乖方 上下人心 日益頑鄙 遠近民業 日益彫殘 夙
夜恐懼 不遑寧處 今諫官奏曰 京畿山野 蝗食松 此盖國多邪人 朝無忠臣 天意, 若
曰居位食祿 無功如蟲矣 救之不早 則兵起 擧有道 置高位 災可消也.

들어 안전하게 하려는 것임을 족히 볼 수 있습니다.284)

상소자인 임완도 인간과 자연은 상호 작용하기를 그림자나 영향(影響)(메아리)보다도 더 빠르다고 하였다. 여기에서도 천문 차원의 재이 현상이 사회의 재난과 무매개적으로 연속되어 있으며 상호 역동적으로 영향하고 있다고 생각되었다. 이 경우에 군왕의 존재란 두 차원의 변이들을 그의 덕으로써 조정해야할 일차적 책임자로 출현하고 있었다.

앞서 인용한 (가), (나), 그리고 (다)의 재이기록들을 종합해 보면 다음과 같은 사고방식이 엿 보인다. 첫째로 천문·무기물·유기물·사회 차원의 실재들이 상호 분리되지 않고 연속되어 있는 하나의 전일체와 같은 우주상이 나타난다. 둘째로 한 차원의 실재들의 교란은 즉시 다른 여러 차원들의 그것들에 유기적으로 영향하고 작용한다고 한다. 다시 말하면 우주 간의 실재들이 상호 분리할 수 없는 그물망 같이 연결되어 있으며 서로 역동적인 작용을 하고 있다는 이런 우주상을 우리는 유기체론적 우주론285)이라고 부를 수 있겠다.

---

284)『고려사절요』, 인종 12년(1134) 5월: 近者 天變異狀 陛下祇畏天命 思聞直言 下詔求言 此萬歲之福也 […] 人君所以答天譴者 非勉强以實應之 則不可也 傳曰 應天以實 不以文 所謂實者德也 所謂文者 若今之道場齋醮之類是也 人君修德以 應天 不與福期而福自至焉 若不修德 而徒事虛文 則非徒無益適足以黷天而已 […] 天地於人 相去遼絶 非言可諭 而福善禍淫 疾者影響 比年以來 災異屢作 饑饉荐臻 近者白虹貫日 正陽之月震雷 特異天之譴告如此 足以是天心之仁愛陛下 切欲扶持而安全之也.

285) A. N. Whitehead, "Science and Philosophy", *Science and Modern World*, New York, 1950, pp.199-225: 세계는 데카르트적인 환원론이나 뉴톤의 力學에서 보는 바와 같이 구성요소의 세분화와 환원에 의해 그 작용을 볼 수 있는 기계론적인 것이 아니라 비독립적 존재의 불가분의 조화에 이루어진 전체라는 것이다. 또 세계는 미시계(微視界)에서 거시계(巨視界)까지 부분과 전체가 상호 포용 관계를 가진 하나의 유기적 체계를 이루고 있다고 한다.

창광치(張光直)는 상술한 우주관들에 관해서 중국과 마야·수메르 문명과 비교연구를 통하여 중국의 형태를 연속성(連續性)의 형태라고 부르고, 서방의 형태를 파열성(破裂性)의 형태라고 부르면서 이 두 가지 형태들 중, 특히 연속성의 성격 규정을 다음 같이 하고 있다.

중국 고대문명의 가장 주목할 만한 특징은 의식 형태론적으로 말해서 전체성을 띠는 우주 형성론의 틀 안에서 창출되어진 것이라 할 수 있다. 모우트(F. W. Mote)의 말을 빌리자면 "중국의 진정한 우주 기원론은 일종의 유기적인 성격을 갖고 있다. 즉 우주 전체의 모든 구성요소들은 하나의 유기체 안에 속해 있으며, 그들 모두 참여자의 신분으로 자연 발생하는 생명의 순환 속에서 상호작용을 한다는 것이다"라고 하였다. 뚜웨이밍(杜維明)은 한 걸음 더 나아가 이 유기성(有機性)에 대해 설명하기를 "세 가지 기본적인 성격을 가지고 있는데 연속성(連續性)·전체성(全體性)·역동성(力動性)이다. 하나의 돌멩이로부터 하늘에 이르기까지 존재하는 모든 형식들은 모두가 한 연속체의 구성인자들이다. […] 이 연속체 외에는 아무 것도 없기 때문에 그 존재의 끈이 결코 끊어지지 않는다. 그러므로 우주 안의 어떠한 사물들 사이에서도 이 연쇄관계는 영원히 찾아질 수 있는 것이다" 하였다. 중국고대의 이러한 세계관이(어떤 사람은 '연계성을 띤 우주관'이라고 불렀다) 단지 중국에만 있는 것은 아니다. 기본상 그것은 원시 사회 속에서 광범위하게 출현하고 있는 인류 세계관의 기층을 대표하고 있다. 중국의 고대에 이러한 우주관이 존재했다는 것에 대해 특별한 의미를 부여하는 이유는 그곳의 문명이 바로 이 우주관의 기초 위에서, 또 그 범위 안에서 건립되었다는 사실 때문이다. 즉 중국의 고대문명은 하나의 연속성을 갖는 문명이라는 것이다.[286]

상술한 고대중국의 사유방식은 중국 고전을 교양의 토대로 삼는 고

---

286) 張光直 著·李徹 譯, 『신화 미술 제사』, 동문선(東文選), 1990, 206-208쪽.

려시대 식자층에게는 바로 그 정신세계를 이루고 있었으므로 본서에서
는 이를 유기체론적 우주관이라고 부를 수 있겠다. 이런 사고방식은 고
종대(1213-1259) 신하인 이규보287)의 생각에서도 드러난다.

(라) 천둥이 울릴 때에는 사람들이 다 같이 두려워한다. 그러므로 뇌동
(雷同)이라 한다. 나는 천둥소리를 들을 때 처음에는 덜컥 겁이 났
다가, 여러 모로 잘못을 반성하여 별로 거리낄 만한 것이 없게 된
뒤에야 조금 몸을 펴게 된다. 그런데 다만 한 가지 꺼림칙한 일이
있다. 일찍이 『춘추좌전(春秋左傳)』을 읽을 때 '화보(華父)가 눈으
로 맞이하였다'는 기사를 보고 그를 나쁘게 여겼었다. 그러므로 노
상에서 어여쁜 여자를 만나면 서로 눈이 마주치지 않기 위하여 머
리를 숙여 외면을 하고 달음질쳤다. 그러나 머리를 숙여 외면은 하

---

287) 『브리태니커 백과사전』 CD, 이규보 조: 1168(의종 22)-1241(고종 28). 본관은
황려(黃驪). 자는 춘경(春卿), 초명은 인저(仁低), 호는 백운거사(白雲居士)·지헌
(止軒)·삼혹호선생(三酷好先生). [⋯] 26세 때 「동명왕편(東明王篇)」,「개원천
보영사시(開元天寶詠史詩)」 등을 지었으며, 그 후 최충헌 정권에 시문으로 접근
하여 문학적 재능을 인정받고 32세부터 벼슬길에 오르게 되었다. 1207년 권보직한
림(權補直翰林)으로 발탁되었고 천우위녹사참군사(千牛衛錄事參軍事)·우정언
지제고(右正言知制誥)를 거쳐 1219년 우사간(右司諫)이 되었다. [⋯] 1220년 예부
낭중기거주지제고(禮部郎中起居注知制誥)에 올랐고 국자좨주한림시강학사(國子
祭酒翰林侍講學士)를 거쳐 1230년 판위위시사(判衛尉寺事)를 지냈다. 1232년 판
비서성사 보문각학사경성부우첨사지제고(判秘書省事寶文閣學士慶成府右詹事知
制誥), 1237년 수태보문하시랑평장사(守太保門下侍郞平章事) 등을 지냈다. [⋯]
그는 우리 민족에 대해 커다란 자부심을 갖고 외적의 침입에 대해 단호한 항거정
신을 가졌다. 국란의 와중에 고통을 겪는 농민들의 삶에도 주목, 여러 편의 시를
남기기도 했다. 그의 문학은 자유분방하고 웅장한 것이 특징인데, 당시 이인로 계
열의 문인들이 형식미에 치중한 것에 반해 기골(氣骨)·의격(意格)을 강조하고 신
기(新奇)와 창의(創意)를 높이 샀다. 자기 삶의 경험에 입각해서 현실을 인식하고
시대적·민족적인 문제의식과 만나야 바람직한 문학이 이루어진다고 생각했다.
「동국이상국집(東國李相國集)」,「백운소설(白雲小說)」,「국선생전(麴先生傳)」 등의
저서와 다수의 시문을 남겼다.

지만 전연 마음에 없는 것도 아니니, 이것만은 스스로를 의심할 일
이다. 또 한 가지는 인정에 벗어나지 못하는 일이 있다. 남이 자기
를 칭찬하면 기뻐하지 않을 수 없고 비난하면 언짢은 기색을 짓지
않을 수 없는 것이다. 이것은 비록 천둥할 때 두려워할 거리는 아니
지만 역시 경계하지 않을 수 없는 것이다. 옛날 사람 중에는 암실에
서도 마음을 속이지 않은 이가 있었다 하는데, 내가 어떻게 그에 미
칠 수 있으랴.[288)]

이규보는 천둥이 울리자 이를 자신의 도덕적 반성 자료로 삼고 있었
다. 이렇게 그는 하늘에서 울리는 천둥과 인간 덕행과는 분리된 것이
아니라 그물같이 짜인 하나의 우주체계로 보는 재이관을 갖고 있었다.
역시 고종대 인물인 권경중의 재이관도 대부분 위와 같이 천문과 인
문을 구별하지 않고 즉자적으로 연결되어 반응하는 하나의 세계관의
반영이었다. 그 사례를 하나 들어 보면 다음과 같다.

(마) 달이 각(角)의 좌성(左星)을 범한 것이 셋, 달이 우림(羽林)에 들어
  간 것이 둘, 달이 오거(五車)를 범한 것이 둘, 달이 기성(箕星)을 범
  한 것이 넷, 달이 태미(太微)에 들어간 것이 둘, 달이 남두괴(南斗
  魁)에 들어간 것이 셋, 달이 방(房)을 침식(侵食)한 것이 하나, 달이
  방(房)의 남성(南星)을 범한 것이 하나, 달이 피와 같이 붉은 것이
  하나인데 각(角)은 천전(天田)이 되고 또 이(理)가 되어 형(刑)을
  맡은 즉 아마 형법(刑法)이 이(理)를 잃어서 공평(公平)치 아니함
  이 있을 것이오, 우림(羽林)은 천군(天軍)이 되며 또한 왕의 우익

288) 이규보(李奎報), 『동국이상국집(東國李相國集)』 권21, 뇌설(雷說): 天鼓震時 人
  心同畏 故曰雷同 予之聞雷 始焉喪膽 及反覆省非 未覓所嫌 然後稍肆體矣 但一
  事有略嫌者 予嘗讀左傳 見華父目逆事 未嘗不非之. 故於行路中 遇美色則意不欲
  相目 迺低頭背面而走 然其所以低頭背面 是迺不能無心者 此獨自疑者耳 又有一
  事未免人情者 人有譽己則不得不喜 有毁之則不能無變色 此雖非雷時所懼 亦不
  可不戒也 古人有暗室不欺者 予何足以及之.

(羽翼)을 맡음이니 아마 천군(天軍)이 대부분 그 적임자가 아니어서 왕을 우익(羽翼)함에 삼가지 않을까 합니다.[289]

여기서 권경중은 달이 다른 성좌를 침범한 재이를 형법의 불공평이라든지 왕의 호위병들이 부적격자라는 인간적 차원과 연계시키고 있었다. 곧 천변은 사회의 변칙이나 부정으로 생각하였다. 그는 천문, 자연의 무기물과 유기물 등에 걸쳐 발생하는 다양한 재이들에 관해 기다랗게 의견을 피력하고 있는데 그 특색은 자연세계와 인간세계의 층위들을 구별하지 않고 일관된 하나의 유기체로 파악하는 데에 있었다.

상술한 사고체계는 17세기 이래로 지난 300년 동안 근대 서구세계, 오늘날 우리 일상생활의 대부분을 지배하고 있는 기계론적 우주관[290]과는 근본적으로 다른 것이었다. 이 세계관은 한마디로 데카르트의 형이상학과 뉴턴의 기계론적 역학이 결합하여 우주를 바라보고 해석하는 기본적 실재관(實在觀)으로서 자연계를 정신과 물질이라는 독립적이고 실체적인 두 영역으로 분리시켜 생각하며, 또한 거대한 기계론적 조립체계로 이해한다. 다시 말하면, 이 우주관은 삼라만상이 서로 분리되어 있고, 기계같이 각 부분은 외부에서 연결되어 서로 작용하면서 전체라는 틀을 이루게 된다. 그리고 기계 그 자체는 생명이 없으며 외부의 힘에 의해 수동적으로 작동이 가능하다. 그 상호 작용은 국부성(局部性)을 띠며 원인과 결과라는 순차적(順次的) 인과성(因果性)을 갖는

---

289) 『고려사』, 열전14 권경중(權敬中): 月犯角左星者三 月入羽林者二 月犯五車者二 月犯箕星者四 月入大微者二 月入南斗魁者三 月食房者一 月犯房南星子一 月赤如血者一 角爲天田 亦爲理 主刑則恐有刑法失理而不平者 羽林爲天軍 亦主翼 王恐天軍多非其人 翼王不謹者乎.

290) 기계론적 세계관은 본질적으로 상승하는 시민계급(부르주아지)의 이데올로기이며, 이론화 양식이라는 세계사적 배경을 갖는다(M. 콘포스 지음·양윤덕 옮김, 『유물론과 변증법』, 1986, 35~85쪽).

다.291) 이 세계관에서는 우주 실재들이 기계적 인과율이 아니고, 일종
의 공명(共鳴)에 의해 상호 작용과 의존하는 구조를 가진 전일체로서
우주관, 곧 유기체론적 우주관292)과는 매우 다르다.

　문제는 근대 서구의 기계론적 우주관을 갖고는 고려시대의 사유방식
을 전혀 이해할 수 없다는 것이다. 우리는 상술한 인종의 조서를 통해
고려시대의 사유체계란 유기체론적 우주론이었다는 것을 이해할 수 있
다. 이 우주론은 매우 중요한 것이기에 좀 더 자세하게 알 필요가 있다.
한 예를 들면, 고려 태조는 평양에서 닭의 변종이 발생하자 신하들에게
다음 같이 훈시하고 있다.

　(바) 태조 15년 하5월: "근자에 서경(西京)을 완전히 보수하고 민호(民

---

291) 신과학연구회편, 『신과학운동』, 1986, 338-339쪽: 기계론 사고에 관한 설명은
　　여기에서 원용했다.
292) 유기체론적 우주관에 대한 설명으로는 다음 책을 참조하였다. J. Needham,
　　Science and Civilization, Vol. 2, Cambridge: Cambridge University Press,
　　1956, pp.280-281. 여기서 니담은 서구의 과학적 사고를 종속적(subordinative) 사
　　고라 하여, 전통적 중국의 사고방식인 동조적(同調的 coordinative) 또는 연상적
　　(associative) 사고와 구별하고 있다. 즉, 동조적 사고에서 개념은 서로 포섭되지
　　않고, 한 패턴(pattern) 안에 나란히 병렬된다. 그리고 사물들은 기계적 인과관의
　　운동에 의해서가 아니라 일종의 감응에 의해서 서로 영향한다. […] 중국적 사고에
　　서 주제어들은 질서와 무엇보다도 패턴이다. 상징적 상관 또는 상응(相應)은 한
　　개의 거대한 패턴의 일부를 형성한다. 사물은 다른 사물의 앞선 운동이나 추진에
　　의해서가 아니라 항상 순환하는 우주의 운동 속에서 그 위치에 의해서 특정한 방
　　식으로 운동한다. 그래서 사물에게는 그런 운동을 불가피하게 하는 내재적인 성질
　　이 부여되어 있다. 만일 그것이 그런 식으로 움직이지 않는다면 그것은 전체에서
　　그 상관적 위치를 잃게 되며, 그것 자신이 아닌 다른 어떤 것으로 변환된다. 사물은
　　전세계, 즉 유기체에 존재적으로 의존하는 부분들이다. 만물은 기계적인 추진력
　　또는 원인에 의해서가 아니라 일종의 신비적인 공명(共鳴)에 의해서 서로 작용한
　　다. 필자는 니담이 말하는 이런 동조적 사고가 본서에서 언급된 '유기체론적 우주
　　론'과 대개 같은 의미라고 생각한다.

戶)를 옮겨 이곳을 채운 것은 지방(地方)에 의지하여 삼한(三韓)을 평정하고 장차 여기에 도읍(都邑)하기를 바랐던 바인데 요즈음 민가의 암탉이 수탉으로 변하고 큰 바람이 불어 관사(官舍)가 무너지니 도대체 어찌하여 재난이 이렇게까지 일어난단 말인가. […] 지금 사방에서 노역이 쉴 새 없고 공비(供費)가 이미 많은 데도 공부(貢賦)를 덜어 주지 않으니 이로 말미암아 하늘의 견책을 불러오지 않았는가. 적이 두려워하여 이른 아침부터 늦은 밤 까지 근심스럽고 두려워서 감히 마음 편할 겨를이 없다. 군국(軍國)의 공부(貢賦)는 면제하기 어려우나 오히려 신하들이 공명정대한 길을 행하지 아니하여 백성들로 하여금 원망하고 한탄하게 하며 혹은 분수 아닌 생각을 품음으로써 이런 재난과 기이한 징조를 불러오게 된 것인가 염려되는 바이니 각자가 마땅히 마음을 고쳐서 화(禍)가 미치지 않게 할 지어다."고 하였다.[293]

태조는 신하들에 대한 훈시에서 자연계의 이상 현상인 재이발생이 과중한 노역, 공부(貢賦), 그리고 신하들의 부정행위 등 인간세계에서 일어난 부당한 일들의 영향 때문이라고 했다. 여기서도 두 계열의 실재들이 즉자적으로 상호 영향하는 하나의 연속체로 간주되고 있었다. 그런데 태조 15년(932) 4월 고려는 후당(後唐)에 사신을 보내고, 6월 후백제 장군 공직이 고려에 항복해오고, 10월 견훤의 주사(舟師)가 예성강을 침입할 정도로 국내외에 이러타 할 큰 사건이 없었던 해였다. 좀 더 연대를 넓히면, 태조 13년 정월 태조는 자신이 직접 군사를 거느리고 고창군(안동)으로 가서 견훤과 결전한 결가, 마침내 큰 승리를 거두었다. 그 결과로 그 동안 후백제의 세력 하에 들어갔던 영안 · 하곡 · 진

---

293) 『고려사』, 태조 15년(932) 하(夏)5월: 頃 完葺西京 徙民實之 冀憑地力 平定三韓 將都於此 今者 民家雌雞 化爲雄 大風 官舍積壞 夫何災變 至此 […] 今四方 勞役不息 供費旣多 貢賦未省 竊恐緣此 以致天譴 夙夜憂懼 不敢遑寧 軍國貢賦 難以免 尙慮群臣 不行公道 使民怨咨 或懷非分之心 致此變異 各宜悛心 毋及於禍.

명·송생 등 30여 군현이 고려로 항복해 옴으로써 경상도 지역에 있어서의 후백제의 세력은 패퇴하고 고려측이 크게 승리를 거둔 때였다.[294] 이러한 정세를 참작해 보면 태조 15년에 내린 훈시는 군사적 승리에 자신감을 가진 태조가 후백제와 최후의 결전을 준비하면서 마침 서경에서 발생한 '계화(鷄禍)' 재이를 구실로 신하의 반역을 미리 경계하거나 공무수행 자세를 단속한 것이 아닌가한다. 여기서 재이론상의 재이가 먼저 발생하고 그 후 그것에 대해 적당한 정치적 해석이나 조치가 취해지고 있었음에 주의가 간다. 다시 말하면 재이론이 역사적 사건이나 정치적 대책에 우선하고 있어서 인간역사에 있어서 상부구조로서 개념도식(conceptual scheme)이 현실적 실천들보다 우선되고 있었다는 것이다.[295]

상술한 사유양식은 태조 때에만 한정된 것이 아니라 고려왕조의 전기간에 걸쳐 거의 유형적으로 나타나고 있었다. 아래의 두 사례에서 위와 같은 당시 사고방식을 확인해 보겠다.

(아) 예종 16년 윤5월 을해: "천시(天時)가 순조롭지 못하여 가뭄이 재앙(災殃)을 이루었다. 생각건대 과인의 부덕(不德)함이 앙화(殃禍)를 내리게 하여 민망스럽게도 백성(百姓)이 죄(罪)도 없이 생명(生命)

---

294) 박한설, 「고려의 건국과 호족」『한국사』 12, 국사편찬위원회, 1993, 64쪽.
295) 사상사 연구가 중요한 것은 그것이 개념의 도식으로서 여러 정치·경제적 실천을 규정하고 있기 때문이다. 참조서: 클로드 레비스트로스 저·안정남 역,『야생의 사고』, KBS사업단, 1990, 137쪽. 마르크시즘(마르크스 자신은 그렇지 않다고 하더라도) 관습적 행동(practices)이 직접적으로 실천(praxis)에서 나온다고 너무 쉽게 결론을 내렸다. 이론(異論)의 여지가 없는 하부구조의 의의를 문제삼는 것은 아니지만 나는 실천과 관습적 행동과의 사이에는 언제든지 매개항이 있다고 믿고 있다. 그 매개항은 개념의 도식인바 서로 떼어 놓을 수 수 없는 본질과 형태가, 그 도식의 조작에 따라 구조, 즉 경험적이면서 해명 가능한 존재로 구현된다.

을 떨어트리게 되는데, 기도하여도 반응이 없으니 공구(恐)하여 어
찌할 줄 모르겠노라. 은혜(恩惠)를 미루어[推] 화기(和氣)를 부르고
자 한다. 무릇 옥수(獄囚)에 있어 참죄(斬罪)·교죄(絞罪)의 2죄(二
罪)를 제외하고는 모두 유면(宥免)하여 주고, 혹 관리(官吏)가 공법
(公法)을 인연(因緣)하여 각박(刻薄)하게 폐단을 짓거나, 혹 썩은
곡식을 강제로 주어 이식(利息)을 취하거나, 혹 묵은 밭에 조세를
징수하거나, 혹 급하지 않은 역역(力役)을 일으키는 자는 중외(中
外)의 유사(有司)로 하여금 일절 금치(禁治)시켜라."고 하였다.296)

　예종은 곡식의 고리대, 불필요한 노역, 그리고 지나친 형벌 등이라는
사회적 부정이 왕조의 기강을 혼란시켜 가뭄을 불렀다고 생각하고 있
었다.
　또한 공민왕 때 좌사의 정추와 우정언 이존오가 신돈의 전횡 때문에
각종 재이들이 일어나고 있다고 왕에게 상소를 올리고 있다.

　(자) 공민왕 15년 여름4월: 더구나 전하께서는 신돈(辛旽)을 현인(賢人)
　　으로 여기시지만, 신돈이 권세를 잡은 후로는 음양(陰陽)이 제 때
　　를 어기어 겨울철인 데도 뇌성(雷聲)이 나고, 누른 안개가 사방에
　　자욱이 끼어 10일 동안이나 태양이 검고, 밤중에 붉은 요기(妖氣)
　　가 끼며, 천구성(天狗星)이 땅에 떨어지고 나무에 얼음이 얼어붙은
　　것이 너무 심하며, 청명(淸明) 후에 우박이 내리고 차가운 바람이
　　불며, 천문(天文)이 자주 변괴가 있고, 산새와 들짐승이 대낮에 도
　　성(都城) 안을 날아가며 달아나고 있으니.297)

296) 『고려사』, 예종 16년(1122) 윤(閏) 5월 을해: 天時失順 旱爲 顧寡人否德以降殃
　　憫庶民無辜而殞命 祈禳無應 恐懼未遑 庶幾推恩 以召和氣 凡在獄囚 除斬絞二罪
　　外 皆原之 其官吏 因緣公法 苟刻作弊 或以腐朽之穀 給取息 或徵荒田之租 或
　　興不急之役者 令中外攸司 一切禁治.
297) 『고려사절요』, 공민 15년(1366) 하(夏)4월: 且殿下 以旽爲賢 自旽用事以來 陰
　　陽失時 冬月而雷 黃霧四塞 彌旬日黑 子夜赤祲 天狗墜地 木氷太甚 淸明之後 雨

 정추와 이존오는 신돈이 권세를 잡자 천지음양이 흩어져서 겨울철의
뇌성, 열흘 동안의 누른 안개, 밤중의 요기, 때 아닌 차가운 바람, 천문
변괴, 산새와 들새가 도성 안에 날아드는 재이가 일어나고 있다 하였
다. 여기서도 신하들은 천문·기상·생물 차원의 여러 실재들이 서로
유기적으로 연속되어 상호 작용한다는 생각이었다.
 (가)-(자)의 내용을 정리해서 우리는 다음과 같이 고려시대 우주론
의 특징을 말할 수 있다. 즉, 우주구성의 실재들은 서로 복잡한 그물망
과 같은 관계를 가지고 연결되어 있다. 그래서 한 실재의 변조(變調)는
일종의 공명(共鳴)에 의해 다른 실재들에게 즉자적으로 영향하고 있다
고 생각되었다. 또 그 상호 영향방식은 특정한 인과율을 따르지 않으
며, 비국부성(非局部性)이며 비인과성이란 특징을 갖는 것이었다. 이
것은 앞서 말한 유기체론적 우주론과 매우 합치되는 사고체계였다고
할 수 있다.
 여기서 우리가 주의해야 할 사항이 하나 있다. 일단 재이가 발생하면
그것은 (가)의 '무덕(無德)', (나)의 '박덕(薄德)', (다)의 '수덕(修德)',
(바)의 '부덕(不德)' 소치라고 한 것처럼 그것은 군왕의 유덕(有德) 여
부와 연관되어 있다고 생각되었다. 이런 사고방식은 앞 장에서 왕이허
(Aihe Wang)가 언급한 천인합일(天人合一) 원리이다. 즉 천(天)과 인
(人)을 결합시키면서, 단일한 우주적·사회적 질서를 구성하는 것은
윤리적 원리들이었다. 그리고 이런 생각은 오행의 상극적 운행을 부정
하지는 않았지만 그러나 그것을 천(天), 지(地), 인(人)이란 더욱 거대
한 도덕적 우주론에 종속시켰다. 이런 식의 우주론의 존재론적 이론화
는 황제의 권력 근거를 물질적 공적(功績) 대신에 도덕적 자질로써 대

雹寒風 乾文屢變 山禽野獸 白日飛走於城中.

체하는 사회정치적 프로그램이었다.298) 이런 지적을 참고하면, 국왕
의 '덕'은 단순한 바람직한 인간행동 규범을 의미할 뿐 아니라 사회·
우주자연의 연속체의 질서를 유지하는 우주적인 힘이 되기도 한다. 따
라서 군왕의 유덕·부덕의 여부는 사회·우주·자연의 질서를 결정하
는 제일 요인이 되어서 재이 발생, 그 소재(消災) 능력 여부의 기준이
되기도 하였다.

또한 위와 같은 사고방식은 고려 군왕들의 존재론적 성격을 파악하
는 데에 중요한 단서를 마련해 주는 것이다. 이에 관한 근거는 다음과
같은 예를 보아서 확인할 수 있다. 인종은 재위 12년에 재이가 일어나
자 태조진전을 찾아가 눈물을 흘리면서 다음과 같이 아뢰고 있다.

> 인종 12년 5월 무진: 여러 능(陵)과 묘사(廟社)·산천(山川)에 비를
> 빌면서, 왕이 태조진전(太祖眞殿)을 배알(拜謁)하고 눈물을 흘리면서
> 고(告)하기를, "신(臣)이 진실로 부덕(不德)하여 선왕(先王)이 이룩한
> 법도(法度)를 능히 따르지 못하고 정치(政治)가 족히 천지(天地)를 돕
> 고 음양(陰陽)을 고르게 하지 못하였습니다. 그러므로 천(天)이 재앙(災
> 殃)을 내려 3월에 눈이 내리고, 4월에 서리가 오며, 그 위에 인물(人物)
> 을 벼락 친 것이 40여 곳이나 되고, 달이 넘도록 비가 오지 않으니, 일천
> 리(里)가 적지(赤地)가 되어 백성이 의지하여 살지 못하고, 굶어 죽은
> 자가 서로 잇대었으니, 죄는 진실로 신(臣)에게 있음이오. 창생(蒼生)에
> 게 무슨 허물이 있겠습니까. 세심(洗心)하고 회과(悔過)하여 조상(祖上)
> 의 교훈을 본받고자 하나이다. […] 또 대명궁(大明宮)에 이어(移御)하
> 여 조(詔)를 내리기를, "한재(旱災)가 바야흐로 깊어서 전야(田野)가 마
> 르고 타서 풍년(豊年)의 희망(希望)을 잃고 간식(艱食)의 근심을 끼칠
> 까 두려워하나니, 무고(無辜)히 뇌옥(牢獄)에 잘못 갇힌 자가 있나 염려

---

298) Aihe Wang, *Cosmology and Political Culture in Early China*, Cambridge
University Press, 2000, p.146. 재인용.

하노라. 그 2죄(二罪)[참죄(斬罪)·교죄(絞罪)]를 범한 자는 형(刑)을 제(除)하여 원류(遠流)하게 하고 유죄(流罪) 이하는 다 너그럽게 하여 면죄(免罪)하게 하라."고 하였다. 저자를 옮겼다.[299]

기상 이변과 가뭄이 모두 군왕인 인종 자신의 '부덕(不德)'의 소치로 돌리고 있었다. 이런 진술과 사례들을 종합해 보면, 군주의 도덕적 본질인 덕이 우주체계의 여러 차원들에 걸치는 모든 실재들에 침투하여 연속되고 있었다고 여겨졌다. 다시 말하자면, 군왕의 존재는 천체·무기물·유기물 차원 간의 정합적 구성 질서와 순환과정에 일차적으로 깊게 관련되고, 또한 그 차원들의 연속에 연결마디(link), 곧 추요(樞要)와 같은 기능을 제공해 주는 자로서 관념되고 있었다. 결국 군왕의 덕이란 우주구성의 실재들 사이에서 질서와 운동을 규정하는 우주체계 안에 내재한 근본적인 힘 또는 경향으로 생각되었다.

상기한 맥락에서 당시 군주에 대한 이미지는 재이 발생, 특히 기상 차원의 이상 현상과 밀접하게 연관되고 있었다. 한 예를 보면, 최충헌이 초제(醮祭)를 지내고 왕을 교체하려 하였을 때 재이가 일어났다고 한다.

최충헌(崔忠獻) 형제(兄弟)가 초(醮)를 설(設)하고, 왕을 폐립(廢立)하는 일로 하늘에 고(告)하였다. 이 날 저녁에 크게 뇌전(雷電)하고 우박(雨雹)이 내리며, 회오리바람이 갑자기 일어나 흥국사(興國寺) 남쪽

---

299) 『고려사』, 인종 12년(1134) 5월 무진: 戊辰 禱雨于諸陵 及廟社山川 王 謁太祖 眞殿 流涕 告曰 臣實不德 不能率先王之成憲 政不足以亮天地 和陰陽 是以 天降 之災 三月雪 四月霜 加以雷震人物 四十餘所 彌月不雨 赤地千里 民不聊生 餓相 枕 罪實在臣 蒼生何辜 庶幾洗心悔過 祖訓是式 又移御大明宮 下詔曰 早災方深 田野枯槁 恐失有年之望 以貽艱食之憂 慮有無辜 誤滯牢獄 其犯二罪 除刑遠流 流以下罪 悉皆原免 徒市.

길가의 나무를 뽑고 옥중(獄中)에 불어드니, 담이 전부 무너지고 옥(獄)
에 가까운 새 보랑(步廊) 18간(間)도 일시에 무너졌으며, 또 고달판(高
達坂)을 불어지나 현성사(賢聖寺)에 이르러 많은 나무를 뽑았다.300)

　　명종 27년(1197)에 최충헌301) 형제는 왕을 폐하고 왕제(王弟)인 신
종을 영립하고 있었다. 이러한 그들의 참월한 소행은 하늘에 감응하여
벼락이 치고 우박이 내리고 길가의 나무뿌리가 뽑히는 등의 재이를 일
으켰다. 이렇게 신하의 월권이 그 당시 군왕의 존재론적 상징인 우주질
서를 교란하여 재이를 발생시켰다는 관념형태를 우리는 위의 기록에서
확인할 수가 있다.302)

---

300)『고려사』, 명종 27년(1197) 추(秋)9월 갑인: 崔忠獻兄弟 設醮 以廢立事 告天
　　是夕 大雷電雨雹 旋風暴起 拔興國寺南道傍樹木 吹入獄中 垣墻盡頹 近獄新步廊
　　十八間 一時壞 又吹過高達坂 至賢聖寺多拔樹木.

301)『브리태니커 백과사전 CD』최충헌 조: 1149(의종 3)-1219(고종 6). 고려 무신정
　　권기의 집권자. 이의민(李義旼)을 제거하고 집권한 후 강력한 독점적 권력을 행사
　　했으며 4대 60여 년에 걸친 최씨무인정권의 기반을 마련했다. […] 1196년 동생
　　충수(忠粹)와 함께 이의민을 살해하고 그 일당을 숙청하여 정권을 장악했다. 집권
　　후 그동안 누적된 폐정(弊政)의 개혁을 요구하는 '봉사십조'(封事十條)를 왕에게
　　올려 자신의 집권을 합리화했다. 이어서 왕의 측근 50여 명을 몰아내고 좌승선(左
　　承宣)을 거쳐 지어사대사(知御史臺事)가 되었다. 1197년에 충성좌리공신(忠誠佐
　　理功臣)을 제수 받았다. 왕이 봉사십조를 시행하지 않고 국고만 낭비하자 군사를
　　동원하여 명종을 폐위하고 평량공(平涼公) 민(旼.신종)을 왕으로 추대했으며 정국
　　공신 삼한대광대중대부 상장군주국(靖國功臣三韓大匡大中大夫上將軍柱國)이
　　되었다. 그해 동생 충수가 딸을 태자비로 들이려 하자 이에 반대하여 박진재(朴晉
　　材) 등의 도움을 얻어 군사력으로 제압하고 동생을 살해했다. 1198년(신종 1) 만적
　　(萬積)의 난을 사전에 진압하고 이듬해 병부상서 지이부사(兵部尙書知吏部事)에
　　올라 문무관의 전주(銓注)를 관장했다. […]

302) 이런 관념은 고려 초기에도 산견(散見)되는데, 그 일례로서『고려사』, 정종 3년
　　(948) 추(秋)9월, '동여진(東女眞)의 대광(大匡) 소무개(蘇無蓋) 등이 와서 말 700
　　필(匹)과 방물을 바치거늘 왕이 천덕전(天德殿)에 거동하여 말을 검열하여 3등급
　　으로 나누고 그 값을 평정(評定)하였는데 1등급은 은주자(銀注子) 하나와 면견(綿

또한 공양왕 때 간관(諫官) 오사충 등이 재이발생을 근거로 하여 우왕과 창왕을 제거 한 것을 당시 일어난 재이를 갖고 다음과 같이 정당화하고 있다.

공양왕 원년 12월 계해: 왕이 효사관(孝思館)에 나아가 우(禑)·창(昌)을 벤 것으로써 태조(太祖)에게 고(告)하였는데 축문(祝文)에 이르기를, "조선(朝鮮)의 말엽에 나라가 치수(錙)처럼 나뉘어 78이 되오며 약자(弱者)는 토(吐)하고 강자(強者)는 탄(呑)하여 삼웅(三雄)으로 병합되니 전쟁이 쉬지 않았나이다. 성조(聖祖)[太祖]께서 용흥(龍興)하사 천과(天戈)가 향하는 곳에 군도(群盜)가 삭평(削平)되니 김부(金傅)[신라의 마지막 왕, 즉 敬順王]이 빈복(賓服)하고 견훤(甄萱)[후백제 왕]이 내정(來庭)하며 신검(神劍[견훤의 아들])의 목을 바치니 통일이 이룩되어 자손이 상전(相傳)하기 457년으로 공민왕(恭愍王)에 이르러서 아들 없이 돌아가매 적신(賊臣) 이인임(李仁任)이 국정(國政)을 천단(擅斷)하여 이에 신돈(辛旽)의 비첩(婢妾) 반야(般若)의 소생인 우(禑)를 세워 임금으로 삼고 족제(族弟) 이림(李琳)의 딸을 시집보내고 아들을 낳아 창(昌)이라 하니 부자(父子)가 서로 이어 국조(國祚)가 중절(中絶)하였나이다. […]
성조(聖祖)께서 배현경(裴玄慶), 홍유(洪儒), 신숭겸(申崇謙), 복지겸(卜智謙), 유금필(庾黔弼), 최응(崔凝) 6공(公)의 공(功)에 보답하여 형상(形象)을 그려 대묘(大廟)에 배향(配享)하여 춘추(春秋)로 어기지 않

絹) 각 1필(匹), 2등급은 은발(銀鉢) 하나와 면견(綿絹) 각 1필(匹), 3등급은 면견(綿絹) 각 1필(匹)로 하더니 갑자기 우뢰가 들리고 비가 내려 물건을 다루는 사람에게 벼락이 치고 또 궁궐의 서쪽 모퉁이에도 벼락이 치매 왕이 크게 놀라거늘 근신(近臣)들이 부축하여 중광전(重光殿)에 들게 하였는데 드디어 병환이 나니 사면령을 내렸다. 비로소 후한(後漢[五代])의 연호(年號)를 사용하였다(東女眞大匡蘇無盖等 來獻馬七百匹 及方物 王 御天德殿 閱馬爲三等 評定其價 馬一等 銀注子一事 錦絹各一匹 二等 銀鉢一事 錦絹各一匹 三等 錦絹各一匹 忽雷雨 震押物人 又震殿西角 王大驚 近臣等 扶入重光殿 遂不豫 敕 始行後漢年號).

았는데 31대를 전하여 공민왕(恭愍王)에 이르러 아들이 없이 갑자기 홍
(薨)하니 국조(國祚)가 중절(中絶)하였나이다.

　공민왕(恭愍王)의 장일(葬日)에 무지개가 해를 거듭 둘렀고 우(禑)가
처음 증제(蒸祭)하는 저녁에 솔개가 대실(大室)[태묘 중앙의 실]에서 울
고 천지가 진동하였으며, 이듬해 3월 의릉(毅陵)[충숙왕(忠肅王)]의 기
신(忌晨)에 대풍(大風)이 비와 함께 불고 벼락과 번개에 또한 우박이 내
렸고, 우(禑)가 습작(襲爵)할 때에 대풍(大風)이 조묘(祧廟)[종묘(宗廟)]
로부터 일어 북쪽으로 향하매 대실(大室)의 취두(鷲頭)가 부러지고 묘
문(廟門)이 넘어졌으며 조묘(祧廟) 침원(寢園)의 소나무가 태반(殆半)
이나 뽑히고 쥐가 대실(大室)의 주욕(主褥)을 먹었으며 이듬해에는 얼
음(御)이 불탔습니다. 지난 해 6월에 창(昌)이 설 때 말(馬)이 전국보(傳
國寶)를 차서 갑(匣)이 부서지고 열쇠가 부러져 보(寶)가 튀어나와 땅에
굴렀으니, 이는 조종(祖宗)이 이성(異姓)을 노(怒)하사 그 제사를 흠향
(歆享)치 않고 위(威)를 동(動)하여 이를 끊은 것입니다. 비록 면전(面
前)에서 명하고 귀에 대어 말함인들 어찌 이에서 더하오리까.303)

　위의 상소에서 이성계의 일파인 오사충은 우왕과 창왕이 신돈의 비
첩 반야의 아들로서 공민왕의 혈통이 아니었으므로 고려왕조의 혈통은
실제상 단절되게 되었다고 주장하였다. 그 증거로서 공민왕의 장일(葬

---

303)『고려사』, 공양왕 원년(1389) 12월 계해: 癸亥 王 詣孝思觀, 以誅禑·昌 告于太
祖 祝文曰 朝鮮之季 國分銖 至七十八 弱吐强呑 倂爲三雄 戰爭不息 聖祖龍興
天戈所指 群盜削平 金傳作賓 甄萱來庭 神劒授首 一統以成 子孫相傳 四百五十
有七年 及恭愍王無子而上賓 賊臣李仁任 圖擅國政 乃以辛旽婢妾般若所生禑 立
以爲君 嫁以族弟李琳之女 生男曰昌 父子相繼 國祚中絶 […] 聖祖報功 裴·洪·
申·卜·庚·崔六公 圖形對御 與享大廟 春秋不 三十一傳 至恭愍王 無子暴薨
國祚中絶 恭愍之葬 虹重圍日 禑初蒸夕 鳴大室 天地震動 明年三月 毅陵忌晨 大
風以雨 震雷且雹 及禑襲爵 大風起祧廟 而北指大室 鷲頭折 廟門仆 祧廟寢園 松
樹拔殆半 鼠食大室主褥 明年 御廩災 去歲六月 昌之立 馬傳國寶 匣碎折 寶躍出
走地 祖怒異姓 不歆其祀 動威以絶之.

日)에 무지개가 해를 거듭 두르는 재이가 일어났다. 그리고 우왕이 처음 겨울 제사하는 날에는 솔개가 대실(大室)에서 울었고, 충숙왕의 제삿날에는 대풍, 벼락, 번개, 우박 등의 천재(天災)가 있었다. 이뿐만 아니라 우왕이 즉위일에는 대풍이 일고, 조묘 침원의 소나무들이 태반이나 뽑히고, 창왕이 등극할 때는 말이 전국보(傳國寶)의 상자를 차서 거기에 들었던 보(寶)가 땅에 굴렀다. 위의 상소자(上疏者)는 이런 사건들을 보아서도 조종(祖宗)이 이성(異姓)이 왕위를 계승하는 것을 싫어하여 두 왕들이 받드는 제사를 거부한 것이라고 결론을 내리고 있었다. 여기에서 고려왕들은 단순한 정치적 권력을 잡은 지상적 존재뿐만 아니라, 사회와 자연계를 소통할 수 있는 우주적 인격이었음이 드러난다. 그리고 그 왕의 자격 기준은 조상의 혈통을 제대로 잇고 있는지 어떠한지에 달려있었다. 이런 진술로부터 고려 당대의 국왕이란 왕조권력의 단순한 통합자 뿐만이 아니라 우주를 구성하는 실재들의 연속성에 일종의 연결고리(link) 같은 역할을 하는 우주론적 준거틀이 되는 신성한 존재자로 여겨졌다.

Ⅱ. 의례적(儀禮的) 질서론

고려시대 유가들은 우주를 상호 역동적으로 작용하는 유기체적 전일체로 생각하고 있었다. 그 구성의 실재들의 연계 방법은 기계론적 우주관처럼 순차적·계기적인 어떤 인과율(因果律)을 가진 것이 아니었다. 이를 구체적으로 말하자면, 앞서 인용한 사료에서 우왕이 군왕으로서 정통성이 없어 재이가 빈발되었다고 한다. 그런데 재이들 사이에는 내적 인과성이 없고 단지 병렬(竝列)되고 있을 뿐이다. 결국 이것은 사회 차원의 비정상적인 사태가 동시다발적이며 비국부적으로 여러 차원들의 실재들을 동요시켜 그 결과로 재이가 일어났다고 하는 사고였다. 그러면 우주 실재 간의 상호 작용은 어떤 인과율적 규칙성을 갖지 않고 단순한 병렬적 배치밖에 없었는가 하는 의문이 떠오른다. 여기서 실제 사례를 통해서 이런 문제를 해결해보도록 하겠다.

숙종 때에 송충이 번식하자 신하들은 왕에게 다음과 같이 상소하고 있다.

> 숙종 6년 하4월 을사: 폭무(曝巫)하여 기우(祈雨)하였다. 군신(群臣)이 상언(上言)하기를, "송충(松虫)이 번식하여 압양(壓禳)하여도 효험이 없습니다. 신(臣) 등이 삼가 살피옵건대 경방역(京房易)의 비후조(飛候條)에 이르기를, '식록(食祿)하는 자가 임금의 치화(治化)를 보익(輔益)하지 못하면 하늘이 이에 충재(虫災)를 나타낸다.'고 하였습니다. 신(臣) 등이 무상(無狀)하여 성상(聖上)께 근심을 끼쳤사오니 원컨대 현자(賢者)를 등용하고 불초자(不肖者)를 물리쳐 천견(天譴)에 답하시옵소서."라고 하였으나 회보(回報)하지 아니하였다. 용왕도량(龍王道場)을 임해원(臨海院)에 설(設)하여 기우(祈雨)하였다.[304]

---

304) 『고려사』, 숙종 6년(1106) 하(夏)4월 을사: 曝巫祈雨 群臣上言 松虫蕃殖 壓禳無效 臣等謹按 京房易飛候云 食祿不益聖化 天示之虫 臣等無狀 以貽上憂 願進賢退不肖 以答天譴 不報 設龍王道場于臨海院 祈雨. 이와 비슷한 내용의 사료(史料)로서 『고려사』, 지8 오행 2, 인종 5년(1127) 7월: 인종(仁宗) 5년 7월에 서경(西京)과 서북도(西北道)에 황재(蝗災)가 들었다. 23년 7월에 북계(北界)의 창주(昌州) 삭주(朔州) 구주(龜州) 의주(義州) 정주(靜州) 용주(龍州) 철주(鐵州) 등 7주(州)와 서해도(西海道) 해주(海州)에 황재(蝗災)가 드니 태사(太史)가 아뢰기를 "지금 황충(蝗蟲)이 사방에서 일어나는데 이는 국가(國家)에 사인(邪人)이 많고 조정(朝廷)에 충신(忠臣)이 없으니 위(位)에 있어 녹(祿)을 먹는 것이 충(蟲) 같기 때문입니다. 마땅히 도(道)가 있는 사람을 천거(薦擧)하여 열위(列位)에 두시면 그 재앙(災殃)을 편안히 할 것입니다."라고 하였다(仁宗五年七月 西京·西北道 蝗 二十三年七月 北界昌·朔, 龜·義·靜·龍·等七州 及西海道海州 蝗 太史奏

이 상소에서 사회의 영역에서 신하들로서 자신의 무익한 존재는 유기물 차원에서 송충의 솔잎을 먹는 것과 한가지인 무익함과 무매개적으로 연계되고 있었다. 그런데 이런 평형된 두 계열을 연결시킬 수 있는 근거는 형상화되고 물상화(物像化)된 양계열의 무익이라는 형식상의 유사성에 근거하고 있었다. 다시 말하면, 내용상으로 상호 아무런 연관이 없는 두 차원의 현상들 사이에 물상화된 형식상의 유사성을 매개로 하여 동일성이 상정되고 있었다. 이런 사고유형에 의하면 실재들의 특정 부분에 근거하여 형태상의 유사성만 있다면 거기에는 여하한 종류의 내용이라도 동화(同化)될 수 있었다. 따라서 이런 점을 무시하고 하나의 재이 현상에다 특정한 역사적 내용을 부착시키려는 노력은 문제가 있게 된다.305)

위에서 언급한 내용과 형태에 관한 인간의 사고방식은 인류학과 종교학에서 중요한 주제가 되어 있다. 이는 또한 상술한 바와 같이 재이설과 매우 밀접한 관계가 있으므로 좀 더 자세히 그 논리형식을 살피기로 하겠다. 사회인류학자인 스탠리 탐비아(Stanley Tambiah)는 인간의 사고방식의 하나인 유추(類推)(analogy)에 관련하여 다음과 같이 지적하고 있다. 즉, 인간이 사물과 현상에 대해 그 유사성에 관해 유추하는 두 가지 방식들, 즉 과학적(scientific) 유추와 형식적(conventional) 유추가 있다. 과학적 유추는 비교되는 사물 간에 공유된 속성 또는 유

日 今蝗蟲四起 此乃國多邪人 朝無忠臣 居位食祿如蟲 宜擧有道之人 置之列位 以其災). 여기서도 황충(蝗蟲) 출현과 사인(邪人) 존재가 형태상으로 대응되고 있다.
305) 형식과 내용에 관한 사고방식은 다음 책을 참고하였다. 참조서: Claude Lévi-Strauss 저·안정남 역, 『野生의 思考』 KBS 사업단, 1990, 81-82쪽. 야생적 사고에서 명명(命名)이나 분류체계의 활용가치는 그 형식적 특성에서 오는 것이다. 고전적 인류학자의 잘못은 이 형식은 어떠한 내용이라도 동화할 수 있는 하나의 방법론이므로 여기에다 일정한 내용을 결부시켜서는 안 된다.

사점들에 대하여, 형식적 유추는 공유하지 않는 속성들이나 차이점들에 관련된다. 이렇게 근본적으로 서로 다르게 구별되는 유추 형태들 중, 전자는 귀납적으로 방법으로서 과학적 가설들과 그 비교들에서 하나의 모델로 이용된다. 이 유추에서 기지(旣知) 또는 이해된 사례는 모델(model)로 이용되며, 미지의 또는 불확실하게 알려진 사항은 이론적 수단으로 해명되어야 할 현상으로 설명사항이 된다.

	유사성 관계	
	소리의 속성 ·	광선의 속성
	반향	반사
인과적 관계	음성 크기	밝기
	음조	색채
	기타	

〈표 10〉 과학적 긍정적 유추. 출처: Stanley Jeyaraja Tambiah, *Culture, Thought, and Social Action: An Anthropological Perspective.* p.70, Figure 2.1.

만약 〈표 10〉이 과학에서 물질적 유추로서 이용될 수 있다면, 수평적 항들(반향 : 반사 등)은 동일하거나 유사해야 한다. 그리고 수직적 관계(반향, 음성 크기 등과 같은 소리의 속성들 사이)는 인과적이어야 한다. 인과적이라는 것은 광의적으로 해석하면 적어도 어떤 속성들이 다른 속성들의 발생을 위한 필요 또는 충분조건들이어야 한다는 점에서 공동 발생하는 경향을 뜻한다.

〈표 11〉에 보이는 좀 더 덜 엄격한 사례에서 수평적 관계는 구조 또는 기능에서의 유사성을 보일 수 있다. 한편 수직적 관계는 진화적이거나 적응적이거나 간에 부분들의 상호관계에 관한 어떤 이론에 의존하

는 전체 대(對)부분들의 유사성을 나타낸다.

　유추들은 수평적 한 쌍 관계가 유사성의 관계라면, 그 모델의 수직적 관계가 과학적으로 납득될 수 있다는 의미에서 인과적이라면, 이론적 모델로 이용될 수 있다. 이런 조건들이 충족된다면, 그때 예측은 어떤 기지 항들인 3개로부터 미지의 제4항에 관해 정당하게 수행될 수 있다. 예를 들자면, 소리와 광선 유추의 경우에 관한 〈표 9〉에서 반향이 반사에 대해 그 유사성이 성립된다면, 우리는 소리에서 소리 크기 속성이라는 기지 항에서 광선에서 유사한 밝기 속성을 발견할 수 있을 것이다. 또는 새와 물고기 유추에 관한 〈표 11〉에서 우리는 새 골격의 알려진 부분들부터 물고기 골격의 미지의 부분을 예측할 수 있다.

	유사성	
공동발생	새	물고기
	날개	지느러미
	폐	아가미
	가죽	비늘

〈표 11〉 과학적 유추. 출처: Stanley Jeyaraja Tambiah, *Culture, Thought, and Social Action: An Anthropological Perspective*. p.70, Figure 2.2.

	유사성	
공동관계	아버지	고용주
	아이들	노동자

〈표 12〉 형식적 유추. Stanley Jeyaraja Tambiah, *Culture, Thought, and Social Action: An Anthropological Perspective*. p.71, 아버지/아이들 : 고용주/노동자의 대응비례를 표로 만듦.

〈표 12〉의 형식적 유추는 과학적 유추와 다음과 같은 점들에서 다르다. (1) 수직적 관계는 특별히 인과적이 아니다. (2) 양쪽의 기지항(旣知項)들 사이에는 수평적 유사성이 없다. (3) 고용주와 노동자라는 수평적 관계는 정치적 선전에 불과하다. (4) 다른 기지 사항들에 의해 제4의 미지항을 알 수가 없다. 이런 개념적 조작의 궁극적 목적은 가정된 3개의 항들로부터 아이들의 가치를 제4항 노동자에 이전하여 노동자들로 하여금 아이들과 같다고 믿게 만드는 데에 있다.306)

상술한 설명에 근거하면, {군주/신하 : 솔나무/송충}이라는 유추 관계는 수평적이거나 수직적 항들에서 아무런 관계가 없다. 이 담론은 신하들의 가치를 송충에 이전하여 그들이 임금에게 무익한 존재일 수 있다는 것을 주장하려는 데에 있다. 이는 매우 정치적 설득으로서 신하가 송충과 같은 존재가 되어서는 안 된다는 것이다. 이런 관점을 확대해 보면, 재이사상의 핵심인 천인감응설은 '天'(우주자연)과 '人'(사회)의 현상 간에 형식적-부정적 유추를 매개하여 왕권에게 특권적 지위를 부여하는 사고도식이라 할 수 있다.

상술한 문제를 좀 더 상세히 고찰하기 위해 숙종 연대의 충식(蟲食) 기사를 찾아보면 다음과 같은 것이 있다.

충(蟲)이 평주(平州) 관내 백주(白州) 토산(兎山)의 소나무를 먹었다. 6년 4월에 충(蟲)이 수압산(首押山) 소나무를 먹었다. 신축(辛丑)에 태사(太史)가 아뢰기를, "충(蟲)이 소나무를 먹는 것은 이는 병란(兵亂)의 조(兆)이니 마땅히 관정(灌頂) 문두루(文豆婁) 보성등(寶星) 등의 도량(道場)과 노군부법(老君符法)을 행하여 써 이를 가시소서."한대 이를

---

306) Stanley Jeyaraja Tambiah, *Culture, Thought, and Social Action: An Anthropological Perspective*, Harvard University Press, 1985, pp.69-72. 또한 이 책 저자는 형식적 설득적 유추는 주술적 의례(儀禮)에 속한다고 지적하고 있다.

청종(聽從)하고 병인(丙寅)에 드디어 승도(僧徒)를 수압산(首押山)에 모아서 이를 가시었다.307)

여기서 태사는 동일한 송충 재이를 두고 병징(兵徵)으로 해석하고 있다. 태사는 그 당시 북만주에서 준동하고 있는 여진족의 고려 영토의 잠식(蠶食) 우려와 '충식송(蟲食松)' 현상을 물상화된 형상 간의 유사성에 근거하여 병징으로 예측한 것이다. 이렇게 한 재이에 내용상 복수의 의미가 부착될 수 있기 때문에 재이와 정치적·역사적 사건은 상호 일대일로 대응될 수 없게 된다.308) 만일 양자가 부합된다면 그것은 우연의 일치에 불과할 가능성이 높다.

그리고 송충이 소나무를 먹는 것은 병란의 징조라고 하는 태사의 말을 들어서 조정은 불교의례인 관정, 문두루, 보성 등의 도량과 더불어 도교식의 노군부법을 거행하고 있다. 이는 '국토/외적 : 소나무/송충' 이라는 등식에서 네 개의 항들이 서로 관련이 있다고 하는 형식적 설득적 유추를 하고, 이를 불교나 도교의 영위적 힘을 가지고 물리칠 수 있다는 사고방식을 반영하고 있다. 여기서 불교와 도교의 행사는 상술한 등식에서 서로 무관계한 항들을 연계하여 그 항들을 행위 주체자의 소원대로 재배치시킬 수 있다는 신비한 힘에 대한 믿음을 표현하는 제의적 행위라고 할 수 있다. 이런 사고방식에서 나온 종교적 의례가 바로 주술적 기능309)을 갖었다고 하겠다. 그리고 여기서 재이설의 천인감응

---

307) 『고려사』, 지8 오행2, 숙종 5년(1100) 5월: 肅宗五年五月 蟲 食平州管內白州·兎山松 六年四月 蟲 食首押山松 辛丑 太史奏 蟲 食松 此兵徵也 宜行灌頂·文豆婁·寶星等道場 老君符法 以禳之 從之 丙寅 遂集僧徒于首押山 以禳之.

308) 이희덕, 『高麗儒教政治思想의 硏究』, 일조각, 1984: 재이와 정변(政變) 관계를 일대일 대응을 시도하였으나 그 관계가 애매모호하여 정확히 들어맞지가 않는다. 이는 재이사상의 상술한 성격에 기인된다고 생각된다.

309) *Encyclopedia Britannica 2009 Student and Home*(Online Edition), magic

론은 고려시대에 고려문화가 가진 세계관을 표현한 것이라 할 수 있다.

고려 말 공민왕 때에 붉은 개미떼와 검은 개미떼가 서로 싸우는 것을 보고 사천감은 왕에게 다음과 같이 상주하고 있다.

공민왕 8년 5월 정유: 적(赤)과 흑(黑)의 개미떼가 서로 싸우니 사천 감(司天監)이 아뢰기를 "병지(兵志)에 말하기를 왕개미가 싸우니 병란 (兵亂)이 크게 일어난다고 하였습니다."라고 하였다. 9년 4월 임진(壬 辰)에 적(赤)과 흑(黑)의 개미떼가 서로 싸우는데 전년(前年)과 같이 모 두 초(初) 6일이었다.310)

생물 차원의 범주에서 '군의상전(群蟻相戰)', 즉 개미떼가 싸우는 형 상은 사회 차원에서 병정들이 전쟁하는 것과 형태상 비슷하기 때문에 이 런 예언이 있게 된 것이다. 이런 예측이 있게 된 공민왕대(1351-1374)는 내외가 격동하는 시대였다. 우선 왕은 14세기 후반, 원명(元明) 교체라 는 대륙정세를 이용해서 많은 개혁을 추진하였다. 대외적으로는 적극 적인 배원(排元)정책을 펴서 몽고적 잔재를 일소하고, 실지회복을 위 한 북진정책을 실시하였다. 이와 동시에 외침이 매우 잦은 시기여서 공 민 8년(1359) 12월 홍건적311) 모거경이 4만 명을 이끌고 쳐들어와 의

---

article. 결론 부문: 주술이라고 분류된 행위이나 의식들은 본질적으로 특별한 자신 의 역사적 발전 단계에서 특별한 시점에 처해있는 민족들이 갖고 있는 세계관의 국면 또는 반영을 표현한 것이라 할 수 있다. 이렇게 주술이란 종교와 과학과 같이 한 문화의 총체적 세계관의 일부이다.

310) 『고려사』, 지9 오행3, 공민왕 8년(1359) 5월 정유: 赤黑群蟻相戰 司天監奏 兵志 曰 蟻戰 兵大興 九年四月壬辰 赤黑群蟻相戰 與前年皆初六日也.

311) 『한국민족문화대백과사전』 홍건적 조: 1359년 12월 모거경(毛居敬)이 4만 명의 무리를 이끌고 쳐들어와 의주(義州)·정주(靜州)·인주(麟州)가 함락되었다. 또 한 수문하시중(守門下侍中) 이암(李嵒)을 서북면도원수로, 경천흥(慶千興)을 부 원수로, 김득배를 도지휘사로 삼아 침입을 막으로 했으나 철주(鐵州)와 서경(西

주·정주·인주가 함락되었다. 이에 왕은 이승경을 도원수로 삼고, 다음 해 1월에 2만 명의 군사를 보내 서경을 탈환하였다. 또한 왜구[312]도 기승을 부려서 공민왕 때에는 동해·서해·남해의 연안뿐만 아니라 내륙까지 침범하였다. 또한 왜구가 강화의 교동과 예성강 어구에까지 출몰해 개경의 치안을 위협하자 천도설까지 거론되었다. 그리고 공민왕 11년(1362) 7월 왕의 반원정책에 불만을 품은 원나라 장군 납합출[313]이 수만 명의 병사를 거느리고 쳐들어 왔다. 이를 이성계가 덕산동 원평에서 만나 섬멸하고 있었다. 이렇게 공민왕 8~11년(1359~1362) 사이에 홍건적·왜·원의 침입이 계속되고 있었다. 따라서 공민왕 8년

京: 평양)이 계속해서 함락되었다. 이에 이암 대신 이승경(李承慶)을 도원수로 삼고, 다음 해 1월에 2만 명의 군사를 보내 서경을 탈환하였다. 또 2월에는 정주·함종(咸從)·안주(安州: 재녕)·철주 등지에서 이들을 섬멸해 모두 압록강 이북으로 몰아내었다.

312) 앞의 책, 왜구 조: 본격적인 왜구의 침입은 1350년(충정왕 20)부터였으며, 공민왕 때에는 동해·서해·남해의 연안뿐만 아니라 내륙까지 침범하였다. 또, 강화의 교동과 예성강 어구에까지 출몰해 개경의 치안을 위협하자, 천도설까지 거론되었다. 우왕 때는 재위 14년 동안 378회의 침입을 받았다. 이들은 조세를 운반하는 조선(漕船)과 그것을 보관하던 조창(漕倉)을 습격해 미곡을 약탈했으며 수많은 사람들을 노략질해갔다. 이 틈을 타서 왜구로 가장해 노략질을 하는 가왜(假倭)도 나타났다. 가왜는 주로 화척(禾尺)들이 주동이 되어 공해(公力)와 민호(民戶)를 노략하였다.

313) 『고려사』, 공민왕 11년(1362), 추(秋)7월: 납합출(納哈出)이 병사(兵士) 수만(數萬)을 거느리고 탁도경(卓都卿) 조소생(趙小生)과 함께 홍원(洪原)의 달조동(洞)에 진을 치고 합자만호(哈剌萬戶) 나연첩목아(那延帖木兒) 동첨(同僉) 백안보하(伯顔甫下)를 보내어 병사(兵士) 1,000여를 지휘하여 거느려 선봉(先鋒)이 되게 하거늘 태조(太祖) 이성계(李成桂))가 덕산동(德山洞) 원평(院平)에서 만나 격주(擊走)시키고 함관(咸關) 차유(車踰) 2 령(嶺)을 넘어 거의 섬멸(殲滅)하니 버린 갑주(甲) 병기(兵器)는 가히 다 헤아릴 수 없었다(納哈出 領兵數萬 與卓都卿·趙小生等 屯于洪原之洞 遣哈剌萬戶那延帖木兒·同僉伯顔甫下指揮 率兵千餘 爲先鋒 太祖 遇於德山洞院平 擊走之 踰咸關·車踰二嶺 幾殲 委棄鎧仗 不可勝數).

사천감의 상소는 이런 대외적 불안을 미리 감지하여 그들의 침략의 가
능성을 막연하게 예언한 것이지 어느 하나를 특정하여 한 것은 아니었
다. 이와 같은 사천감의 사고방식을 더 일반화하여 말하자면, 한 차원
의 변칙인 실재 출현은 즉자적으로 다른 범주, 특히 사회 범주에 영향
하여 비정상적인 사건들을 초래한다는 것이었다. 그리고 양쪽 사건들
간의 연상은 사건의 내용과는 관계없이 형식상의 유사성에 근거하고
있었다.

상술한 맥락에서 한 차원에서 교란된 실재들의 출현은 고려시대 사
람들에게는 큰 불안과 걱정을 안겨주는 위험한 현상으로 여겨졌다. 이
런 생각은 태조 때 명신 최응이 졸(卒)하자 당대 사람들이 그를 다음
같이 평가한 데서 잘 나타난다.

> 태조 15년 11월: 전내봉경(前內奉卿) 최응(崔凝)이 졸(卒)하였다. 그
> 는 황주(黃州) 토산(土山) 사람이다. 처음에 그 어머니가 애기를 배었을
> 적에 그 집에 누른 오이 덩굴이 있었는데 갑자기 참외가 맺었으므로 고
> 을 사람들이 궁예(弓裔)에게 알렸다. 궁예가 점을 쳐보게 하니, '사내아
> 이를 낳으면 나라에 이롭지 못할 것이니 아예 키우지 말게 하십시오.' 하
> 였다. 그 부모가 숨겨서 기루었는데, 그 후 이미 장성하여서는 오경(五
> 經)에 통달하고 글짓기를 잘하여 궁예 밑에 한림(翰林)이 되어 매우 존
> 경을 받았다. 왕이 즉위하자 지원봉성사(知元鳳省事)가 되었다가 조금
> 후에 광평낭중(廣評郎中)에 임명되었다. 최응이 관리의 사무에 환하게
> 통하니, 그 당시의 칭찬이 자자하였다. 왕이 일찍이 이르기를, "경(卿)
> 이 학식이 풍부하고 재주가 높으며, 겸하여 정치의 체통을 알고 나라를
> 근심하여 공무에 힘쓰며, 한 몸의 이해를 돌보지 않고 충성을 바쳤으니,
> 옛날의 명신(名臣)이라도 이보다 낫지는 못할 것이다." 하였다.[314]

---

314) 『고려사절요』, 태조 15년(932) 11월: 前內奉卿崔凝卒 凝黃州土山人 初母有娠
家有黃瓜蔓 忽結甛瓜 邑人以告弓裔 裔卜之曰 生男則不利於國 愼勿擧 其母匿而

　자연계 현상으로서 오이 덩굴에서 참외가 열린 이변의 발생은 사회
에서 태어날 아기에 투영되어 장차 그 인물이 변칙적인 성격을 갖게 될
것이라고 예언되고 있었다. 그런데 그 예측은 들어맞지 않고, 최응은 태
조 당대의 명신이 되었다고 한다. 그 당시 재이관에 의할 것 같으면 당
연히 그는 역신(逆臣)이 되어야 하는데 그렇지 않고 중신(重臣)이 된
것도 또 하나의 재이라고 하겠다.

　고려시대에 이 같은 종류의 사례가 많은 것을 보면, 이런 사고방식은
그리 특수한 것들이 아니었다고 할 수 있다. 예를 들면 무신집권 때에 중
방(重房)에 모인 무신들이 신종에게 다음과 같이 상주(上奏)하고 있다.

　　신종 원년 3월: 중방에서 아뢰기를, "대궐의 서쪽 땅은 무관의 방위이
　니, 인가의 디딜방아[대(碓)] 거는 것을 금하소서." 하였다.315)

　무관의 방위인 서방에서 디딜방아를 찧는 일은 그들에게 계속하여
타격을 가하는 것으로 양자를 물상화하여 생각했을 경우, 서로 비슷한
것이었다. 형태상의 유사성을 근거로 하여 두 계열의 현상이 무매개적
으로 연속되고 있었다.316) 결국 그 당시 재이라는 관념형태는 우주 실

養之 旣長通五經善屬文 爲裔翰林甚見重 王及卽位 知元鳳省事 俄拜廣評郞中 凝
曉達吏事 時譽洽然 王嘗謂曰 卿學富才高 兼識治體 憂國奉公 非躬蹇蹇 古之名
臣 無以過也.

315)『고려사절요』, 신종 원년(1214) 3월: 重房奏 關西之地 武官位也 請禁人家安碓.
316) 같은 종류의 기사들이 다음처럼 보인다.『고려사절요』, 고종 2년(1215) 추(秋)7
　월: 가을 7월에 어느 사람이 중방에 말하기를, "상약국(尙藥局)이 대궐 서쪽에 있
　어 상시로 방아를 찧으니 아마 산 서쪽의 왕성한 기운을 손상시킬 것 같습니다."
　하니, 이에 상약국·상의국(尙衣局)·예빈성(禮賓省) 등 무릇 40여 영(楹)[동(棟)]
　을 함부로 헐고, 중방을 옮겨 짓고, 또 새 길을 천령전(天齡殿) 곁에 내어 왕래하도
　록 하였다(秋七月 有人 言於重房曰 尙藥局 在關西 常擣杵 恐損山西旺氣 乃擅毁
　尙藥局 尙衣局 禮賓省 凡四十餘楹 移構重房 又開新路於千齡殿側 以通往來).

재들 사이에 물상화된 형태상의 유사성에 근거한 것으로 그 실제적인
내용과는 관계가 없었다.

『고려사』천문지 기사들도 이런 맥락에서 고찰될 수 있다. 일·월식,
오성릉범 등의 천문변이는 당시대인의 우주론에 의할 것 같으면 즉자
적으로 사회의 차원, 특히 군왕에게 영향을 끼치는 것이었다. 이에 관
한 사례를 보면, 헌종 원년에 햇무리가 나타났는데 이는 근신의 반란
징조로 파악되고 있었다.

> 헌종 원년(1094) 춘정월: 북풍이 건방(乾方[西北方])에서 불어오고 햇
> 무리[일운(日暈)]이 있었으며, 해의 양쪽 곁에 혜성이 있었다. 태사(太
> 史)가 아뢰기를 '새해 첫날에 바람이 건방(乾方)에서 불어오니 마땅히
> 근심이 있겠고, 해에 혜성이 있음은 근신(近臣)이 난을 일으킬 징조이온
> 데 제후 중에 반(反)하고자 하는 자가 있는 것입니다'하였으나, 왕은 어
> 려서 수성(修省)할 줄 모르고 다만 내의(內醫) 3, 4명을 인견하여 의학
> 의 방서(方書)를 토론하고 때로는 서화를 익힐 뿐이었다.[317]

여기서 근신의 난을 일으킬 징조라 함은 다음 해인 헌종[318] 1년(1095)

---

[317] 『고려사절요』, 헌종 원년(1095) 춘정월(春正月): 風從乾來 日有暈 兩傍有彗 太
史奏曰 元日風從乾來 當有憂 日有暈彗 近臣亂諸侯欲有反者.

[318] 『한국민족문화대백과사전』, 헌종 조: 고려 제14대 왕. 재위 1094-1095. 이름은
욱(昱). 선종의 원자(元子)로 어머니는 사숙태후이씨(思肅太后李氏)이다. 즉위 초
에는 어리고 병약하였으므로 태후가 청정(聽政)하여 군국대사(軍國大事)를 모두
처결하였다. 1095년(헌종 1) 정월 초하루에 해 옆에 혜성(慧星)이 나타났는데 태
사(太史)가 아뢰기를 "해의 곁에 혜성이 있음은 근신(近臣)의 난이 있을 징조이니,
[…] 같은 해 7월에 과연 이자의(李資義)가 반란을 꾀하였으나, 오히려 주살되고
난은 진압되었다. 당시 사람들이 "선종은 총명한 아우가 5명이나 있었는데도 어린
아들에게 왕위를 전하였으므로 이런 반란이 일어났다."고 애석해하였다. 난적(亂
賊)을 토벌한 공으로 소태보(邵台輔)는 권판이부사(權判吏部事), 왕국모(王國瞀)
는 권판병부사(權判兵部事)가 되었다. 같은 해 8월에 계림공 희(鷄林公 熙: 뒤의

이자의의 난을 말한다. 천상의 햇무리와 혜성의 출현은 즉각적으로 지상 차원에 영향하여 지상에서 국가의 상징자인 헌종을 위협하는 신하인 이자의의 반역을 연상하면서 정치적으로 해석되고 있었다.

그리고 고종대(1213-1259) 권경중은 명종실록을 편찬하면서 일식에 대하여 다음 같은 의견을 펴고 있다.

고종(高宗) 때에 누관(累官)하여 상서예부시랑지고(尙書禮部侍郎知誥)에 제수(除授)되매 이규보와 유승단(兪升旦) 등과 더불어 『명종실록(明宗實錄)』을 찬(撰)할 때 연도(年度)를 분담(分擔)하여 집필(執筆)하였다. 권경중이 의론하기를, "신(臣)이 편찬한 바 4년간에 재이(災異)를 기록한 것이 약간사(若干事) 있는데 […] 다만 일식(日食)이 있음만을 기록하고 월식(月食)을 기록하지 않았음은 아마도 모든 실(實)이라 기다림 없이 밝음이니 군(君)의 상(象)이오 월(月)은 궐(闕)이라 기다림 있어 밝음이니 신(臣)의 상(象)이라. […] 정미(丁未) 7월의 일식은 곧 이날에 징조를 나타냄이니 조원정(曹元正)과 석린(石隣)의 당이 밤에 궁문(宮門)을 범하여 난을 일으킴은 어찌 음(陰)이 양(陽)을 침범하고 신(臣)이 군(君)을 범한 효험(效驗)이 아니리요 […] 성전(星傳)에 '달이 5성(星)을 침식(侵食)하면 그 나라가 다 망한다.'고 하였고 주(註)에 이르기를, '그 나라란 것은 별의 분야의 나라.'라고 하였으니 마땅히 분야로써 논할 것이나 이제 분야(分野)를 쓰지 아니한 즉 가히 써 그 징험을 논하지 못하겠나이다. 또 「성전(星傳)」에 이르기를, '대백(大白)이 경천(經天)하면 천하(天下)가 백성을 개혁(改革)하고 임금을 교체(交替)한다.'고 한 즉 무릇 5성(星)의 변(變)은 많이 이것이 상국(上國)의 일이오, 본국(本國)의 변(變)이 아니니 족히 두려워할 것이 아닙니다."[319]

숙종)가 중서령으로 임명되더니 그해 10월에 어린 조카를 폐하고 왕위에 올랐다. 헌종이 제서(制書)를 내려 선위(禪位)할 때 근신 김덕균(金德均)을 보내어 계림공 희를 종저(宗邸)에서 맞이하고, 자신은 후궁으로 물러났다. 왕위를 물러난 지 2년 뒤에 죽었다

명종 17년(1187) 7월에 일어난 일식은 조원정320) 당파가 궁문을 침
범한 조짐으로 풀이되고 있다. 여기서 권경중은 일식과 신하들의 반역
형상을 서로 대응시키고 있다. 여기에서 당시 군왕과 신하는 우주 차원
에서 해와 달로 상징되었으며, 또한 양자는 상호 즉자적으로 영향하고
있었다는 관념을 엿볼 수 있다.

앞의 형식적 유추에 관한 논의를 여기에 적용하여 군왕과 신하, 해와
일식, 그리고 음과 양에 관한 관계를 표로 만들면 다음과 같다.

공동관계	유사성		
	국왕(명종)	해	양
	신하(조원정)	일식	음

〈표 13〉 군주 신하 : 국왕/신하, 해/일식, 음/양의 대응관계

위의 〈표 13〉에서 (1) 이들 각 항들에서 수직적 관계는 특별히 인과

---

319) 『고려사』, 열전14 권경중(權敬中): 臣所編四年之間 記異者 凡若干事 謹按春秋
二百四十二年 記天變者多矣 只書日有食之 而不書月食 豈以日 實也 無待而明
君象也 月 闕也 有待而明 臣象也 取詩所謂彼月而食 則維其常 此日而食 于何不
臧之說 忌陽之虧 而不忌月闕故歟 丁未七月之日食者 是日而應見矣 曹元正・石
隣之黨 夜犯宮而作亂 豈非陰侵陽 臣犯君之歟 [⋯] 星傳 月食五星 其國皆亡 註
云 其國者 分野之國也 則當以分野論 今不書分野 則不可以論其應也 又曰 太白
經天 天下革民更王 則凡五星之變 多是上國之事 非本國之變 不足懼也.

320) 『한국민족문화대백과사전』, 조원정 조: 생년미상-명종 17년(1187). 고려후기의
무신. [⋯] 1187년에는 중서성의 공해전(公力田)의 조세를 횡령하려다가 문극겸
(文克謙)・최세보(崔世輔) 등의 탄핵을 받아 공부상서로 좌천되어 치사(致仕)하
였다. 이에 원한을 품고 석린(石隣)・석충(石食) 등과 내통하고 가신(家臣)인 고
영문(高令文)・임춘간(林椿幹) 등 70여명을 시켜 밤중에 수창궁(壽昌宮)에 침입
하여 추밀원사(樞密院使) 양익경(梁翼京), 내시낭중(內侍郎中) 이규(李揆)・이찬
(李粲) 등을 죽였다. 왕에게는 재상 두경승, 급사중(給事中) 문적(文迪) 등이 주동
하였다고 무고하여 그들을 제거하려고 하였으나 사실이 밝혀져 살해당하였다.

적이 아니다. (2) 3편의 수평적 항들 간에는 아무런 유사성이 없다. (3) 국왕과 해라는 수평적 관계는 정치적 선전에 불과하다. (4) 다른 기지항(既知項)에 의해 제6의 미지항(未知項)을 추측할 수가 없다. 이는 앞서 언급한 바와 같이 서로 내적 연관성이 없는 자연의 요소들과 사회의 요소들 사이에 유사성을 설정하는 형식적 유추의 전형적인 예라고 하겠다.

이런 개념적 조작은 가정된 5개의 항들에서 신하의 가치를 제4항인 일식에 이전하여 신하들로 하여금 그들이 일식처럼 군왕의 권력을 침식하는 존재일 수 있다는 것을 믿게 만드는 데에 있다. 이는 신하들이 왕권을 침범하는 존재가 되어서는 안 된다는 정치적 선전의 기능을 하는 단정적 논리라고 할 수 있다. 이를 통해 국왕은 그의 권위를 우주적 차원으로 높이고 그 신성한 권위를 확보할 수 있는 것이다.

그리고 달이 5성을 침범하면 나라가 망하고 또 태백성이 경천(經天)하면 백성이 임금을 교체할 징조라고 하였다.[321] 이것은 물론 우주 실

---

321) 이와 비슷한 사례로서 다음의 사료를 참조. 『고려사절요』, 공민왕 원년 10월 계묘: 이때 조일신이 난을 일으켜 내외에 호령하니, 조정 신하들이 두려워하여 입을 다물고 한 마디의 말도 하는 자가 없었다. 왕이 전좌사(前左使) 이인복을 몰래 불러 이르기를, "일이 이 지경에 이르렀으니 어찌하면 좋겠는가." 하니 이인복이 대답하기를 아뢰기를, "남의 신하된 자로서 감히 난을 일으킨 자에 대하여는 본시 떳떳한 형벌이 있습니다. 하물며 지금 천조(天朝)[上國]가 당당하여 법령(法令)이 밝은데 만일 어름어름 결단을 내리지 못하면 신(臣)은 누(累)가 상왕(上王)에게 미칠까 두렵습니다" 하니 왕이 드디어 조일신을 제거할 것을 결의하고, 갑진(甲辰)일에 행성(行省)에 거둥하여 기로(耆老) 등을 불러 밀의하며, 다음날에 다시 행성에 거둥하여 김첨수에게 명하여 일신을 잡아오게 하고, 행성의 문 밖에 끌어내어 목 베었으며, [⋯] 이때 여러 날 계속해 흐리며 침침하였는데, 조일신을 목 베이자 활짝 개었다(時日新 作亂號令 內外朝臣恟懼 噤無一言 王遂決意誅除 甲辰幸行省 會耆老密議 翌日復幸行省 命金添守 執日新 引出行省門外斬之 [⋯] 連日陰霾 及斬日新 天日開).

재들이 서로 역동적으로 작용하고 있다는 바로 유기체론적 우주관의 반영이었다. 그리고 그 상호작용 방식은 형태상의 유사성에 근거하였으며, 거기에 그때그때 상황에 따라 적당하게 역사적 내용을 부착하고 있었다.

앞의 사료에서도 나오듯이 권경중은 이규보와 유승단 등과 더불어 『명종실록(明宗實錄)』을 편찬할 명종 16-19연간(1186-1189)의 4년간을 분담하여 집필했는데, 그중 재이를 기록한 것이 있다.[322] 그의 장문의 재이기사가 『고려사』 열전14 권경중에 수록되어 있는데 우리는 이를 통해 고려 시대의 재이관을 엿 볼 수 있다. 그중 다른 층위 간의 형상들 사이에서 유사성 때문에 재이로 파악된 것들이 있는데 그 중에서 3개를 들어보면 다음과 같다.

(가) 물상(物象)의 괴변(怪變)으로는 신상(神像)의 머리가 없어진 것이 하나요, 궁문(宮門)의 치미(鴟尾)가 스스로 무너진 것이 하나이다. 신(神)이란 민(民)의 주(主)인데 하물며 지리산(智異山)은 남기(南紀)의 거진(巨鎭)이라 그 신(神)이 더욱 영이(靈異)할 것이거늘 이제 그 상(像)이 머리 없음을 보이는 것은 어찌 내외의 인민(人民)이 다 상(上)이 없는 뜻을 품었기 때문에 이와 같은 것으로써 보여 그 반성하고 깨달아 마음을 고치게 하고자 함이 아니리오. 문(門)이란 사람의 출입(出入)하는 곳이니 이를 경유하지 않는 자가 없는 것인데 이제 치미(鴟尾)가 스스로 무너졌으니 오히려 마땅히 수신(修身) 반성(反省)할 것입니다.[323]

---

322) 이희덕, 『고려시대 천문사상과 오행설연구』, 일조각, 2000, 146-164쪽. 여기서 권경중의 재이관에 대해 상세히 해설되고 있다.

323) 『고려사』, 열전14 권경중: 物之怪 神像頭亡者一 宮門尾自頹者一 神者 民之主 也 智異山 南紀之巨鎭 其神 尤爲靈異 今示其像無頭者 豈非內外人民咸懷無上之 意故 示以如此 欲其省悟而革心也 門者 人所出入 莫不由之者也 今尾自頹 尙宜 修省.

(나) 석(石)의 변(變)이란 스스로 옮아 간 것이 하나이요, 파열(破裂)되어 떨어진 것이 셋이니, 금(金)과 석(石)은 동류라 스스로 옮김과 파열(破裂)되어 떨어짐은 금(金)이 그 성(性)을 잃은 것이기 때문에 혹은 말하기를, '석(石)은 산(山)의 골(骨)이라 골(骨)이 이미 파열(破裂)되어 떨어지니 산이 또한 무너지리라.'고 하였으매 나라는 산천을 주(主)로 삼는데 산이 무너지면 나라가 장차 위망(危亡)하리니 가히 경계하지 아니하리오.[324]

(다) 수(獸)의 괴(怪)로는 호랑이가 궁(宮)에 들어온 것이 하나이오, 표범이 성(城)에 들어온 것이 하나이오, 송아지[독(犢)]의 양두(兩頭)가 있는 것이 하나이니 호랑이와 표범은 산야(山野)의 악한 짐승인데 이제 궁중(宮中)과 조로(朝路)에 나타나니 어찌 장차 악수(惡獸)의 굴혈(窟穴)한 곳이 되지 아니하리오. 송아지[독(犢)]이 양두(兩頭)가 난 것은 하민(下民)이 통일되지 않을 징조(徵兆)입니다. 대저 세상이 다스려지면 천변(天變)이 생략(省略)되고 세상이 요란하면 천변(天變)이 번다(繁多)한 것입니다. 도(道)가 승(勝)한 임금은 인도(人道)로써 천변(天變)을 다스리니 덕(德)이 쇠(衰)한 연후에야 하늘이 또한 견고(譴告)하는 것입니다. 왕자(王者)가 덕(德)을 펴고 정(政)을 행하여 써 인심(人心)을 순(順)하게 하면 재앙이 어찌 사라지지 않으며 복록(福祿)이 어찌 이르지 않으리오."라고 하였다.[325]

(가)에서 지리산의 신상(神像)의 머리가 없어진 것은 내외의 인민이

---

324) 『고려사』, 열전14 권경중: 石之變者 自移者一 裂隕者三 金石同類 其自移與裂隕 金失其性也 故或說石 山之骨也 骨已裂隕 山亦將崩 國主山川 而山崩則國將危亡 可不戒哉.

325) 『고려사』, 열전14 권경중: 獸之怪 虎入宮者一 豹入城者一 犢有兩頭者一 虎豹山野之惡獸也 今見于宮中與朝路 得非將爲惡獸之所窟穴乎 犢生兩頭, 下民不一之兆也 大抵世治則天變略 世亂則天變繁 道勝之君 以人理天 德衰然後 天且譴告 王者 布德行政 以順人心 則何不銷 福何不至哉.

군주가 없는 뜻을 품었기 때문이다. 그리고 문(門)이란 사람의 출입하는 곳이니 이를 경유하지 않는 자가 없는 것인데, 이제 궁궐의 치미가 무너졌으니 오히려 임금은 수신(修身)하고 반성해야 한다는 것이다. 이는 문을 사람이 반드시 거쳐 가야 하는 도덕으로 비유되어, 치미가 무너진 것은 사회의 인륜도덕이 붕괴된 것으로 비유되고 있었다. (나)에서 돌이 스스로 움직이거나 깨지는 것은 결국 산이 무너진 것과 같은데 이는 나라가 무너지는 형상과 비슷하여 장차 국가가 위태로워질 징조로 해석되었다. (다)에서 호랑이가 궁궐에 들어오고 표범이 성안에 들어오는 재이가 일어났다. 호랑이와 표범은 산야의 악한 짐승인데 이제 궁중과 관가에 출현하였으니 이는 마치 나라가 장차 악한 짐승의 소굴이 될 징조로 여겨지고 있었다. 그리고 두 머리를 가진 송아지의 출생은 백성이 통일되지 않을 조짐이었다. 이것도 어떤 관념을 물상화하여 유사성을 설정하는 형식적 유추를 하는 사고방식이라고 하겠다.

  권경중의 재이관은 전적으로 중국의 고전, 천문서, 그리고 역대 사서 등에 의거하고 있다. 예를 들면, 일식에 관한 설명은 『한서(漢書)』 오행지의 재이론을 이용하여 신하가 임금을 침범할 징조로 해석하고 있다. 그 외에도 그는 인용한 서책들로는 『춘추좌씨전(春秋左氏傳)』, 『후한서(後漢書)』, 『서경(書經)』, 『구당서(舊唐書)』, 『진서(晉書)』, 『수서(隋書)』, 『경방역전(京房易傳)』, 『성전(星傳)』 등이 있으며, 거기에 소재된 천문지나 오행지의 재이관을 원용하여 명종 16-19년에 일어난 재이 현상을 설명하고 있다. 이렇게 권경중의 정신세계는 중국 고전과 사서들의 표준구(標準句)들로 가득 차 있었으며, 또한 그것들에 의하여 고려의 재이현상과 정치적 사건들을 기계론적으로 해석하고 있다.326)

---

326) 중국고대에 관한 교양은 고려 지식층에게 세계를 이해하는 표준구(標準句 locus classicus)가 되었던 것 같다. 이것은 중국고전이 고려 지배층 교육의 필수

그가 목표로 하고 있었던 것은 무신정권에서 천민 이의민 집권이라는 극히 상도를 벗어난 정치 상황에 대하여 유가적 왕도(王道)를 구현하려는 정치적 의도327)가 아니었는가 한다.

상술한 바와 같은 재이론의 성격은 충렬왕대(1274-1308) 인물인 오윤부에 관한 『고려사』 열전 기사에서도 잘 드러난다.

　　오윤부(伍允孚)는 부흥군(復興郡) 사람이니 대대로 태사국(太史局)의 관(官)이 되었는데 충렬왕조(忠烈王朝)에 여러 관직을 거쳐 판관후서사(判觀候署事)가 되었다. 오윤부는 점후(占候)에 정통하여 밤이 다하도록 잠자지 않으며 비록 심한 추위나 성한 더위라도 병들지 않으면 하루 저녁도 그만두지 않았다.
　　별이 천준(天樽)[왕의 술 단지]의 자리를 범하매 말하기를, "마땅히 술 마시는 자가 봉사(奉使)하여 올 것이라."하였고 별이 여상림(女牀林)의 자리를 범하자, "마땅히 사신이 와서 동녀(童女)를 뽑을 것이라."하더니 모두 그대로 되었다. 또 점(占)을 잘하매 원(元)의 세조(世祖)가 불러 시험하였으므로 더욱 유명해졌다. […]
　　공주가 장차 원(元)에 갈재 출발할 무렵에 재추(宰樞)를 불러 일자(日字)를 점(占)하여 궁실을 지으라 하니 오윤부가 말하기를, "금년에 토목공사를 일으키면 임금에게 불리하오니 신(臣)이 감히 점(占)치지 못하겠습니다."라고 하니 공주가 노하여 장차 관직을 빼앗고 매치려 하거늘 유경(柳璥)이 간(諫)하여 이를 그치게 하였다. 재추(宰樞)가 사람을 보

과목이 되었기 때문이었다 -필자주. 참조서: 신천식,『高麗教育史研究』, 경인문화사, 1995, 141-142쪽. "고려 국자감(國子監)·태학(太學)·사문학(四門學)의 유학 교육은 유교주의(儒教主義)로 일관되고 있었다. 필수과목으로는 효경(孝經), 논어(論語), 상서(尙書), 공양춘추(公羊)·곡량(穀梁)의 춘추좌씨전(春秋左氏傳)을 비롯하여 주역(周易), 주례(周禮), 의례(儀禮), 예기(禮記), 모시(毛詩) 등이 이었다. 그리고 그 수업 연한은 8년 반 이상이었다." 이렇게 고려 지배층은 중국 고전에 의해 그 정신세계가 형성되고 유지되고 있었다 하겠다.
327) 이희덕,『고려시대 천문사상과 오행설 연구』, 164쪽.

내어 공주에게 사뢰기를, "침전(寢殿)의 목재와 기와는 이미 갖추어졌
으나 일관(日官)[오윤부]는 토목공사가 왕과 공주, 세자에게 불리하다
하여 날짜를 점(占)치려 하지 않사오니, 바라건대 호종하는 일관(日官)
문창유(文昌裕)를 시켜 날을 점(占)치도록 지(旨)를 내리소서." 하니 공주
가 노하여 오윤부를 유배코자 하매 왕이 부득이 그 관직을 면하였다. [……]
어느 날 용화원(龍化院)의 못에 있는 고기가 수없이 죽어 떠오르거늘
오윤부가 말하기를, "갑술년(甲戌年)[원종(元宗) 15년]에 동지(東池)에
이같이 괴이한 일이 있더니 왕이 돌아가셨습니다. 청컨대 왕께서는 수
성(修省)하소서."라고 하였다.[328]

오윤부가 별이 하늘 천준원과 여림원 영역에 침범하자 각각 술 잘 먹
는 인물과 동녀를 선발하는 자가 사신으로 올 것이라 예언하여 둘 다
들어맞았다 한다. 이 예측은 천준원(天樽垣)의 준(樽)(술 단지)과 여림
원(女林垣)의 女를 각각 음자(飲者)와 선동녀(選童女) 하는 사자와 더
불어 중간에 다른 현상과 매개함이 없이 글자들 간의 연상에 의해 행해
진 것이었다. 이런 생각도 천상과 지상의 실재들이 형태상의 유사성을
토대로 하여 즉자적으로 상호 영향하고 있다는 유기체론적 우주론의
반영이었다고 하겠다. 그리고 그는 용화원의 못에 고기들이 수없이 죽

---

328) 『고려사』, 열전35 방기(方技) 오윤부: 伍允孚 復興郡人 世爲太史局官 忠烈朝
累遷判觀候署事 允孚 精於占候 竟夕不寐 雖祁寒盛暑 非疾病 不廢一夕 有星犯
天樽 曰當有飲者 奉使來 有星犯女林 曰當有使臣來 選童女 皆驗 又善卜筮 元世
祖 召試之 益有名 [……] 公主 將如元 臨發 召宰樞 令卜曰作宮室 允孚曰 今年興
土功 不利於人主 臣不敢卜 公主怒 將奪官笥之 柳璥 諫止之 宰樞 遣人白公主曰
寢殿材瓦 已備 日官伍允孚 以土功不利於王·公主·世子 不肯卜曰 乞令扈從日
官文昌裕卜曰降旨 公主怒 欲流允孚 王 不得已 免其官 [……] 一日 龍化院池魚死
浮出 莫知其數 允孚言 歲甲戌 東池有此怪而宮車晏駕 請王修省. 그는 『고려사절
요』에 의하면, 충렬왕 30년(1304) 춘정월(春正月)에 첨의찬성치사(僉議贊成事致
仕)로 졸(卒)하였다(僉議贊成事致仕 伍允孚 卒).

어 떠오르는 것을 보고 왕에게 불길한 일이 일어날 것이라고 예언하고
있었다. 이도 왕궁의 연못에 있는 고기들의 죽음과 왕의 그것을 관념상
유사함으로서 그런 연상을 한 것이다. 또한 그는 공주(충렬왕비)[329]가
궁실을 짓기 위해 그 날짜를 점치라고 하자 금년에 토목공사를 벌이는
일은 왕과 왕비에게 불길하다하여 이를 거절하였다가 면직된 경우도
있었다. 이를 보면, 고려의 정식 관제에 편입되어 있는 태사국 관원은
천문을 살피고 미래를 예언하고, 국가 조영물의 시공 일자를 점치고 있
었다. 이것도 고려왕조의 왕과 관리들이 표면상 합리적인 관직체계 하
에서 국가를 운영하고 있었으나 그 심층적 내면에서는 점복으로 상징
되는 여러 주술들에 사로잡혀 있었다는 증거가 되겠다.

　전술한 인용문 기사를 통해 드러나는 또 하나의 사고방식은 우주 실
재들에게 모종의 비정상적인 변이가 발생하였을 경우, 그것을 사회 차
원에서 모종의 의례를 매개하여 재차 정상 상태로 회복할 수 있다는 생
각이 있었다.

　그 사례로서는 일월식이 있자 어사대 관원이 문종에게 다음과 같이
상주하고 있다.

---

329) 『한국민족문화대백과사전』, 충렬왕 조: 비는 원 세조(元世祖)의 딸 장목왕후(莊
　穆王后: 齊國大長公主, 몽고명 忽都魯揭里迷失公主), 구비(舊妃)는 시안공 인(始
　安公綑)의 딸 정화궁주(貞和宮主)와 숙창원비(淑昌院妃) 김씨이다. 원종 1년
　(1260) 태자에 책봉되고, 원종 12년(1271) 원나라에 가서 세조에게 혼인 허락을
　받았다. 이듬해 귀국시에 몽고 풍속인 변발(辮髮)을 하고 호복(胡服)을 입어 고려
　인들이 탄식하였다고 한다. 원종 15년(1274) 5월 제국대장공주와 혼인하였고, 원
　종이 죽자 원나라에서 돌아와 왕위에 올랐다. 이 때 처음으로 치러진 대륙국가와
　의 왕실혼인으로, 고려는 역사의 한 전환기를 맞게 되었다. 양국의 우호관계를 배
　경으로 역대 권신들에 억눌려 오던 왕실의 지위는 회복, 강화될 수 있었으나 자주
　성을 잃은 종속국으로 전락하여 이후 원나라의 많은 간섭을 받게 되었던 것이다.
　제국대장공주가 고려에 와서 몽고양식의 생활을 하고 사사로이 부리는 사람도 원
　나라에서 데려옴으로써 고려 왕실에는 몽고의 풍속·언어 등이 퍼지기도 하였다.

　문종 원년 2월 을해 삭(朔): 일식(日食)하였는데 어사대(御史臺)가 주(奏)하기를, "구제(舊制)에 일월식(日月食)은 태사국(太史局)에서 미리 주(奏)하여 중외(中外)에 고유(告諭)하고 사(社)에서 북을 두드리며[벌고(伐鼓)] 임금께서는 소란(素)으로 전(殿)을 피하며 백관(百官)은 소복(素服)하고 각기 본국(本局)을 지키고 해를 향하여 손을 마주잡고 서며 다시 밝아지기를 기다리거늘 지금 태사관(太史官)이 천상(天象)에 혼미(昏迷)하여 미리 문주(聞奏)하지 못하였사오니 청컨대 과죄(科罪)하소서."라고 하니 이를 청종(聽從)하였다.[330]

　군왕은 천체 순행의 일탈을 사회 층위에서 모종의 의례(儀禮)[331]을 통해 제 위치에 원상회복시킬 수 있다고 믿고 있었다. 여기에서 이런

---

330) 『고려사』, 지18 예(禮)6 구일월식의(救日月蝕儀), 문종 원년(1047) 2월 을해 삭(朔): 日食 御史臺奏 舊制 日月食 太史局預奏 告諭中外 伐鼓於社 上素避殿 百官素服 各守本局 向日拱立 以待明復 今太史官 昏迷天象 不預聞奏 請科罪 從之.
331) 의례(儀禮) 또는 제의(祭儀)에 관해서는 다음 책을 참조하였다. 탈코드 파아슨즈 저·이종수 역, 『사회의 유형: 進化와 比較의 관점』, 111쪽. 이 '구성적 제의(祭儀)(constitutive cult)' 즉 정신·사회 두 생활의 영속적인 '재(再)' 창조(創造)의 그것은 질서에 관한 개념 체계의 구성 요소 사이에서 생긴 것이다. 첫째, 프랑크프르트가 강조하고 있는 바와 같이, 그것은 마아트(Maat)라고 불리는 '우주적인' 정당화하고 적절한 질서의 관념을 포함하고 있었다. 파라오 제도의 기본적인 기능은 마아트와 일치하여 행위를 하는 일이며, 그것을 행위를 통하여 유지하는 것이었다. 이 점에 있어서 능동적인 준거틀과 수동적인 것과의 차이가 확연하게 나타나는 것 같지는 않다. 그러나 이집트 사회는 어떠한 고생을 하더라도 제의(祭儀)를 지속한다는 것이 매우 중요하다는 신념이 일관되어 있었다는 점은 분명하다. 그러므로 이집트인들은 파라오와 승려들이 제의를 유지하는 데 실패하면 우주적 구성 그 자체를 위태롭게 한다고 믿고 있었다. 그렇게 결론지어도 결코 무리는 아니다. 따라서 마아트는 현대 철학에서 생각하는 것과 같은 질서의 관념이 아니고 하물며 창세기(創世記)의 그것도 아니다. 그것은 아마도 '제의적(祭儀的)' 질서라고 부르는 것이 좋을 듯하다. 왜냐하면 그것이 히브리인이나 그리스 인의 관념과 같이 더 발달한 관념보다도 인간의 관심이나 동기의 투사(投射)를 훨씬 더 많이 포함하고 있기 때문이다.

기사의 의미를 해석하기 위해서는 앞서 언급한 군왕의 존재론적 성격
을 회상하면 된다. 즉, 군주는 사회를 포괄한 우주론적 여러 차원들에
연속성을 제공하는 연결고리로서 상징되고 있었다. 특히 사회 차원에
서 임금은 그 자신에게나 백성에게 우주의 근본 질서를 표상하는 존재
로 관념되고 있었다. 이런 관점에서 한 차원의 존재물 자체이거나 상호
관련에서 문제가 생겼을 경우, 군왕은 이 관계를 재조정하여 그 전체적
질서를 다시 형성할 우주적 기능의 소유자로 생각되었다. 여기서 군왕
은 관념상으로 그의 제의적(의례적) 행위를 통하여 우주 질서의 '재
(再)' 조절하는 권능의 소유자였다고 하겠다.

　　상술한 군주의 성격은 그 당시 우주 질서간이 물상화된 형태상의 대
응이란 특성을 띠고 있었기 때문이란 것도 이미 언급했다. 여기에서 지
적된 사상을 종합해 보면, 고려국왕이란 제의를 매개하여 우주체계의
여러 실재들의 연관성을 조절하여 그 정합적 질서를 확보할 수 있는 신
성한 권위의 소유자[332]로서 관념되고 있었다. 또한 그는 단순한 지상
적 권력의 통합자일뿐만 아니라 상술한 바와 같이 우주적 준거틀 속에
위치함으로써 궁극적이고 유효한 존재론적 위치를 가진 자였다. 이런
맥락에서 위의 인용문을 보면, 그 의미는 자명해진다. 국왕은 천상의
일월식 이변을 의례를 통해 제거하고 그 정상적인 운행을 회복하려고
하였다.

---

332) 『고려사절요』, 인종 16년(1138) 2월: 조서를 내리기를, "제왕(帝王)의 덕(德)은
　　겸손이 첫째이다. […] 지금 신하들이 임금을 높이고 덕을 찬미함에 있어 용어(用
　　語)가 너무 지나치니, 심히 불합리한 일이다. 지금부터는 무릇 장(章)·소(疏)를
　　올리거나 공용문서에도 신성제왕(神聖帝王)이라 일컫지 말도록 하라."하였다(帝
　　王之德 謙遜爲先 […] 而今臣下尊君推美 稱謂過當 今後凡上章疏及公行案牘 毋
　　得稱神聖帝王). 이 사료에서 역대 고려 군왕들은 '신성제왕(神聖帝王)'으로 존칭
　　되어 왔음을 알 수 있다.

그런데 이 제의에서 주체성을 가진 자는 어디까지나 군왕이었으며, 가끔 재상 정도의 고급 관원이나 이데올로기 담당자라 할 수 있는 태사국 관원에게 그 역할이 분담되기도 하였다.333) 그러나 일반 민중은 국왕의 매개 없이는 이런 우주론적 질서에 참여할 수 없었으며 단순히 그것에 접합되어 있었다. 그래서는 백성들은 유의미한 우주적 질서에 군왕을 매개하여서만 참여할 수 있는 비주체적 존재들이었다. 이는 전술한 기사들에서 그들의 모습이 전혀 보이지 않는다는 것에서 추론할 수있다. 여기에 고려 국왕의 이데올로기적 우월성과 백성 대중의 그에 대한 인격적 의존 상태에서 나온 것이다.

위와 같은 관점에서 『고려사』 오행지에 기재된 숙종 5, 6년의 기사를 다시 보겠다.

> 숙종 5년 5월: 충(蟲)이 평주(平州) 관내 백주(白州) 토산(兎山)의 소나무를 먹었다. 6년 4월에 충(蟲)이 수압산(首押山) 소나무를 먹었다. 신축(辛丑)에 태사(太史)가 아뢰기를, 충(蟲)이 평주(平州) 관내 백주(白州) 토산(兎山)의 소나무를 먹었다. 6년 4월에 충(蟲)이 수압산(首押山) 소나무를 먹었다. 신축(辛丑)에 태사(太史)가 아뢰기를, "충(蟲)이 소나무를 먹는 것은 이는 병란(兵亂)의 조(兆)이니 마땅히 관정(灌頂) 문두루(文豆婁) 보성등(寶星等) 도량(道場)과 노군부법(老君符法)을 행하여 써 이를 가시소서."한대 이를 청종(聽從)하고 병인(丙寅)에 드디어

---

333) 『고려사절요』, 공민왕 14년(1365) 5월: 사신(史臣) 안중온(安仲溫)이 말하기를, "이때 바야흐로 한재(旱災)와 황충(蝗蟲)이 있고 지진(地震)이 있었는데, 경천흥과 최영은 몸이 재상이 되어 백성의 기대가 그들에게 매였는데 음양을 고르게 다스릴 일은 생각하지 않고 사냥을 일삼고 있었으니, 그들이 신돈(辛旽)의 참소하고 모함하는 禍를 초래한 것은 불행한 일이 아니다" 하였다(使臣安仲溫曰 時方旱蝗 而地又震 千興瑩 身爲碩輔 民望所屬 不思所以燮理 而禽荒是事 其招辛旽讒構之 禍 非不幸也).

승도(僧徒)를 수압산(首押山)에 모아서 이를 가시었다.[334]

이렇게 숙종 5년 평주에서 시작된 송충 소동은 여기서 인용된 동왕 6년, 이어서 7년 4, 5, 6월에 이르기까지도 계속되고 있었다.

숙종 7년 4월: 충(蟲)이 소나무를 먹었다. 신해(辛亥)에 승(僧)에게 명(命)하여 화엄경(華嚴經)을 5일 동안 강(講)하여 이를 가셨다. 5월 계유(癸酉)에 친히 군신(君臣)을 거느리고 금중(禁中)에서 상제(上帝) 5제(帝)에게 초제(醮祭)를 지내고 태조(太祖) 및 대명신야명신(大明神夜明神)에게 배향(配享)하여 허물을 사과(謝過)하고 가시도록 빌었는데 3야(夜)에 파(罷)하였다. 6월 병술(丙戌)에 재상(宰相)에게 명하여 오방산(五方山) 해신군(海神君)을 3소(所)에 분사(分祀)케 하고 또 승(僧) 2천을 모아 사도(四道)로 나뉘어 경성(京城)의 제산(諸山)을 순행(巡行)하며 『반야경(般若經)』을 읽어 송충(松蟲)을 가시도록 하고 드디어 군졸(軍卒) 500을 발(發)하여 송악(松岳)에서 충(蟲)을 잡았다.[335]

여기서 도대체 한갓 미물에 불과한 송충이 무엇이건대 한 왕조의 군왕인 숙종이 온갖 방법을 동원하면서 이를 퇴치하려고 하였는지 의문이 없을 수 없다. 이에 답하기 위해 우선 그 구충(驅蟲) 방법을 보면, 화엄경 강독, 초제 거행, 태조와 대명신야명신 배향, 그리고 잡사(雜祀)의 오방산, 해신군의 분사(分祀) 등의 온갖 수단과 방법들이 국가적

---

334) 『고려사』, 지8 오행2, 숙종 5년(1100) 5월: 肅宗五年五月 蟲 食平州管內白州·兔山松 六年四月 蟲 食首押山松 辛丑 太史奏 蟲 食松 此兵徵也 宜行灌頂·文豆婁·寶星等道場 老君符法 以禳之 從之 丙寅 遂集僧徒于首押山 以禳之.

335) 『고려사』, 지8 오행2, 숙종 5년(1100) 5월: 七年四月 蟲 食松 辛亥 命僧 講華嚴經五日 以禳之 五月癸酉 親率群臣 醮上帝五帝於禁中 配以太祖 及大明夜明 謝過祈禳 三夜而罷 六月丙戌 命宰相 分祀五方山海神君於三所 又集僧二千 分爲四道 巡行京城諸山 諷般若經 以禳松蟲 遂發卒五百 捕于松岳.

차원에서 동원되고 있었다. 이런 각종 기양과 도량이 소용없는 후에야 현실적이 되어 왕은 5백 명의 병졸을 풀어 개경의 진산(鎭山)인 송악산 송충을 잡게 하였다.

우선 이런 기록들을 통해 알 수 있는 것은 불교, 도교, 그리고 잡신을 가릴 바 없이 종교 신앙의 초경험적이고 신비한 영위력을 빌어서 송충을 퇴치하려는 노력이 중심을 이루고 있었다. 이는 종교 내용 자체보다도 종교 신앙들이 가진 힘을 의례를 매개로 획득해 국왕의 우주론적 권위를 보강하고자 했던 데에 있었다고 하겠다.

상술한 점을 유의하면서 왜 당시 군주가 송충 번식을 그토록 우려했는가를 보면 대체로 다음같이 설명되겠다. 첫째로 그 당시 우주론에 의해 미물인 송충 만연은 형태상 대응관계로 인하여 고려왕조라는 사회 차원에서 무익한 존재들의 번성과 연상되어 생각되었기 때문이었다. 그리고 자연과 인간이란 두 차원의 연속성을 상징했던 군왕은 그러한 무익한 송충을 제거해야만 왕조 질서를 보존할 수 있다고 믿고 있었다. 둘째로 두 체계 간의 상호 조절 원리는 근대 서구적인 합리성보다도 오히려 주술적이고 제의적(祭儀的)인 것이었다. 여기에서 제의란 말도 문제가 되는데 우선 간단하게 우주론적 차원에서 인간과 자연의 양 체계 간에 적절한 균형과 조화를 유지하는 국왕의 상징적 매개 작용이라고 해두겠다.[336]

따라서 고려 군왕의 송충 만연에 관한 강박적 우려와 종교적·주술적 대응 조치는 당시 제의적 우주론의 반영이었다고 하겠다. 이는 현대

---

336) 주술과 제의에 관해서는 다음 책을 참조하였다. T. F. O'Dea, *The Sociology of Religion*, Prentice-Hall, Inc., 1966, p.6: 주술이란 초월적 힘들을 조정하여 경험적 세계 자체를 변경시킬 수 있는 방법을 제공할 수 있다는 의례적 행위인 반면에, 종교적 의례는 초월적 힘과 실재(實在)를 인간과 관계시켜 그것들에 대한 인간의 대응 방법을 표현하는 것이다.

적 관점에서 지극히 합리적 방법, 즉 병졸을 동원하여 송충을 구제하는 조치보다도 우선적이었다. 그리고 각종 제의적 수단에 제일차적으로 의존하였다는 사실은 고려 국왕의 이데올로기적 성격 파악에 중요한 실마리를 제공해 준다고 하겠다.

위와 같은 맥락에서 『고려사』 천문지에 수록된 무수한 일식, 월식, 혜성, 월범오성, 오성지변 등의 천문 이변 기사에 관한 사상적 배경을 이해할 수 있다. 한 예를 보면 명종 7년에 천문에 이상 현상이 보이자 태사가 다음과 같이 상주하고 있다.

> 명종 7년 3월 무신: 유성(流星)이 우각성(右角星)에서 나와 북두(北斗)의 성(星)과 위성(危星)으로 들어가니 크기가 배만 하였다. 이 달에 태사(太史)가 아뢰기를, "형혹(熒惑)이 정월(正月) 25일부터 대미(大微)의 동(東) 대양문(大陽門) 입구(入口)로부터 병정성남(屛庭星南) 우집법성(右執法星)으로 역행(逆行)하니 신(臣) 등이 생각건대 형혹(熒惑)은 항상 10월 11월에 대미(大尾)의 척정성(尺庭星)에 입조(入朝)하여 명(命)을 받고 열수(列宿)에 출행(出行)하여 무도(無道)한 나라를 다스리고 실례(失禮)하는 신(臣)을 벌(罰)하는 것이며 또 그 상도(常度)는 마땅히 익성진성(翼星軫星)의 북(北)으로 가서 길이가 3척(尺) 가량인데 이제 궤도(軌道)를 잃고 대미(大未)로 들어가 45일이나 머물고 또 2월 12일로부터 3월 9일까지 무기(霧氣)가 혼탁(昏濁)하고 일월(日月)이 빛이 없으므로 모든 구점문(舊占文)을 상고하니 견고(譴告)함이 상세(詳細)치 않은지라 진실로 기양소수(祈禳小數)로서는 소거(消去)할 수 있는 바가 아니오니 마땅히 성조(聖祖)의 유훈(遺訓)에 따라 몸을 삼가 덕(德)을 닦은 연후(然後)에라야 재변(災變)을 쉽게 할 수 있을 것입니다."[337]

---

337) 『고려사』, 지2 천문2, 명종 7년(1177) 3월 무신: 流星 出右角 入北斗杓 危星 大如梨 是月 太史奏 熒惑 自正月二十五日 從大微東大陽門入 逆行於屛星南右執

태사는 천체 이변을 해소하여 정상을 회복시킬 수 있는 것은 군왕의 '수덕(修德)' 여하에 달렸다 한다. 유가가 말하는 군왕의 덕이란 함은 결국 제의적 질서를 형성할 수 있는 왕의 권능을 뜻하고 있었다.

천문 재이가 발생하자 이규보는 왕에게 「소재도량소(消災道場疏)」를 지어 불력(佛力)에 의존하여 재난을 면할 것을 건의하고 있다.

산을 밟고 바다에 나오니, 우뚝 높아서 번갯불을 두르신 위엄 있는 몸이시고, 쇠를 다루어 금을 이루니 영단(靈丹)의 신기한 주술(呪術)은 불가사의합니다. 한결같은 마음으로 돌아가 의지하면, 여섯 개의 팔로 붙들어 주시니, 생각하건대 작고 어린 내가 일찍이 어렵고 큰 왕위(王位)를 더럽혀서, 정치는 금슬(琴瑟)을 베풀 정도로 태평하지 못한데도 행동은 변통하는데 어둡고 백성들이 바야흐로 구학(溝壑)으로 들어가는데도 구제(救濟)할 방도를 도모하지 못합니다. 기강(紀綱)은 문란하여지고 괴이한 것은 더욱 드러납니다. 갑자기 매우 심한 한재를 당하여, 많고 많던 창고의 곡식이 모두 없어졌습니다. 일만 백성의 생명이 하루아침에 차가운 재가 되었으니, 이것이 아직까지 가슴에 병이 되어 선잠을 잘 겨를도 없습니다.

하물며, 관상대의 관측에 의하면 별의 운행이 제자리를 잃는 일이 많음이겠습니까. 형혹성(熒惑星)[화성(火星)]이 우림(羽林)[천군(天軍)을 관리하는 장수 별)]의 성좌에 들어가서 거슬러 운행하고, 달이 해와 더불어 집을 같이합니다. 이와 같은 하늘의 꾸짖음이 마침내 어떠한 재앙이 될지 모르겠습니다. 기왕의 재난은 비록 하늘의 위엄을 피하기 어려워서 달게 받았으나 미래의 근심은 굳게 부처의 힘에 의지하여, 재앙이 오기 전에 사라지기를 바랍니다. 이에 불사(佛寺)의 문을 두드리고 참된

法 臣等以爲 熒惑 常以十月十一月 朝大微天庭 受制而出行列宿 司無道之國 罰失禮之臣 又其常度 當行於翼軫北 丈三尺許 今失度 入大微 留四十五日 又從二月十二日 至三月九日 霧氣昏濁 日月無光 考諸舊占 譴告不細 固非祈禳小數 所能消去 當遵聖祖遺訓 側身修德 然後灾變可弭.

비호 입기를 기웃거립니다. 향니지계(香泥之界)와 교결(交結)하여 경건
하게 불공의 자리를 열었습니다. 옥축(玉軸)의 글을 뒤적이고 특히 밀종
(密宗)의 경문을 드날립니다. 정성스러운 공력(功力)이 겨우 모이자마
자, 부처님의 지혜로운 거울이 이미 감통합니다.

　　삼가 원하건대, 오성(五星)[水·火·金·木·土 五行의 별]은 떳떳한
운행의 길을 좇고, 팔풍(八風)[팔방에서 부는 바람]을 기후에 화협(和
協)하며 전쟁은 자취를 감추어, 모든 집들은 편안히 잠잘 수 있게 되고,
농사는 풍년이 들어 속히 1천 창고의 노적을 회복하게 되며, 오랑캐들은
틈을 엿보는 야심을 단념하게 되고, 국가는 유구(悠久)한 기초를 연장하
게 하소서.338)

이규보는 형혹성이 우림 성좌에 들어간다든지 달이 해와 더불어 집
을 같이 하는 천상이변을 불력(佛力), 즉 부처의 힘에 의존하여 해소하
려고 왕을 위하여 소재도량에서 낭독하는 소(疏)를 지었다. 천체 이상
(異狀)을 뜻하는 천재(天災)는 우주적 준거틀 속에 위치한 군왕의 이데
올로기적 권위를 손상시키는 현상이므로 군주는 소재도량339)이란 제

---

338) 『동문선(東文選)』 권110, 소(疏) 및 『고전국역총서 동문선』 8(민족문화추진위
　　원회, 1985), 국역 443-444쪽, 원문 799쪽: 踏山出海 巍然繞電之威身 點鐵成金
　　妙矣靈丹 之神呪 一心歸仰 六臂扶持 言念眇沖 夙叨艱大 政未張於琴瑟 動味變
　　通 民方隨於溝坑 罔圖拯濟 紀綱所紊 怪異滋彰 忽遭赫赫之災精 大掃陳 陳之積
　　廩 萬民生命 一旦寒灰 此尙疚於中懷 而未遑於假寐 矧靈臺之觀象 多星度之失躔
　　熒惑 入羽林而迡行 大陰與木曜而同舍 未識如玆之譴 終爲何等之祅 旣往之災
　　雖甘受天威之難避 未然之患 庶確憑佛力以逆消 玆扣勝門 覬蒙眞 蔭結香泥之界
　　虔敵梵筵 繙玉軸之文 特宣密藏 熏功總集 慧鑒已通 伏願五緯循常 八風協候 干
　　戈韜戢 坐臻萬戶之晏眠 禾稼豐穰 遄復千囷之露積 胡虜絶窺窬之志 邦家延攸久
　　之基.
339) 김종명, 『한국 중세의 불교의례: 사상적 배경과 역사적 의미』, 240쪽: 고려 왕실
　　은 다양한 형태의 불교의례를 개최를 통하여 성변(星變)을 막으려고 하였으며, 이
　　것은 소재도량에서 가장 잘 나타나고 있다. 또한 소재도량 이외의 금경도량, 장경
　　도량, 백고자도량, 공덕천도량 등 부정기적으로 열린 고려 불교의례의 대부분은

의를 매개하여 이상한 현상을 제거하여 제자리에 원상회복을 도모하고 있었다. 이때 제의는 불력을 빌든지 군주의 수덕을 통하든지 하여 국왕의 이데올로기적 권위를 강화시키는 기능을 하였다고 하겠다. 여기서는 불교이거나 유교를 가리지 않고 있는데 이는 종교 자체의 내용보다도 그 신앙이 갖고 있다고 여겨진 영위력이 문제가 되기 때문이다. 그러므로 재이 발생은 군주의 영위적 권위를 정면으로 부정하는 중대한 현상으로 파악되고 있었다. 고려시대에 유학과 불교가 공존할 수 있었던 것도 이러한 군왕의 존재론적 성격에 기인하는 바가 많았다고 하겠다.

이외에도 고려 군주들은 도교와 잡신 신앙을 빌어 왕권의 초월적 신성함을 강화시키려고 하였다. 여기에 그때 존재하였던 모든 종교·주술의 신앙 형태와 고려 군왕이 용이하게 결합할 수 있었던 이유가 되기도 하였다.

위에서 논의되어 온 바를 일단 정리하면 다음과 같다. 고려시대의 우주론에 의할 것 같으면, 우주 구성 실재들은 어떤 패턴에 의해 역동적으로 상호작용과 영향하면서 연결되어 있었다. 또한 그 연결 방식은 일종의 신비적 공명(共鳴)에 의해서, 그리고 추상화된 형태상의 대응에 의한다고 믿어졌다. 그리고 우주체계는 대조화(大調和)를 이루고 있는 하나의 전일체로서 국왕의 제의적 조정을 매개하여 유지되고 있었다. 이로부터 고려 군왕이란 우주 실재 간의 연관을 유지하는 힘의 소유자이며, 또한 그 관념적 권위를 우주적 준거틀 속에 위치시켜 절대적 신성성[340)을 띠고 일반 백성에게 출현하게 되었다. 이에 반하여 고려 민

자연 재해, 특히 천재를 막을 목적으로 개최되었다.

340) 여기서 신성성(神聖性)이라는 것은 유럽 종교에서 보이는 초자연적 인격신(人格神)을 뜻하는 것이 아니라 인간적 사상(事象), 유기적 및 비유기적 자연을 서로 매개해주는 왕의 의례적 힘을 말한다-필자 주.

중은 군주를 매개하여야만 우주론적 질서에 참여할 수 있는 비주체적 존재자로 간주되어 인격적으로 군왕에게 절대적 의존 관계에 놓이게 되었다고 하겠다.

Ⅲ. 재이(災異)의 논리구조

1. 시(時) 범주의 혼란

지금까지 우리는 우주 차원 간의 상호 작용에 관한 관념 체계를 고찰하여 왔다. 여기에서는 자연 구성의 실재들 자체의 변이(變異)를 문제삼는 한편, 그 해명을 통해 재이에 관한 일반적 개념 규정을 시도하겠다. 그리고 그 전에 음양오행설은 어떤 논리와 내용을 가졌으며, 실제 고려시대에 어떤 역사적 역할을 하였는가를 개관해보겠다.

여기서 간단하게 음양오행설에 관하여 그 개념을 종합하여 파악한 후에 본장의 논의를 진행시키도록 하겠다. 그렇지 않으면 독자는 본장에서 논의되는 점들을 상호 관련된 맥락 속에서 이해하지 못하게 되어 고려 재이론에 대한 전체상을 세우기에 힘들기 때문이다. 우선 음양오행설 사전적 설명은 다음과 같다.

음·양의 2기와 수(水)·화(火)·목(木)·금(金)·토(土)의 5행으로 자연현상이나 인간·사회의 현상을 설명하는 사상. 음양설과 5행설은 각각 독립적으로 발전했으나, 전국시대(戰國時代) 중엽에 하나의 사상 체계로 통합되었다. 원래 음양은 산의 북쪽(응달)과 남쪽(양달)을 가리키는 말이었을 뿐 만물을 형성하는 에너지적 원소로서의 의미를 가진 개념은 아니었으며, 또 실재하는 어떤 대상을 지칭하는 개념도 아니었다. 춘추시대(春秋時代)에 이르러 음양이 풍(風)·우(雨)·회(晦)·명

(明)과 함께 천(天)의 6기(六氣) 가운데 하나로 취급되면서 비로소 음양은 실재하는 어떤 대상을 가리키는 개념으로 발전했다. 기원전 3세기 전반 무렵에 천지만물의 생멸과 변화를 기(氣)의 모임과 흩어짐에 의해 설명하는 사고방식이 성립되면서, 이때부터 음양을 성질이 상반되는 2종류의 기로 설정하고, 음양 2기에 의해 천지자연의 운행을 설명하기 시작했다. 5행이란 수·화·목·금·토를 가리키며, 기원전 4세기 초부터 그 개념이 보이기 시작하는데, 처음에는 일상생활에 필수적인 물자의 기본재가 상징화되었던 것으로 보인다. 그 후 음양설과 결합하여 5종류의 기, 즉 우주에 편재하고 충만한 5가지의 에너지적 원소로 간주되었다.

음양설과 5행설을 통합하여 체계적인 음양오행설을 성립시킨 대표적인 학자는 추연(鄒衍)이다. 그는 음양의 기와 5행에서 발생하는 덕(德)의 소식(消息)이론으로 사물의 변화를 설명했는데, 그의 사상을 대표하는 학설로는 오덕종시설(五德終始說)이 있다. 5덕이란 5행에서 발생한 5종류의 작용을 말하는 것으로, 오덕종시설에 따르면 천지가 나누어진 이래 5덕의 전이에는 일정한 기운이 있고, 거기에 적응한 정체(政體)가 존재한다는 것이다. 따라서 한 왕조의 제왕은 누구나 이 5행의 덕 가운데 하나를 갖추어 왕자가 되며, 모든 왕조는 5덕의 순서에 따라 흥망하게 된다. 그리고 5행의 상호관계는 토-목-금-화-수와 같이 각기 전자의 왕조를 이기고서 나타난다는 상승(相勝)과 순환의 법칙, 즉 상극설(相剋說)의 입장을 취했다. 그 후 이 오덕종시설은 진한의 교체기를 거쳐 전한(前漢)의 정치적 안정기가 오면서 목-화-토-금-수로 차례차례 생성해간다는, 정권 선양(禪讓)의 형태를 취하는 상생설(相生說)로 변화했다. 그리고 진한대의 음양오행설은 『여씨춘추(呂氏春秋)』「12기(十二紀)」와 『예기(禮記)』「월령(月令)」에 보이는 시령설(時令說)로 발전되었다. 시령설은 사계절의 변화와 인간의 정사를 오행상생의 순환원리에 의해 설명하고, 다양한 인간사의 현상과 4시(時), 12월(月)의 자연현상을 각각 오행에 배당했다. 따라서 자연과 인간이 음양오행의 순환운동에 따르면 그 화평상태가 유지될 수 있으며, 거기에서 벗어나면 자연과 사회의 화평이 깨어진다고 했다. 또한 인간의 행위 가운데서는 특히 천자의 통치가 음양오행의 순환운동을 제대로 따름으로써 사회의 안녕과 질서가 유지될 수 있다고 했다. 한대에는 이러한 음양오행설이 유가와 도가를 포함한 모든 사상에 공통적인 세계관으로 받아들여지게 됨으로써 하나의 보편적인 사상으로 성행했다. 특히 동중서(董仲舒)는 음양오행설과 유교정치사상을 결합하여 천인감응(天人感應)과 휴상재이(休祥災異)의 사상을 완성했는데, 이 사상은 그 후의 유교사상에 커다란 영향을 미쳤다. 동중서는 음양오행설에 의해 자연현상과 인사, 특히 군주의 정사가 대응관계에 있음을 강조하고, 따라서 군주의 통치는 '천'(天)에 순종하는 것이어야 한다고 했다. 만약 군주의 통치가 민생을 해치는 경우에는 음양오행의 부조화를 초래하게 되어 가뭄과 장마 등의 자연재해를 통한 '천'의 견책이 있게 되며, 혜성이나 지진의 발생 등의 괴이(怪異)를 통한 경고가 내려진다. 그럼에도 불구하고 군주가 반성하지 않을 때는 천명을 바꾸어 그 국가를 멸망시킨다고 했다. 그러나 군주의 통치가 민생을 보호할 때는 보랏빛 구름이나 진기한 짐승이 출현하는 등의 상서(祥瑞)가 나타나게 된다고 했다. 그는 또 오행설을 응용하여 군주에게 외모, 언어, 보는 것, 듣는 것, 생각하는 것의 '5사'(五事)에 근신할 것을 요구했다. 이와 같이 동중서의 재이설은 절대군주의 권위를 천의 권위에 의해 뒷받침하면서 절대군주의 올바른 통치를 촉구하는 정치사상이었다. 그러나 그 후 유교가 국교화 되어가면서 재이설은 점차 신비스러운 참위설(讖緯說)로 바뀌어갔다. 동중서에게는 과거 군주의 실정에 대한 견책으로 설명되던 재이가 참위설에서는 장래 발생할 사태의 예언, 특히 역성혁명에 의한 정권교체의 예언으로 바뀌었다. 그 결과 참위설은 기존 왕조의 권위를 위협하면서 새로운 왕조의 정당성을 설명하는 기능을 갖게 되었다.

한편 음양오행설은 자연과학의 영역, 특히 의학자의 이론에 절대적인 영향을 미쳤다. 중국의학에서는 인체의 내부와 자연계가 밀접한 관련이 있다고 믿었다. 즉 인체의 조직은 자연계의 음양오행에 적용된다고 믿었기 때문에 음양오행의 도식이 생리학의 도식으로 사용되기도 했다. 예컨대 비장(脾臟)은 목, 폐(肺)는 화, 심장(心臟)은 토, 간(肝)은 금, 신장(腎臟)은 수에 배당하여 그 기능과 성질을 설명하는 식이다. 또 음양오행설에서는 사계절의 변화가 인간의 생리적 변화에 영향을 미친다거나 인체 내부의 5장(五臟)은 상호 영향을 끼친다고 하는 이론들을 취했다. 음양오행설의 전개과정에서 일어난 커다란 변화는 송대 성리학에서 찾아볼 수 있다. 주돈이는 음양오행을 태극과 관련지어 설명했는데, 그의 『태극도설(太極圖說)』에 따르면 태극이 음양을 낳고 음양이 5행을 낳는다는 구도로 음양오행을 이해했다. 그는 5행을 5기로 파악하면서 5행은 하나의 음양이고, 음양은 하나의 태극이라고 설명하여 음양 속에는 태극이, 5행 속에는 태극과 음양이 존재한다고 했다. 그리고 음양과 5행의 결합에 의하여 만물이 형성되는 것으로 설명했다. 이러한 『태극도설』의 내용은 그 후 성리학의 이기론(理氣論)에서 태극이 이(理)로, 음양오행은 기(氣)로 해석되어, 이기 개념에 의한 만물의 생성과 운동을 설명하는 기초가 되었다.341)

다시 본론으로 돌아오면, 『고려사』 오행지에서 오행(五行)의 배열순서는 목-금-화-수-토의 오행상승설(五行相勝說)과 목-화-토-금-수의 오행상생설(五行相生說)의 그 어느 것도 따르지 않고 경전 『서경』 「홍범구주」에 게재된 수·화·목·금·토의 오행 조합에 의한 것이다.342) 이렇게 서경 홍범의 수-화-목-금-토의 순서를 따른 이유는

341) 『브리태니커 백과사전』 CD, 음양오행설 조.
342) 이희덕, 『高麗儒敎政治思想의 硏究』, 일조각, 1984, 39-60쪽. 변태섭, 『고려사』의 연구』, 삼영사, 1982, 13-73쪽. 이 논문들에서 『고려사』 오행지의 체제 및 내용이 중국의 사서(史書)의 그것과 비교·분석되고 있다. 『서경』 「홍범」: 첫째의 오행에 있어서 그 첫째가 물(水)이오, 둘째가 불(火)이오, 셋째가 나무(木)요, 넷째가 쇠붙이(金)요, 다섯째가 흙(土)이다. 물은 아래로 내려가고 적시며 불은 타며 위로 오르고, 나무는 굽어지게 되거나 발라지게 할 수 있으며, 쇠붙이는 뜻대로 모양을 바꿀 수 있고 흙에다가 곡식을 심어 오곡을 거둘 수 있다. 적시며 아래로 내려가는

고전으로서 『서경』이 갖는 절대적 위신을 빌어서 왕권에게 인간계를 초월한 신비한 힘을 부여하려는 목적이 있었던 것 같다. 후술할 바와 같이 결국 홍범구주에서 황제는 황극(皇極)으로서 인간계의 지극한 표준인 인극(人極)이 되어 권력의 정점에 서게 된다. 그래서 이 표준이 잘못되면 재이가 발생한다는 논리였다.

5행에서 수행(水行)을 우선한 결과에 대해서 최병헌은 그것이 고려 사회에 미친 전반적인 영향을 다음과 같이 지적하고 있다. 즉, 고려시대 수덕 배당의 된 근거가 된 것은 도선에 가탁된 비기류(祕記類)로서, 그에 의하면 수행에 응하는 수(數)인 6이 성수(聖數)로서 숭배되어 가옥의 건축에 적용되고 있었고, 또 수행에 응하는 흑색이 숭상되어 문무 백관의 복색 등을 흑색으로 통일하고 있었다. 그리고 고려 지방제도의 기본적인 골격이 된 12목 내지 4도호부·8목제도 역시 수(水)의 원리에 의해서 구성된 것이라 보며, 고려의 역세(歷世)와 역년(歷年)을 예언한 12대·360년설, 그리고 천도설과 관련된 36국 내조설 등의 참설도 그 기본 구성은 수의 원리에 의해서 나온 것이라 한다.[343] 이렇게 음양오행설이 형이상학적 모델로서 고려사회에 지대한 영향을 끼치고 있었다. 이는 한 시대가 갖는 신념, 이해방식, 정신적 태도 등으로서 하나의 이데올로기가 다른 어떤 정치, 경제, 사회, 군사 등의 요소보다 더 강력한 힘을 역사에 행사할 수 있었던 사례라고 생각된다.

또한 재이설의 핵심이 되는 '천인상응(天人相應)'에 대해 다음과 같은 설명이 있다. 즉, 음양오행가는 모두 '천인상응', 즉 천도(天道)와

짠 맛이고 위로 오르며 타는 것은 쓴 맛이고 굽게 할 수 있고 곧게 할 수 있는 것은 시고, 뜻대로 꼴을 바꿀 수 있는 것은 매우며 심어 거둔 것은 단 맛이다(五行 日水 二日火 三日木 四日金 五日土 水日潤下 火日炎上 木日曲直 金日從革 土爰 稼穡 潤下作鹹 炎上作苦 曲直作酸 從革作辛 稼穡作甘).

343) 최병헌, 『高麗時代의 五行的 歷史觀』, 50쪽.

인사(人事)가 서로 영향을 미친다는 견해를 견지하고 있다. 그러나 거기에서 천(天)이 자연으로서의 천인이 주재하는 천인지 대해서는 의견이 갈라진다. 만약 주재하는 천이라고 한다면 '천인상응'은 인사의 잘잘못에 대한 천의 유의지적인 포상을 의미하게 된다. 그와 반대로 자연으로서의 천이라고 한다면 '천인상응'은 물이 습한 데로 흐르고 불이 건조한 데로 번져 가는 것과 같이 기계론적인 감응일 뿐이다. 그것은 자연의 이치이며, 신적인 것이 아니다. 『서경』 「홍범」은 전자를 주장하여 '천인상응'을 인사의 잘잘못에 대해 천이 희노(喜怒)의 감정을 표현하는 것으로 생각하였다. 『여씨춘추(呂氏春秋)』 「명류(名類)」는 후자를 주장하여 '천인상응'이 천도와 인사의 기계론적인 감응일 뿐이라고 생각하였다. 동중서는 이 두 가지의 주장을 모두 취하였다.[344] 이런 견해에 비추어 보면 고려시대의 재이론은 천을 주재하는 천으로 파악하고, 기상의 출현이나 인사에 대한 천의 유의지적인 포상 혹은 견고에 의해서 이루어진다는 신에 의한 천인감응설을 택하고 있다. 이는 지금까지 고려국왕들의 제서(制書) 등에서 나타나 있듯이 재이를 매개하여 군왕으로 하여금 천과 직결하는 존재로 만들어 매우 신비적인 성격을 띠게 하는 소이가 되었다고 하겠다.

『고려사』 오행지와 천문지의 재이 기사들은 정치적 사건과 연결됨이 없이 단지 재이들만 단독으로 나열된 경우가 대부분이다.[345] 『고려사』 오행지 1-5와 거기에 포함된 조목들을 표로 만들면 다음 같다.[346]

---

344) 곽위(郭爲), 「음양오행가의 사상」 『음양오행설의 연구』, 204-210쪽.

345) Hsu Dan-lin, "Crime and Cosmic Order," *Harvard Journal of Asiatic Studies*, v.30, Harvard Yenching Institute, 1970, p.116. 중국의 사서(史書)의 경우에 북송(北宋)의 구양수(歐陽脩)의 의견에 따라 재이와 정치 기사를 연결시켜 기술하는 정통적 재이 서술 방법이 북송 이래 없어지게 되었다 한다.

346) 『고려사』 오행지 및 이희덕, 『高麗時代 天文思想과 五行說 研究』(일조각, 2000)

志	條目
五行 1	대수(大水), 대우(大雨), 수변이(水變異), 항한(恒寒), 고요(鼓妖), 홍(虹), 용사얼(龍蛇孼), 어얼(魚孼), 마화(馬禍), 시화(豕禍), 인아(人痾), 복요(服妖), 뇌전(雷電), 뇌진(雷震), 상(霜), 설(雪), 우박(雨雹), 흑기(黑氣), 흑생흑상(黑眚黑祥), 지경(地境)
〃 2	화재(火災), 항욱(恒燠), 無雪, 초요(草妖), 우곡(雨穀), 초충지얼(草蟲之孼), 양화(羊禍), 지초(芝草), 주초(朱草), 적생적상(赤眚赤祥)
〃 3	강괴자기(僵槐自起), 연리목(連理木), 고목부생(枯木復生), 충식송(蟲食松), 목빙(木冰), 목가(木稼), 목생이실(木生異實), 항우(恒雨), 임우(霖雨), 음우(淫雨), 계화(雞禍), 서요(鼠妖), 청생청상(靑眚靑祥), 금려목(金沴木)
〃 4	금종불혁(金不從革), 한(旱), 상양(常陽), 항양(恒陽), 황(蝗), 와언(訛言), 시요(詩妖), 동요(童謠), 모충지얼(毛蟲之孼), 견화(犬禍), 백생백상(白眚白祥)
〃 5	가색불성(稼穡不成), 역(疫), 항풍(恒風), 무(霧), 대무(大霧), 야요(夜妖), 우토(雨土), 지진(地震), 산붕(山崩), 나충지얼(臝蟲之孼), 우화(牛禍), 황생황상(黃眚黃祥), 지함지탁(地陷地拆), 불두자락(佛頭自落), 상서(祥瑞)

〈표 14〉『고려사』오행지 구성. 『고려사』참조

　〈표 14〉에서 재이발생의 범위도 천문(일식·월식, 월·오행능범, 성변 등)에서부터 기상(대우, 뇌우, 대풍, 대무 등), 지표(수용, 지진, 산붕 등), 무기물(종명, 대석자행, 석명 등), 유기물(기형출산, 우·모충, 목불곡직 등), 그리고 인간계(와언, 동요, 시 등)의 여러 차원들에 걸쳐 그야말로 천지 삼라만상을 포함하고 있다.

　위와 같이『고려사』오행지·천문지의 재이 기록은 천문 차원으로부터 인간의 사회와 도덕, 생물, 무기물 차원을 아우르는 거대 관념론으로서 유학의 형이상학에 토대하고 있다고 하겠다. 물론 그것의 핵심은

───────────────

　에 수록된『고려사』오행지 원문(原文), 339~401쪽 참조하여 작성.

중국 한대에 일단 완성을 본 음양오행론이었다. 그러나 필자가 보기에는 이런 형이상학은 인간의 사고도식에서 중대한 결함을 갖고 사상이 었다고 생각한다. 음양오행이란 사고형식을 고찰하기 위해『여씨춘추』「십이기(十二紀)」,『예기』「월령」등을 참고하여 작성한 최병헌의 오행일람표를 아래에 게시한다.347)

오행 종류	목	화	토	금	수
사시(四時)	춘(春)	하(夏)	중앙(中央)	추(秋)	동(冬)
사방(四方)	동(東)	남(南)	중(中)	서(西)	북(北)
간지(干支)	갑을(甲乙)	병정(丙丁)	무기(戊己)	경신(庚申)	임계(壬癸)
오제(五帝)	태호(太皥)	염제(炎帝)	황제(黃帝)	소호(少皥)	전욱(顓頊)
오신(五神)	구망(句芒)	축융(祝融)	후토(后土)	욕수(蓐收)	현명(玄冥)
오충(五蟲)	인(鱗)	우(羽)	나(倮)	모(毛)	개(介)
오음(五音)	각(角)	치(徵)	궁(宮)	상(商)	우(羽)
오수(五數)	八	七	五	九	六
오미(五味)	산(酸)	고(苦)	감(甘)	신(辛)	함(鹹)
명당(明堂)	청양(青陽)	명당(明堂)	태묘(太廟)	총장(總章)	현당(玄堂)
오색(五色)	청(青)	적(赤)	황(黃)	백(白)	흑(黑)
오곡(五穀)	맥(麥)	숙(菽)	직(稷)	마(麻)	서(黍)
오생(五牲)	양(羊)	계(雞)	우(牛)	견(犬)	체(彘)
오성(五星)	목성(木星)	화성(火星)	토성(土星)	금성(金星)	수성(水星)
오정(五情)	희(喜)	낙(樂)	욕(慾)	노(怒)	애(哀)
오상(五常)	인(仁)	예(禮)	신(信)	의(義)	지(智)
오장(五臟)	간(肝)	심(心)	비(脾)	폐(肺)	신(腎)
오덕(五德)	육성(育成)	변화(變化)	출생(出生)	형금(刑禁)	임양(任養)

〈표 15〉 오행과 자연·인간·윤리의 대응 상관표. 출처: 최병헌,「고려시대의 오행적 역사관」, 23쪽.

---

347) 최병헌,「고려시대의 오행적 역사관」, 23쪽.

위의 〈표 15〉에서 천체들(목성, 화성 등), 자연현상(사시, 오색 등), 생물계의 벌레(오충), 동물들(양, 계 등), 사회의 도덕적 요소들(오상, 오덕 등), 인간의 감정(오정), 인간의 신체(오장) 등 그야말로 우주의 전살새들이 전부 망라되어 그 차원을 무시하고 평면적으로 5개 항목으로 분류되어 5행 하위에 배치되고 있다. 이런 사고도식은 앞 장에서 말한 바와 같이 전형적인 형식적 유추의 대표적인 사례라고 할 수 있다. 그 상관관계를 보면 5행의 수평적 5개 항(項)들 사이에는 아무런 인과적 관계가 없으며, 수직적 19개 항들 사이에도 어떤 공통성을 찾아볼 수가 없다. 특히 현저한 예는 토행(土行)과 다른 수평적 항들이라든지 수직적 항들 간의 관계는 매우 자의적인 정치적 배치에 불과하다. 그리고 과학적 유추의 한 특성, 즉 기지항(旣知項)들에 의해 아직 미지항(未知項)인 제3항을 추측할 수 있는 것이 여기에는 전혀 해당되지 않는다. 이렇게 인과성이 없는 항목들 사이에 그 인과적 연쇄와 관계를 강제로 배당하면서 예외 없이 그물처럼 묶어놓는 것을 '과잉적 결정'[348]이라고 한다면 이는 바로 주술적 사고에 해당된다. 이런 면에서 역사상 음양오행이란 우주도식은 바로 우주만상의 존재들을 그 차원별 그리고 차원 내에서 종차(種差)라는 독특한 성질과 차이성을 무시하고 하나의 일관된 도식 속에 강제로 편입시켜 상관관계를 강제로 설정하는 전형적인 주술형 사고방식이었고 할 수 있다.

다시 말하자면, 음양오행론과 그것의 구체적인 표현인 재이론은 상호 별세계인 생물계, 인간계, 그리고 천체 범주들[349]을 그것들이 속한

---

348) 김형효 저, 『구조주의의 사유체계와 사상』, 인간사랑, 1980, 163쪽. 여기서 주술은 앞에서도 강조되었듯이, 과잉적 결정론의 결과다. 레비-스트로스가 말하고 있는 바와 같이, 주술적 사고는 우주의 객관적 법칙과 자연적 인과의 연쇄성이 모든 것을 예외 없이 그물처럼 묶어 놓았다는 믿음에서 성립하고 있다-필자주.

349) 여기서 범주론은 다음 책을 참고하여 원용하였다. 하르트만 자신은 기계적인

차원이라든지 또는 동일 차원에서도 종별(種別)을 구별하지 않고 형식적 유추에 의해 무질서하게 혼합하고 있다. 그래서 어떤 범주에 속해 있는 형식이나 존재를 다른 범주에 속해 있는 진술로 대치할 경우 무의미한 주장이 된다는 범주의 정의를 따르면, 재이론은 논리상으로는 내용이 없는 거대한 정치 선전적 담론(談論)(discourse)에 불과하다고 하겠다. 그리고 이런 음양오행론의 응용편이 되는 재이론은 자연·인간·사회 범주들을 제왕에 종속시켜서 그 초월적 권위와 권력을 선전하는 것을 목적으로 하는 매우 정치적 프로그램이었다고 하겠다.

위의 내용을 좀 더 구체적으로 말하자면, 〈표 15〉목행(木行)에서 사시(四時)–춘(春), 방위(方位)–동(東), 오곡(五穀)–맥(麥), 오색(五色)–청(靑), 오미(五味)–산(酸), 오정(五情)–희(喜), 오음(五音)—각(角), 오장(五臟)—간(肝), 오덕(五德)–육성(育成), 오충(五蟲)–인(鱗), 오수(五數)–8, 오성(五星)–목성(木星) 등으로 같은 속성을 가진 것으로 배치되어 있다. 현실세계의 구조 내에서는 목(木), 동(東), 맥(麥), 청(靑), 산(酸), 희(喜) 등은 동일 범주로서 하나의 연속체를 형성하는 것이 아니라, 각각의 존재 영역에 따라 자기의 고유하고 독자적인 속성과 법칙성을 갖고 존재하고 있는 것이다. 그래서 이런 하나의 존재 범주들은 다른 존재의 범주들에 환원할 수 없게 되어있다. 만일 다른 범주로 대치하거나 환원하면 그런 진술은 무의미하게 된다. 그런데 음양오행설은 이러한 여러 존재 범주들을 억지로 왜곡시키면서 그리고 자의적

것의, 유기체적인 것의, 심리적인 것의, 사회의, 도덕 등등의 범주들을 층위 별로 분류하여 각각 층위에는 지배적인 범주들이 있다고 계층적 범주론을 전개하고 있어서 필자의 의미하고는 차이가 있다. 범주론에 대한 참조서: 모르겐슈테른 지음·양우석 옮김, 『니코라이 하르트만의 비판적 존재론』, 서광사, 2001, 130-131, 154, 254쪽. 니콜라이 하르트만 저·하기락 역, 『存在學範疇論(實事世界構造)』, 형설출판사, 1987, 233-236쪽.

으로 여기저기에 배치하여 통일적 형이상학적 세계상을 구성해내고 있
다. 그런데 문제는 이런 범주들의 배치 기준이 매우 선험적이고 형이상
학적이어서 우리의 경험적 한계를 넘어서고 있다는 것이다. 결국 이런
선험적 담론을 형성하고 결정한 것은 한대(漢代) 동중서 등이 관리로
서 봉사했던 한제국의 지배 권력과 그 정점에 위치한 황제들이었다고
하겠다. 이런 관점에서 음양오행론이나 재이론은 매우 전제적 담론로서
왕권의 신비화・절대화를 목적한 정치적인 사고형식이었다고 하겠다.

그리고 『고려사』 오행지는 『서경』의 「홍범구주」의 오행순서인 수-
화-목-금-토행에 따라 배열되고 있는데, 궁극적으로 홍범구주를 중
심으로 하기 위한 것이다. 이에 대하여는 다음과 같은 견해가 있다. 즉
「홍범구주」에는 다섯 번째 조목인 황극(皇極)이 중앙을 차지하고 있으
며, 그 나머지 여덟 개의 조목은 실상 황극을 위해서 제시된 것이다.
황극의 '극'은 지나치다는 의미의 '극'이 아니라 극중(極中)(지극한 표
준) 혹은 인극(人極)(인류의 표준)이라는 의미에서의 '극'이다. 황극은
홍범구주의 중앙에 위치한다. 따라서 황극은 황제가 건립한 극중(極
中)이라는 의미를 지닌다. 극중은 또한 지중(至中)(지극한 표준)을 의
미하기도 한다. 이런 말들은 왕을 지칭하는 것이다. 왕은 치우치거나
편당하지 않음으로써 왕도의 '지극한 표준'을 세우고, 도덕적 공훈을
통해 백성의 부모가 됨으로써 천하를 다스릴 수 있다. 그것이 인류의
지극함이다. 왕의 5사(五事)[모(貌)・언(言)・시(視)・청(廳)・사(思)]
가 갖추어지면 오행이 순조롭고, 좋은 징조가 나타나며, 오복이 내려서
상도가 베풀어진다. 반면에 왕의 오사에 잘못됨이 있으면 오행이 어지
러워지고, 나쁜 징조가 나타나며, 6극(六極)(중에서 앞의 다섯 개)이
내려서 상도가 베풀어지지 않는다. 왕의 오사의 잘못됨은 왕의 그 '지
극한 표준'을 세우지 않는데 있으며, 그것이 '허약함[약(弱)]'의 곤액이

다. 그러므로 6극(六極)의 '허약함'은 5사에 대응하는 것이 아니라 황극에 대응한다.[350]

　상술한 음양오행설에 관한 역사적 맥락에서 말하자면, 세상만물의 '지극한 표준'은 바로 왕을 의미했다. 그러므로 고려사 찬자들이 서경의 음양오행설 순서를 채용한 것은 고려국왕의 영위적 권위를 최고로 높여서 우주만물의 표준으로 삼으려고 했던 것이다. 그래서 왕이란 '지극한 표준'이 잘못되면 재이가 발생하고 이는 왕의 정치행위에 대한 반성을 촉구하는 계기도 되었다 하겠다. 결국 음양오행설의 역사적 기능은 왕권을 우주 차원으로 격상시켜서 그것을 신비화하는 사상적 기제(機制)였다고 하겠다.

　오행지의 우주체계에서 사회 차원은 그 전체 구성 중에 그 일부를 이루는 것으로 특별한 것으로 생각되고 있지 않음에 주의가 간다. 다시 말하면, 사회란 여러 차원 속에 포개져 들어있는 하나의 차원에 불과하며 그 자체로는 다른 것들과 비교해서 어떤 특별한 의미도 띠고 있지 않았다. 그러면서도 우리가 인간인 이상, 인간 중심의 사고를 아니 할 수 없으므로 당시에 사회 차원은 우주체계 중에서도 가장 고차적인 표상으로 생각되고 있었다. 이런 사고방식은 『고려사』 오행지 서문에 잘 표현되어 있다.

　　하늘에는 오운(五運)이 있고 땅에는 오재(五材)가 있어 그 용(用)이 다 하지 않으며 사람의 남에는 오성(五性)이 갖추어져 있어 오사(五事)로 나타나나니 이를 닦으면 길(吉)하고 닦지 않으면 흉(凶)하다. 길(吉)이란 휴징(休徵)의 응한 바이고 흉(凶)이란 것은 구징(咎徵)의 응한 바이니 이것은 기자(箕子)가 홍범구주(洪範九疇)를 추연(推演)하여 하늘

과 사람 사이에 정성을 다한[봉봉어천인지제자(奉奉於天人之際者)] 까
닭이라 그 뒤로 공자(孔子)가 춘추(春秋)를 지으며 재이(災異)를 반드
시 쓰니 하늘과 사람이 감응하는 이치를 어찌 쉽게 말할 수 있으랴 이제
다만 사씨(史氏)의 기록한바 당시의 재상(災祥)을 의거하여 「오행지(五
行志)」를 짓는다.351)

이 서문에 의하면, 우주 실재들은 지능을 가지고 있으며 서로 정보를
교환하면서 역동적으로 작용하고 있다고 여겨졌다. 그래서 하늘과 땅
은 고려 식자층에게는 인간관계의 도덕적 가치에 대해 판단을 내릴 수
있는 일종의 거대한 신호체계로 간주되고 있었다. 이런 점에서『고려
사』오행지는 단순한 자연의 이변에 관한 기록이 아니라 인간사적 의
미를 띠었던 것이다.

오행지의『서경』「홍범」의 배열, 즉 수-화-목-금-토행의 순서에서
재이에 관한 어떤 구조적 논리라든지 질서를 찾아낼 수 없으므로 이 글
에서는 이런 순서 배열을 무시하고, 재이 기사 자체에 유의하면서 어떤
내재적 논리라든지 분류 기준이 있는지를 찾아보겠다.

오행지・천문지에서 한 종류로 분류할 수 있는 재이 기사들이 다음
같이 나온다.

(가) 예종 2년 6월 정사: 기후(氣候)가 춥기를 겨울과 같았다. 9년 4월

---

351)『고려사』, 지7 오행1 서문(序文): 天有五運 地有五材 其用不窮 人之生也 具爲
五性 著爲五事 修之則吉 不修則凶 吉者 休徵之所應也 凶者 咎徵之所應也 此箕
子 所以推演洪範之疇 而拳拳於天人之際者也 厥後 孔子作春秋 災異必書 天人感
應之理 豈易言哉 今但據史氏所書當時之災祥 作五行志. 이 서문은 정헌대부(正
憲大夫) 공조판서(工曹判書) 집현전대제학(集賢殿大提學) 지경연춘추관사(知經
筵春秋館事) 겸(兼) 성균대사성(成均大司成) 신(臣) 정인지(鄭麟趾) 봉(奉) 교수
(教修)했다.

임진(壬辰)에 비바람이 불고 추위가 심(甚)하기를 무릇 2일이나 하였다.[352]

(나) 명종 8년 8월 경신: 얼음이 얼었다. 15년 여름에 파리가 없었다.[353]

(다) 충렬왕 2년 3월 정축: 눈비가 내리고 큰바람이 불며 얼음이 얼었다. 3년 5월 무오(戊午)에 날씨가 추우니 사람이 혹(或) 갖옷을 입는 자도 있었다. 4년 3월 임진(壬辰)에 큰 눈이 내렸고 갑오(甲午)에 냇물이 모두 얼었다.[354]

(라) 공양왕 4년 7월 신묘: 찬바람이 일어나 밤새도록 크게 불어 날씨가 구추(九秋)와 같았다. 7월 병술(丙戌)에 서늘한 바람이 일어나 기후가 가을과 같았으며 진사(塵沙)가 크게 일어나 행로(行路)에서 눈에 티끌이 들어가고 백곡(百穀)이 타서 말라버렸다. 신묘(辛卯)에 서리가 내리고 아주 추웠다.[355]

위의 인용문들에서 어떤 공통점을 찾아낼 수 있다면, 당대인이 어떤 현상을 재이로 파악했는가를 추측할 수 있을 것이다. (가)에서 6월 여름철인데도 춥기가 겨울 같았으며, (나)에서 8월 여름철에 얼음이 얼었고, 파리가 없었으며 (다)에서 3월 봄철에 눈이 내렸고, 그리고 (라)에서 7월 한 여름철에 서리가 내리고 매우 추웠다고 한다. 여기서 겨울 날씨, 얼음, 그리고 서리 등은 그 자체로서는 하등 이상한 자연현상이

---

352) 『고려사』, 지7 오행 水, 예종 2년 6월 정사: 氣寒如冬 九年四月壬辰 風雨寒甚 凡二日.
353) 『고려사』, 지7 오행 水, 명종 8년 8월 경신: 冰 十五年 夏無蠅.
354) 『고려사』, 지7 오행 水, 충렬왕 2년 3월 정축: 雨雪 大風凍 三年五月戊午 天寒 人或有衣者 四年三月壬辰 大雪 甲午 川水皆凍.
355) 『고려사』, 지7 오행 水, 공양왕 4년 7월 신묘: 寒風起 終夜大吹 候如九秋 七月 丙戌 淒風起 氣候如秋 塵沙大起 行路爲之目 百穀焦槁 辛卯 隕霜最寒.

라 할 수 없다. 이런 현상이 당대인에게 놀라운 재이의 대상이 된 것은
모두 제 철을 어겨서 발생했기 때문이라 여겨진다. 일단 고려시대 사람
들은 우주 실재들이 사시(四時), 순환 과정에서 각각 정해진 시간적 정
상성을 벗어나 발생한 것들을 재이로 여겼다고 하겠다.

상술한 맥락에서 오행지 벼락 기사들도 이해될 수 있는데 정종 때의
한 사례를 보면 다음 같다.

> 정종 원년 10월 신미: 천둥과 번개를 쳤다. 2년 2월 무오(戊午)에 비도
> 내리지 않고 천둥쳤다. 7월 무자(戊子)에 회빈문(會賓門)을 벼락 쳤다.
> 8월 기유(己酉)에 우박(雨雹)이 내렸고 승평문(昇平門) 남로(南路)에서
> 사람을 벼락 쳤다. 11월 정축(丁丑)에 천둥쳤다. 5년 11월 경자(庚子)에
> 천둥쳤다. 6년 7월 을축(乙丑)에 의춘루(宜春樓)를 벼락 쳤다. 10월 을
> 유(乙酉)에 사천 소감(司天少監) 지태사국사(知太史局事) 임광한(林匡
> 漢)이 아뢰기를 "역(曆)을 의거(依據)컨 대 8월 중기(中氣)에는 천둥이
> 소리를 거두는데 지금 추계(秋季)로부터 은은히 그치지 않으니 시령(時
> 令)에 어긋남이 있음이리라 원컨대 몸을 살피고 덕(德)을 닦으시어 재
> 변(災變)을 가시소서."라고 하였다. 7년 10월 을유(乙酉)에 선은관(宣恩
> 館) 밖에서 사람을 벼락 쳤다.356)

태사국사 임광한은 8월 중기 이후로는 우레가 없어야 하는데 지금
가을철인데도 그것이 계속되고 있어 시령(時令)에 어긋났다 한다. 그
의 생각에는 여름철 우레는 당연한 현상이고, 그것이 재이로 간주되는

---

356) 『고려사』, 지7 오행 水, 정종(靖宗) 원년(1035) 10월 신미: 雷電 二年二月戊午
不雨而雷 七月戊子 震會賓門 八月己酉 雨雹 震人于昇平門南路 十一月丁丑 雷
五年十一月庚子 雷 六年七月乙丑 震宜春樓 十月乙酉 司天少監知太史局事林匡
漢奏 據曆八月中氣 雷乃收聲 今自秋季 殷殷不絶 有乖時令 願省躬修德 以禳災
變 七年十月乙酉 震人于宣恩館外.

것은 가을철 이후였다. 여기서 재이로 기록된 우레·벼락의 수는 2월 1회, 7월 2회, 8월 1회, 10월 2회, 그리고 11월 1회였다. 그런데 우레·벼락은 재이 현상으로 볼 수 없는 여름철인 7, 8월의 3회가 기록되고 있는데, 그것도 사람이나 중요한 국가 건조물이거나 도로에 떨어졌을 경우였다. 하여튼 제철이 아닌 여름철 중기 이후로부터 겨울철까지 발생한 우레나 벼락은 당대인에게는 재이로 간주되고 있었다.

상술한 사실로부터 우리는 일종의 우주적 시(時)를 벗어난 실재들이 재이로 여겨지고 있었는데, 이런 사고방식은 마찬가지로 천문 차원에도 적용되었다. 그중 현저한 한 사례로서 태백성(금성)에 관한 기사가 천문지에 보인다.

> 선종 9년 11월 경자: 태백(太白)이 낮에 나타나 경천(經天)하여 누벽진성(壘壁陣星)을 범(犯)하니 태사(太史)가 아뢰기를 태백(太白)이 낮에 나타나면 3년 만에 반드시 대상(大喪)이 있는 것이라 하였다.[357]

태백성이 제때인 아침이나 저녁이 아닌 한낮에 출현한 것은 천문상 재난으로 파악되고 있으며, 그것은 지상 차원에 즉시 영향하여 국왕 서거의 전조로 생각되고 있었다.[358]

이런 부류의 재이들이 특히 유기물 차원, 특히 식물에 많은데 오행지 화행(火行) 조에서 그 중 몇 사례들어 보면 다음과 같다.

---

357) 『고려사』, 지1 천문1 성변(星變), 선종 9년(1092) 11월 경자: 太白 晝見經天 犯 壘壁陣 太史奏曰 太白晝見 三年必有大喪.

358) 진영일, 「妙淸亂에 관한 一考察」, 서울대학교 인문대학원 석사학위논문, 1984, 21쪽: 한낮의 태백성 출현 현상은 특히 인종대(仁宗代)에 많았는데, 이것은 묘청의 활동기와 대체로 겹치고 있었다. 필자는 이것이 고려 왕권 이데올로기적 권위와 밀접하게 연관되어 왕실의 서경천도 운동의 배경이 되었다고 했다.

(가) 현종 2년 11월: 전주(全州) 흑석사(黑石寺)에 모란꽃이 피어 눈을 덮어 쓰고도 떨어지지 않았다. 10년 8월에 광명사(廣明寺)에 모란(牧丹) 꽃이 다시 피었다.[359]

(나) 고종 44년 9월 갑인: 사관(史館)의 장미(薔薇)가 피었다. 45년 10월에 사관(史館)의 장미(薔微)가 피었다.[360]

(다) 충혜왕 원년 10월: 도리(桃李)의 꽃이 피었다.[361]

(라) 우왕 5년 10월: 배꽃이 피었다. 8년 7월에 궁중(宮中)에 배꽃이 피었다.[362]

(가)에서 모란꽃이 겨울인 11월에도 떨어지지 않고 있었다든지 8월에 다시 피었다. (나)에서 봄이 피는 장미가 사관 경내에서 두 번 피고 있으며, (다)에서 봄에 피는 복숭아꽃과 자두꽃이 10월에 피었으며, 그리고 (라)에서 봄에 피는 배꽃이 10월에 피어나고 있으며 그것도 더욱 불길하게도 궁중에 피었다. 이 모든 꽃들은 마땅히 봄철에 개화해야함에도 불구하고 가을철, 겨울철에 개화하든지 하여 결국은 식물계의 자연적이고 정상적인 우주적 시의 순환을 교란시키는 존재들로 파악되고 있었다.

다시 말하자면, 상술한 화초들은 계절의 순환을 알지 못하게 하는 현상의 출현이라 하겠다. 계절을 알지 못하면 그것을 기준하여 조직된

---

359) 『고려사』, 지7 오행 火, 현종 2년 11월: 全州黑石寺牧丹花 開 冒雪不落 十年八月 廣明寺牧丹花 再開.
360) 『고려사』, 지7 오행 火, 고종 44년 9월 갑인: 史館薔薇 華 四十五年十月 史館薔薇 華.
361) 『고려사』, 지7 오행 火, 충혜왕 원년 10월: 桃李 華.
362) 『고려사』, 지7 오행 火, 우왕 5년 10월: 梨 華 八年七月 宮中梨 華.

연, 월, 일, 시간 등을 알 수 없게 된다. 그러면 사회활동에서 가장 중
요한 준거틀 중 하나인 시간이 없어지게 되어 인간 활동이 방해된다.
그래서 계절에 벗어난 모란꽃, 장미, 복숭아꽃 등은 인간의 자연에 대
한 정합적 질서 형상을 이루는데 가장 근본적인 시간이란 준거틀을 혼
란시키는 징후가 된다. 시간 범주가 혼란되면 아예 인간의 지적 활동이
불가능하게 되므로 이를 상징하는 계절을 이탈하여 개화한 모란꽃 등
은 재이들 중에서도 가장 무서운 재난이 되는 것이다.

　여태까지 인용된 사료들을 분석한 결과 우리는 당대 지식층의 우주
론에 관하여 대개 다음과 같이 말할수 있다. 즉 고려 유가의 의식에서
는 시간 범주가 하나의 기본적 관념 요소였다. 우주적 시(時)363)라고
할 수 있는 시간 범주는 모든 사고를 포괄하는, 지성의 정상적 활동에
는 분리할 수 없는 일종의 지성의 준거틀이었다. 만일 그들이 시간 범
주에 동의할 수 없다면, 그들의 정신적 구성은 불가능해져 결국에는 그
들의 인식 기반을 방기해야만 하는 상황에 놓이게 된다. 그러므로 이런
종류의 재이 출현은 고려 유가에게 모든 지적 준거틀을 파괴하는 두려
운 현상으로 비쳐졌던 것이다. 이런 사고방식이 현대 독자에게는 무의
미하고 단조롭게 보이는 재이 현상들을 고려시대에는 매우 중요한 의미
를 지니게 하여 여러 역대 실록에 기록을 남기게 한 이유라고 하겠다.

---

363) 여기서 시간(time)개념은 우리 현대인의 그것과 다른 성격을 갖고 있다. 참조서:
　　Henri Frankfort, H. A. Frankfort, John A. Wilson, Thorkild Jacobsen, *Before
　　Philosophy: The Intellectual Adventure of Ancient Man*, Penguin Books,
　　Harmondsworth · Middlesex, 1949, 1951, p.32: 시간이라 함은 신화적 시간개념
　　으로서 질적이고 구체적이어서 양적이고 추상적이지 않다. 신화적 사고는 균일한
　　지속 기간이라든지 질적으로 다르지 않은 계속적 운동을 의미하지 않는다. 카시러
　　(Cassirer)는 시간을 본질적으로 다른 생명의 단계들의 연속으로 생물적 시간이라
　　고 불렀다. 이런 자연 속에서 시간의 출현, 계절의 순환, 그리고 전체의 운동은 생
　　명 과정의 표시로서, 그리고 인간의 그것과 관계된다고 생각되었다.

　군왕이 월령을 준수하려는 노력은 상술한 사유방식과 깊이 관련되어 있었다. 성종 때 좌보겸지기거주 이양은 월령에 의거해 모든 일들을 처리할 할 것을 왕에게 건의하고 있다.

　　성종 7년 2월 임자: 좌보궐(左補闕) 겸(兼) 지기거주(知起居注) 이양(李陽)이 봉사(封事)를 올리니, "옛 현명한 왕들은 천도(天道)를 숭배하고 인시(人時)를 경수(敬授)하였으므로 군왕(君王)은 농사일[가색(稼穡)]의 어려움을 알고 백성은 농상(農桑)의 이르고 느린 것[조만(早晚)]을 알아서 스스로 농사지어 먹음이 족하고[가급인족(家給人足)] 해마다 풍년이 들었음을[연풍세임(年豊歲稔)] 이루었습니다. 월령(月令)을 살펴보면 입춘(立春) 전에 토우(土牛)를 내어 농사의 이르고 늦음[조만(早晚)]을 보인다 하였으니 청컨대 옛일을 들어 때를 따라 행하옵소서. […] 그 세 번째는 성인(聖人)은 굽어 살피고 우러러보아 때의 변화[시변(時變)]에 통(通)하고 왕은 인(仁)을 행하고 혜(惠)를 펴서 만물(萬物)의 뜻을 이루게 하는 것입니다. 월령(月令)을 살펴 보건대 '정월(正月) 중기(中氣) 뒤에는 제물로 암 짐승을 쓰지 말고 벌목(伐木)하는 것을 금지하며 새끼와 알을 취하지 말고, 대중(大衆)을 모으지 말며, 드러난 뼈와 썩은 살을 덮어 묻어 주라.'고 하였사오니 원컨대 새해를 맞이하는 때에 당하여 두루 행춘(行春)의 영(令)을 펴서 모두 시금(時禁)을 알게 하고 천상(天常)을 알게 하소서."[364]

여기서 이양은 월령에 따라 입춘 전에는 토우를 내어 농사의 시기를

---

364) 『고려사』, 성종 7년(988) 2월 임자: 左補闕兼知起居注李陽 上封事 其一曰 古先哲王 奉崇天道 敬授人時 故君知稼穡之艱難 民識農桑之早晚 以致家給人足 年歲稔 按月令 立春前 出土牛 以示農事之早晚 請擧故事 以時行之 […] 其三曰 聖人俯察仰觀 以通時變 王者 行仁布惠 用遂物情 按月令 正月中氣後 犧牲毋用牝 禁止伐木 無麛無卵 無聚大衆 掩骼埋胔 願當獻歲之晨, 遍布行春之令 咸知時禁 識天常.

보이고, 정월 중기 이후에는 제물로 암 짐승을 쓰지 말고, 벌목을 금하고, 새끼와 알을 취하지 말고, 대중을 모으지 말며, 드러난 뼈와 썩은 살을 덮어 묻어줄 것을 왕에게 건의하였다. 특히 봄철에는 이 시절에 알맞은 행사, 즉 '행춘지령(行春之令)'을 널리 펴서 하늘의 불변의 도(道)[천상(天常)]를 백성에게 알리는 것이 월령의 목적이라 했다. 이 월령이란 역사·사회적 공간이라는 인간적 사건과 관계된 시간성이라기보다도 우주의 자연질서를 관통하는 시간성(운행질서)라고 생각되었다. 이 경우에 우주구성 실재들은 각각에게 적합하게 할당된 시를 갖게 된다는 것이다. 그리고 인간적 사건의 시는 오히려 이런 우주적 시(時)의 일부로서 존재하며, 또한 그 영향 하에 놓여 있었다는 것이다. 당시 식자층인 이양에게는 인간사란 우주적 시에 순응하여, 아니 오히려 그 종속 부분으로 작동해야만 우주의 조화된 전체 질서를 유지할 수 있다고 생각되었다. 그리고 군왕은 우주의 균형과 조화를 조절할 수 있는 의례적 질서의 수행자 역할을 하고 있었다. 만약 이런 우주적 시와 사회적 시가 서로 어긋났을 때 재이가 발생하고 그때 책임은 국왕에게 귀속되는 것이었다.365)

성종은 이양의 봉사(封事)에 대답하는 교서를 내려서 월령을 잘 지

---

365) 『고려사절요』, 명종 8년(1178) 2월: 추밀원사 이광정(李光挺)·동지원사 최충렬·부사(副使) 문극겸 등이 아뢰기를, "연등(燃燈)은 예전에는 2월 보름에 하였는데, 근래에 부왕의 휘삭(諱朔: 조상의 돌아가신 달)으로 인하여 정월로 바꾼 것은 선왕의 본의에 어그러지는 것입니다. 요사이 해와 달과 별이 이변을 보이고, 음양의 두 기운이 조화롭지 않은 것이 혹 이 때문인가 합니다. 청하건대, 2월 보름에 비록 축하 행사를 벌이고 풍악을 연주하는 일은 않더라도, 공사(公私) 관민으로 하여금 모두 각자 분수에 따라 연등하게 하소서." 하니, 이를 청종(聽從)하였다(樞密院使李光挺 同知院事崔忠烈 副使文克謙等 奏曰 燃燈 舊用二月望 近因聖考諱朔 改用正月 有乖先王之本意 比來三光告異 二氣不調 恐或由此 請於二月望 縱不設會作樂 悉令公私 隨分燃燈 從之).

커서 어긋남이 없도록 할 것을 분부하고 있다.

성종 7년 2월 임자: 교(敎)하기를, "이양(李陽)의 말한 바는 모두 전경(典經)에 의거함이니 마땅히 받아 가납(嘉納)할만한 일이다. 토우(土牛)를 내는 일은 올해는 입춘(立春)이 이미 지났으니 내년에 가서 입춘(立春) 전에 소사(所司)가 다시 상주(上奏)하여 시행하도록 하고 종자를 바치는 일은 마땅히 예관(禮官)에게 명하여 의론하여 결정하게 할 것이며 적전(籍田)의 길일(吉日)을 정해 아뢰면 왕후(王后)가 직접 행 할 것이니 올해부터 이것을 통상적인 규례로 삼도록 하라.

정월(正月) 중기(中氣)의 초(初)를 당하였으니 공사(公私) 제사의 제물에는 암 짐승을 써서 생명을 상하게 하지 말 것이며 벌목(伐木)을 금하여 성덕(盛德)의 소재(所在)를 어기지 말 것이며 새끼와 알을 취하지 말 것이며 어린싹을 상하게 하지 말 것이며 침입해오는 적들을 막고 성벽을 쌓는 일 이외에는 대중(大衆)을 모아서 농사를 방해하지 말 것이며 축생(畜生)이나 사람이나 마른 뼈와 썩은 살이 길 위에 드러나 있거든 다 잘 묻어 주어 사기(死氣)가 생기(生氣)를 바꾸는 일이 없도록 할 것이다.

아아, 하늘은 사시(四時)가 있어 봄에 양화(陽和)의 덕(德)을 펴고 군왕(君王)은 오교(五敎)를 행함에 있어 인(仁)을 예(禮)와 의(義)에 앞세우는 것이다. 마땅히 선성(先聖)의 전모(典謨)를 쫓아 써 구망(句芒)의 조화에 순응(順應)하여 끝내 나는 새와 물속의 고기도 그 천성(天性)을 다하도록 하고 풀과 나무도 은혜를 받으며 마르고 썩은 무리들까지도 다 생성(生成)의 혜택을 입게 된다면 이 아니 아름다울쏘냐. 마땅히 양경(兩京)의 백사(百司)와 12목(牧)의 지주현(知州縣) 진사(鎭使)들에게 반포(頒布)하여 모두 알도록 하고 조제(條制)를 힘써 행하여 마땅히 나의 뜻을 체득하고 널리 백성[여원(黎元)]들에게 알리고 보게 하여 이 영(令)을 어김이 없도록 하라."고 하였다.366)

---

366) 『고려사』, 성종 7년(988) 2월 임자: 敎曰 李陽所論 皆據典經 合垂兪允 其出土

여기서 성종은 이양의 봉사에 대답하여 토우를 내는 일, 적전(籍田) 행사, 암 짐승을 제사에 쓰는 일, 벌목 등을 모두 제때에 맞추어 시행할 것을 명하고 있었다. 또한 이런 시령 준수가 왕자가 지녀야 할 첫째의 '성덕(盛德)'이라 하였다. 이런 군왕의 덕은 나는 새, 물속의 물고기도 그 천성을 다하도록 하며, 썩은 초목까지도 생성의 혜택을 입게 되는 제의적 힘이기도 하였다. 앞에서도 지적했듯이 군왕은 우주 실재들과 깊게 연속되어 그 존재의 완성을 도와 줄 수 있는 상징자였다. 그 존재 론적 성격이 이 기사에서 분명하게 드러난다. 이 경우에 생성하는 은 혜, 즉 '생성지혜(生成之惠)'라고 표현된 군주의 성덕이란 우주 실재들 을 각각 주어진 시간에 적합하게 순행시키는 제의적 힘을 의미했다. 물 론 인간계 시(時)는 이 우주적 시의 종속적인 일부분으로 운용되어야 함이 마땅한 것이었다.367) 그리고 백성 대중은 직접 우주체계의 순행 질서에 참여할 수 없었으며, 오직 국왕을 매개해서만 거기에 간접적으 로 접합할 수 있는 비주체적 존재자들이었다는 것도 앞 장에서 지적했 다. 일견하여 인자하기를 극한 군주의 성덕이란 것은 모든 백성이 거기 에 따라 생업활동을 해야 하는 절대적인 기준, 즉 시 범주 자체를 의미 하며 또한 이는 왕권의 전제적 권위로서 신성성368)의 이데올로기적 토

牛事 今年立春已過 取後年立春前 所司更奏施行 其獻種之事 宜令禮官議定 奏取 籍田吉日 王后親行 始自今歲 以作通規 當正月中氣之初 若公私祭 犧牲勿用牝以 傷生 禁伐木 無犯盛德所在 無無卵 勿傷萌幼 除禦寇城防要事之外 毋聚大衆 以 防農 或畜或人 曝露枯骨腐肉 皆令掩埋 勿使死氣逆生氣也 於戱 天有四時 春布 陽和之德 君行五敎 仁爲禮義之先 宜遵先聖之典謨 用順勾芒之造化 遂使飛沈遂 性 草木懷恩. 至於枯朽之群 盡荷生成之惠 不亦美乎 宜頒兩京百司 及十二牧知州 縣鎭使等 咸使知委 勉行條制 當體予意 普示黎元 無犯此令.

367) 진영일, 「고려전기의 재이사상에 관한 일고: 군왕의 성격과 관련하여」『高麗史 의 諸問題』, 493-511쪽. 고려 군왕의 존재론적 근거는 사회의 시계열(時系列)에 준거틀을 제공하는 데에 있었다.

내가 되고 있었다.

2. 종(種) 범주의 혼란

오행지에 또 다른 부류의 재기 현상들이 수록되어 있는데, 우선 마(馬), 저(猪), 그리고 사람의 다산(多産) 기사들에 관해 살펴보겠다.

(가) 태조 23년 11월: 설발현(薛發縣) 백성(百姓) 문회장(汶會莊)의 말이 망아지를 낳았는데 한 몸둥아리에 머리가 둘이요 앞에는 두 다리 뒤에는 네 다리였다.[369]

(나) 현종 9년 4월 병자: 죽주(竹州) 민가(民家)에서 돼지가 새끼를 낳았는데 1수(首)에 2신(身) 4이(耳) 8족(足)이었다.[370]

(다) 문종 6년 5월 임신: 죽주(竹州) 신창리(新昌里)의 여인(女人) 천덕(泉德)이 1산(産)에 3남(男)을 낳았다.[371]

---

368) 여기서 신성성이라 함은 세상 만물이 자기 때, 장소, 종류에 합치될 때 형성하는 우주질서와 같은 것이다. 여기에 관해서는 다음의 책을 참조하였다. 참조서: 메리 더글라스 지음 · 유제분 이훈상 옮김, 『순수와 위험』, 현대미학사, 1997, 94쪽. 여기서 우리는 완전성이 성스러움의 구현이라고 결론지을 수 있다. 성스러움은 개체들이 그들 각각이 속한 범주에 일치하는 것을 요구한다. 그리고 성스러움은 각기 다른 범주의 사물이 뒤섞이지 않을 것을 요구한다. […] 신성성함은 천지창조를 할 때 범주를 명확하게 구별할 것을 의미한다. 그러므로 성스러움은 필연적으로 정확한 정의, 구별과 질서를 의미한다. Mary Douglas, *Purity and Danger: An Analysis of Concepts of Pollution and Taboo*, London: Routledge & Kegan Paul, 1980, p.53.

369) 『고려사』, 지7 오행 水, 태조 23년 11월: 薛發縣百姓汶會莊 有馬生駒 一身兩頭 前兩足 後四足.

370) 『고려사』, 지7 오행 水, 현종 9년 4월 병자: 竹州民家 猪生子 一首二身 四耳八足.

371) 『고려사』, 지7 오행 水, 문종 6년 5월 임신: 竹州新昌里女泉德 一産三男.

(라) 우왕 8년 2월 계유: 동북면(東北面)에서 뿔 있는 말을 바쳤는데 1곡
(曲) 1직(直)하여 길이가 촌여(寸餘)나 되었다. 9년 4월 임진(壬辰)
에 서경 원수(西京元帥)가 보고하기를 "비마(駓馬)가 죽어 이를 잡
아서 보니 1신(身) 2두(頭)의 망아지를 잉태(孕胎)하였다."라고 하
였다.372)

(가)·(나)·(라)의 기형적 망아지, 돼지의 출현, 그리고 (다)의 인간
다산(多産)이 재이로 생각되었다. 특히 (라)에서 서경원수(西京元帥)
가 중앙 정부에 말의 기형 잉태를 직접보고 하고, 사관(史官)이 이를
매우 중대시하여 역사 기록에 남기고 있다.

또한 오행지에 양(羊)·계(雞)·견(犬)·우(牛) 등의 화(禍)가 수록
되어 있는데 그 중 몇 사례를 보면 아래와 같다.

(가) 태조 15년 4월: 서경(西京) 백성 장견(張堅) 가(家)에서 암탉이 변
화(變化)하여 수탉이 되었는데 석 달 만에 죽었다.373)

(나) 현종 9년 2월 기축: 경목감(京牧監)의 양(羊)이 새끼를 낳았는데 일
수양신(一首兩身)이었다.374)

(다) 고종 29년 12월: 중부(中部) 남거(南渠)에 강아지가 있는데 일신(一
身)에 양둔(兩臀) 6족(足) 2음(陰)이었다.375)

(라) 우왕 10년 4월 신묘: 송산(松山) 석방사(石方寺)의 암소가 암수의

372) 『고려사』, 지7 오행 水, 우왕 8년 2월 계유: 東北面 進有角馬 一曲一直 長寸餘
九年四月壬辰 西京元帥報 有一馬死 屠而視之 孕一身二頭駒.
373) 『고려사』, 지8 오행 木, 태조 15년 4월: 西京民張堅家 雌雞化爲雄 三月而死.
374) 『고려사』, 지8 오행 木, 현종 9년 2월 기축: 京牧監羊 生子 一首兩身.
375) 『고려사』, 지8 오행 金, 고종 29년 12월: 中部南渠 有狗兒 一身·兩臀·六足·
二陰.

송아지 두 마리를 낳았다.376)

이렇게 (가)의 닭, (나)의 양, (다)의 강아지, 그리고 (라)의 소 등이
이형(異形) 출산이 재이로 취급되었다. 여기서 우리는 왜 이렇게 하찮
은 짐승의 기형 출산이 당시에 그토록 중요시 되었는가 의심되나 역시
이에 대한 답은 당대 재이관에서 찾아보아야 한다. 즉 생물 차원에서
아무리 미미한 변형의 출현일지라도 그것은 즉자적으로 사회에 어떤
변형 생성의 가능성을 암시했기 때문이었다. 그래서 당시 집정자들은
왕조에 대한 어떤 위협을 동물의 기형출산이라든지 잉태에서 감지하고
두려워해서 이를 중대시 한 것이다.

　위와 같은 생물의 이상 출산이 국가에 대한 반란을 암시하는 징조로
해석되는 경우도 있었다.

　　명종 14년 6월 계유: 서부(西部) 향천방(香川坊) 민가(民家)에 작은
　참새가 새끼를 낳았는데 크기가 산작(山鵲)만 하니 점(占)에 말하기를
　우충지얼(羽蟲之蘖)이 그 종류(種類)가 아닌 것을 낳음은 국가(國家)에
　요란(擾亂)이 있을 징조(徵兆)라고 하였다.377)

여기서도 작은 참새가 산 까치만한 새끼를 낳은 이변을 장차 국가에
요란이 있을 징조로 풀이되고 있었다. 이는 유기체론적 우주론에 의해
종(種)378) 범주의 혼란은 형식상의 유추에 의해 국가를 어지럽힐 징조

---

376) 『고려사』, 같은 곳, 우왕 10년 4월 신묘: 松山石方寺 牛産牝牡兩犢.

377) 『고려사』, 지7 오행1, 명종 14년(1184) 6월 계유: 西部香川坊民家 有小雀生雛
　　大如山鵲 占曰 羽蟲之蘖 生非其類 國家擾亂之兆 二十二年二月丙戌 野鳥 棲儀
　　鳳門右尾 二十六年三月丁亥 有鳥 巢于大觀殿榜 二十七年五月 有山鳥 群飛入城
　　形如戴勝 黑而長 人以其聲 名之曰 獵人足項 命有司禳之 世謂之兵鳥.

378) 여기서 종 범주에는 동식물, 무기물, 자연현상도 포함되었다. 이런 종 개념은

로 파악된 것이다.

상술한 사항들을 좀 더 일반화하자면, 한 종으로서 우주 실재 자체의 혼란은 당시 우주론에 의할 것 같으면 여타 실재들에게도 즉자적으로 영향하여 우주 전체의 조화된 질서를 교란시키는 현상이 되었다. 이런 종류의 재이 현상으로부터 추론되는 실재 범주 자체의 혼란과 파괴는 우주 현상을 도식화하여 설명하는 지성의 틀을 근본적으로 어지럽히는 결과가 되었다. 이 경우, 고려 유가는 질서 있고 조화된 우주상을 구성하지 못해 무의미하고 혼란된 무질서(Chaos) 속에 빠지게 될 것이다. 그러므로 이런 재이 발생이란 고려 유가에게 모든 실재들을 잠재적으로 비실재로 변화시킬 수 있으며, 그 경우에 발생하는 전반적 무질서와 혼란의 가능성을 항상 일깨워 주는 우주 다른 차원으로부터 오는 일종의 경고 신호로 이해하고 있었다.

그리고 이런 사고방식 배후에는 재이를 매개하여 우주구성의 불변하는 어떤 규칙성이나 정상성에 대한 강한 욕구가 내재해 있었다고 추정된다. 결국 각 차원의 실재들이 그 자신의 범주를 분명하게 지켰을 때, 그 자체의 혼란과 애매함이라든지 모호함으로부터 도래하는 깊고도 광범위한 불안이 미연에 방지될 수 있으며, 궁극적으로 우주의 정상적 질서가 유지되고 보존될 수 있다는 사유체계였다. 그래서 자연계 이형(異

우리 현대인의 그것과는 다르게 종류(class)라는 뜻으로 사용하였다. 참조서: Henri Frankfort, H. A. Frankfort, et. al., *Before Philosophy: The Intellectual Adventure of Ancient Man*, p.14. 여기서 야생인(primitive man)에게 세계는 무기물도 아니고 비어있지도 않으며, 오히려 생명으로 충만 되어있다. 그리고 생명은 인간을 마주치는 모든 인간, 짐승, 식물, 그리고 현상들 속에 있다. 모든 현상은 어떤 때라도 야생인과 사물(It)로서가 아니라 인격체(Thou)로서 직면할 수 있다. 이 만남에서 인격체는 그 개성, 의지를 드러낸다. 인격체는 지적인 초연함으로써 응시될 수 없고, 상호관계에서 인간의 모든 기능을 포함하고 있는 생명체와 직면하는 생명체로 경험된다.

形) 출산이나 잉태를 직시한 유가들은 우주 실재들의 일시성과 비실재(非實在)에로 변화 가능성을 생각하여 자연에 내재된 정합적 질서라는 정상성으로 복귀하려는 욕구를 추구하였으며, 또한 그것을 역사 기록으로 남겨서 후대의 경고 대상으로 삼았던 것이다.

위와 같은 생각은 천문지 기사 중에 일박식(日薄食)·운(暈)·이(珥)·일변(日變) 등으로 표현되는 재이 현상에서도 나타난다.

(가) 현종 6년 정월 기유 삭(朔): 일식(日食)하였는데 위에 백기(白氣)가 있어 무지개와 같더니 한참 있다가 사라졌다. 10월 갑오(甲午)에 백기(白氣)가 관일(貫日)하였다.[379]

(나) 헌종 원년 정월 무술: 햇무리가 있었고 두 곳에 혜성(彗星)이 있었는데 태사(太史)가 아뢰기를, "해에 혜성(彗星)이 있으면 근신(近臣)이 난(亂)을 일으키고 제후(諸侯) 가운데 반역하고자 하는 자가 있다."고 하였다.[380]

(다) 명종 15년 정월 갑오: 해에 흑자(黑子)가 있어 크기가 배와 같았다. 2월 무인(戊寅)에 해에 흑자(黑子)가 있어 크기가 배와 같았다. 신사(辛巳)에 해에 빛이 없었다. 3월 경자(庚子)에 해에 흑자(黑子)가 있었고 신축(辛丑)에도 또한 이와 같았다. 12월 임술(壬戌)에 햇무리 하였는데 좌우로 귀가 달렸고 동(東)에는 배기(背氣)가 있었다.[381]

---

379) 『고려사』, 지1 천문1, 현종 6년 정월 기유 삭(朔): 日食 上有白氣如虹 良久乃滅 十月甲午 日旁 有氣相背.

380) 『고려사』, 지1 천문1, 헌종 원년 정월 무술: 日有暈 兩傍有彗 太史奏 日有彗 近臣亂 諸侯有欲反者.

381) 『고려사』, 지1 천문1, 명종 15년 정월 갑오: 日有黑子 大如梨 二月戊寅 日有黑子 大如梨 辛巳 日無光 三月庚子 日有黑子 辛丑 亦如之 十月庚戌朔 日食 庚午 日有黑子 十一月甲午 日珥 癸卯 亦如之 十二月壬戌 日暈 左右珥 東有背氣.

(라) 공민왕 16년 정월 경인: 해 밑에 해와 같은 둘레가 있고 흰 무지개
가 그 밖을 둘러쌌으며 무술(戊戌)에 햇무리 하니 두 귀가 두 해와
같았다. 2월 기유(己酉)에 해에 두 귀가 달렸고 무지개가 해를 둘렀
었다. 11월 을해(乙亥)에 흰 무지개가 해를 관통(貫通)하고 을유(乙
酉)에 햇무리와 귀가 달렸었다. 12월 계묘(癸卯)에 일식(日食)하였
으나 흐린 날씨 때문에 보이지 않았으며 병오(丙午)에 해에 겹 햇
무리와 등진 귀가 달렸다.[382]

(가)에서 일식, 백기의 출현, (나)에서 해의 흑자, (다)에서 해에 귀가
달리는 일이(日珥) 현상 등이라는 천상의 실재들 자체의 교란이 특히
군왕 신변에 불길하게 영향한다고 생각되었다. 이는 국왕의 이데올로
기적 권위를 손상시키는 중대한 일로 간주되었기 때문이라 함은 이미
언급한 바 있다.

식물 기형으로 오행지에 연리목(連理木), 일경삼수(一莖三穗) 또는
목생이실(木生異實) 등의 현상이 보인다. 그런 사례들 중 일부를 보면
아래와 같다.

(가) 광종 24년 2월 임인: 연리목(連理木)이 경성(京城) 덕서리(德瑞里)
에서 났다.[383]

(나) 예종 11년 6월 병자: 상주(尙州)에서 서맥(瑞麥)을 바쳤는데 한줄기
에 이삭이 4이었다. 12년 6월 병인(丙寅)에 상주(尙州)에서 서맥(瑞
麥)을 바쳤는데 한 줄기에 이삭이 넷이었다. 12년 6월 병인(丙寅)에
상주(尙州)에서 서맥(瑞麥)을 바쳤는데 두 가지에 이삭이 셋으로

---

382) 『고려사』, 지1 천문1, 공민왕 16년(1367) 정월 경인: 日下 有環如日 白虹其外
戊戌 日暈 兩珥如兩日 二月己酉 日有兩珥 虹圍日 十一月乙亥 白虹貫日 乙酉
日暈珥 十二月癸卯朔 日食 天陰不見 丙午 日重暈 背珥.
383) 『고려사』, 지8 오행 木, 광종 24년 2월 임인: 連理木 生于京城德瑞里.

표(表)를 올려 하(賀)하였다.[384].

(다) 우왕 8년 2월: 전라도(全羅道) 금주(錦州)에서 나무가 열매를 맺었
   는데 색(色)이 분(粉)같고 형상(形狀)이 손가락 같으니 사람들이 말
   하기를, 「나무열매 떡」이라고 하였으나 맛은 떡과 같지 않았다.[385]

(가)에서 나뭇가지들이 서로 연결되어 하나가 된 나무라든지, (나)에
서 서맥(瑞麥), 즉 상서로운 보리로서 한줄기에 이삭이 넷 달리는 등의
이상 현상이 나타났는데 이를 재이로 간주되고 있었다. (다)에서 나무
열매의 형상이 손과 같고 색깔이 분과 같았다 한다. 이들도 대충 종(種)
자체의 혼란으로 생각할 수 있겠다. 이중 서맥(瑞麥)은 상서(祥瑞)의 징
표로 여겨졌으나 이는 단순히 재이 개념의 가치 전도라고 할 수 있다.
   초요(草妖)에 속하면서도 상서물(祥瑞物)로 여겨지는 지초(芝草)와
주초(朱草)의 존재가 있다. 이들이 출현하면 왕조에 행운을 가져다주
는 징조로 해석되어 국왕은 이를 축하하거나 포상하고 있다.

(가) 태조 원년 6월 무진: 태조(太祖) 원년(元年) 6월 무진(戊辰)에 일길
   찬(一吉粲) 능윤(能允)의 집 뜰에 서지(瑞芝) 한 나무에 아홉 줄기
   세 이삭이 생겼으므로 왕에게 바치니 내창(內倉)의 곡식을 사(賜)
   하였다.[386]

---

384) 『고려사』, 지8 오행 木, 예종 11년 6월 병자: 尙州 獻瑞麥 一莖四穗 十二年六月
   丙寅 尙州 獻瑞麥 兩岐三穗 上表以賀. 연리목(連理木): 근간(根幹)이 다른 두 나
   뭇가지 결이 서로 연하여 하나가 된 나무-필자 주.
385) 『고려사』, 지8 오행 木, 우왕 8년 2월: 全羅道錦州 有木結實 色如粉 狀如手指
   人以謂木實餅 味不如餅.
386) 『고려사』, 지7 오행 木, 태조 원년 6월 무진: 一吉粲能允家園 生瑞芝一本 九莖
   三秀 獻于王 賜內倉穀隊.

(나) 문종 16년 5월: 주초(朱草)가 중광전(重光殿)에 무더기로 돋아나니
왕이 사신(詞臣)에게 명(命)하여 부시(賦詩)하게 하였다.[387]

(가)에서 한 나무에 아홉 줄기의 세 이삭이 돋은 서지(瑞芝)가 태조
에게 헌납되자 곡식이 내려지고 있고, (나)에서는 주초(朱草)가 대궐에
나자 문종은 이를 축하하여 신하들에게 시부(詩賦)를 짓게 하고 있었
다. 이렇게 지초와 주초의 출현은 국가에다 행운을 가져다주는 상서로
여겨졌다. 이는 재이의 반대 개념에서 나온 생각인 것이다.

3. 장(場) 범주의 혼란

오행지 수행(水行) 조에 어떤 종(種)이 제터가 아닌 장소를 침범하
는 재이 기사들이 있는데 그중 몇 개를 들어보면 다음과 같다.

(가) 공민왕 7년 3월 무신: 산돼지가 성(城) 안에 들어왔다.[388]

(나) 우왕 7년 10월 을해: 산돼지가 시좌궁(時坐宮) 남변(南邊)에 들어
왔다. 11년 12월 신해(辛亥)에 야생(野生) 돼지가 성(城) 안에 들어
왔다.[389]

(가)·(나)의 산돼지들이 인간의 집단 거주지인 성안에 들어온 것이
재이로 파악되었다. 그런데 산돼지가 산에 있었을 경우에는 하등 이상
할 바가 없고, 그것들이 사람이 모여 사는 성안에 들어왔을 때 재이로
문제시 되었다.

---

387) 『고려사』, 지7 오행 木: 朱草 叢生于重光殿 王 命詞臣賦詩.
388) 『고려사』, 지7 오행 水, 공민왕 7년 3월 무신: 山猪 入城中.
389) 『고려사』, 지7 오행 水, 우왕 7년 10월 을해: 山猪 入時坐宮南邊 十一年十二月
辛亥 野豕入城.

그리고 오행지 화행(火行) 조에 우충지얼(羽蟲之孼), 즉 조류(鳥類)에 관한 수많은 기사들이 있는데 그중 몇 개를 들어 보겠다.

(가) 현종 6년 정월: 꿩이 함복문(含福門)에 집을 지었다. 2월 임자(壬子) 삭(朔)에 까마귀 떼가 대를 이루어 서쪽으로 날아갔는데 5일 안에 그쳤다. 7년 2월 병술(丙戌)에 꿩이 수창궁(壽昌宮) 함복문(含福門)에 모였다. 12년 2월 신해(辛亥)에 꿩이 수창궁(壽昌宮)에 들어왔다. 3월 신사(辛巳)에 꿩이 수창궁(壽昌宮)에 모였다. 26년 2월 정해(丁亥)에 대조(大鳥)가 신봉문(神鳳門) 치미(鴟尾)에 집을 지었다.390)

(나) 인종 4년 2월 정사: 까마귀 떼가 영통사(靈通寺) 북산(北山)에 모여 서로 싸우며 물어 죽였는데 수일(數日) 만에 그쳤다. 6년 7월 을유(乙酉)에 야학(野鶴) 수천(數千) 마리가 동쪽으로부터 와서 성시(城市) 궁금(宮禁)에 반비(盤飛)하였다. 7년 10월 정축(丁丑)에 저녁때 파조(鳥) 수천 마리가 있어 광화문(廣化門) 위를 빙빙 돌고 밤에는 수창궁(壽昌宮)에 이르러 반선(盤旋)을 한참 하더니 동남(東南)을 향하여 흩어지기를 무릇 십여 일(日)이나 하였다. 병술(丙戌) 밤에 훈호(訓狐)가 곤방(坤方)에서 울었다. 9년 4월 을미(乙未)에 서경(西經) 임원궐(林原闕) 내 뜰의 사토(沙土)를 제거(除去)한 데로부터 궁내(宮內) 깊숙한 티끌이 쌓인 곳에 이르기까지 모두 조작(鳥雀)의 발자취가 있으니 사람들이 말하기를 장차는 구허(丘墟)가 되어 조수(鳥獸)의 모이는 곳이 될 징조(徵兆)라고 하였다. 12년 11월 계축(癸丑)에 야목(野鶩) 백여 마리가 수창궁(壽昌宮)에 날아와 모였다. 14년 12월 경자(庚子)에 새떼가 영통사(靈通寺) 남령(南嶺)에 모여 날아다니며 울며 서로 싸우기를 무릇 5일간(間) 하더니 산골짜기 사이에 떨어져 죽었다.391)

390) 『고려사』, 지7 오행 火, 현종 6년(1015) 정월: 雉 巢于含福門 二月壬子朔 群鳥 成隊西飛 五日乃止 七年二月丙戌 雉 集于壽昌宮含福門 十二年二月辛亥 雉 入 壽昌宮 三月辛巳 雉 集壽昌宮 二十六年二月丁亥 有大鳥 巢于神鳳門尾.

(다) 충숙왕 12년 8월 무술: 휴류(鵂鶹)[수리부엉이와 올빼미]가 시가(市街) 지붕에서 우니 까마귀 까치가 따라서 지저귀었다. 9월 갑술(甲戌)에 휴류(鵂鶹)가 민천사(旻天寺) 3층각(閣)에서 울었고 을해(乙亥)에 또 이와 같았다. 11월 갑인(甲寅)에 메추리가 시전(市廛) 사이에 들어왔다. 정묘(丁卯)에 휴류(鵂鶹)가 연복사(演福寺)에서 울었다.392)

상기한 인용문들에서 궁궐이나 성시(城市)에 침범해 들어온 (가)·(나)의 까마귀 떼, (가)의 꿩, (나)의 야학(野鶴), (다)의 수리부엉이와 올빼미, 메추라기 등이 불길한 재난의 전조로 취급되었다. 특히 (나)에서 새나 참새 떼가 나타난 자취가 있는 궁궐은 장차 폐허가 되어 새와 짐승이 모이는 곳이 될 것이라고 예언되었다. 여기서 새나 짐승은 생물 차원의 단순한 실재들이 아니라 사회 차원의 어떤 불길한 재앙을 예고하는 상징물이라고 고려인은 믿고 있었다.

그러나 우리가 주의해야할 사항은 꿩이나 학들이 그것들이 항상 서식하는 곳, 즉 들이나 산에 있었을 때가 아니라 인간 거주 지역, 특히 사회의 중심지인 성시, 그 중에서도 우주론적 질서 중심지라고 여겨지던 궁궐393)에 출현했을 경우에만 재앙의 전조로 보았다는 사실이다.

---

391) 『고려사』, 지7 오행 火, 인종 4년(1126) 2월 정사: 群烏 集靈通寺北山 相鬪咬死, 數日乃止 六年七月乙酉 野鶴數千 自東來 盤飛於城市宮禁 七年十月丁丑黃昏 有鳥數千 飛翔廣化門上 夜至壽昌宮 盤旋良久 向東南而散 凡十餘日 丙戌夜 訓狐 鳴于坤方 九年四月乙未 西京林原闕內 自庭除沙土 至宮內幽深塵埃之處 皆有鳥雀之跡, 人以謂將爲丘墟 鳥獸聚集之兆 十二年十一月癸丑 野百餘 飛集壽昌宮 十四年十二月庚子 群鳥 集靈通寺南嶺 飛鳴相鬪 凡五日 往往 墮山谷間而死.

392) 『고려사』, 지7 오행 火, 충숙왕 12년(1325) 8월 무술: 鵂鶹 鳴于市屋, 烏鵲 隨之 九月甲戌 鵂鶹 鳴於旻天寺三層閣 乙亥 亦如之 十一月甲寅 入市廛間 丁卯 鳴于演福寺.

393) 진영일, 「고려전기 재이사상에 관한 일고」, 499–501쪽. 고려시대의 궁궐이란 왕조의 최고 권력자인 왕의 단순한 거주지가 아니라 인간 사업을 자연의 순환적 질

그래서 학도 집에서 기르는 학이 아니라 들에 살고 있는 야학이라고 분명히 밝히고 있다.

또한 오행지 금행(金行) 조에 모충지얼(毛蟲之孽) 조목에 상술한 맥락에서 이해할 수 있는 많은 재이 기록이 있는데, 그중에서 네 개만을 골라 보면 아래와 같다.

(가) 태조 원년 8월 무진: 범이 도성(都城) 흑창원(黑倉垣) 내(內)에 들어왔으므로 이를 쏘아 잡았는데 이를 점(占)쳐 말하기를 범은 상서(祥瑞)하지 못한 맹수(猛獸)로 이는 주(主)로 병란(兵亂)이다."라고 하였다.[394]

(나) 인종 7년 10월 병술: 여우가 도성청(都省廳) 및 대창(大倉) 북원(北垣)에서 울었다. 11년 5월 병인(丙寅)에 노루가 병부(兵部) 앞길에 들어왔다. 15년 2월 신축(辛丑)에 여우가 수창궁(壽昌宮) 안에서 울었다.[395]

(다) 공민왕 원년 정월 신미: 범이 성(城)에 들어왔다. 3월 임신(壬申)에 범이 성(城)에 들어왔다. 2년 4월 임자(壬子)에 노루가 성(城)에 들어왔다. 8월 신해(辛亥)에 여우가 성(城)에 들어왔다. 9월 신묘(辛卯)에 여우가 연경궁(延慶宮)에서 울었다. 3년 9월 을해(乙亥)에 여우가 연경궁(延慶宮)에서 울었다. 10월 갑오(甲午)에 여우가 풍저창(豊儲倉)에 들어왔다. 4년 4월 정사(丁巳)에 노루가 성(城)에 들어왔다.[396]

서에 일치시키기 위한 군주의 의례(儀禮)가 행해지는 신성한 공간이었다. 따라서 궁궐은 고려국가의 시간 공간의 중심축(中心軸)로서 관념 되고 있었다.

394) 『고려사』, 지8 오행 金, 태조 원년(918) 8월 무진: 太祖元年八月戊辰 虎入都城 黑倉垣內 射獲之 筮之曰 虎 猛獸不祥 是主兵也.

395) 『고려사』, 지8 오행 金, 인종 7년(1129) 10월 병술: 狐鳴都省廳 及大倉北垣 十一年五月丙寅 獐入兵部前路 十五年二月辛丑 狐鳴壽昌宮中.

(라) 우왕 원년 정월 기사: 범이 선의문(宣義門)으로부터 성(城)에 들어 왔다. 4월 임자(壬子)에 노루가 성(城)에 들어왔다. 2년 5월 갑인(甲寅) 삭(朔)에 노루가 도성(都省) 구정(毬庭)에 들어왔다. 3년 3월 신사(辛巳)에 여우가 궁중(宮中)에 들어왔다. 4년 8월 병오(丙午) 에 범이 경성(京城)에 들여와 많이 인물(人物)을 해쳤다. 5년 정월 (正月) 신묘(辛卯)에 여우가 본궐(本闕)에서 울었다. 8월 계사(癸巳)에 여우가 구정(毬庭)에서 울었다. 7년 2월 기축(己丑)에 노루가 성(城)에 들어왔다. 경인(庚寅)에 노루 두 마리가 성(城)에 들어왔 다. 4월 갑자(甲子)에 노루가 성(城)에 들어오니 일관(日官)이 아뢰 기를 비기(秘記)를 살펴보건대 노루가 국중(國中)에 들어오면 그 나라는 망(亡)한다 하오니 원컨대 소심수성(小心修省)하시고 사냥 하는 일을 하지 마소서."라고 하였다.[397]

여기에서 (가)·(나)의 호랑이들, (나)·(라)의 노루들, (다)의 표범, 그리고 (라)의 사슴 등이 성안으로 들어왔거나 관청 뜰에서 울거나 했을 경우에 이것은 매우 불길한 징조로 여겼으며, 심지어는 나라가 망한다는, 즉 '기국망(其國亡)'이라는 극단적인 예언까지 나왔다.

상술한 기사들의 성격을 종합하여 의미를 추구해 보면 대충 다음과 같이 말할 수 있다. 여기서 우주 실재들은 각자에게 할당된 장소를 갖

---

396) 『고려사』, 지8 오행 金, 공민왕 원년(1352) 정월 신미: 恭愍王元年正月辛未 虎 入城 三月壬申 虎入城 四月壬戌 豹入城 癸亥 獐入城 十二月 二鹿入城 二年四月 壬子 獐入城 八月辛亥 狐入城 九月辛卯 狐鳴于延慶宮 三年九月乙亥 狐鳴于延 慶 十月甲午 狐入豊儲倉 四年四月丁巳 獐入城 六年閏九月壬戌 狸入延慶宮苑內 庚午 狸入闕內而死 十二年閏三月癸未 二獐 入城中 戊子 獐入城中 十三年六月 己酉 狼入城.

397) 『고려사』, 지8 오행 金, 우왕 원년(1375) 정월 기사: 自宣義門入城 四月壬子 獐 入城 二年五月甲寅朔 獐 入都省毬庭 三年三月辛巳 狐入宮中 四年八月丙午 虎入京城 多害人物 五年正月辛卯 狐 鳴于本闕 八月癸巳 狐 鳴于毬庭 七年二月 己丑 獐入城 庚寅 二獐入城 四月甲子 獐入城 日官奏 按秘記云 獐入國中 其國亡 願小心修省 毋事遊 畋.

고 있는데, 어떤 일이 있어도 제자리를 떠나서는 안 된다는 것이다. 만일 어떤 실재가 제자리를 일탈하여 다른 실재 영역으로 이동한다면, 그들 실재 간에 획정되어 있어야 할 내적 경계선이 무너져서 우주체계가 극도로 혼란과 무질서 속으로 빠져들어 갈 수 있다고 생각되었기 때문이다. 그러므로 상호 분리되어 있어야 할 실재들이 제자리를 벗어나 다른 실재들과 뒤섞였을 경우에는 세계인식의 기본 참고 틀이 없어져버릴 것이다. 하여튼 실재 간의 상호 혼란은 당대 식자층에게는 유의미하고 정합적인 우주상을 구성할 수 있는 지성의 준거틀이 없어져버림과 동시에 또한 그로 인한 극도의 혼란이 있을 가능성에 대한 경계 신호로 받아들여지고 있었다고 하겠다.

상술한 것을 염두에 두고 다시 말하자면, 우리 현대인에게 일견 무의미한 위의 기사들은 상상 이외로 당시 사람들에게 심각한 의미를 띠었다 하겠다. 즉 유기물 차원의 생물들은 제각기 소여 된 장(場)398)을 일탈하여 다른 실재들의 영역, 특히 사회영역으로 침입해서는 절대 안 된다는 사유방식이었다. 결국 인간은 우주 내에서 자연적으로 소여 된 각자의 위치를 절대적으로 고수(固守)해야 하며, 이 우주론적으로 할당된 자리를 부정하거나 임의로 이탈하여 다른 장소로 찾아갈 자율적 주체성이 원천적으로 거부되고 있었다 하겠다. 그런데 우주 실재들이 있

---

398) 여기서 공간(space)으로서 장(場)개념은 우리 현대인의 그것하고 다르게 사용되었는데 다음 책을 참조하였다. Henri Frankfort, H. A. Frankfort, et al., *Before Philosophy: The Intellectual Adventure of Ancient Man*, pp.30. 여기에도 우리에게 공간은 단순한 감각적 인식이 드러낼 수 없는 무한하고, 연속적이고, 그리고 균질적인 속성을 갖는다. 그러나 야생적(primitive) 사고방식에서는 그것은 구체적 방향성이고, 감정적 색채를 갖는 지역을 언급한다. 그리고 그것은 친근하고, 소원하고, 적대적이거나 우정적일 수 있다. 또한 그것은 단지 개인적 경험을 넘어서 공동체는 특별한 의미를 갖는 공간의 영역에 부여하는 우주적 사건들을 인지하고 있다.

어야 할 장소에서 각기 분리되어 있어야함은 그들 간에 상호 작용이 없어야 한다는 것을 의미하지는 않았다. 만일 그렇다면 그것은 지금까지 논의되어 온 유기체론적 우주론에 정면으로 배치되기 때문이다. 그와는 반대로 우주 실재들은 제각기 소여 된 장소를 지키면서도 상호 역동적 작용을 하는 우주라는 연속체의 일부로서 존재한다고 생각되었다.

이런 관점에서 보면 다음과 같은 돌의 움직임에 관한 일견하여 무미 건조한 기사도 중대한 사회적 의미를 띠게 된다.

> 고종 6년 윤 3월 임인: 돌이 서경(西京) 장명포(長命浦) 수중(水中)에서 나와 육지(陸地)로 올라와 북쪽으로 향하여 167척(尺)을 굴러갔다. 또 두 돌이 다경루(多慶樓) 남연중(南淵中)에서 나와 사석(沙石) 사이를 굴러가니 완연히 길이 만들어졌다. 처음에는 같이 백여 보(步)를 가더니 끝에는 1석(石)은 북쪽을 향하여 83보(步)를 가고 1석(石)은 동남쪽을 향하여 80보(步)를 갔다. 7년 3월 병오(丙午)에 탐라군(耽羅郡)에 돌 100여 개가 저절로 가는데 그 중에 가장 큰 돌이 돌아오고자 하다가 그치고 나머지 돌은 모두 머물러 가지 않았다. 8년 2월 기사(己巳)에 서경(西京) 마탄(馬灘) 변(邊)에 큰 돌이 저절로 움직였다.[399]

서경 장명포에 있던 수중 돌이 육지로 이동해 올라왔다. 그것도 이동해간 거리가 167척이라고 자세히 실측되었다. 그리고 다른 두 돌도 자세히 관찰되고 있다. 물속에 있다가 뭍으로 올라온 돌들의 운동은 소여된 장소를 이탈한 것으로 결국 장 범주의 혼란을 뜻하는 것으로 사회에

---

399) 『고려사』, 지8 오행2, 고종 6년(1219) 윤3월 임인: 有石 出西京長命浦水中 登陸 向北 轉行一百六十七尺 又有二石 出多慶樓南淵中 轉沙石間 宛然成蹊 始則竝行 百步許 終則一石向北 行八十三步 一石向東南 行八十三步 七年三月丙午 耽羅郡 有石百餘自行 中有最大石 欲還來而止 餘石皆止不行 八年二月己巳 西京馬灘邊 有大石 自移.

대한 일종의 경고로 여겨졌다. 돌들의 움직임은 사회의 모종의 자리 바꿈, 사회적 신분변동이거나 정치적 권력 이동을 뜻하였기 때문이었다. 다시 말하자면, 인간이 사회 속에서 각자에게 할당된 위치를 부정하고 떠나버릴 수 있는 자율성을 연상시켰기 때문이었다. 이렇게 당시 재이론은 재이 발생을 매개하여 인간의 사회적 변동 능력을 통해 역사 형성에 참여할 수 있는 주체성을 근본적으로 부정하는 이론이었다 하겠다.

천문지에 자기 궤도를 이탈하여 다른 성좌를 침범한 성변(星變) 현상, 즉 월·오성릉범에 관한 상세한 기사가 많은데, 이것도 상술한 종류의 재이에 해당된다고 하겠다. 이런 종류의 재이는 수없이 많은데 그중에 하나를 들어보겠다.

의종 2년 12월 계유: 형혹성(熒惑星)이 방성(房星)의 상상성(上相星)을 범(犯)하였다. 을해(乙亥)에 달이 저성(星)의 동남성(東南星)을 먹었다. [⋯] 3년 정월(正月) 경인(庚寅)에 유성(流星)이 천구성(千狗星)과 흡사하여 동(東)으로부터 서(西)로 향하였다. 경술(庚戌)에 비성(飛星)이 천일성(天一星) 태일성(太一星)에서 대징중(大徵中)의 오제좌성(五帝座星)의 북(北)으로 들어가니 크기가 발우(鉢盂)만 하고 꼬리 길이가 2척(尺) 가량이었다. 2월 기미(己未)에 유성(流星)이 자미(紫微)에서 나와 미성(尾星)으로 들어갔다. 신미(辛未)에 달이 심성(心星)을 범(犯)하였다. 3월 정미(丁未)에 유성(流星)이 헌원(軒轅)에서 나와 북하(北河)성(星)으로 들어가니 꼬리 길이가 7척(尺) 가량이었다. 4월 경오(庚午)에 유성(流星)이 장성(長星)에서 나와 고루성(庫樓星)으로 들어가니 크기가 잔 정도였다. 태사(太史)가 아뢰기를, "근래(近來)에 형혹성(熒惑星)이 궤도(軌道)를 잃고 기성(箕星)을 지키고 광망(光茫)이 성대(盛大)하다."하였다.[400]

___

[400] 『고려사』, 지2 천문2, 의종 2년(1148) 12월 계유: 熒惑 犯房上相 乙亥 月食東南星 [⋯] 三年正月庚寅 流星 似天狗 自東指西 庚戌 飛星 出天一大一 入大微中五

궤도를 잃거나 돌연히 출현한 형혹성, 별들, 유성이 자세히 관찰되어 기록되고 있었다. 이 단조로운 천체들의 운행 관찰과 기록 배후에는 그 당시 우주론에 의해 어떤 사회의 중대한 변동이 즉자적으로 암시되고 있었기 때문이었다. 그리고 궁극적으로 이것은 사회의 통합자인 군주의 존재론적인 성질, 특히 그 핵심적 성격이라 할 유덕(有德) 여부와 깊이 관계되고 있었다.

명종 8년 태사는 성변(星變)에 관해 자신의 생각을 다음과 같이 말하고 있다.

> 명종 8년 12월 기해: 달이 필성(畢星)을 범(犯)하니 경술(庚戌)에 태사가 아뢰기를, "태백(太白)이 궤도(軌道)를 잃고 화성(火星)이 저성(氐星)으로 들어가며 진성(鎭星)이 11월로부터 동정성(東井星)의 남원성(南轅星)을 가리어 가서 점점 월(越)에 이르니 별 점에 이르되 화성(火星)이 저성(星)으로 들어가면 신하(臣下)가 난(亂)을 짓고 또 이르되 화성(火星)이 궤도(軌度)를 잃으면 구상(丘喪)이 있다 하였으니 덕(德)을 닦아 변(變)을 없애는 것이 좋을 것입니다."라고 하였다.[401]

태사는 자기 궤도를 잃거나 다른 성좌를 침범한 성변을 없애는 일이 군왕의 '수덕(修德)'에 달려 있다고 주장하고 있었다. 여기서 군주의 덕이란 제각기 할당된 우주적 장을 벗어난 천체들을 다시 자기 위치로 회복시킬 수 있는 본원적 힘, 즉 의례적 능력을 말하는 것이다.

帝座北 大如, 尾長二尺許 二月己未 流星 出紫微 入尾 辛未 月犯心星 三月丁未 流星 出軒轅 入北河 尾長七尺許 四月庚午 流星 出張 入庫樓 大如杯 太史奏 邇 來熒惑 失度守箕 光芒盛大.

401) 『고려사』, 지2 천문2, 명종 8년(1178) 12월 기해: 十二月己亥 月犯畢星 庚戌 太史奏 太白失度 火星入氐 鎭星 自十一月 掩行東井南轅 漸至越 星占云 火入氐 臣子亂 又云火失度 有兵喪 宜修德消變.

상술한 장 범주에 관한 재이를 대충 정리하자면, 그 당시 우주론에 의하면 우주는 유기체적 전일체이며, 그 구성 실재들은 군주의 매개로 상호 작용할 수 있는 연속된 단일 구성체라고 생각되었다. 그리고 우주 실재들은 우주 안에서 조금도 과하거나 부족함이 없이 정확하게 그것들에 소여 된 장소에 맞아 들어 있어야 한다는 것이다. 만약 실재들이 제자리를 벗어날 경우, 유가들에게는 질서 있고 유의미한 우주상 구성에 필요한 지성의 준거틀이 장 범주를 상실하게 되는 것이다. 그러므로 우주 삼라만상이 제각기 있어야 제자리를 지켜야만 전체적으로 우주적 질서가 형성될 수 있다는 것이 그들의 생각이었다.

시·종·장 범주의 재이들에 관해 지금까지 논의되어 온 바를 대개 다음과 같이 종합하여 정리할 수 있다. 고려 유가들에게 재이로 규정된 현상은 유의미하고 질서 있는 우주상을 구성 조직하는 데에 기본적으로 필요한 인간 지성의 세 가지의 참고 틀, 즉 시·종·장 범주들을 혼란시키거나 파괴할 수 있는 위험한 힘 또는 경향을 의미하였다. 그리고 이런 재이 개념에는 그 배후에 우주체계에는 어떤 불변하는 정상성 또는 규칙성이 있어야 한다는 강렬한 욕구가 내재해 있었다. 그런 질서를 위해 유가들은 모든 실재들이 각기에 주어진 시·종·장 범주에 제대로 귀속되어야 한다고 생각했다. 그러면 전체적으로 조화된 우주적 질서가 보존되고 유지 가능하게 된다. 만일 그렇지 않을 경우에 모든 실재들은 혼란 속으로 빠져들어 가서 그것들이 속한 세계구성은 궁극적으로 파괴되어 버리게 된다. 그래서 그들은 어떠한 일이 있어도 실재들은 전술한 3범주에 자리를 지켜야 한다고 여겼다. 따라서 재이란 고려 당대인들에게 사회 차원의 혼란을 미리 회피하기 위해 우주로부터 오는 일종의 경고 신호로 파악되었다.

그리고 재이 발생은 일차적으로 군왕과 관계되고 있었다. 앞에서 당시 군주의 '덕(德)'이란 우주적 시 운행을 담당하여 만물을 생성시키는 우주의 근본적 힘의 표상으로 간주되었다고 했다. 다시 이런 관념과 여기서 종과 장 범주에서 논의된 재이개념을 종합해 보면, 군왕의 존재론적 속성으로서 '유덕(有德)'이란 우주 삼라만상을 각자에게 적합한 시간·장소·종류 귀속시켜서 우주적 순행질서를 형성할 수 있는 제의적 힘이라고 할 수 있겠다. 다시 말하자면, 군주의 유덕이란 일종의 우주적 준거틀로서 작용함으로써 이것 없이는 질서 있는 우주상 형성은 불가능하다고 관념 되게 되었다. 그러므로 이런 우주론에서 군주는 절대적 권위 소지자로 나타나는 반면, 백성에게는 군주를 매개하지 않고는 우주 자연적 질서에 참여할 수 없는 비주체적 존재들로서 군왕의 절대적 권위에 종속하게 되었다. 여기서 고려 군왕은 신성성을 띠게 되며 또한 전제적 권위를 갖게 된다. 그리고 인민은 이 자연 질서에서 할당된 주어진 조건들을 부정한다든지 그로부터 일탈한다든지 하는 스스로 질적 변화를 일으킬 수 있는 능동적 주체성이 원천적으로 부정되고 있었다고 하겠다.

4. 여러 재이들

오행지에는 상술한 시·종·장 범주들의 이탈 현상으로 분류하기에는 맞지 않는 다른 종류의 많은 재이 기사들이 보인다. 그것들은 어떤 자연의 순행 질서에서 항상 있어야 할 것이 없는 경우이다. 이를 여기서 '당유무유(當有無有)'한 현상이라고 부르겠다. 이와는 반대로 어떤 현상이 있어도 너무 많거나 또는 너무 적게 일어나는 경우인데 여기서 이를 '과불급(過不及)'한 현상들이라 말해놓겠다. 그리고 그저 단순히 이상한 현상들도 재이 범주에 속하고 있다.

우선 '과불급(過不及)'한 현상으로서 우선 눈에 띠는 것이 오행1의 첫머리에 보이는 큰비가 아닌가 한다.

(가) 숙종 원년 6월 갑술: 큰비가 내리니 북산(北山)에 물이 솟아 목석(木石)이 떠내려갔다. 또 구룡산(九龍山) 동령(東嶺) 6처(處)에 일시에 물이 솟고 산(山)이 무너졌다. 4년 6월 갑술(甲戌)에 큰비가 내리니 구룡산(九龍山)이 무너졌는데 길이가 300척(尺)이요 넓이가 50척(尺)이었다.[402]

(나) 명종 9년 6월 병신: 큰비가 내리니 시변(市邊)의 누교(樓橋) 행랑(行廊) 문교(門橋)가 표류(漂流)하였다. 10년 6월 을유(乙酉)에 큰비가 내리니 동경(東京) 부인사(符仁寺) 북산(北山)에 큰물이 솟아나 표몰(漂沒)된 사옥(寺屋)이 80여 간(間)이고 익사자(溺死者)가 9인(人)이었다.[403]

(다) 공민왕 원년 5월 을미: 비가 내리고 인가(人家)에 벼락이 쳤으며 경성(京城)에는 큰물이 져서 민호(民戶) 및 교량(橋梁)이 표류(漂流)되었고 익사자(溺死者)도 자못 많았다.[404]

(가)·(나)·(다)에서 큰 비가 내려서 많은 피해를 내고 있는데 구체적 장소와 피해의 규모가 상세히 적혀 있다. 여기에서 '대우(大雨)'는 단순한 자연현상이 아니라 재이 발생으로 사회질서를 해치는 중대한 재이였다.

---

402) 『고려사』, 지7 오행 大水, 숙종 원년 6월 갑술: 大雨 水湧北山 漂流木石 又九龍山東嶺六處 一時泉湧山崩 四年六月甲戌 大雨 九龍山頹 長三百尺·廣五十尺.

403) 『고려사』, 지7 오행 大水, 명종 9년 6월 병신: 大雨 市邊樓橋行護 門橋 漂流 十年六月乙酉大雨 東京仁寺北山 大水湧出 漂沒寺屋八十餘間 溺死者九人.

404) 『고려사』, 지7 오행 大水, 공민왕 원년 5월 을미: 雨 雷震人家 京城大水 漂流民戶及橋梁 溺死者 頗多.

다음으로 '당유무유(當有無有)' 현상도 재이로 파악되고 있었는데, 그중 현저한 것이 가뭄의 존재가 아닌가 한다. 특히 근간 생산력이 농경에 있었던 고려왕조에게는 한재(旱災)는 그 존재를 위협하는 재이로서 매우 심각한 것이었다. 그래서 가뭄에 관한 기사는 무수하다 할 정도로 많은데 이는 왕정(王政)에도 심각한 영향을 끼치고 있었음을 방증하는 것이 아닌가 한다. 고려 국왕들은 나라에 가뭄이 들면 다음과 같은 여러 가지 기우(祈雨) 행사들을 거행하고 있었다.

(가) 성종 10년 7월: 가물었으므로 하교(下敎)하기를, "늦여름은 이미 다 가고 초가을도 반(半)이나 되었는데 아직도 시우(時雨)가 오지 않으니 깊이 마음속에 걱정된다. 정화(政化)가 쇠퇴(衰頹)함인가 형상(刑賞)이 적중(適中)하지 못함인가 알지 못하겠다. 옥문(獄門)을 열어서 죄수(罪囚)를 방면(放免)하고 정전(正殿)을 피하며 상선(常膳)을 감(減)하고 하늘에 빌고 부처님에 기도(祈禱)하며 산천(山川)에 망사(望祀)하여도 비올 징조[석연지비(石燕之飛)]는 보이지 않고 도리어 햇볕 쪼임[금오지혁(金烏之赫)]만 더함을 보게 되었다. 나의 양덕(凉德)[덕(德)이 박(薄)함을 말함]으로 말미암아 이 같은 항양(亢陽)을 이루게 됨이니 양로(養老)의 은(恩)을 널리 베풀어서 농사(農事)를 걱정하는 생각을 표시(表示)하고자 하노라. 옹희(雍熙) 3년에 노인(老人)에게 사급(賜給)한 규제(規制)에 준(準)하여 서울에 있는데 서민(庶民)으로 나이 80세 이상 된 자는 소사(所司)에서 성명(姓名)을 구록(具錄)하여 신문(申聞)하도록 하라."고 하였다.[405]

---

405) 『고려사』, 오행 금(金) 한재(旱災), 성종 10년(991) 7월: 旱 敎曰 季夏已 孟秋將半 尙愆時雨 心軫憂懷 未知政化之陵夷歟 刑賞之不中歟 啓牢獄 放囚徒 避正殿 常膳 祈天禱佛 望祀山川 未觀石燕之飛 轉見金烏之赫 由予德 致此亢陽 欲推養老之恩 以表憂農之念 准雍熙三年賜給老人制 在京城 庶民年八十已上者 所司 具錄姓名 申聞.

(나) 선종(宣宗) 2년 4월: 경인(庚寅)에 가물므로 운우경(雲雨經)을 임
해원(臨海院)에서 7일 동안 강(講)하였고 또 산악(山嶽)에 빌었다.
5월 갑인(甲寅)에 금강명경도량(金剛明經道場)을 건덕전(乾德殿)
에서 7일 동안 설(設)하고 비를 빌었다. 3년 3월 을유(乙酉)에 산천
(山川)에 비를 빌었다. 4월 계사(癸巳)에 또 빌었다. 신축(辛丑)에
유사(有司)가 오랫동안 날이 가물므로 청컨대 토룡(土龍)을 만들
고 또 민가(民家)에는 용(龍)을 그려 비를 비소서 하니 왕이 이를
청종(聽從)하였다. 이날에 저자를 옮겼다. 4년 4월 을사(乙巳)에 금
강경도량(金剛經道場)을 건덕전(乾德殿)에서 7일 동안 설(設)하여
비를 빌었다. 무신(戊申)에 또 보제사(普濟寺)에서 빌었다. 5월 정
사(丁巳)에 두 번 우제(雩祭)를 지냈다. 기묘(己卯)에 친히 회경전
(會慶殿)에서 초제(醮祭)를 지내고 비를 빌었다. 5년 4월 병신(丙
申)에 가뭄이 심하므로 왕이 법가(法駕)를 준비하여 백관(百官)을
거느리고 남교(南郊)에 거둥하여 두 번 우제(雩祭)를 지내고 항시
(巷市)하였으며 사람들에게 모자 쓰고 부채질하는 것을 금(禁)하였
다. 임인(壬寅)에 또 종묘(宗廟) 사직(社稷) 산천(山川)에 빌었다.
6년 5월 을해(乙亥)에 가물므로 유사(有司)에게 명(命)하여 용(龍)
을 그려 비를 빌었으며 항시(巷市)하고 들어난 해골을 거두었다. 6
월 신축(辛丑)에 종묘(宗廟)와 7릉(陵)에 비를 빌었다. 8년 5월에
가물었다. 을축(乙丑)에 사직(社稷)에 비를 빌었다. 정묘(丁卯)에
대묘(大廟)와 7릉(陵)에 비를 빌었다. 6월 갑오(甲午)에 다시 사직
(社稷)에 기도(祈禱)하였다. 정유(丁酉)에 또 대묘(大廟)와 7릉(陵)
에 기도(祈禱)하였다.406)

---

406) 『고려사』, 오행 금(金) 한재(旱災), 선종(1085) 2년 4월: 庚寅 以旱 命有司 講雲
雨經於臨海院七日 又禱于山嶽 五月甲寅 設金剛明經道場于乾德殿七日 禱雨 三
年三月乙酉 禱雨于山川 四月癸巳 又禱 辛丑 有司 以久旱 請造土龍 又於民家
畵龍禱雨 王從之 是日 徙市 四年四月乙巳, 設金剛經道場于乾德殿七日 禱雨 戊
申 又禱于普濟寺 五月丁巳 再雩 己卯 親醮于會慶殿 禱雨 五年四月丙申 以旱甚
王備法駕 率百僚 如南郊 再雩 巷市 禁人戴冒揮扇 壬寅 又禱于宗廟·社稷·山
川 六年五月乙亥 以旱 命有司 畵龍禱雨 巷市掩 六月辛丑 禱雨於宗廟·七陵 八

(다) 예종 16년 윤(閏)5월: 정묘(丁卯)에 왕사(王師) 덕연(德緣)을 불러
건덕전(乾德殿)서 5일간 비를 빌고, 또 불우(佛宇)·신사(神祠)에
도 빌었다. 신미(辛未)에 무녀(巫女)를 모아 비를 빌고 임신(壬申)
에 다시 덕연(德緣)을 불러 산호정(山呼亭)에서 빌었다.

을해(乙亥)에 제(制)하기를, "천시(天時)가 순조롭지 못하여 가뭄
이 재앙(災殃)을 이루었다. 생각건대 과인의 부덕(不德)함이 앙화
(殃禍)를 내리게 하여 민망스럽게도 백성(百姓)이 죄(罪)도 없이
생명(生命)을 떨어뜨리게 되는데, 기도하여도 반응이 없으니 공구
(恐)하여 어찌할 줄 모르겠노라. 은혜(恩惠)를 미루어[推] 화기(和
氣)를 부르고자 한다. 무릇 옥수(獄囚)에 있어 참죄(斬罪)·교죄(絞
罪)의 2죄(二罪)를 제외하고는 모두 유면(宥免)하여 주고, 혹 관리
(官吏)가 공법(公法)을 인연(因緣)하여 각박(刻薄)하게 폐단을 짓
거나, 혹 썩은 곡식을 강제로 주어 이식(利息)을 취하거나, 혹 묵은
밭에 조세를 징수하거나, 혹 급하지 않은 역역(力役)을 일으키는
자는 중외(中外)의 유사(有司)로 하여금 일체 금치(禁治)시켜라."
고 하였다.

병자(丙子)에 몸소 순복전(純福殿)에서 초제(醮祭)하여 비를 빌고,
승(僧)을 모아 또 산호정(山呼亭) 및 불우(佛宇)에서 빌었다. 경진
(庚辰)에 청연각(淸讌閣)에 거동하여 박승중(朴昇中)에게 명(命)
하여 『서경(書經)』의 「홍범편(洪範篇)」을 강독(講讀)시켰다. 임오
(壬午)에 법운사(法雲寺)에서 비를 빌었다. 신묘(辛卯)에 청연각
(淸閣)에 거동하여 기거사인(起居舍人) 임존(林存)에게 명(命)하여
『시경(詩經)』의 「운한편(雲漢篇)」을 강독(講讀)시켰다.[407]

年五月 旱 乙丑 禱雨于社稷 丁卯 禱雨于大廟·七陵 六月甲午 再祈于社稷 丁酉
又祈于大廟·七陵).

407) 『고려사』, 예종 16년(1121) 윤(閏)5월: 丁卯 召王師德緣 禱雨於乾德殿五日 又
禱于佛宇·神祠. 辛未 聚巫禱雨 壬申 復召德緣 禱于山呼亭. 乙亥 制曰 天時失順
旱爲 顧寡人否德以降殃 憫庶民無辜而殞命 祈禳無應 恐懼未遑 庶幾推恩 以召和
氣 凡在獄囚 除斬絞二罪外 皆原之 其或官吏 因緣公法 苛刻作弊 或以腐朽之穀
給取息 或徵荒田之租 或興不急之役者 令中外攸司 一切禁治. 丙子 親醮于純福

(라) 우왕 원년 7월 신미: 종묘(宗廟)에 비를 빌었다. 정축(丁丑)에 비가
내렸다. 2년 5월 정축(丁丑)에 가물므로 종사(宗社)와 산천(山川)
에 비를 빌었다. 신사(辛巳)에 오래 가물고 비가 내리지 않으므로
비를 빌었는데 음사(淫祀)가 자못 많았다. 6월 갑오(甲午)에 비가
내렸다. 병신(丙申) 기해(己亥)에 또 비가 내렸다. 3년 4월에 가물
었다. 5월 계미(癸未)에 우제(雩祭)를 지내고 또 불자(佛子)를 편역
(編役)하여 빌었다. 을유(乙酉)에 또 박연(朴淵) 임진(臨津)에서 빌
었다. 무자(戊子)에 항시(港市)하였다. 을묘(乙卯)에 크게 비가 내
렸다. 6월 경술(庚戌)에 비를 내렸다. 신해(辛亥)에 도당(都堂)에
전지(傳旨)하여 말하기를, "한재(旱災)가 매우 심하니 어찌 이유가
없겠는가. 반드시 이것은 원원(寃怨)의 소치(所致)일 것이다. 내가
인심(人心)을 기쁘게 하기 위하여 여러 번 은유(恩宥)를 내렸는데
경등(卿等)이 인순(因循)하여 즐겨 행하지 아니하니 어찌 불가(不
可)함이 없겠는가."하고 2죄(二罪) 이하를 유사(宥赦)하였으나 오
직 김속명(金續命)은 용서하지 않았다. 4년 5월 무인(戊寅)에 가물
므로 2죄(二罪) 이하를 유사(宥赦)하였다. 경진(庚辰)에 항시(巷
市)하였다. 무자(戊子)에 종사(宗社)에 비를 빌었다. 6월 계축(癸
丑)에 비가 내렸다. 5년 5월 신미(辛未)에 섭사(攝事: 제사를 행하
는 자)가 단오제(端午祭)를 행하였다. 이때에 조석(朝夕)으로 바람
이 불고 추우며 오랫동안 가물고 비가 내리지 않았으므로 겸(兼)하
여 기우제(祈雨祭)를 행하였다. 을유(乙酉)에 가뭄으로 원구(圓丘)
에 우사(雩祀)를 지냈다. 또 종묘(宗廟) 사직(社稷) 박연(朴淵) 개
성(開城) 대정(大井) 정주(貞州) 등처(等處)에서 빌었다. 7년 4월
경진(庚辰)에 연복사(演福寺)에서 비를 빌었다.408)

殿 禱雨 聚僧 又禱于山呼亭及佛宇. 庚辰 御淸讌閣 命朴昇中 講書洪範. 壬午 禱
雨于法雲寺. 辛卯 御淸讌閣 命起居舍人林存 講詩雲漢.
408)『고려사』, 지8 오행 금(金) 한재(旱災), 우왕 원년(1375) 7월 신미: 禱雨于宗廟
丁丑 雨 二年五月丁丑 以旱 祈雨于宗社·山川 辛巳 以久旱不雨 因祈雨 淫祀頗
多 六月甲午 雨 丙申·己亥 又雨 三年四月 旱 五月癸未 雩 且遍禱于佛宇 乙酉
又禱于朴淵·臨津 戊子 巷市 乙卯 大雨 六月庚戌 禱雨 辛亥 傳旨都堂曰 旱災太

(가)에서 성종은 초가을도 반이나 되었는데 비가 오지 않아 가뭄을 걱정하고 있었다. 그 원인으로 정화(政化)의 쇠퇴라든지 형상(刑賞)의 과도한 것 등에 있지 않은지를 반성하였다. 그래서 기우 대책으로서 죄수를 방면하고, 정전을 피하고, 상선(常膳)을 줄이고, 하늘·부처님·산천 등에 빌고, 그리고 80세 이상의 서민 노인에게 미포(米布)를 지급하는 양노의 은전을 내리고 있었다.[409] 특히 죄수를 방면 하는 등 형옥에 관심을 나타내고 있다. 이는 다음 장에서 후술할 바이지만, 죄수가 원죄를 입거나 과도한 형량으로 인하여 국법을 원망하면 이것이 곧 원기(怨氣)가 되어 하늘로 올라가 화기(和氣)를 해치게 되어 가뭄이 들게 된다는 재이설에서 유래한 것이다. 그래서 고려시대에는 원기를 방지하기 위해 죄인을 조사하여 방면한다든지 감형 조치를 녹수(慮囚)(죄수의 조사)라 하여 흔히 가뭄이 들면 행해지는 의례 등이 있었다.[410]

甚 豈無其故 必是人怨所召 肆予屢放囚貶 欲慰人心 卿等 因循不肯行 得無不可 於是 宥二罪以下 唯金贖命 不原 四年五月戊寅 以旱 宥二罪以下 庚辰 巷市 戊子 禱雨于宗社 六月癸丑 雨 五年五月辛未 攝事 行端午祭 是時 朝夕風寒 久旱不雨 兼行祈雨祭 乙酉 以旱 雩祀圓丘 又祈于宗廟·社稷·朴淵·開城大井·貞州等 處 七年四月庚辰 禱雨于演福寺 辛巳 亦如之 壬午 以旱 錄囚 癸未 又禱于群望 五月丙戌 雨 壬寅 以旱 鑿城中池 又禱雨于演福寺.

409) 이희덕, 『高麗時代 天文思想과 五行說 硏究』, 일조각, 2000, 288-300쪽. 여기서 가뭄에 대한 소재(消災) 방법들 56가지를 열거하면서 설명하고 있다. 즉 피정전 (避正殿)·감상선(減常膳), 사노인사급제(賜給老人制), 이시사(移市肆), 금도재 (禁屠宰)·단산선(斷繖扇)·심원옥(審寃獄)·휼궁궤(恤窮匱), 방경계(放輕繫), 토룡(土龍), 군망(群望), 녹수(慮囚), 철악현(轍樂懸), 책궁(責躬), 친초(親醮), 금 광명경도량(金光明經道場), 송악(松岳)·동신당(東神堂)·산천(山川)·제신묘(諸 神廟)·박연등오소기우(朴淵等五所祈雨), 금산선(禁傘扇), 도구릉천독(禱丘陵川 瀆), 구요당(九曜堂), 운우경(雲雨經), 화룡도우(畵龍禱雨), 금대모(禁戴帽)·금 휘선(禁揮扇), 엄격(掩骼), 종묘칠릉(宗廟七陵), 대묘칠릉(大廟七陵), 금강경도량 (金剛經道場), 오해신(五海神), 태일(太一), 폭무(曝巫), 용왕도량(龍王道場) 등이다.
410) 『고려사』 지8 오행 금(金) 한재(旱災), 현종(顯宗) 2년(1011) 4월: 가물므로 정

이렇게 성종은 나라의 가뭄은 자기의 덕이 모자라서 발생한 것이라 자
책하면서 당시 유효하다고 생각되는 모든 수단들을 동원하고 있다. 이
는 농경이 고려사회에서 절대적 비중을 차지하므로 그 비중을 반영한
국왕의 행사였다고 여겨진다. 그러나 다른 한편, 기우 의례들은 국왕이
하늘과 인간세계의 매개자로서 그 신성성을 강조하는 역할도 하였고
생각된다. 다시 말하자면, 가뭄은 기우 의례411)을 통해 왕권의 신성함
을 높여 그것을 강화하는 계기가 되었다고 하겠다.

묘(丁卯)에 종묘(宗廟)에 비를 빌고 시사(市肆)를 옮기고 도살(屠殺)을 금(禁)하
고 산선(繖扇)[의장물(儀仗物)로서 산(傘)의 일종(一種)]을 끊고 원옥(冤獄)을 다
스리고 궁핍(窮乏)한 자를 구휼(救恤)하였다. 신유(辛酉)에 송악(松岳)에 비를 비
니 크게 비가 내렸다. 3년 6월에 가물므로 유사(有司)에게 명(命)하여 원옥(冤獄)
을 다스려 경죄(輕罪)는 방면(放免)하고 산천(山川)에 도사(禱祀)케 하였다. 8년
9월에 한재(旱災)와 황재(蝗災)가 들었으므로 왕이 정전(正殿)을 피하고 상선(常
膳)을 감(減)하였다. 10년 4월에 가물므로 계묘(癸卯)에 신사(神祠)에 비를 빌었
다. 5월 신사(辛巳)에 가뭄으로써 녹수(慮囚)하였다. 11년 7월 을축(乙丑)에 오래
가물므로 녹수(慮囚)하니 큰 비가 내렸다. 12년 4월에 가물므로 경오(庚午)에 비
를 빌었다. 5월 경진(庚辰)에 토룡(土龍)을 남성(南省) 뜰에 만들고 무격(巫覡)을
모아 비를 빌었다. 경인(庚寅)에 비가 내렸다. 13년 5월에 가물므로 경오(庚午)에
군망(群望)에 비를 빌었다. 14년 6월 무술(戊戌)에 가뭄으로써 녹수(慮囚)하였다
(四月 旱 丁未 禱雨于宗廟 移市肆 禁屠宰 斯扇 審冤獄 恤窮 辛酉 禱雨于松岳
大雨 三年六月 以旱 命有司 治冤獄 放輕繫 禱祀山川 八年九月 旱蝗 王 避正殿
常膳 十年四月 旱 癸卯 禱雨于神祠 五月辛巳 以旱慮囚 十一年七月乙丑 以久旱
慮囚 大雨 十二年四月 旱, 庚午 禱雨 五年庚辰 造土龍於南省庭中 集巫覡禱雨
庚寅 雨 十三年五月 旱 庚午 禱雨于群望 十四年六月戊戌 以旱慮囚).

411) 기우제 의례는 왕권의 강화를 하는데 도움을 주었다. 참조서: Catherine Bell,
Ritual Theory, Ritual Practice, Oxford University Press, 1992, p.196: 여기에
도 요컨대 의례적 활동은 흔히 의례 활동이 있기 전에 또는 외부에 존재한다고
생각되는 권력, 정치, 또는 사회적 통제와 같은 기본적 목적들의 도구가 아니라고
가정하는 것은 전통적인 이론을 크게 전복한 것이다. 그것은 해석적 분석을 새로
운 이론적 토대(의례적인 행위가 그 자체 권력관계들의 생산이며 협정의 산물이라
고 제시한다) 위에서 행하는 것이다.

　(나)에서 선종은 해마다 기우제를 거행하고 있다. 그 행사들을 연대별로 보면 다음과 같다. 그는 (1) 재위 2년에 산악 기도, 운우경(雲雨經) 강경(講經), 금강명경(金剛明經) 도량 설치 등을 하고 있으며, (2) 재위 3년에 산천에 기도하기, 토룡을 그려서 빌기, 사시(徙市), 즉 저자를 옮겼으며, (3) 재위 4년에 금강경 도량 설치, 초제(醮祭) 지내기, (4) 재위 5년에 남교(南郊)로 거동하여 기우제 지내기, 항시(巷市)하기, 모자 쓰기와 부채의 금지, 종묘와 사직에 빌기, (5) 재위 6년에 화룡(畵龍)하여 빌기, 항시 하기, 드러난 해골 거두기, 종묘·칠릉·사직에 기도 등을 하였다. 국왕의 이런 의식(儀式)들은 불교, 도교, 산천 신앙 등을 망라하는 것이었다. 왕은 이런 여러 신앙들이 가진 힘들에 의존하여 비를 내려줄 것을 바라고 있었다.

　(다)에서 예종은 가뭄이 들자 이를 가시기 위해 다음과 같은 조치들을 취하고 있다. (1) 왕사(王師) 덕연을 불러 5일간 빌을 빌고 있다. 이때 왕사는 왕의 일기를 조절 능력이라는 신성한 권위를 도우는 보조자였다. (2) 무녀들이 모여서 기우행사를 하였다. (3) 예종은 제서를 내려서 자신의 부덕을 자책함과 동시에 죄인을 방면하여 화기를 불러서 천기(天氣)를 화평하게 하고자 하였다. 이는 죄수의 원기를 없애서 비를 비는 조치였다. 그리고 관리들로 하여금 백성을 부당하게 착취하지 말 것을 분부하고 있는데, 이도 백성의 원망을 없애는 시책이었다. (4) 예종은 몸소 도교 제사인 초제(醮祭)412)을 올리고 또한 승려들을 모아 비

---

412) 『브리태니커 대백과사전』 CD, 초제(醮祭) 조: 도교 의례의 하나. 재초(齋醮)라고도 한다. 흉사(凶事)시에 지내는 재(齋)와 길사(吉事)시에 지내는 초(醮)를 구별하기도 하지만 분명하지는 않다. 한국에는 고구려 이래로 도교가 유입되었으나 구체적인 의례를 했다는 기록은 발견되지 않는다. 초제가 본격적으로 시행된 것은 도교가 성행했던 고려에 들어와서이다. 이 초제는 대개의 경우 국가와 왕권의 안녕을 위해 행해졌는데, 각 도관(道觀)에서 행하거나 지방 명산에 제단을 설치하고

를 비는 한편, (5) 신하들에게 재이사상의 원전이 되는『서경(書經)』홍
범편(洪範篇)이라든지 가뭄에 관한 시가 실려 있는『시경(詩經)』운한
편(雲漢篇)413)을 강독시키고 있었다. 여기서 비를 내리게 할 수 있는
영험한 존재들로서 왕, 무녀, 왕사 등이 거론되어 있다. 그리고 여기에
는 무형의 실재들인 불교, 도교의 제의(祭儀), 유학의 왕도(王道)에 의
한 인정(仁政), 그리고 유교 경전인『시경』과『서경』강독도 포함되었
다. 이런 유무형의 것들은 고려국왕의 기후조절을 도우는 신성한 권위
를 가진 실재들로 생각되고 있었다.

　(라)에서 우왕은 가뭄이 들 때마다 원구(圓丘),414) 종묘, 사직, 산천,
박연폭포, 임진강 등 여러 곳들에서 기우제를 드리거나 부처에 빌고 있
었다. 이는 정교(政教)에 대한 반성과 수덕(修德)을 주로 한 고려 초기
성종과는 달리 주술적인 행사들이었다. 그러나 약간의 점들을 제외하

　지내기도 했다. 고려 최초의 초제는 1018년(현종 9) 7월 구정(毬庭)에서 올린 대초
　(大醮)이다. 고려시대 숙종과 의종・예종 때는 초제를 자주 올렸는데, 특히 예종은
　옥촉정(玉燭亭)에 원시천존(元始天尊)의 상(像)을 안치하고 시화세풍(時和歲豊)
　을 기원하며 매달 초제를 지냈다고 한다.

413) 시경대아탕지십(詩經大雅蕩之什) 운한(雲漢)의 일절: 旱旣大甚 蘊隆蟲蟲 不殄
　禋祀 自郊徂宮 上下奠瘞 靡神不宗 后稷不克 上帝不臨 耗斁下土 寧丁我躬 旱旣
　大甚 則不可推 兢兢業業 如霆如雷 周餘黎民 靡有孑遺 昊天上帝 則不我遺 胡不
　相畏 先祖于催 旱旣大甚 則不可沮 赫赫炎炎 云我無所 大命近止 靡瞻靡顧 羣公
　先正 則不我助 父母先祖 胡寧忍予.

414) 이범직,『韓國中世禮思想研究』, 일조각, 1991, 71-72쪽. 원구는 사천(祀天)을
　위한 재단의 모습을 가리키는 용어이다. 하늘의 형상이 둥근 것과, 그리고 제단을
　높게 쌓아 하늘에 가깝게 하려는 데에서 나온 용어이다. 국가를 세워 대권을 확립
　한다는 것은 유교에서는 소위 천명에 의한 것으로 이해되는데 바로 그 천신(天神)
　인 상제(上帝)에 대한 제의(祭儀)가 이 원구단의 제례인 것이다. 고려국왕이 제천
　(祭天)할 수 있다는 것은 고려 왕실이 천명을 받았다는 정치적 의미를 확인하는
　것이며, 天을 대리하여 백성과 나라를 통치할 수 있다는 왕실의 권위를 관료와 백
　성에게 과시할 수 있다는 것이다.

고는 형정에 관심을 가지고 죄를 감형 하고 있음은 양자에게 공통되고
있다. 이는 가뭄의 원인이 죄수의 원한과 원기의 소치라고 여기는 사고
방식 때문이었다.

위의 인용문들 중에서 가물면 사시(徙市)415)(移市 또는 巷市)라 하
여 서울 개경에 있는 시장을 다른 곳으로 옮기는 특이한 습관이 위의
인용문에서 보인다. 이는 고려시대의 사료에는 그 구체적 사례가 나오
지 않아 그 의미를 알 수 없다. 그러나 조선왕조에 들어와서도 가물면
시장을 남문으로 옮기고 북문을 열었다고 한다.416) 이는 음양오행사상
에서 유래한 것이다. 곧 음양오행설에서 남쪽은 양기, 북쪽은 음기의
근원지를 각각 상징한다. 이를 통해 유추해 보면, 양기(陽氣)의 들어올
수 있는 남문을 닫고 음기(陰氣)의 입구인 북문을 열어 비를 부르는 행
사가 아니었는가 한다. 고려의 서울 개경에는 남쪽의 큰 거리가 있고,
거기에는 동·서로 맞대어 대시(大市)와 경시(京市)의 이사(二司)가
위치하여 관시(關市)에 관한 일을 돌보았다 한다.417) 이를 참조하여
보면, 조정은 가뭄이 들 때 시장을 다른 곳으로 임시 옮기고 남문을 닫
는 기우 의례를 행한 것 같다. 남문을 막으면 남쪽 대가(大街)에 밀집

---

415) 사시(徙市)의 출처:『後漢書』郎顗傳: 荐祭山川 暴龍移市 李賢 注『禮記』檀弓
　　篇: 歲旱 魯穆公 問於縣子 縣子 曰 爲之徙市 不亦可乎.

416)『조선왕조실록』, 광해군 1년(1609) 5월 9일: 예조가 아뢰기를, "여러 곳의 기우
　　제(祈雨祭)를 이미 다섯 차례나 지냈는데 비는 오지 않고 가뭄만 더욱 심해졌습니
　　다. 비록 약간의 비를 얻기는 하였으나 쟁기질하기에는 충분치 않으니, 농사가 이
　　미 결딴나 죽을 날이 멀지 않았는바, 몹시 걱정스럽습니다. 그러니 남문(南門)을
　　닫고 북문(北門)을 열며 시장(市場)을 옮기는 일 역시 마련하여 거행하는 것이 마
　　땅하겠습니다. 그런데 폐문한 다음에는 반드시 입추(立秋)가 지난 다음에 도로 여
　　는 것이 지금까지 시행해 온 규례입니다(禮曹啓曰 諸處祈雨已行五次 而昭應冥邈
　　燠乾益甚 雖得小雨 未足一犁 民事已決 大命近止 極爲悶迫 閉南門開北門遷市之
　　舉 亦當磨鍊舉行 而旣閉之後 則必待立秋後還開 乃是已行規例).

417) 박용운,『고려시대 開京 연구』, 일지사, 1997, 36쪽.

해 있는 점포들의 상업 활동이 방해되므로 시장을 옮기는 조치를 아울러 취한 것이 아닌가 한다.

그리고 모자 쓰기와 부채를 금한 것도 이런 물건들이 양기를 상징하는 것들이라 생각해서 그런 것 같다. 또 드러난 해골을 거두어서 묻어주는 일도 그 해골이 발생하고 있는 원기를 방지하여 화기를 보호하기 위한 것이다. 그리고 토룡을 만들거나나 화룡(畵龍)해서 기도했다는 것은 중국 고전에서 차용한 행사이다. 곧 중국의 고례(古禮)에 의하면 사람들이 토룡을 만들어 저자에 나와 하늘에 비를 비는 우제(雩祭)가 있었다 한다. 우리나라의 민속에서도 용은 음기를 몰아와서 비를 내리는 영물로 생각되는 것이 보통이다.

위와 같은 기우의례의 사상적 배경은 중국의 여러 전적을 참고하여 행해진 것이었다. 그에 대한 증거는 앞에서 인용한 권경중의 재이 기사 말고는 자세한 내용이 있는 것이 없다. 그러나 조선왕조가 들어와서 중종이 내린 전교(傳敎)에 좀 더 구체적으로 기우 제의들의 내용이 보인다.

중종 35년(1540) 5월 10일: 전교하기를, "지금 경사(經史) 가운데서 기우(祈雨)에 관한 조항만을 초록(抄錄)하여 내리니, 2통(通)을 베껴서 1통은 예조(禮曹)에 비치하고 1통은 정원(政院)에 비치하여, 뒷날의 고증에 참고하게 하라."하였는데, 초록의 내용은 다음과 같다. "『주례(周禮)』에는 '시장을 옮기고 또 무당을 데리고 가서 무우제(舞雩祭)[기우제(祈雨祭)]를 지냈다.' 하였고, 『대학연의보(大學衍義補)』에는 '송 인종(仁宗)이 정전(正殿)을 피하여 감선 철악(減膳撤樂)하였다.'고 했다. 『문헌통고(文獻通考)』에는 원옥(冤獄)을 청리하고 과부·홀아비·고아·독신 등 의지할 데 없는 사람들을 존문(存問)하고 백골을 묻어주고 도살(屠殺)을 금단하였다. 그리고 실직자(失職者)를 다시 심리하였으며, 부역과 세금을 감하여 가볍게 하여 주었으며, 어진 사람을 기용하고 탐욕스런 사람을 내쳤으며, 시집·장가 못 간 사람들을 구휼하여 주었으며, 음식의 가짓수를 줄이고 악기는 진설만 하고 연주하지 않았다. 천자가 전정(殿庭)에 나가 앉아 직접 기도(祈禱)하면서 비를 빌었고, 금중(禁中)에다 단석(壇席)을 설치한 다음 3일 간 햇볕 속에 앉아 있었고, 죄수(罪囚)들의 정상을 심리하였다.'했다. 『고려사(高麗史)』에는 '산선(繖扇)을 금지하고 죄수들을 심리하여 구휼하고 우제(雩祭)를 지내고 무당을 모아 비를 빌고 역도(役徒)를 파해 돌려보냈다. […]

『사문유취(事文類聚)』에는 '토룡(土龍)이 비를 오게 한다[20명씩 3대(隊)를 만들어 2일씩 용의 춤을 춘다]. 갑일(甲日)과 을일(乙日)에 동방(東方)에다 청룡(靑龍)의 모습을 만들어 소동(小童)들을 시켜 춤추게 하고, 병일(丙日)과 정일(丁日)에 남방(南方)에다 적룡(赤龍)의 모습을 만들어서 장자(壯者)를 시켜 춤추게 하고, 무일(戊日)과 기일(己日)에 중앙(中央)에다 황룡(黃龍)의 모습을 만들어 장자(壯者)를 시켜 춤추게 하고, 경일(庚日)과 신일(申日)에 서방(西方)에다 백룡(白龍)의 모습을 만들어서 노인(老人)을 시켜 춤추게 하고, 임일(壬日)과 계일(癸日)에 북방(北方)에다 흑룡(黑龍)의 모습을 만들어 노인을 시켜 춤추게 한다. 이렇게 해도 비가 오지 않으면 남문(南門)을 닫고 그 밖에다 물을 가져다 놓고서는 북문(北門)을 열고 사람의 뼈를 가져다 묻는다. 그래도 비가 오지 않으면 무당을 시켜 뙤약볕에서 비를 빌게 하고, 그래도 비가 오지 않으면 신산(神山)에다 섶[시(柴)]를 쌓아 놓고 북을 치면서 불태운다.'하였다. […]

『주례』에는 '나라에 큰 재변(災變)이 있을 적에 노래하고 울면서 청한다.' 하고 그 주(註)에 '비애(悲哀)로 신령(神靈)을 감동시키기 위한 것이다.' 했는데, 십간(十干)의 날에 춤추는 것은 바로 무당들을 데리고 무우제를 지내던 뜻에 따른 것이다. […]

희령(熙寧)[송 신종(神宗)의 연호] 10년[고려 문종 31년, 1077] 도마뱀[석척(蜥蜴)]으로 비를 비는 법이 있었는데 그 법은 이러하다. 도마뱀 열두어 마리를 잡아서 독 속에 넣은 다음 물을 담고 나뭇잎을 띄운다. 그런 다음에 동남(童男) 수십 명을 선발하여 푸른 옷을 입히고 얼굴과 손발에도 푸른 물감을 칠한 다음 버들가지를 쥐고 물을 뿌리면서 「도마뱀아, 도마뱀아, 구름을 일으키고 안개를 뿜어내라. 비가 좍좍 쏟아지면 너희들을 보내주마.」라고 주야로 축원하면서 그 독의 주위를 돌게 한다는 것이었다. 그달 18일 이 법대로 시행했더니 20일 밤에 이르러 비가 내렸다. [⋯]『사문유취』에는 '희령(熙寧) 연간에 경사(京師)[북경北京]이 몹시 가물었었다. 그래서 옛 법을 조사하여 방항(坊巷)의 사람들로 하여금 독에 물을 담고 버들가지를 꺾어 꽂은 다음 도마뱀을 띄워 놓게 하고 소아(小兒)들에게 「도마뱀아, 도마뱀아, 구름을 일으키고 안개를 뿜어내라. 비가 좍좍 쏟아지면 너희들을 보내주마.」라고 외치게 하였다. 그러나 당시 모두 도마뱀을 잡아서 할 수는 없었기 때문에 대신 갈호(蝎虎)[도마뱀붙이]를 잡아서 물에 넣었는데 즉시 죽었다. 다시 소아를 시켜 「원통하고 원통하구나. 나의 갈호여, 이와 같이 침혼(沈昏)해서야 어떻게 단비를 얻을 수 있겠는가?」라고 외치게 했다.'한다. [⋯]

실직자(失職者)들을 이조(吏曹)와 병조(兵曹)로 하여금 서계(書啓)하게 하라. 현량(賢良)을 기용하는 것은 대신들의 임무이고 탐오한 자들을 퇴출시키는 것은 대간의 책임이다. 악기(樂器)를 진설만 하고 연주하지 않는 일도 거행해야 된다. 그리고 뙤약볕에 앉아 몸소 비를 빌기 위해 별도로 단(壇)을 설치하지는 못하더라도 마음을 가라앉히고 묵묵히 기도해야 하겠다. 또 소환(小宦)을 뽑아서 금중(禁中)에서 기우제를 지내게 하라. 죄수들을 다시 조사하여 청리하는 것은 형관(刑官)들의 일이다. 죄수들의 이름을 서계(書啓)하라. 산선(織扇)을 금하고, 토룡(土龍)으로 비를 비는 것도 지금 거행해야 한다. [⋯]

『주례(周禮)』에 우제(雩祭)를 지내면서 무당들이 춤을 추고 노래도 하고 곡(哭)도 했다고 한 것은 백성들의 어려운 사정을 위로 하늘에 알리려는 뜻이었습니다. 전조(前朝)[고려] 때에는 도성(都省)에서 거행(擧行)했었습니다. 옛글에도 '시장에 모여서 빌었다.'했는데 이 또한 성주(成周)의 고례(古禮)인 것입니다. 갑일과 을일에 청룡을 만들고, 병일과

정일에 적룡을 만들고, 무일과 기일에 황룡을 만들고, 경일과 신일에 백
룡을 만들고, 임일과 계일에 흑룡을 만들어서 빌었습니다. 그리고 청룡
에는 소동(小童)들이 춤추고 적룡과 황룡에는 장자(壯者)가 춤추고 백
룡과 흑룡에는 노인(老人)이 춤추는데, 이일은 동중서(董仲舒)의 『춘추
번로(春秋繁露)』에 보입니다. 갑일과 을일에는 소동이 청의(靑衣)를 입
고 병일과 정일에는 장자(壯者)가 적의(赤衣)를 입고 무일과 기일에는
장자가 황의(黃衣)를 입고 경일과 신일에는 노인이 백의(白衣)를 입고
임일과 계일에는 노인이 흑의(黑衣)를 입는 것은 모두가 고제(古制)인
데도 예문(禮文)에 증거가 없기 때문에 조종조(祖宗朝)에서는 토룡(土
龍)만 만들어 제사지냈을 뿐입니다. 그러니 지금도 전례에 따라 하는 것
이 어떻겠습니까.418)

---

418) 『조선왕조실록』, 중종 35년(1540) 5월 10일: 傳曰 今下抄錄經史中祈雨之條 傳
寫二通 一置禮曹 一置政院 以憑後考 其抄錄云 周禮曰 徙市 又率巫而舞雩 大學
衍義補曰 宋仁宗避正殿 損膳輟樂 文獻通考曰 理冤獄 存鰥寡孤獨 掩骼埋胔 斷
屠宰 失職者 省徭輕賦 擧進賢良 黜退貪邪 恤怨曠 撤膳羞 設樂懸而不作 天子露
坐于殿 請雨親禱 禁中設壇席 暴坐三日 錄囚徒 高麗史曰 禁繖扇 慮囚 雩祭 聚巫
禱雨 罷役徒 […] 事文類聚曰 土龍致雨(三運 各二十人 二日爲之) 甲乙日 作靑龍
於東方 小童舞之 丙丁日 作赤龍於南方 壯者舞之 戊己日 作黃龍於中央 壯者舞
之 庚申日 作白龍於西方 老人舞之 壬癸日 作黑龍於北方 老人舞之 闔南門 置水
其外 開北門 聚人骨埋之 巫祝而曝之 神山積柴 擊鼓而焚之 […] 周禮 凡邦之大
災 歌哭而請以悲哀 感神靈也 十干之日舞之 乃率巫而舞雩之意也 […] 熙寧十年
蜥蜴祈雨法 捕蜥蜴十數枚 置之甕中 漬之以雜木葉 選童男數十人 衣靑衣 靑塗面
及手足 仍持柳枝散灑 且祝曰 蜥蜴蜥蜴 興雲吐霧 雨今滂沱 令汝歸去 如是者晝
夜 嬰繞而言 是月十八日 依法爲之 至二十日夜雨 […] 熙寧中 京師久旱 按古法
令坊巷 以甕貯水 揷柳枝 以蜥蜴泛之 小兒呼曰 蜥蜴蜥蜴 興雲吐霧 降雨滂沱 放
汝歸去 時不能盡得 以蝎虎代之 入水卽死 小兒更曰 冤苦冤苦 我是蝎虎 似恁沈
昏 怎得甘雨 […] 失職者 令吏兵曹書啓可也 擧進賢良 大臣之任也 黜退貪邪 臺
諫之責也 設樂不作 亦可爲也 且露坐親禱 雖不設別壇 亦可潛心默禱也 又抄小宦
祈雨於禁中也 錄囚徒 刑官之事也 囚人書啓可也 禁繖 亦可爲也 土龍祈雨 今方
爲也 […] 周禮 祭于雩 而巫人舞之 或歌或哭者 以民生之艱難 欲其上撤於天也
前朝時 於都省爲之也 古書亦云 聚于市而禱之 此亦成周之古禮也 甲乙日作靑龍
丙丁日作赤龍 戊己日作黃龍 庚辛日作白龍 壬癸日作黑龍而禱之 靑龍則小童舞

중종의 전교(傳敎)에는 거의 모든 기우 의례에 대해 그 전거를 밝히고 그 내용들을 나열하고 있어서 고려의 그것을 이해하는데 매우 도움이 된다. 여기에 지적된 기우 행사들로서 시장 옮기기, 무당에 의한 기우제, 정전(正殿)을 피하고 반찬가지수 줄이기, 원옥(冤獄) 살피기, 무의탁자 돌보기, 백골 묻기, 도살금지, 도마뱀에게 비 빌기, 토룡과 화룡을 만들어 남녀노소가 군무(群舞) 하기, 남문을 닫고 북문을 열어 음기(陰氣) 맞이하기, 어진 사람을 등용하기, 그리고 폭무(曝巫)[419] 하기 등이 사서와 서책에 의거하여 설명되어 있다. 이 왕의 전교를 보면 앞에서 나온 고려 기우행사들의 연원을 대강 추측할 수 있는데 그것들은 거의 다 중국의 고례(古禮)이거나 전거에 의해서 시행된 것들이었다.

상술한 것 이외에도 고려시대에는 단지 이상한 사건이나 현상들이 재이로 파악 되었다. 이는 자연 삼라만상에 일어나는 변칙적인 현상이어서 여기에는 아무런 논리적 구조도 없다. 이들은 그저 이상하고 기묘한 것들에 불과하며, 오행지·천문지에 방대하게 수록되어 있다. 그중 몇 개를 보면 아래와 같다.

之 赤黃龍則壯者舞之 白黑龍則老人舞之 此事見於董子春秋 甲乙日 小童著靑衣 丙丁日 壯者著赤衣 戊己日 狀者著黃衣 庚辛日 老人著白衣 壬癸日 老人著黑衣 皆古制也 而禮文無據 故祖宗朝 只作土龍而祭之耳 今亦依前例爲之何如.

419) 출처: 『漢語大詞典』(온라인 판, '曝巫' 조): 古代風俗 大旱不雨 則曝晒女巫 冀天哀憐之而降雨 謂之暴巫.『禮記·檀弓下』: 歲旱 穆公召縣子而問 曰 […] 吾欲暴巫而奚若(鄭玄 注 巫主接神 亦覬天哀而雨之). 董仲舒『春秋繁露·求雨』: 無伐名木 無斬山林, 暴巫聚尫八日. 王充『論衡·訂鬼』: 童巫含陽 故大雩之祭 舞童暴巫.『고려사』, 숙종 6년(1101) 4월 을사: 폭무(曝巫)하여 기우(祈雨)하였다(曝巫祈雨). 이희덕,『고려시대 천문사상과 오행설 연구』, 295쪽. 무당에게 햇볕을 쪼이게 하여 비를 내리도록 하는 의식. 무당이 뜨거운 햇살에 눈을 뜨고 계속 지켜보면 눈이 충혈 되면서 눈물이 나온다. 하늘이 이를 불쌍히 여겨서 비를 내리게 한다는 것이다.

(가) 현종 5년 3월 경인: 흰무지개가 관일(貫日)하였다. 신축(辛丑)에 백기(白氣)가 관일(貫日)하였다. 임인(壬寅)에 해 곁에 적기(赤氣)가 서로 동요[상탕(相盪)]하였다.420)

(나) 고종 4년 3월 임진: 해가 붉고 빛이 없었다. 4월 경술(庚戌)에 해 곁에 적기(赤氣)가 있어 크기가 수레바퀴와 같고 남북(南北)으로 기(氣)를 방사(放射)함이 해와 같았다.421)

(다) 고종 43년 3월 경진: 서남쪽에서 누르고 붉은 기운이 있었다. 8월 경술(庚戌)에 서쪽에 누르고 붉은 기운이 있었는데 광명(光明)이 이상(異常)하였다. 44년 6월 갑술(甲戌)에 누렇고 붉은 구름이 하늘을 두르니 광명(光明)이 낮같았다. 45년 12월 갑오(甲午)에 동쪽에 누르고 붉은 기운이 있어 충천(衝天)하였다.422)

(가)·(나)의 적기, 백기라든지 (다)의 황기 등은 정체 모를 이상한 천문 현상으로 별다른 의미는 없었다 하겠다. 그리고 앞서 성종과 우왕의 가뭄에 관심을 보인 두 사료의 내용과 함께 이들을 생각해 보면, 고려시대 유가는 자연에는 어떤 규칙적인 정상성(正常性)을 생각하고 있으며, 만약 거기에 일탈된 현상이 있으면 무조건 재이로 처리하고 있었다. 또한 그 배후에는 자연 차원의 변이가 그대로 사회의 그것에 침범하여 이를 동요시킬 가능성에 대한 두려움이 내재해 있었다는 것도 이

420) 『고려사』, 지1 천문 일변(日變), 현종 5년 3월 경인: 五年三月庚寅 白虹貫日 辛丑 白氣貫日 壬寅 日旁 赤氣相.
421) 『고려사』, 지1 천문 일변, 고종 4년 8월 임진: 日赤無光 四月庚戌 日傍 有赤氣 大如車輪 南北射氣如日.
422) 『고려사』, 지9 오행 土 황무(黃霧), 고종 40년 3월 경진: 西 有黃赤氣 八月庚戌 西有黃赤氣 光明異常 四十四年六月甲戌 黃赤雲 周天 光明如晝 四十五年十二月 甲午 東有黃赤氣 衝天.

미 지적한 바 있다. 이는 바로 자연과 사회질서를 상징했던 국왕의 존재론적 의미를 부정하는 현상이기도 했다. 그래서 일견 우리에게 무의미하게 보이는 재이 발생은 고려 지배층에게는 중대한 의미를 함축하게 되었고, 그래서 사서에 기록되게 되어 지금 현존하는 것이다. 이것 외에도 누리, 초충, 모충, 지진, 산붕 등 무엇 이상한 일이거나 사건, 생물이 보이기만 하면 상술한 맥락에서 모두 재이로 취급되고 있었다.

맺음말

제4장에서는 고려시대에 그렇게 중시된 재이현상을 통하여 유가들이 품었던 우주론과 사유방식의 중요한 특성을 논의해왔는데, 이로부터 얻어낸 결과는 대략 다음 같다.

고려 당대 우주상은 그 구성 실재들이 복잡한 그물망 관계 속에 있는 것으로 나타났으며, 분리 독립된 단위의 성질로 환원될 수 없는 독특한 구조를 갖는 유기적 전일체로 이해되었다. 바꿔 말하면 우주 실재들과 현상들은 모두 상호 연결되어 있고 상호 의존적이며 따라서 그것들은 고립된 실재들로서가 아니라 단지 전체의 일부분으로서만 파악될 수 있는 구조적 성질을 갖는 것이었다. 이런 우주상은 그것이 독립된 부분들로 구성되어 있고, 외부에 의해 비로소 작동되는 무생명의 기계 같은 조립체제로 이해하는 17세기 이후의 데카르트와 뉴턴의 주체와 객체를 이분한 이원론이나 기계론적 우주관과는 근본적으로 별다른 사유체계였다.

유기체론적 우주론에서 군주의 상징적 의의는 우주 실재들의 영속성에 일종의 연결고리를 제공하는 존재였다. 이렇게 군왕은 우주의 준거틀 내에 고정되었으므로 절대 신성한 권위 소유자로 인간사회에 나타나게 되었다. 또 국왕은 이런 성격 때문에 우주체계의 동요를 의례에 의해 조정하여 원상회복시킬 수 있는 제의적 힘의 소유자라고 생각되었던 반면, 백성 대중은 군왕의 매개 없이는 우주적 질서에 참여할 수 없는 비주체적 존재로 생각되게 되었다. 그러므로 고려 국왕들의 이데올로기적 절대 권위는 이런 우주론에 근거 했다고 하겠다.

우주 실재 간의 상호 대응관계가 어떤 물상화된 형태상의 유사성을 전제하고 있었다는 것도 이 사유체계의 중요한 한 특징이었다. 그리고 이런 사고방식의 역사적 기능은 그런 유사성 위에다 그때그때 상황에 따라 역사적이며 구체적 내용을 적당히 부여하는 것이었다. 그러므로 이 우주론에서 우주 실재들의 구성방식은 제의적 또는 상징적 질서를 그 특징으로 하였다.

고려 유가들에게 재이현상이란 우주체계의 범주들, 특히 인간지성의 3개 준거틀, 즉 시·종·장 범주들을 혼란시켜서 궁극적으로 그 질서를 파괴할 가능성을 가진 위험한 힘 또는 경향으로 여겨졌다. 그런데 이 재이 개념의 토대에는 우주 체계가 불변적 규칙성 또는 정상성에 의해 움직여진다는 생각이 있었다. 즉 우주구성의 실재들이 각자에게 할당된 시간, 장소, 그리고 종류에 합치될 경우에만 정합적인 우주질서가 형성되고 유지될 수 있다는 생각이었다. 만일 그렇지 못할 경우 이 범주들에 토대한 지성의 준거틀은 파괴되며, 나아가서는 그것은 세계구성을 해체하는 것이 되었다. 그러므로 재이란 우주질서의 반대 개념으로 설정되어, 그 질서를 여하한 일이 있더라도 수호하겠다던 유가의 자연과 사회의 정상성에 대한 강한 욕구 표현이었다 하겠다.

제4장 재이 · 형정 · 사회적 분수(分守)

머리말

앞 장에서 고려 유가들에게 재이로 규정된 현상과 사건은 우주상을 구성하고 조직하는 데에 기본적으로 필요한 사고의 준거틀, 즉 시(時) · 종(種) · 장(場) 범주들을 혼란 파괴하는 위험한 힘 또는 경향을 의미하였다는 것을 지적하였다.

그리고 재이 발생은 일차적으로 군왕과 관계되고 있었는데, 군주의 '덕(德)'이란 우주적 시(時) 운행을 담당하여 만물을 생성시키는 우주의 근본적 힘의 표상으로 간주되었다. 다시 이런 관념과 종과 장 범주의 혼란에서 논의된 재이개념을 종합해 보면, 군왕의 존재론적 속성인 유덕(有德)이라 함은 우주 삼라만상을 각자에게 적합한 시 · 장에 귀속시키며, 또한 그것들에 속한 그 종에 합치시켜 궁극적으로 우주적 순행질서를 형성할 수 있는 제의적 힘이었다.

이상과 같이 고려시대 재이론 분석을 통해 고려 유가의 우주론, 그 관념적 체계 구성 및 고려 군왕의 관념적 권위의 근거를 논의해 왔다. 본장에서는 재이론이 당시 왕조 운영에 어떤 관념적 토대를 제공하였는가, 특히 형정과 신분제 구성에 어떤 정신적 근거를 제공하고 있었는지를 중심 문제로 삼고자 한다.

Ⅰ. 재이와 형정(刑政)

고려 태조-의종 기간에 재이에 관한 왕의 포고문(布告文), 신하의 주문(奏文), 상소(上疏) 및 중요 기사 등은 대략 76건 정도가 된다.[423] 이중에서 재이 원인으로 각각 형정(刑政) 16건, 군주의 '부덕(不德)' 18건, 정교(政敎) 4건, 신하과실(臣下過失) 11건, 그리고 막연한 사항 36건에 이른다. 또한 재이의 대응책으로 각각 형정 24건, 군주의 수성(修省) 약속 15건, 기우(祈雨), 기청(祈晴) 6건, 구언시폐(求言時弊) 6건, 벌역(罰役) 4건, 기타 사항 22건이 된다. 원인 불명한 것을 제외하면 재이의 원인과 대책 중 형정과 군주의 '부덕'이 수위를 차지하였다. 유가가 도덕에 의한 정치, 즉 왕도정치를 표방하였으므로 재이에 관한 군주의 '수성(修省)', '부덕(不德)'이 차지하는 위치는 이해되나, 형정이 재이의 대응책 중에 첫째가 됨은 우리에게 쉽게 납득 되지 않는다.

위와 같은 관점에서 고려시대 국왕들이 내린 조서라든지 교서 등을 살펴서 재이와 형정 관계를 추구해보겠다.

> (가) 예종 5년 6월 병자: 조(詔)하기를, "짐(朕)이 망령되게 부족한 몸으로 삼국(三國)을 이어 통어(統御)하게 되니, 만기(萬機)가 너무 광범위하여 잘 보고 듣지 못한다. 형정(刑政)이 맞지[中] 아니하고, 절후(節候)가 고르지 못하여 3-4년간 전곡(田穀)이 흉황(凶荒)하고, 인민(人民)이 기병(飢病)되므로 자나 깨나 근심함이 아직 일찍이 잠시라도 그치지 못하였다. 하물며 또 천상(天象)의 변괴(變怪)가 나타나지 않은 날이 없어 여름철 이래로 처풍(凄風)과 우박(雨雹)까지 있었다. 이것은 나의 박덕(薄德)한 까닭인지라 두려움이 더욱 깊도다. 그러므로 은혜(恩惠)를 추급(推及)하게 하여 위로 하

---

423) 포고문 상주문 등의 총계 숫자는 원인, 대책의 숫자와 일치하지 않는데, 그것은 재이 발생의 원인, 대책 내용이 복합되어 있기 때문이다 - 필자 주.

늘의 견책(譴責)에 대답(對答)하고, 아래로 민심(民心)을 위로(慰勞)하여 화(和)한 기운(氣運)을 불러 모아 평안(平安)으로 보답하고자 하노라.

이 조서(詔書) 내리기 이전부터 무릇 옥수(獄囚)에 있어 유죄(流罪) 이하를 범한 자는 모두 제면(除免)하고, 2죄(二罪)[참죄(斬罪), 교죄(絞罪)] 이상은 형(刑)을 제감(除減)하여 부처(付處)[중도부처(中途付處)]하고, 앞서 죄(罪)에 걸려 귀양 간 자는 다 근지(近地)에 옮겨[양이(量移)] 서용(敍用)에까지 이르게 하고, 혹은 범죄(犯罪)한 바 있어 부모 부모처자(父母妻子)가 각처에 나누어 거주하는 자는 온전하게 한 곳에 모여 살게 하라."고 하였다.424)

(나) 명종 4년 12월 을묘: 조(詔)하기를, "짐(朕)이 덕(德)이 박(薄)하고 지(智)가 미(微)한 몸으로 그릇되니 조종(朝宗)의 적누(積累)한 대기(大基)를 이어받아 삼한(三韓)에 군림(君臨)한 지 이제 5년이 되었으나, 능히 위로 천의(天意)에 보답하지 못하고, 아래로 민심(民心)을 존무(存撫)하지 못하여 재변(災變)이 쉬지 않으니, 두려움에 편안하기 어렵도다. 너그럽게 용서하는 은택(恩澤)을 널리 중외(中外)에 입히고자 생각하나니, 가히 참죄(斬罪)·교죄(絞罪)의 2죄(二罪) 이하는 형(刑)을 면제(免除)하여 부처(付處)하고, 경인(庚寅)·계사(癸巳)에 이미 유배(流配)된 자는 모두 이면(移免)하여 상경(上京)하도록 하고, 아울러 속동징와(贖銅徵瓦[경죄(輕罪)])는 면제(免除)하고, 내외(內外)의 명산(名山)·대천(大川)의 신기(神祇)에게는 각기 가호(加號)할 것이며, 서경(西京) 정벌의 군졸(軍卒)에게는 한 사람에 쌀 한 섬씩 줄 것이며, 숙위(宿衛) 군인(軍人)의 처자(妻子)로 밖에 있는 자에게는 곡식을 두 사람에 한 섬씩 하

---

424)『고려사』, 예종 5년(1110) 6월 병자: 詔曰 朕 謬以躬 紹御三韓 萬機至廣 不能視聽 刑政不中 節候不調 三四年間 田穀凶荒 人民飢病 宵憂勞 未嘗暫已 又乾文變 無日不見 夏月以來 淒風雨雹 此乃德所致 恐懼增深 意欲推恩 上答天譴 下慰民心 召集和氣 以報平安 自宣旨前 凡在獄囚 犯流以下 除免之 二罪以上 除刑付處 曾坐罪流謫者 皆量移 以至敍用 或有所犯 父母妻子分居各處者 完聚一處.

사(下賜)하라."고 하였다.[425]

(다) 공민왕 12년 5월: 교서를 내려 이르기를, "내가 왕위를 이어 받은 후로 내란이 여러 번 일어나고 외적도 두 번이나 침입했다. 깊이 생각하건대, 이 허물은 실로 나의 몸에 있도다. 하물며 환도 초기에 하늘이 화를 내린 것을 뉘우치지 않아 성변(星變)으로써 경고를 보이며 가뭄으로 재앙을 이루니, 먼저 내 몸을 자책하고 백성에게 혜택을 주어야 마땅하겠다. 경자년 이전의 여러 도·주·현의 세 가지 세금과 잡공(雜貢) 중에 아직 관청에 도착하지 않은 것은 모두 추징을 그만 두라. 근래 왕명으로 지방에 나간 신하들과 백성들을 다스리는 관리들이 으레 군법을 써서 감히 맘대로 사람을 죽이며, 또한 죄인에게 매를 때리고 나서 재물을 받고 속해 주니 내 심히 민망히 여기노라. 지금부터는 중한 형벌은 아뢰어 처리하고 죄가 가벼운 자는 매 때리는 것과 재물 받는 것을 함께 행하지 말라. 기내(畿內)의 백성들이 난리로 인하여 유랑하여 밭과 들이 많이 황폐해졌으니, 너그럽게 구휼하지 않는다면 어떻게 백성들을 불러들이겠는가. 경기 지방의 공전과 사전의 조세는 3년간 3분의 1씩을 감해 주도록 하라." 하였다.[426]

(가)에서 예종은 형정이 맞지 않고 절후가 고르지 않고 천변이 자주

---

425) 『고려사』, 명종 4년(1174) 12월 을묘: 詔曰 朕 德薄智微 謬承祖宗積累之基 臨三韓 于今五載 不能上答天意 下撫民心 災變未息 恐懼難安 思欲寬宥恩澤 廣被中外 可赦斬絞二罪以下 除刑付處 庚寅·癸巳 配流者 皆移免上京 幷除贖銅徵 內外名山·大川神祇 各加號 賜征西軍卒 米人一石 宿衛軍人妻子在外者 穀二人 幷一石.

426) 『고려사절요』 권27, 공민 12년(1363) 5월: 敎曰 予自襲位以來 內難屢作 外寇再侵 深惟厥咎 實在眇躬 矧當還都之初 天不悔禍 星芒示警 旱魃爲災 宜先責己 以惠于民 其庚子年以前 諸道州縣 三稅雜貢 未到官者 竝免追徵 比來奉使之臣 字民之官 例用軍法 敢擅殺人 又於一人 旣杖且贖 予甚憫焉 今後 重刑申聞 輕者杖贖 毋得倂行 畿甸之民 因亂流離 田野多荒 若非寬恤 何以招來 其京畿公私田租 限三年 三分減一.

일어나고 여름철에 찬바람이 부는 것 등을 걱정하고 있었다. 그래서 죄수들을 살펴 죄를 경감하라고 하였다. (나)에서 명종은 재변이 그치지 않으니 중죄 이외에 형을 감면함과 동시 내외의 명산, 대천의 귀신에게 가호하고 있었다. (다)에서 공민왕은 외적 내침과 성변, 가뭄 등이 자신이 즉위한 이래 계속되고 있음을 염려하여 세공과 잡공을 면제하고 아울러 형정을 신중히 할 것 등을 신하들에게 분부하였다. 이런 기사들은 시대적 편중을 극복하기 위하여 고려 전기, 중기, 그리고 후기에서 하나씩을 뽑았기에 여기서 각 시기와는 관계없이 왕정(王政)과 형정이 직결되어 있었음을 알 수 있다. 다시 말하자면, 성변(星變), 처풍우박(悽風雨雹), 한발 등의 천체 기상 차원의 변이는 군왕의 성품, 특히 그들의 박덕한 데서 연유한 바라고 생각되었다. 따라서 이 재이들을 해소하기 위해 '추은(推恩)', '은택(恩澤)', '혜(惠)' 등으로 표현되는 덕을 군왕이 베푼다 하였다. 결국 재이는 군주의 덕이 없는 데서 유래하고, 이 때문에 국왕은 은혜를 베풀어 이를 없앨 수 있다는 관념이었다. 한마디로 군주의 덕 내용은 그가 소유한 은택을 수여할 수 있는 힘이었다.

전술한 왕정과 형정의 관계를 이해하기 위해 우선 당시 군왕의 존재론적 성격을 상기해야 한다. 앞에서 유기체론적 우주론에 의할 것 같으면 군왕이란 우주 실재들의 관계를 올바르게 조정하고, 또 그들 간의 제의적 연결을 제공하는 상징자로 간주되었다고 했다. 그러므로 우주 실재들의 교란 상태는 일단 군왕의 존재론적 의미 문제로 환원되게 되었다. 곧 재이 출현은 왕의 존재 의미를 부정하는 것이 되었다. 이 경우, 군왕은 덕을 펴서 자연 실재들을 정상적인 관계로 회복시켜 재이를 없애려 하였다. 그러므로 여기서 군왕 덕의 실체를 좀 더 천착하여 그 내용을 밝히려 한다.

앞서 국왕의 덕이란 자연 삼라만상으로 하여금 제각기 그 본성을 완성하게 하며, 또 백성에게 천칙(天則)(자연법칙)을 알게 하는 제의적 능력이었다 했다. 그리고 그렇기 하기 위해서는 군주는 모든 실재들을 우주자연 순행과정의 기본 준거틀, 즉 우주적 시(時)에 일치하게 조정하는 것이 그의 성덕(盛德)의 제일가는 사업이라는 것도 지적했다.[427]

앞장에서 언급한 성종의 교서에서 같이 마르고 썩은, 즉 고후(枯朽)한 초목에 이르기까지 '생성지혜(生成之惠)'를 입힐 수 있는 것이 군왕의 성덕이라는 생각은 왕의 혼자만의 생각은 아니었다. 예종도 조서를 내려서 만물을 육성할 것을 분부하고 있다.

> 예종 2년 정해 삭(朔): 조(詔)하기를, "만물(萬物)이 발생하는 때를 당하여 짐승의 새끼를 잡지 않고, 알 품은 새를 취(取)하지 않는 것은 실로 『예전(禮典)』에 정한 규칙(規則)이며 선왕(先王)의 인정(仁政)이다. 지금 여러 도(道)의 수령(守令)으로 영(令)에 따르는 자가 드물다. 혹은 공봉(供奉)하는 선물(膳物)이라고 칭탁(稱託)하여서 상상(上賞)을 요망(要望)하고, 혹은 사객(使客)[사자(使者)]를 후히 향응하여 그 뜻을 즐겁게 하자니 수렵(狩獵)에 시기를 가림이 없고, 혹은 농부(農夫)들의 화경(火耕)으로 물(物)의 생명(生命)이 연소(延燒)된다. 그러니 시절을 따라 만물을 육성(育成)하는 뜻에 어긋나는 것이요, 충분히 천지(天地)의 화기(和氣)를 상해(傷害)하는 것이다. 따라서 일체 금단(禁斷)할 것이며, 어기는 자에게는 죄(罪)를 주라."고 하였다.[428]

---

427) 『고려사』, 성종 7년(988) 2월 임자: 그 세 번째는 성인(聖人)은 굽어 살피고 우러러보아 때의 변화[時變]에 통(通)하고 왕은 인(仁)을 행하고 혜(惠)를 펴서 만물(萬物)의 뜻을 이루게 하는 것입니다. […] 마땅히 선성(先聖)의 전모(典謨)를 쫓아 써 구망(句芒)의 조화에 순응(順應)하여 끝내 나는 새와 물속의 고기도 그 천성(天性)을 다하도록 하고 풀과 나무도 은혜를 받으며 마르고 썩은 무리들까지도 다 생성(生成)의 혜택을 입게 된다면 이 아니 아름다우랴(聖人俯察仰觀 以通時變 王者 行仁布惠 用遂物情 […] 宜遵先聖之典謨 用順勾芒之造化 遂使飛沈遂性 草木懷恩 至於枯朽之群 盡荷生成之惠 不亦美乎).

여기서 예종은 만물이 발생할 때 짐승의 새끼를 잡는 행위, 수령들의
선물 때문에 수렵 시기를 어기는 것 등은 왕의 만물을 육성하는 뜻에
어긋나니 엄금할 것을 명하였다. 국왕이 우주적 시를 준행하는 목적은
만물을 기른다는, 즉 '육물지의(育物之意)'에 있다고 하였다. 만일 이
것을 어겼을 때, 천지의 화기(和氣)를 해쳐서 자연의 조화된 질서가 붕
괴시킨다는 것이 조서의 취지였다고 할 수 있다.

위의 기사들에 나타나는 군왕의 덕이란 우주자연의 실재들에 편재하
여 있어 천지 삼라만상을 번영토록 하는 근본적 생성력이었다고 할 수
있다.[429] 그러므로 군왕의 '유덕(有德)' 여부는 자연 만물의 생명을 완
성시켜 주는 근본적 생성력의 유무와 마찬가지였다. 만일 왕에게 이런
덕이 없다면, 그는 그것으로 존재 의미를 상실하여 무의미한 존재로서
백성의 일부(一夫)가 되어 버릴 것이었다.

다음으로 재이와 유덕의 관계가 문제가 된다. 앞 장에서 재이현상이

---

428) 『고려사』, 예종 2년(1107) 3월 정해: 詔曰 當萬物發生之時 不不卵者 實禮典之
成規 而先王之仁政也 今諸道守令 鮮克循令 或托供膳 以要上賞 或厚饗使客 以
悅其意 田獵無時 或農夫火耕 延燒物命 有乖對時育物之義 足傷天地之和 一切禁
斷 違者 罪之.

429) Fung Yu-lan, *A Short History of Chinese Philosophy*, ed. D. Bodde, New
York & London, 1948, p.169. 사물의 개별적 덕과 만물의 변형과 생성을 지배하는
보편적 단일적 덕이 있다고 한다. 하여튼 유가들이 말하는 덕의 원초적 의미란 우
주체계에 내재해 있는 근원적 생명력이었다(『주역(周易)』 계사하(繫辭下) 제1장:
天地之大德曰生 聖人之大寶曰位). 또한 이성구, 『中國古代의 呪術的 思惟와 帝
王統治』, 111·124·126쪽에서 덕은 원초적 생명력으로 파악되고 있다. 또한 자연
에 내재하는 근원적 생명력으로 德이란 개념은 고대 이집트에서도 유사하게 보인
다. Henri Frankfort, *Kingship and the Gods*, the University of Chicago Press,
1948, 1978, pp.61-78. 여기서 프랑크포트는 고대 이집트 왕에 대해서 다음과 같이
지적한다. 즉 왕은 자연 속에 내재하는 힘들로서 생명력(vital force)인 Ka의 소유
자였다. 이집트인은 인간세계를 자연계에 포함되어 있고, 왕은 Ka에 의하여 양쪽
세계를 매개하는 기능을 가졌다고 이해하고 있었다.

란 자연적으로 할당된 시·종·장 범주들을 일탈한 현상을 일컬었으며, 이들은 우주의 조화된 체계를 파괴할 가능성이 있는 힘으로 간주되었음을 지적했다. 이 경우에 군왕은 상징적 제의(祭儀)를 매개하여 일탈된 실재들을 제 경계선 안으로 되돌림으로써 우주가 질서를 유지케 하는 존재론적 의의를 가졌다고 했다. 이 사실과 전술한 생성력으로서 군주의 덕을 합쳐 생각해 보면, 결국 군왕의 상징적 제의 내용이란 만물의 생명력인 덕을 펴는 것을 뜻한다. 따라서 우주체계에서 근본적 생성력으로서 덕과 그 파괴력으로서의 재이는 각각 정반대되는 성질을 가졌다 하겠다. 이렇게 우주구성은 정명제(正命題)로서 질서와 그 반대명제인 무질서, 즉 재이라는 두 상반되는 힘들로 구성되어 있다고 생각되었다. 여기에서 우주적 질서의 상징자로서 군왕은 반대명제로서 재이에 즉자적인 반응을 할 수밖에 없었던 존재론적 속성을 가졌다. 그리고 이것이 지금까지 인용된 거의 모든 사료에서 재이 발생은 군주, 특히 그의 유덕 여부와 즉자적으로 결합되어 나타난 까닭이라 하겠다. 이 경우 역사적 우연의 산물인 군주의 덕이란 우주적 준거틀 안에 위치하게 됨으로써 궁극적인 신성한 존재로 전환되었다. 이렇게 국왕은 역사와 인간을 초월하는 실재로 정의됨으로써 존재의 권위가 고양되었다 하겠다.

재이 발생은 군주의 본질적 속성, 곧 덕의 결핍에서 찾아졌던 반면에 또 다른 외부적 요소가 여기에 작용하고 있었다. 이 다른 요소가 우주의 궁극적 힘을 관리할 수 있는 군주 능력을 손상시켜 재이를 부른다고 생각되고 있었다. 우선 이것이 무엇인가 확인해보기로 하겠다. 시대적 편중을 피하기 위해 이에 관한 사료들을 고려 전기, 중기, 그리고 후기에서 하나씩 선택하겠다.

(가) 숙종 원년 하4월 계유: 선덕전(宣德殿)에 거동하여 해가 기울어지기까지 청조(聽朝)[조정(朝政)을 들음] 하였다. 중서성(中書省)이 아뢰기를, "만물(萬物)의 성장(成長)할 때를 당하였는데 3월 이래로 시령(時令)[절후(節候)]가 어기어져서 물이 얼어 얼음이 되고 서리가 내려 물(物)을 상해(傷害)하고 밤에 우박이 쏟아졌습니다. 홍범오행전(洪範五行傳)에 이르기를 우박은 음(陰)이 양(陽)을 협박(脅迫)하는 상(象)이라고 하였고 경방역전(京房易傳)에 이르기를, '주벌(誅罰)함이 이(理)에 벗어나면 그 재앙으로 서리가 내린다.'고 하였고 또 이르기를, '위에 있는 이가 어느 한쪽 말만 듣게 되면 하정(下情)이 막히는 것이니 능히 이해(利害)를 생각하지 못하고 실수[실(失)]이 엄급(嚴急)한 데 있으면 그 벌로 항상 추위[한(寒)]진다'고 하였으며, 또 이르기를, '병사(兵事)를 일으켜 주륙(誅戮)을 망령되게 하면 이를 망법(亡法)이라 하는 것으로서 그 재앙으로 서리가 내려 여름에 오곡(五穀)을 죽인다.'고 하였습니다. 근자(近者)에 유군(幼君)이 병환으로 누워 청단(聽斷)함이 불명(不明)하고 모후(母后)가 섭정(攝政)하여 심혹(沈惑)함이 도(度)를 잃어 흉악한 사람으로 하여금 틈을 타서 난(亂)을 꾀하게 하였습니다. 이로 말미암아 크게 주륙(誅戮)을 행하여 당류(黨類)를 남기지 않고 일에 정상(情狀)을 밝히지 아니하였으니 수계(囚繫)된 자 중에는 반드시 죄 없는 자가 있어서 원기(怨氣)가 천지에 가득하매 화기(和氣)가 변하여 재앙이 되었습니다. 엎드려 생각건대 성상(聖上)께서 천명에 응하여 대통을 이으셨으니 만기(萬機)를 싸잡아 바르게 하소서. 비옵건대 어사대(御史臺)와 상서형부(尙書刑部)로 하여금 무릇 의옥(疑獄)에 시비(是非)가 미정(未定)한 것은 독촉하여 공정히 판결케 하여 원왕(冤枉)함이 없게 하고 그 고발한 바가 사실이 아닌 것은 모두 반좌(反座)케 하여 써 천계(天戒)에 답하신다면 곧 인정(人情)이 서로 기뻐하여 재앙이 변하여 복(福)이 될 것입니다."라고 하니 왕이 이를 청납(聽納)하였다.[430]

---

430) 『고려사』, 숙종 원년(1096) 하(夏)4월 계유: 御宣政殿 聽朝 至日 中書省奏 時當

(나) 명종 5년 하4월 병인: 조(詔)하기를, "짐(朕)이 양덕(凉德)으로 그릇
되어 비서(丕緒)를 이어 지술(智術)이 과매(寡昧)하고 형정(刑政)
이 어긋나니, 위(威)는 가볍고 덕(德)은 엷어서 능히 아래를 통어
(統御)하지 못하므로 상하(上下) 인심이 날로 더욱 완비(頑鄙)하
고, 임금과 신하의 명분(名分)도 또한 도착(倒錯)되어 서북(西北)
백성들이 잇달아 하궤(下軌)를 꾀하여 경인(庚寅)·계사(癸巳) 이
래로 지금에 이르기까지 살상(殺傷)이 들에 가득하고, 간과(干戈)
가 쉬지 않아 화기(和氣)를 감상(感傷)하고 천변(天變)이 자주 나
타났도다. 이는 과인(寡人)의 부덕(否德)한 탓이라. 마음을 졸이고
애를 태워 편안한 겨를이 없도다. 『서경(書經)』에 이르기를, '백성
은 나라의 근본이니 근본이 공고하여야 나라가 편안하다.'하였으니,
백성을 편안하게 하는 방법이 가장 긴요한 일이 되도다.
　열군(列郡)에서 민정(民政)의 책임(責任)을 지고 있는 자는 상벌을
마음대로 하여 백성을 침탈(侵奪)하지 못할 것이오. 그 혹 주리(州
吏)가 백성의 것을 할취(割取)하여 스스로 이롭게 하고 공(公)을
빙자하여 사(私)를 경영하는데 관(官)이 능히 철저히 금하지 못하
고, 심지어 권세에 결탁(結托)하여 백성을 잔해(殘害)하여 유리실
소(流離失所)하게 할까 하노라. 무릇 내외(內外)의 관원(官員)으로
격탁양청(激濁揚淸)하고 절(節)을 지키고 공(公)에 봉사하는 자는
표창할 것이며, 그렇지 않은 자는 죄에 처할 것이니, 그 외관(外官)
은 안찰사(按察使)가 탄핵하여 알리도록 하고, 경관(京官) 및 안찰
사(按察使)는 소사(所司)가 탄핵하여 알리도록 하라.
　옥(獄)은 사람의 생사 대사(生死大事)라 『서경(書經)』에 이르기를,

長養萬物 三月以來 時令舛違 水結爲 降霜殺物 夜雹暴至 洪範五行傳曰 雹 陰脅
陽之象也 京房易傳曰 誅罰絶理 厥陰霜 又云 上偏聽 下情隔塞 不能謀慮利害 失
在嚴急 其罰常寒 又云 興兵妄誅 玆謂亡法 厥降霜 夏殺五穀 頃者 幼君寢疾 聽斷
不明 母后攝政 惑失度 致使凶人 乘間謀亂 由是 大行誅戮 不遺黨類 而事不原情
囚繫之中 必有非罪 怨氣塞于天地 和氣變爲 伏惟 聖上 應命繼統 摠正萬機 乞令
御史臺·尙書刑部 凡疑獄 是非未定者 促令決正 使無寃濫 其所告非實 悉令反坐
以答天戒 則人情胥悅 變爲福矣 王納之.

'형(刑)은 형(刑) 없음을 기(期)함이라.' 하였으니, 그러므로 원정(原情)을 조사하고 시종(始終)을 구명(究明)하여 형(刑)을 함부로 함이 없기를 바라는 바인데, 짐(朕)의 어리석은 탓으로 혹은 억울함이라도 있을까 하노니 짐(朕)의 마음이 측은(惻隱)하도다. 너희들 형관(刑官)은 자심(慈心)으로 옥(獄)을 다스리도록 하라. 요사이 분경(奔競)함이 풍조(風潮)를 이루어 형정(刑政)이 남실(濫失)되어 능히 공문(公門)을 열고 사로(私路)를 막으며 진현(進賢)의 길을 넓힐 수 없도다.

상벌은 임금의 전권[조지지병(操持之柄)]인데, 근자에 권신(權臣)들이 조정(朝廷)에 있어 위복(威福)이 사문(私門)으로부터 나오게 되니, 상도(常道)를 문란하게 하고 차서(次序)를 잃게 되는 것이다. 풍조가 고쳐지지 않으면 국가에 손해가 있을 것이다. 지금으로부터 이후로는 이와 같은 일이 있다면 유사(有司)가 법(法)을 들어 죄(罪)를 논(論)할 것이다.

지금에 민속(民俗)이 투박(偸薄)하여 예의(禮儀)·염치(廉恥)와 효제(孝悌)·충신(忠信)이 마음이 없으며, 심지어 부모에게 살아서는 능히 봉양(奉養)하지 못하고 죽어서는 능히 추원(追遠)하지 못하니, 만약에 어버이에게 효도(孝道)하고 주인에게 충성(忠誠)하며 형(兄)으로 우애(友愛)하고 동생으로 공경하는 자가 있거든 귀천(貴賤)을 물을 것도 없이 정표(旌表)로 변별(辨別)하여 권유하라. 또 화려하고 사치함이 도(度)에 넘고 연악(宴樂)·음주(飮酒)에 지나침이 있으면 그것을 모두 제거(除去)할 것이오. 만약 금은(金銀)으로 물건을 장식하는 것은 불상(佛像)·법보(法寶)를 그리고, 이 외에는 또한 시용(施用)하지 못할 것이다.

하늘의 들음은 우리 백성으로부터 듣는 것이며, 하늘의 봄은 우리 백성으로부터 보는 것이니, 인민(人民)이 괴리(乖離)하므로 재변(災變)이 잦으니 이에 화(和)로써 화(和)를 이루어 천인(天人)의 도움을 얻고자 하노라. 그 인심(人心)을 화합(和合)하게 하는 방법은 과연 어디에 있을까. 과인(寡人)이 혼자 지혜(智慧)로는 능히 시설

(施設)할 수 없으니 마땅히 성(省)·대(臺)·제사(諸司)는 각기 진주(陳奏)하여 숨김이 없도록 하라." 하였다.431)

(다) 공민왕 18년 5월: 왕이 태후를 뵈옵고 가뭄이 심하다는 데 이야기가 미치자, 태후가 이르기를, "왕은 하늘이 가뭄을 내리는 까닭을 아시오. 지난해에 비가 오지 않아서 백성들이 굶어 죽었는데, 이제 또 크게 가물어 백성들이 살 수 없게 되었으니, 왕은 누구의 왕 노릇하겠소. 어째서 정사를 신하에게 맡겨서 공이 있고 죄가 없는 사람을 많이 죽이고, 토목의 역사를 크게 일으켜서 화기를 상하여 가뭄이 있게 하시오. 왕이 원자가 되었을 때에는 백성들이 기대를 가지고 장차 왕이 되지 않을 것만을 두려워하고 충혜(忠惠: 충혜왕)의 무도함을 원망하였으므로 나도 역시 그렇게 여겼소. 충혜 때에는 풍년이 많이 들고 사람을 죽인 일이 적었는데, 지금은 어찌하여 도리어 그때보다 못하는 것이오.

더구나 왕이 나이가 어리지도 않은데 왜 국가의 권병(權柄)을 다른 사람에게 빌려 주었소." 하면서 울어 눈물이 옷깃을 적시니, 왕이

---

431) 『고려사』, 명종 5년(1175) 하(夏)4월 병인: 詔曰 朕 以德 謬承丕緖 智術寡昧 刑政乖錯 威輕德薄 不能馭下 上下人心 日益頑鄙 君臣名分 亦有倒錯 以致西北 人民 連謀不軌 自庚寅·癸巳 至于今 殺傷滿野 千戈不息 感傷和氣 天變屢見 玆 乃寡人 否德所致 焦心勞思 不遑寧處 書曰 民惟邦本 本固邦寧, 安民之術 最爲要 務 分憂列郡者 不得任情賞罰 侵漁百姓 其或州吏 割民利己 憑公營私 而官不能 痛禁 至於干托權勢 殘害百姓 流離失所 凡內外官 激濁揚淸 守節奉公者 褒賞 否 者 科罪 其外官 按察使劾奏 京官及按察使 所司劾奏 獄者 人之大命 書曰 刑期無 刑 故閱實原情 究其終始 庶無濫刑 而由朕愚昧 疑有寃枉 朕心隱惻 其爾刑官 以 慈折獄 比來 奔成風 刑政濫失 不能開公門杜私路 廣進賢之道 賞罰者 人主操持 之柄 而近者 權臣在朝 威福出自私門 亂常失序 玆風不革 有損國家 自今以後 如 有此等事 有司 擧法論罪 今者 民俗偷薄 而無禮義·廉恥·孝悌·忠信之心 至於 父母 生不能奉養 死不能追遠 如有孝親·忠主·兄友·弟恭者 無問貴賤 旌別勸 誘 又華侈踰度, 宴飮過極 其悉除之 若金銀物飾 佛像法寶外 亦不得施用 天聽 自 我民聽 天視 自我民視 人民乖離 故災變頻仍 庶欲以和致和 獲天人助 其人心和 合之術 果安在乎 寡人 獨智不能施設 宜省臺諸司 各陳無隱.

서운한 기색으로 아뢰기를, "모후께서 어찌 자식의 허물을 이처럼 심하게 드러내십니까. 사람을 많이 죽인 것은 과인의 죄가 아니고 다만 난신을 금한 것뿐입니다." 하였다. 이로부터 효도가 쇠하여졌으니, 역시 신돈의 참소와 이간 때문이었다.[432]

　(가)의 역사적 배경으로 적대자인 이자의 일당을 타도하고 헌종으로부터 왕위를 선위(禪位)받아 즉위한 숙종이 있었다. 왕위 쟁탈 과정에서 많은 반대파가 숙청되거나 살해당했는데 그들의 원기(怨氣)가 천지에 가득 차서 화기를 변화시켜 재이가 되었다고 한다. (나)에서 경인년(의종 24년) 정중부의 무신란부터 계사년(명종 3년) 김보당의 반란까지 많은 살상자가 나왔다. 그 일이 천지에 감응하고 화기(和氣)를 해쳤으므로 천변이 자주 일어났다고 했다. (다)에서 태후는 충혜왕[433]이 죄 없는 사람을 많이 죽이고, 토목공사를 크게 일으켜 화기를 상하게 한 것이 가뭄을 일으킨 원인이라고 공민왕을 질책하고 있다. 이런 기록들에서 공통된 것은 우주 자연에 어떤 원기라는 실재가 있는데, 이것이 화기를 해쳐서 결국 우주의 정상적인 순행질서를 교란시킴으로써 재이를 일으켰다는 생각이었다. 그리고 그 궁극적 원인은 군왕의 유덕 여부

---

432) 『고려사절요』, 공민왕 18년(1369) 5월: 王謁太后語及旱甚 太后曰 王 知天之所以旱歟 去年不雨 百姓飢死 今又大旱 民不聊生 王 孰與爲君 奈何 委政臣下 多殺有功無罪之人 大興土木 致傷和氣耶 王 爲元子時 百姓屬望 惟恐王不爲君 怨忠惠無道 我亦以爲然 忠惠時 豐年多 而殺人少 今可反不及耶 且王年非幼 何假國柄他手乎 因泣下沾襟 王 有不豫色曰 母后, 何彰子之過 若是其甚歟 殺人之多 非寡人之罪 但禁亂臣而已 自是孝衰 又因旽之譖間也.

433) 김당택, 『元干涉下의 高麗政治史』, 1998, 109-125쪽. 충혜왕은 왕권을 강화하여 원에 대항한 왕이라고 하고 있다. 충혜왕은 시위부대를 강화하고, 공신전을 몰수하고 내고(內庫)에 소속시키고, 악소(惡小)로 불린 무신들을 중용하는 등 왕권을 강화하고 원의 간섭을 최소화시키려고 하였다. 이에 대해 후대 문신 사가(史家)들은 충혜왕을 부정적으로 평가하게 되었다 한다.

에 귀착된다고 믿어졌다.

중국 고대 사상에서 기(氣)는 자연과 인간의 두 세계를 매개해 주는 우주론에서 불가결한 존재였다. 그래서 인간의 기 중에서 화기가 아닌, 사기(邪氣)가 모이면 음양이 조화를 잃고 자연에 재이가 나타난다는 생각은 한대 동중서의 기(氣) 사상에서 유래했다.[434] 이런 고전적 사고방식의 영향으로 결국 고려 군주들이 형정에의 세심한 관심은 부당한 형벌이 원기를 낳고 화기를 해쳐 계절의 정상적인 운행을 교란시킬 것을 두려워하였던 데에 있었다. 또한 이는 시후(時候) 조절자로 관념된 왕권의 성격에 기인하는 것이기도 하였다.

인간의 처한 생존상황 속에는 항상 분쟁과 그로 인한 억울함이 있게 마련이다. 그중에서도 형벌의 착오로 인하여 한 인간이 생명을 잃게 될 경우, 가장 강도 높은 원한이 발생하리라는 것은 자명한 일이다.[435]

---

434) 『한서(漢書)』 권56, 동중서(董仲舒) 전(傳): 형벌이 맞지 않으면 사기(邪氣)가 생기고 사기가 밑에 쌓이고 또한 악이 위에 축적되어 상하가 알 수 없으면 즉 음양이 어그러지고 요얼(妖孼)이 발생한다(刑罰不中 則生邪氣 邪氣積下 惡畜於上 上下不和 則陰陽繆戾 而妖孼生矣 此災異所緣而起也).

435) 『동문선』 권24, 휼형교서(恤刑敎書) 무명씨(無名氏): 형벌이라는 것은 정치를 돕는 기구로서 비록 옛적에 좋은 세상에서도 폐할 수는 없었던 것이다. 순 임금이 천자가 되자 오직 형벌이 공정치 못할까 근심하였고, 고요(皐陶)가 법관이 되자 오형(五刑)을 밝혀 오교(五敎)를 도와서 능히 화평의 정치를 이루었으니, 아, 거룩하였다. 그 뒤로 진시황(秦始皇)에 이르러서는 잔인하고 포학한 것만을 숭상하였고, 조고(趙高)의 무리는 혹독하고 급한 것만 힘써서, 법에는 어짊과 은혜가 전혀 없음으로 해서 2대만에 망하였으니, 경계하지 않을 수 있는가. 대개 옥(獄)이라는 것은 사람의 생사에 관련되는 것이다. 만일 그 진정(眞情)을 얻지 못하고 채찍과 종아리채로 추궁하여, 죄 있는 자가 요행으로 면하고 죄 없는 자가 죄에 빠지게 한다면 형벌이 엄중하지 못하여 원통함을 머금고 굴욕을 짊어지고서도 끝내 신원할 수가 없게 되니, 천지의 화기(和氣)를 상하고 수한(水旱)의 재앙을 부르기에 충분하다. 이것은 고금의 공통된 근심이다(刑者輔治之具 雖古之盛世 固不得而廢也 舜爲 天子 惟刑之恤 皐陶爲士 明五刑以弼五敎 克底 雍熙之治 吁盛矣哉 降

상기한 사료들에서도 백성이나 신하들이 부당하게 살육 당했거나 불필요한 토목공사 때문에 고통 받았을 경우에 그 원망이 일종의 우주론적 생성력인 화기를 손상시켜 재이를 불렀다고 여겨졌다. 그리고 그 일차적인 책임은 왕에게 돌려지고 있었다.

그리고 다음과 같은 국왕의 제서, 조서에서 형벌 기사는 부당한 처벌, 죄수의 원기 발생, 화기의 손상 그리고 자연 재이의 발생이라는 맥락에서 이해될 수 있다.

(가) 문종 15년 2월 계미: 제(制)하기를, "형정(刑政)은 왕화(王化)의 첫째가 되는 바이니 준엄하면 백성이 쇠잔(衰殘)하고 관대하면 백성이 태만(怠慢)하는 것이다. 형벌(刑罰)이 그 중도(中道)를 얻으면 음양(陰陽)이 화(和)하고 풍우(風雨)가 순조로우나 법(法)이 그 적의함을 잃으면 원기(冤氣)가 쌓여서 재앙이 생기는 것이다. 포악한 신하와 혹독한 관리가 세상에 항상 있는지라 짐(朕)이 훈고(訓誥)를 쫓아서 전형(典刑)을 돈독히 삼가고 있으나 매양 신하가 포학하고 관리가 혹독하여 적중(適中)함을 얻지 못할까 염려되니 지금부터 형부(刑部)의 원리(員吏)를 엄정하게 선택하여 위임(委任)하고 억울한 옥사(獄辭)가 없도록 하라"고 하였다.436)

(나) 의종 16년 5월: 관비(官婢) 선화(善花)가 어느 임산부와 말곡식[두속(斗粟)]을 가지고 다투다가 죽였는데, 선화의 아들이 환관이 되어 법사(法司)에 청탁하여 사형을 모면하고, 사면을 기다려 바로

至于秦始皇 尙殘暴 而趙高之徒 務刻酷急 法無仁恩 二世而亡 可不戒歟 盖獄者 人之死生係焉 苟不眞得其情 而求諸箠 楚之下 使有罪者幸而免 無罪者陷于辜 則刑罰 不中 以致含冤負屈 終莫得伸 足以傷天地之和 召水旱之災 此古今之通患也).

436) 『고려사』, 문종 15년(1061) 2월 계미: 制曰 刑政 王化所先 峻則民殘 寬則民慢 刑得其中 陰陽和而風雨順 法失其宜 怨氣積而作 虐臣酷吏 世常有之 朕追訓誥 篤愼典刑 每慮臣虐吏酷 不得其中 自今秋部員吏 精擇委任 使無冤獄.

원주(原州)로 보냈던 것을 유사가 반박하여 아뢰어서 자연도(紫燕島)로 옮겨 귀양 보냈다. 이달에 바람과 가뭄이 심하니, 사람들이 말하기를, "임산부의 원한이 사무쳐서 그렇다."고 하였다.[437]

(다) 명종 23년 하4월: 여름 4월에 조서를 내리기를, "근래에 형옥을 맡은 관원이 능히 직책을 다하지 못하여, 죄가 없는 백성으로 하여금 오랫동안 옥에 있게 하고, 원통하고 억울함을 펴지 못하게 하여 천문(天文)이 위차(位次)를 잃게 되고, 절기가 고르지 못하게 되었으니, 뒷날에 장차 무슨 변고가 있을지 알 수 없다. 헌대(憲臺)에게 명하여 원통한 옥사를 살펴 다스려 이를 모두 용서하라." 하였다.[438]

(가)에서 문종(1046-1083)은 형정이 왕화의 첫째가는 사업이므로 형벌이 중도를 잃어서 원기가 쌓여 재앙이 생기게 하지 말 것을 신하들에게 주지시키고 있었다. (나)에서 의종 16년(1162)에 관비인 선화가 임산부를 살해하고 법사에 청탁하여 가벼운 형벌을 받자 그 달의 풍한이 심하게 되었다 한다. 그리고 이 재난은 자기를 살해한 죄수가 너무 가벼운 벌인 섬에 귀향 가는 것으로 그친 데에 대한 임산부의 원기의 소치라고 하였다. 문제는 관비 선화가 임산부를 살해한 범죄 행위와 그 처벌 자체가 아니라 그 아들의 청탁으로 사형이 모면되고 끝내는 섬 귀향으로 끝난 형벌의 부당성에 있다. 이로 인하여 임산부는 원한을 가지게 되었고, 그녀의 원기가 하늘로 올라가서 화기를 흩어뜨려 가뭄을 일으켰다는 것이다. (다)에서 명종(1170-1197)은 형옥이 바르지 못해 원

---

437) 『고려사절요』 권5, 의종 16년(1162) 5월: 官婢善花 與一孕婦 爭斗粟 殺之 善花子 爲宦寺 請托法司免刑 待救 直送原州 有司駁奏 移配紫燕島 是月 風旱爲甚 人以爲孕婦冤氣所感.

438) 『고려사절요』 권13, 명종 23년(1193) 하(夏) 4월: 詔曰 比來 掌刑之官 不能率職 使無辜之民 久在囹圄 冤抑未伸 以致乾文失次 時令不調 未知異日 將爲何變 其令憲臺 審治冤獄 皆原之.

통하고 억울한 죄수들이 있게 되었으니 천문 이변이 생기고 절기가 고르지 못하게 되었다고 하여 감찰부인 헌대(憲臺)에게 명하여 원통한 옥사를 살피게 하고 있었다.

상술한 인용문들에서 고려 군왕들이 원기 발생을 미리 막고자 형벌을 적절히 시행하려고 얼마나 고심했는가를 엿볼 수 있다. 결국, 원기를 제거하려는 군왕의 관심을 이해하기 위해서는 지금까지 논의해 온 군주의 존재론적 성격을 종합해 보아야 한다. 고려사회에서 재이현상이란 조화된 우주체계의 순행과정을 방해하는 부정적 힘으로, 군주의 덕은 이 재이 때문에 교란된 우주 실재들의 관계를 조정하여 정상으로 회복시키는 제의적 능력 또는 긍정적 힘으로 간주되고 있음을 앞서 지적했다. 따라서 원기 발생과 증가는 우주체계에서 부정적인 힘을 증대시키는 것이 되며, 그 반면에 우주의 근원적 생성력이라고 생각된 능동적 힘, 즉 군덕에 결정적 손상을 끼쳐 결국 재이발생의 가능성을 높이는 결과가 되었다. 이렇게 부당한 형벌은 원기를 낳고, 이 원기는 재이를 유발시켜 결과적으로 군왕의 덕을 해친다. 또 그것은 재이를 부르는 힘이 되어, 군왕의 부덕을 극명하게 드러내는 악순환이 일어난다. 문제가 되는 것은 이런 악순환의 결과로 군주의 존재론적 의미가 심하게 부정된다는 것이었다. 이 경우 군왕은 여하한 일이 있더라도 원기 출현을 미리 막아서 그의 존재론적 정당성을 확보해야만 했다. 그러기 위해서는 무리한 토목공사를 중지한다거나 조세를 감면하는 등, 그가 취할 수 있는 조치들은 많지만 그중 그 당시 가장 현명하고 능률적으로 생각되었던 것은 부당한 형벌을 피하고 기왕의 형벌을 완화 감면시키는 일, 곧 휼형(恤刑)을 행하는 것이었다. 결국, 고려 군왕들이 원기 발생을 극력 혐오하여 회피하려 했으며, 한편으로 감형 조치를 빈번하게 내린 일, 즉 왕정의 차원에서 형정에 깊은 관심은 전술한 당시 우주론에서 파생했다고 할 수 있겠다.

　그런데 고려 왕정이 형정에 관심을 가지고 관여하게 된 것은 제도의 미비에 기인한다는 관점이 있다. 고려시대에는 당·송의 율령을 부분적으로 계수(繼受)하였지만, 전통적인 율령제(律令制) 국가가 아니라 왕법(王法)에 의하여 율령에 대신하는 왕법국가였다. 고려시대에 주로 당률(唐律)을 계수하여 시행한 총71개조가『고려사』형법지에 실려 있다. 그러나 이들 71개조는 반드시 그대로 시행되고 준수된 것이 아니라 하나의 이상법의 성격을 지닌 것이었다. 더욱이 일단 중앙집권체제가 확립된 뒤로는 율령격식은 형식에 지나지 않았다. 그 체제의 기능은 왕법인 판(判), 제(制), 교(敎), 지(旨), 영(令), 조(詔)에 의하여 영위되었으며 기본적 율령이 없었고 오로지 왕법으로 통치하였다고 한다.439)

　중간단계의 미비로 왕이 잡다한 사례를 직접 재결할 수밖에 없어서 왕정이 형정에 깊이 관여했다는 이런 시각도 표면적으로는 타당할 수도 있다고 하겠다. 그러나 중간단계가 충분하게 발달하지 못했던 근본적 원인은 중앙집권체제의 확립 등과는 관계가 없으며, 지금까지 논의해 온 바와 같이 오히려 법, 그리고 그 집행인 형정을 군왕의 이데올로기적 기초로 삼아 자연·사회의 질서를 형성하는 한 방법으로 간주했기 때문이라 하겠다.440)

　이 절을 맺으면서 우왕 때 전법사(典法司)의 상소문을 통해서 당시

439) 박병호,『한국의 법』, 교양국사총서 10, 세종대왕기념사업회, 1974, 29-31쪽.
440) J. Needham, *Science and civilization in China*, Vol.2, p.528. 여기서 동양의 형정은 단순한 사회질서의 위반에 대한 제재(制裁)라는 현대적 관념으로써 이해될 수 없으며, 그것은 인간과 자연을 연결하는 복잡한 인과율로 짜인 그물을 동요시키는 행위로 간주되었다 한다. 여기서 실정법(實定法)이 충분하게 발달하지 못했던 미묘함이 있다고 아울러 그는 주장한다. Hsu Dau-lin "Crime and Cosmic order", *Harvard Journal of Asiatic studies*, Vol.30, Harvard-Yenching Institute, 1970, p.115.

왕정 차원에서 형정이 얼마나 심각성을 띠었는가 보기로 하겠다.

우왕 6년 9월: 전법사(典法司)가 상소(上疏)하기를, "정(政)으로써 법을 세우고 형(刑)으로써 다스림을 돕는 것이오니 법이 만약 행해지지 않으면 가히 형(刑)으로써 이를 정제(整齊)하지 않을 수 없습니다. 그러나 『서경(書經)』에 말하기를, '공경하며 공경하여 오직 형(刑)을 긍휼히 하라' 하였고 또[又] '덕을 밝히어 벌을 삼가라' 하였으니 형(刑)은 능히 없어서는 안 되는 것이며 또한 가히 긍휼 하지 않을 수 없는 것입니다. 자고로 천하 국가를 다스리는 자는 반드시 먼저 그 법전(法典)을 닦음에 가볍고 무거움의 차이가 있으므로 형(刑)에 임하는 자는 미혹하지 않고 죄를 받는 자는 의심함이 없는 것입니다. 이전의 원(元)이 천하를 가짐에 조격통제(條格通制)를 제정하여 율(律)을 중외(中外)에 선포하였는데 오히려 그 번잡만 하고 구리(究理)하지는 못하였을까 두려워하여 다시 중국의 속어[이어(俚語)]로 율(律)을 만들어 이름 지어 의형이람(議刑易覽)이라 하니 천하의 관리된 자로 하여금 전부 얻어 쉽게 알게 하고자 함입니다. 그러나 본조(本朝)의 속어[俚語]가 중국과 통하지 않음인즉 더욱 알기가 어렵고 또한 강습(講習)하는 자도 없는 고로 무릇 형(刑)을 시행하는 자가 모두 망령된 뜻을 내어 혹은 뇌물을 받고 혹은 권세(權勢)에 아첨하고 혹은 친고(親故)를 숨겨 죄가 비록 죽일 것이로되 오히려 한 대의 채찍과 한 대의 곤장도 받지 않고 무고한 자가 혹은 극형에 떨어지며 어리석은 부녀와 아무 죄도 없는 자식까지도 살육을 입게 되니 한을 품고 원을 쌓아 천문(天文)이 상도(常道)를 잃고 지괴(地怪)가 자주 일어나며 흉년이 들어 백성이 힘입어 살 수 없고 병란(兵亂)이 잠시도 쉬지 않으니 국방(國防)은 날로 줄어져 삼한(三韓)의 대업(大業)이 거의 다시 추실(墜失)하게 되었습니다. 이제 전하(殿下)께서는 바야흐로 유충(幼沖)하신 나이로 인심(人心)의 돌아간 바로 부위(父位)를 계승하여 즉위하시니 거울[감(鑑)]을 먼 곳에서 취하리오. 엎드려 생각건대 전하(殿下)는 소인(小人)을 멀리 하시고 군자(君子)를 친히 하시어 닭이 울면 일어나시고 밤이 저물면 쉬시어 학업(學業)을 폐하지 마시고 덕교(德敎)를 숭신(崇信)하셔서 그 정형(政刑)을 공평히 하시고 대국(大國)을 섬기소서.441)

고려말기 권세가의 횡포로 말미암아 형정이 극도로 문란해졌다. 죽을죄를 진 자들은 권세가에 뇌물을 주어 살아나고 거꾸로 무고한 백성들은 극형을 당하는 일이 많았다. 그래서 그들은 원한을 품어 원이 쌓여 하늘과 땅의 이변, 흉년, 그리고 병란이 계속 일어나 국기(國基)가 흔들리게 되었다 한다. 이 상소문을 통해 원기라는 부정적 힘이 당시 우주론에서 얼마나 파괴적 위력을 가진 두려운 실재로 관념되었는가를 이해할 수 있겠다.

Ⅱ. 와언(訛言)과 사회적 분수

1. 와언(訛言)

여기에서는 당시 재이론이 고려사회의 총체적 운영에 어떤 기능을 하였으며, 특히 사회적 신분구성에 어떤 이론적 토대를 제공하였는가

---

441) 『고려사』, 지38 형법1 직제(職制), 우왕 6년(1380) 9월: 典法司 上曰 政以立法 刑以補理 法如不行 不可無刑以齊之 然書曰 敬哉敬哉 惟刑之恤哉 又曰明德愼罰 則刑者 所不能無者 而亦不可不恤者也 自古 理天下國家者 必先修其典 輕重有差 而臨刑者不迷 受罪者無嫌矣 前元 有天下 制以條格通制 布律中外 尙懼其煩而未究 復以中國俚語 爲律 而名之曰議刑易覽 欲令天下之爲吏者 皆得而易曉也 然本朝俚語 與中國不通 則尤難曉之 又無講習者 故凡施刑者 皆出妄意 而或受賄賂 或詔權勢 或諱親故 而罪雖可殺 尙不受一笞一 而無辜 或陷於極刑 至於愚婦赤子 咸被殺戮 恨成怨積 而乾文失道 地屢警 歲不登 而民不聊生 兵不暫停 而國以日縮 三韓之業 幾復墜矣 今殿下 年方幼 人心所歸 遞父位 鑑何遠取 伏惟殿下 遠小人 親君子 鳴而興 暮夜而休 不廢學業 崇信德敎 平其政刑 以事大國.

를 추구하겠다.

오행지 '금종불혁(金不從革)' 조에 와언(訛言), 동요(童謠), 시요(詩妖) 등의 유언비어가 수록되어 있는 것이 이채롭다. 물론 이것도 사회 차원이 우주체계에서 그 일부에 불과하다는 당시 우주론의 반영이었다. 즉 우주는 천문차원부터 사회, 기상(氣象), 유기물, 무기물 차원으로 연속되는 다층구조로 형성되었으며, 또 구성 실재들은 상호 역동적으로 영향하면서 자기조직을 하는 동시에 전체의 일부로 작동하는 시스템과 같은 조직이었다고 생각되었다. 따라서 유기체적 전일체로서 우주 성격은 부분들로서 환원해서는 이해될 성질이 아니었다. 이런 관점에서 볼 때에 사회질서의 교란과 동요를 목적으로 하는 유언비어 유포는 자연질서 안에서 발생하는 재이와 더불어 서로 구별될 수 없게 되어 있었다. 그래서 와언과 시요는 자연 재이들과 똑같이 취급되어 오행지에 실려지게 되었다.

와언에 대한 사례들을 『고려사』에서 몇 개를 추려보면 아래와 같다.

(가) 현종 5년 11월 경인(庚寅): 와언(訛言)이 돌아 북산(北山) 제사(諸寺)의 중이 병사(兵士)를 이끌고 온다 하니 서울이 크게 놀라 계엄(戒嚴)하였다.[442]

(나) 고종 10년 3월: 경성(京城)에 요언(妖言)이 돌기를 금월(今月) 초(初) 8일에 사람이 문밖을 나가면 문득 죽을 것이라 하니 이날에 시사(市肆)가 텅 비었다.[443]

---

442) 『고려사』, 지8 오행 요언(妖言), 현종 5년 11월 경인: 五年十一月庚寅 訛言北山 諸僧 擧兵來 京城大駭 戒嚴.
443) 『고려사』, 지8 오행 요언(妖言), 고종 10년 3월: 十年三月 京城妖言 今月初八日 人出門外 則輒死 是日 市肆爲空.

(다) 고종 37년 5월: 경성(京城)에 와언(訛言)이 있기를, "사람 50명(名)을 써서 천구(天狗)를 제사한다."하니 남녀(男女)가 두려워하고 간활(姦猾)한 무리는 이를 인(因)해 어둠을 타서 음행(淫行)하고 도적질 하는 자가 심히 많으므로 어사대(御史臺)가 방(榜)을 붙여 유시(諭示)하였으나 능(能)히 금(禁)하지 못하더니 월여(月餘)만에 그쳤다.444)

(라) 공민왕 16년: 민간(民間)에 와언(訛言)이 돌기를, "5, 6월에 사람들이 모두 죽을 것이다."하니 사람들이 각각 좋은 의식(衣食)을 즐기며 이를 기다리므로 헌사(憲司)가 이를 금(禁)하고자 하니 더욱 시끄러웠다.445)

(가)에서 북산의 여러 절에서 중이 병사를 이끌고 오며, (나)에서 3월 초에 사람이 문 밖에 나가면 모두 죽으며, (다)에서 사람을 50명을 써서 천구(天狗)에게 제사 지낸다고 하였다. (라)에서 5, 6월에 사람이 모두 죽을 것이다. 이런 유언비어들은 모두 다가 사회질서를 혼란시키는 말들이었다다. 실제 유언비어의 결과로 서울이 놀라 계엄을 폈거나 장터가 텅 비게 되었다. 그리고 남녀가 두려워하고 음행하고 도적질하는 무리가 나타난 한편, 사람들이 마음껏 방탕하게 되었다 한다.

여기서 와언에 대한 논의를 진행시키기 전에, 우선 사회질서란 인간에 의해 세계경험 해석에 공통된 질서를 부여함으로써 사람으로 하여금 유의미한 세계상을 형성시켜 생존 가능케 하는 인식적 규범체제라고 정의해 둔다.446) 그러므로 재이로 여겨졌던 유언비어는 언어를 토

---

444) 『고려사』, 지8 오행 요언(妖言), 고종 37년 5월: 京城訛言 用人五十 祭天狗 男女惶怖 姦猾因之 乘昏淫盜者 甚衆 御史臺 諭不能禁 月餘乃息.

445) 『고려사』, 지8 오행 요언(妖言), 공민왕 16년: 民間訛言 五六月 人當盡死 人各美衣食 待之 憲司 禁之益譁.

446) P. L. Berger, "Religion and World Construction", *The Sacred Canopy:*

대 하여 성립된 사회의 해석도식이라든가 도덕적 공리들을 바로 언어
를 매개하여 혼란시킴으로써 끝내는 유의미한 세계상을 파괴시키려는
의도를 가졌던 것이었다고 할 수 있다. 이와 같은 관점은 다음과 같은
유언비어 기사들에서 더욱 분명해 진다.

> (가) 명종 15년: 요언(妖言)이 돌기를 강남(江南) 부녀로 미모(美貌)가
> 풍염(豊艶)하고 부서(夫壻)가 없는 자는 모두 죽인다 하니 양가녀
> (良家女)들이 이를 듣고 우리는 죽임을 당할 것인데 무엇이 아까울
> 쏘냐하고 가항(街巷)에 음분(淫奔)하는 자가 있기에 이르니 왕이
> 이를 듣고 유사(有司)에게 명(命)하여 불사(佛事)를 설(設)해 이를
> 가시도록 하였다.[447]

> (나) 공양왕 3년 11월: 민간(民間)에 와언(訛言)이 돌기를, "제사(帝使)
> 가 동녀(童女)를 구(求)하러 온다." 하니 온 나라가 의심하고 두려
> 워하여 딸을 시집보내는 집이 등촉(燈燭)이 서로 잇달아 거리를 밝
> 게 비추었으니 그 예(禮)를 갖추지 않고 혼취(婚娶)하는 자가 이루
> 수(數)를 헤아릴 수 없었다.[448]

(가)에서 강남 부녀로서 미모이고 서방이 없는 자들은 모두 죽는다하
니 음분하는 자가 있게 되었다. (나)에서 원나라 사절이 와서 동녀를
구한다는 소문에 예를 갖추지 않고 딸을 시집보내는 자가 많았다 한다.

Elements of Sociological Theory of Religion, New York, 1967, pp.3-28의 여러
곳. 여기서 사회질서와 그 의미가 사회지식학의 견지에서 탐구되어 있다.

447) 『고려사』, 지8 오행 金 요언(妖言), 명종 15년: 妖言江南婦女 美艶無夫壻者 皆
死 良家女聞之 曰吾屬當死 何所惜 至有淫奔街巷者 王 聞之 命有司 設佛事以禳
之.

448) 『고려사』, 지8 오행 金 요언, 공양왕 3년 11월: 民間訛言 帝使 求童女而來 擧國
疑懼 嫁女之家 燈燭相連 輝暎街里 其不備禮而婚者 不可勝計.

여기에서 요언·와언의 존재는 부녀자의 방탕을 사주하거나 적법한 혼인 절차를 무시하게 하여 딸을 시집보내게 하여 당시 유가의 사회질서를 기본을 이루는 예법을 기저에서 동요시키는 일이었다.449) 『고려사』 오행지에 이런 유언비어들이 수록된 이유란 요언을 일종의 재이로 여겨 기존 사회체제의 파멸 위협에 대한 사전 경고로서 받아들여졌기 때문이 아닌가 한다.

그런데 와언·요언들은 기존 사회체제를 동요 위협하는 동시에 공식적으로 정의된 사회체제 속에 안존하려는 고려인의 강한 내면적 욕구 표출이기도 하였다.

이런 예를 보면, 무신집권기에 태사는 요언을 제거하기를 청하고 최충헌이란 집정자가 이를 실천하고 있다.

희종 6년 하4월: 태사(太史)가 요언(妖言)을 제거하기를 청하였다. 이

449) 『고려사』, 열전1 후비(后妃) 서문(序文): 태조(太祖)는 옛 것을 법(法)으로 하여 풍속을 고침에 뜻을 두었던 것이나 토착한 풍습에 젖어서 아들을 딸에게 장가보내되 딸은 그 외가(外家) 성(姓)을 칭하게 하여 그 자손이 이것을 가전(家傳)의 법(法)으로 보고 이상하게 여기지 않았으니 애석한 일이다. 무릇 부부(夫婦)는 인륜의 근본이라 국가의 치란(治亂)도 이에 말미암지 않음이 없으니 가히 삼가지 않으랴(太祖法古 有志化俗 然於土習 以子聘女 諱稱外姓 其子孫 視爲家法而不之 惜哉 蓋夫婦 人倫之本也 國家理亂 罔不由之 可不愼歟). 이렇게 부부 인륜관계는 국가의 근본 질서라고 생각되었다. 『고려사절요』 권23 충렬왕 33년 6월: 국학대사성으로 치사한 윤해(尹諧)가 졸하였다. 윤해가 과거에 상주사록(尙州司錄)으로 있을 때, 어떤 사람이 자기의 누이를 간통한 자가 있었다. 그때 오랫동안 가물었는데 윤해가 말하기를, "이 사람을 죽여야 비가 내릴 것입니다." 하였다. 장관이 듣지 아니하니, 윤해가 말을 타고 길에 서서 그 사람을 나오게 하여 죄를 꾸짖고 곧 돌로 목을 눌러 죽이니, 사흘 동안 비가 내렸다(國學大司成致仕尹諧 卒 諧初調尙州司錄 人有私其妹者 時 久旱 諧曰 殺此人天乃雨 長官不聽 諧乘馬立道上 出其人 數罪 乃以石壓首卽死 天雨三日). 여기에서는 혼인 관계의 문란은 바로 자연질서의 교란과 동일시되고 있었다.

보다 먼저 충헌이 활동리(闊洞里)에 집을 지으면서 인가(人家) 백여 채를 헐고 웅장하고 화려하게 지어 넓이가 수리(數里)나 되어 대궐과 비슷하였다. 북쪽으로 전시(廛市)를 내려다보면서 별당(別堂)을 지으니 토목의 역사가 심하여 나라 안에 불평이 많았다. 거짓말이 전하기를, "비밀히 동남·동녀를 잡아 오색 옷을 입혀 집의 네 모퉁이에 묻어 토목의 기운을 누른다." 하니, 이 까닭으로 무릇 아이를 둔 사람은 모두 깊이 숨기고, 심지어 업고 멀리 도망가는 이도 있었다. 혹은 무뢰배(無賴輩)가 거짓으로 어린애를 잡으니 그 부모가 놀라서 어찌할 줄을 모르고 후한 폐백으로 뇌물을 주어야만 두고 갔다. 충헌이 어사대를 시켜 시가에 방문을 써서 붙이기를, "사람의 생명이 지극히 중한데 어찌 땅에 묻어서 재앙을 물리칠 이치가 있으랴. 만약 아이를 잡는 자가 있으면 그를 잡아서 알리라." 하였는데, 이후로는 요언이 차차 그치었다.[450)]

희종 때에 최고 실권자인 최충헌이 몇 리에 달하는 궁궐 같은 집을 지었다. 그때 토목공사가 매우 심하였는데, 동남동녀를 잡아서 그 저택 네 모퉁이에 묻어서 '토목지기(土木之氣)'를 푼다는 요언이 나돌았다. 문제는 군왕을 능가하는 당대 최고 권력자인 최충헌이 분수 넘게 대궐 같은 대저택을 지으면서 세상을 소란스럽게 했다는 것이었다. 그런데 이것을 막을 자는 허수아비 같은 왕을 비롯하여 고려 왕정(王廷)에는 아무도 없었다. 이때 백성들 사이에 떠도는 와언이 최충헌의 월권적 처사를 간접적으로 공격하고 있었다. 결국 유언비어란 신하의 참월한 행동에 의해 왕조질서가 전체적으로 위협 당하였을 경우에 이것을 원상

450) 『고려사절요』권14, 희종 6년(1210) 하(夏)4월: 太史 請祕妖言 先是 忠獻 營第 于闊洞里 毀人家百餘 務爲宏麗 延袤數里 擬於禁掖 北臨廛市 構別堂 土木役劇 國內 嗷嗷 訛言 密捕童男女 衣以五色 埋宅四隅 以禳土木之氣 故凡有兒者 皆深 匿之 至有抱負遠遁 或無賴輩 詐捕小兒 其父母驚懼失措 賂以厚幣 然後乃棄去 忠獻 令御史臺 榜于市街曰 人命至重 豈有埋地禬禳之理 如有捕兒者 執之以告 自後 妖言稍息.

회복하려는 사회 공동체 내부에서 자연적으로 발생한 사회의 집단표상
이었다고 하겠다.

권신뿐만이 아니라 군왕 자신일지라도 기존의 왕조체제를 위협하는
지나친 처사를 하였을 경우에 유언비어가 나돌았다. 충혜왕이 크게 토
목공사를 일으켜 누각을 짓자 서울인 개경 사람들은 민가의 어린애들
을 신궁(新宮)의 희생 제물로 사용하려 한다고 유언비어를 날렸다.

> 송명리(宋明理)는 상호군(上護軍)의 벼슬을 지내고 매양 왕을 따라
> 서 미행(微行)하였고 왕이 일찍이 나희(儺戲)를 하매 송명리에게 명하
> 여 이을 주관케 하고 포(布) 200필(匹)을 하사(下賜)하였으며 백공(百
> 工)을 일 시켜서 시중(市中)의 물건을 빼앗아 그 비용에 채우니 시포
> (市)가 다 문을 닫았다. 또 왕에게 권하여 숭교사(崇敎寺)의 연지(蓮池)
> 곁에 누각을 일으켜 유연(遊宴)의 장소를 만들거늘 왕이 박양연(朴良
> 衍)에게 명하여 화목(花木)을 심게 했다. 또 신궁(新宮)을 삼현(三峴)에
> 일으키고 박양연과 김선장(金善庄), 민환(閔渙) 등에 명하여 역사(役事)
> 를 독촉하거늘 서운부정(書雲副正) 민감수(閔秀)가 음양(陰陽)의 구기
> (拘忌)로써 그 불리(不利)를 말하니 왕이 노하여 이를 매쳤다. 박양연이
> 왕께 아첨하여 크게 영도(營度)하여 서강 인호(西江人戶)를 징발하여
> 벽와(瓦)를 실어 드리고 또 악소배(惡少輩)를 시켜 남의 소와 말을 빼앗
> 아 실어 가고 또 근경 제군(近京諸郡)의 정부(丁夫)를 내어 재목을 찍
> 어서 강물로 떠내려 보내니 인마(人馬)가 서로 연이어 끊이지 않으니
> 주군(州郡)이 소란하여 농자(農者)가 밭 갈기를 멈추었다. 그 때에 경성
> (京城) 백성들에 유언(流言)하기를 왕이 장차 민가(民家)의 소아(小兒)
> 수십 명을 취(取)하여 신궁(新宮) 주춧돌 밑에 묻으려한다 하니 집집이
> 놀래서 많이 아이를 안고 도주하므로 악소배(惡少輩)들이 사이를 타서
> 도둑질을 방자히 하였다.451)

---

451) 『고려사』, 열전37 노영서(盧英瑞)·송명리(宋明理): 明理 歷官上護軍 每從王

충혜왕(1330-1332, 복위 1339-1344)은 본성이 방탕해 주색과 사냥을 일삼고 정사를 돌보지 않았으며, 후궁만도 100여 명에 이를 정도였다. 기거주 이담의 충고와 전군부판서 이조년의 간청에도 불구하고 방탕한 습성을 버리지 못해 유신들과 반목이 심하였다. 왕은 재위 4년(1343)에 주위의 반대를 무릅쓰고 삼현에 새로 궁궐을 지었다. 이때 민간의 소아 수십 명을 취하여 신궁의 주춧돌 밑에 묻으려 한다는 유언이 나돌았다. 이는 왕조 권력구조상에서 아무도 권력의 정점에 위치한 왕을 제재할 수가 없다. 이런 경우, 유언비어는 왕의 비행과 방탕을 간접적으로 비방하여 제지시키려는 의도를 띠고 나돌았다고 하겠다.

따라서 그 당시 와언의 사회적 기능에는 두세 가지 의미가 있었다 하겠다. 첫째로 그것은 사회의 해석 도식, 도덕적 공리 및 전통 등에 기초한 사회체계를 언어에 의해 동요시키는 방법이었다. 둘째로 와언 유포의 배경에는 고려인들은 어떻든 공적으로 정의된 기존 사회질서 속에 조건 없이 안주하려는 강렬한 욕구가 있었다 할 수 있다. 왜냐하면 재이란 우주체계의 정상적 질서를 부정하는 현상으로서 우주 실재들의 일탈을 사전 경고하고, 그 질서의 정상성을 항상 평형 되게 유지하는

微行 王 嘗作儺戲 命明理 主之 賜布二百匹 役百工 奪市中物 以供其費 市鋪皆閉 又勸王 起樓崇敎寺蓮池旁 爲遊宴之所 王 命良衍植花木 王 又起新宮于三峴 命良衍及金善莊·閔渙等 督役 書雲副正閔季 以陰陽拘忌 言其不利 王 怒區之 良衍 求媚於王 大加營 度點西江人戶 輸瓦 又令惡少輩 奪人牛馬以輪 又發近京諸郡丁夫 伐材 浮江而下 人馬絡繹 州郡騷然 農者輟耕 時京城民訛言 王將取民家小兒數十 埋新宮礎下 家家驚駭 多抱兒逃竄者 惡少乘閒 恣行剽竊. 盧英瑞: 생몰년 미상. 고려 후기 충혜왕(1330-1332, 복위 1339-1344)의 총신-필자 주. 송명리(宋明理): 생몰년 미상. 고려 후기의 폐신(嬖臣: 왕에게 아부하여 총애를 받는 신하). 충혜왕의 총신으로 중랑장이 되었는데, 1332년 충숙왕이 복위하자 충혜왕의 다른 폐신들과 함께 순군부에 갇혔으며, 1339년 다시 충혜왕이 복위하자 상호군에 올랐다-필자 주.

기능을 가졌기 때문이었다. 와언도 사회적 차원의 재이로서 사회적 실재들의 탈선을 사전에 경고하는 역할을 하였다. 이것은 기존 사회체계를 자연질서라는 우주적 준거틀 속에 위치시켜 그 정당성452)을 획득하는 한편, 그 체제를 어떤 일이 있더라도 안정시키려는 당시 유가들의 욕구의 소산이었다고 하겠다. 셋째로 유언은 사회 구성원을 제각기 할당되고 공식적으로 정의된 사회적 위치에 합치시켜 사회체제의 안정과 평형을 주려는 사회집단 내부의 힘의 표출이었다.

2. 사회적 분수

와언 유포 배후에 사회체계는 정합적인 우주의 자연질서 일부이고, 또 거기에는 어떤 패턴이 있으며, 사회 구성원은 공식적이든 무의식적이든 간에 그것에 순응해야 한다는 생각이 있었다. 이런 관념은 고려 태조의 신하들에 대한 다음과 같은 훈시에서도 분명히 드러나고 있었다.

태조 15년(932) 5월 갑신: 군신(君臣)에게 유시(諭示)하기를, "근자에 서경(西京)을 완전히 보수하고 민호(民戶)를 옮겨 이곳을 채운 것은 지방(地方)에 의지하여 삼한(三韓)을 평정하고 장차 여기에 도읍(都邑)하기를 바랐던 바인데 요즈음 민가의 암탉이 수탉으로 변하고 큰 바람이 불어 관사(官舍)가 무너지니 도대체 어찌하여 재난이 이렇게까지 일어난단 말인가. 옛적에 진(晋)에 간사한 신하가 있어 가만히 반역할 마음

---

452) 정당성(legitimacy)에 관한 것은 다음 책을 참조하였다. 로버트 워드나우 외 지음·최샛별 옮김, 『문화분석』, 한울아카데미, 2003, 227쪽. 여기서 정당성의 중요한 결과 중 하나는 안정성이다. 이 결과는 현재 그대로의 상태(status quo), 즉 기득권의 보존을 의미하는 것으로 여겨져 왔지만, 안정성을 적응력과 관련지어보는 편이 더 정확하다. 사회체계는, 직면하는 긴장이나 변화에 적응할 수 있는 한, 안정적이다. 이런 종류의 안정성은 변화를 경험할 수는 있지만, 그 과정에서 체계의 붕괴나 위기에 대한 항복을 경험하지 않는다.

을 품고 있던 바 그 집의 암탉이 수탉으로 변하였으므로 점을 쳐 보니 말하기를, '사람이 분수가 아닌 생각을 품기 때문에 하늘이 경계를 드리워 보인 것이니 그 악함을 고치지 않으면 마침내 죽임을 당하게 되리라'고 하였으며 오왕(吳王) 유비(劉濞) 때에 큰바람이 불어 문이 무너지고 나무가 뽑히니 그 점이 또한 같았다. 유비(劉濞)는 경계할 줄을 알지 못하고 또한 멸망되기에 이르렀다.

또 『상서지(祥瑞志)』에 이르기를, '부역(賦役)이 공평하지 못하고 공부(貢賦)가 번거롭고 과중하여 백성이 윗사람을 원망하면 이러한 변응(變應)이 있는 것이라.'하였으니 옛일로써 지금의 일을 돌이켜 보면 어찌 재앙을 부른 바가 없겠는가. 지금 사방에서 노역이 쉴 새 없고 공비(供費)가 이미 많은 데도 공부(貢賦)를 덜어 주지 않으니 이로 말미암아 하늘의 견책을 불러오지 않았는가. 적이 두려워하여 이른 아침부터 늦은 밤 까지 근심스럽고 두려워서 감히 마음 편할 겨를이 없다. 군국(軍國)의 공부(貢賦)는 면제하기 어려우나 오히려 신하들이 공명정대한 길을 행하지 아니하여 백성들로 하여금 원망하고 한탄하게 하며 혹은 분수 아닌 생각을 품음으로써 이런 재난과 기이한 징조를 불러오게 된 것인가 염려되는 바이니 각자가 마땅히 마음을 고쳐서 화(禍)가 미치지 않게 할 지어다." 하였다.[453]

서경에서 암탉이 수탉으로 변한 해괴한 재이가 일어났는데, 태조는 그 원인을 지나친 노역 과중으로 인한 백성들의 원한과 신하들의 '비분지심(非分之心)'을 품었기 때문이라 했다. 왕조 지배층인 관리들이 왕

---

453) 『고려사』, 태조 15년(932) 5월 갑신: 諭群臣曰 頃 完葺西京 徙民實之 冀憑地力 平定三韓 將都於此 今者 民家雌雞 化爲雄 大風 官舍頹壞 夫何災變 至此 昔 晋 有邪臣 畜異謀 其家雌 化爲雄 卜云 人懷非分 天垂警戒 不悛其惡 意取誅滅 吳王 劉濞之時 大風壞門拔木 其卜亦同 濞不知戒 亦底覆亡 且祥瑞志云 行役不平 貢賦煩重 下民怨上 有此之應 以古驗今 豈無所召 今四方 勞役不息 供費旣多 貢賦未省 竊恐緣此 以致天譴 夙夜憂懼 不敢遑寧 軍國貢賦 難以免 尙慮群臣 不行公道 使民怨咨 或懷非分之心 致此變異 各宜悛心 毋及於禍.

조가 요청하는 가치기준에 벗어난 참월한 행동이나 의도를 가졌을 경우에 그런 행동과 의도는 즉자적으로 자연질서에 감응되어 망측한 생물의 재변을 일으킨다는 것이 태조의 생각이었다.

앞서 실재 자체의 변종 출현은 고려인에게 유의미하고 질서 있게 상정된 우주상을 위협하고 혼란시키는 두려운 현상으로 인식되고 있음을 지적했다. '자계화웅(雌鷄化雄)'이라는 종 범주의 혼란은 바로 사회의 변종 출현, 즉 왕권을 넘보는 참월한 신하들의 존재 가능성을 비추는 것이었다. 이렇게 태조는 이상한 자연 변이(變異)를 매개하여 신하들의 참월한 생각을 미리 경계함으로써 그들을 새로 창건된 왕조질서에 묶어 놓으려고 의도했던 것이다. 이때에 태조의 경고가 자연질서라는 불변적이고 영구한 준거틀에 근거함으로써 신하들에게 절대적 권위를 갖게 되었음은 말할 필요조차도 없다.

전술한 바에서 당시 공식적으로 규정된 사회신분의 경계선, 즉 분수를 넘어서는 것이 종(種) 범주의 혼란에 속하는 재이로 간주됨으로써 사회신분이 우주적 준거틀 안에 고정되어 그 정당성을 획득하고 있었음을 파악했다. 이런 의식형태에서 특히 군왕과 신하의 사회적 경계선은 엄수되어야 할 분수로 생각되었다.

이렇게 인간이 지켜야 사회적 분수에 관해서는 다음과 같은 기사들이 『고려사』에 보인다.

> (가) 인종 2년 7월, 8월: 이자겸(李資謙)이 상복을 벗고 관직에 나와 중서성에 앉으니, 재신(宰臣)과 추신(樞臣), 문무관 상참(常參) 이상은 뜰 위에, 7품 이하는 뜰아래에 늘어서 진하하는 예를 행하였다. 이날 큰비가 쏟아지고 천둥과 번개가 심하여, 저자거리가 한 길이나 물에 묻히고, 벼락이 영은관(迎恩館)을 쳤다.454)

(나) 인종 2년 8월: 이자겸이 셋째 딸을 왕에게 바쳤으니, 이자겸이 다른 성이 왕비가 되면 권세와 은총이 나뉘게 될까 두려워하여 강청한 것이다. 왕이 마지못하여 그대로 따랐는데, 이날 소나기가 오고 센 바람에 나무가 뽑혔다.[455)

(다) 고종 14년 하4월: 최우(崔瑀)가 자기 집에서 양부(兩府)와 여러 장군들을 초대하여 잔치를 베풀었다. 거나하게 마시고 매우 즐거워하며 광대에게 풍악을 연주하게 하였는데 하늘에서 갑자기 뇌성벽력이 치니, 최우가 두려워서 그만두게 하였다.[456)

(라) 공민왕 15년 5월: 백관(百官)이 신돈(辛旽)의 집에 모였는데 땅이 크게 진동하였다.[457)

(가)에서 재신과 추신을 비롯한 신하들이 이자겸에게 임금과 같은 예를 올렸을 때 큰비가 오고 벼락이 영은관에 떨어졌다. (나)에서 역시 이자겸이 권세를 독점하고자 셋째 딸을 왕에게 바쳤을 때 소나기가 오고 센바람이 불었다. (다)에서 최우가 사저에 양부의 관원과 장군들을 초청하여 연회를 베푸는 도중에 갑자기 하늘에서 뇌성벽력이 쳤다. (라)에서 백관이 신돈의 사저에 모여들자 지진이 일어났다. 이렇게 권신들이 왕처럼 신하들의 축하를 받는다든지 자기 집에서 잔치를 베푸는 등, 신하의 분수에 넘게 왕들처럼 행동하였을 때 하늘과 땅의 재이

---

454)『고려사절요』 권9, 인종 2년(1124) 7월: 李資謙釋服上官 坐中書省 宰樞文武常 參以上 階上 七品以下 階下 綴行陳賀 是日 大雨雷電 市道 水深一丈 震迎恩館.
455) 앞의 책, 인종 2년(1124) 8월: 李資謙 納第三女于王 資謙 恐他姓爲妃 則權寵 有所分故 强請之 王 不得已從之 是日驟雨 大風拔木.
456)『고려사절요』 권15, 고종 14년(1227) 5월: 崔瑀 宴兩府及諸將軍於其第 酣飮極 歡 使人奏樂 天忽雷電 瑀 惶懼 却之.
457)『고려사절요』 공민왕 15년(1366) 5월: 百官會于辛旽家 地大震.

가 일어났다고 한다. 여기서 참월한 신하들의 거동과 재이가 연결된 의미는 신하들이 그 사회적 경계선, 즉 분수를 넘어서 왕조질서의 총체적 표상인 군왕을 무시하거나 위협했을 때, 그것은 단순히 사회질서를 혼란시키는 일만이 아니라 자연질서를 교란시키는 행동으로 여겨지고 있었다.

상술한 관점은 최충헌 형제에 왕을 폐립하는 일로 하늘에 고했을 때 재이가 일어났다는 데서도 분명히 드러난다.

> 명종 27년 秋9월 갑인: 최충헌(崔忠獻) 형제(兄弟)가 초(醮)를 설(設)하고, 왕을 폐립(廢立)하는 일로 하늘에 고(告)하였다. 이 날 저녁에 크게 뇌전(雷電)하고 우박(雨雹)이 내리며, 회오리바람이 갑자기 일어나 흥국사(興國寺) 남쪽 길가의 나무를 뽑고 옥중(獄中)에 불어드니, 담이 전부 무너지고 옥(獄)에 가까운 새 보랑(步廊) 18간(間)도 일시에 무너졌으며, 또 고달판(高達坂)을 불어지나 현성사(賢聖寺)에 이르러 많은 나무를 뽑았다.[458]

최충헌 형제가 하늘에 초제를 지내, 명종을 폐하고 신종을 영립하자 기상 재이들이 심하게 닥쳐왔다고 한다. 군주라는 존재와 기상현상이 상호 동일시되고 있었음을 알 수 있다. 이런 사고방식에 의하면 국왕은 국왕으로 신하는 신하로서 제각기 자기에게 할당된 종(種)에 합치되어 있어야 한다. 그렇지 못할 경우, 우주 실재들은 전반적으로 무질서와 혼란 속에 매몰되어 버릴 가능성이 있다는 것이었다. 이런 점에서 군왕은 인간적 존재를 벗어나 우주적 실재로 위치 지워지고 있었다.

---

458) 『고려사』, 명종 27년(1197) 추(秋)9월 갑인: 崔忠獻兄弟 設醮 以廢立事 告天 是夕 大雷電雨雹 旋風暴起 拔興國寺南道傍樹木 吹入獄中 垣墻盡頹 近獄新步廊 十八閒 一時壞 又吹過高達坂 至賢聖寺多拔樹木.

이런 군왕의 존재론적 의미가 우주의 그것과 연결되어 있음을 보여주는 사례를 하나 더 들어보겠다. 고려 말 문신인 오사충은 창왕에게 국용(國用)을 절약할 것을 상소하고 있다.

하물며 천변(天變)이 자주 나타나고 별 도는 것이 법도를 잃었으며 상강(霜降)이 지났는데도 신뢰(迅雷)가 그치지 않고 입동(立冬) 후에도 증기와 안개가 일어 퍼지니 이 두 기후가 괴이한 징조가 있습니다. 신등이 그윽이 생각건대 전하는 마땅히 잘 하늘의 경계함을 삼가하고 학(學)을 좋아하고 간(諫)함을 쫓아서 위에서 닦고 살피며 군신(君臣)은 마땅히 각각 그 직(職)을 받들어 감히 게으르고 거칠음이 없이 아래에서 공구(恐懼)한 연후에야 천변(天變)을 가히 없애며 사람의 틈이 생기지 않아 능히 무궁한 업(業)을 보존할 것이거늘 이제 대신(大臣)이 늘 음악(音樂)을 써서 연음(宴飮)을 하여 공비(供費)가 만이나 되니 실로 하늘을 공경하고 백성을 부지런하게 하며 재앙을 근심하고 변을 생각하는 도리가 아니오니 원컨대 이제부터는 상국(上國)의 사신(使臣)을 맞고 보내는 것과 유공(有功)한 장수(將帥)를 위로하는 외에는 모든 중외(中外)의 공사 연음(公私宴飮)에 악(樂)을 씀은 엄하게 금단하여 이로써 천계(天戒)를 삼가 하고 이로써 국용(國用)을 절검(節儉)히 하여 민생(民生)을 후하게 하소서"하니 창왕(昌王)이 청납(聽納)하였다.[459]

천변이 자주 일어나고 겨울인데도 우레가 그치지 않고 입동 후에도 증기와 안개가 일어나는 등 기후가 괴이하였다. 그래서 오사충은 군왕이 위에서 수성(修省)하고 신하는 제각기 맡은 직책을 다할 때, 천재지변은 사라지고 태평 시대가 올 것이라 왕에게 글을 올렸다. 하늘에서

---

459) 『고려사』, 열전33 오사충(吳思忠): 天變屢見 星緯失度 霜降之餘 迅雷不 立冬 之後 蒸霧發洩 此二氣 有乖之驗也 臣等竊謂 殿下 當克謹天戒 好學從諫 修省於 上 群臣 當各供其職 無敢怠荒 恐懼於下 然後 天變可消 人不作 能保無窮之業. 오사충: 1327(충숙왕 14)-1406(태종 6), 고려 말-조선 초의 문신 - 필자 주.

일어나는 이변 현상과 군주의 존재가 밀접하게 연합되어 생각되고 있어 당시 군왕은 단순히 인간적 존재가 아니고 우주적 인격으로 간주되고 있었다.

특히 사회의 각 계층은 제자리를 지켜서 직무에 충실할 때 천재지변이 사라진다는 관념형태는 군주와 신하에게만 아니라 신분이 낮은 평민과 천인에게도 적용되고 있었다. 감찰대부 김속명과 우헌납 황근 등이 공민왕에게 글을 올려 사회 하층의 신분상승을 규제할 것을 촉구하고 있다.

> 공민왕 11년(1362) 동10월 무인: 감찰대부 김속명(金續命), 우헌납(右獻納) 황근(黃瑾) 등이 글을 올려 아뢰기를, "땅은 신하의 도리에 속하는데 지금 상과 벌이 밝게 시행되지 않기 때문에 대소 신하들이 게을러져서 직무를 유기하며, 전투에서 공로가 있다 해서 백정(白丁)도 갑자기 정승으로 뛰어올라서, 천한 자들이 참람하게 조정 반열에 처하여 신도(臣道)가 흐리고 어지러워 지진이 있게 되었으니, 지금부터는 공이 있는 사람에게는 반드시 관직 이외의 상을 주고, 죄가 있는 자에게는 반드시 벌을 주어, 관작을 중히 여기고 아끼시면 전후좌우에 모두 바른 사람들이 있게 될 것이오니, 전하께서 누구와 더불어 부정한 일을 하겠습니까.
>
> 환자(宦者)는 신체가 손상된 음류(陰類)인데, 전하께서 날마다 서로 가까이 하시며 더러운 상말이나 황당무계한 말을 듣기 좋아하시어 밤이 새도록 주무시지 않으시고, 해가 중천에 떠서야 일어나시며, 대신들을 소원하게 하시니, 아름다운 계책과 바른 의논이 들어올 수가 없습니다. 지금부터는 세 전(殿)[태후·왕·왕비의 궁전]의 환자를 각각 10명씩만 두고 나머지는 모두 내보내시며, 바른 사람과 단정한 선비들이 항상 옆에 모시게 하소서.
>
> 나라를 다스리는 도는 오로지 경·사에 있는 것이지 불서를 보고 나라를 다스렸다는 말은 듣지 못했습니다. 전하께서는 지나치게 불법을

믿으시어 중의 무리들이 이것을 틈타 청탁하여 사욕을 채우니, 이제부
터는 중의 무리가 궁중에 출입하는 것을 금하시고, 다시 경연(經筵)을
열어 날마다 나라 다스리는 도리를 물으시며, 항상 성현의 글을 보시고
이단의 말을 듣지 마시옵소서. 여자의 말은 정치를 하는데 큰 해가 되는
데, 지금 바느질하는 낭자(娘子)나 내료(內僚)의 여자들까지 옹주(翁主)
나 택주(宅主)로 봉하는 것은 참람함이 분수를 넘어 높고 낮은 체통을
잃은 것이오니, 부득이한 종실이나 훈구 이외에는 봉작(封爵)을 허락하
지 마시옵고, 이미 봉한 자의 작위도 거두시옵소서.[460]

감찰대부 김속명 등은 백정, 바느질하는 여자들이 별안간 경상(卿
相)이 된다든지 조반(朝班)에 참가한다든지 옹주나 택주가 되는 등, 사
회 신분체제가 전반적으로 혼란되었기에 지진이 일어났다 하였다. 그
들의 생각에는 백정(白丁)(일반농민)은 백정, 노비는 노비, 바느질하는
여자는 바느질하는 여자로서 각각 할당된 사회 경계선 내에 머물러 그
선을 함부로 넘지 않을 때 사회는 전체적으로 안정된 질서를 유지할 수
있다는 것이다. 다시 말하자면, 사회 하위계층이 사회적 경계선을 횡단
하여 상위 신분으로 출세함은 사회를 내포하는 자연의 정합된 질서를
파괴하는 위험한 행동으로 여겨졌다. 그 증거로 사회의 저변층이 그들의
분수를 넘어 출세하자 그것이 지진을 일으켰다는 것이다.

---

460) 『고려사절요』권27, 공민왕 11년(1362) 동(冬)10월 무인: 監察大夫金續命 右獻
納黃瑾等 上書曰 地者 臣道也 今賞罰不明故 大小之臣 怠弛曠官 又因軍功 白丁
驟拜卿相 皂隸 濫處朝班 臣道淸亂 以致地震 請自今 信賞必罰 重惜名器 左右前
後 皆正人也 君誰與爲不正 刑餘陰類 而殿下 日與相狎 樂聞鄙俚無稽之言 夜分
不寢 日中乃興 疏遠大臣 嘉謀讜議 無自而入 自今 三殿宦者 各留十人 餘悉汰去
正人端士 常令侍側 治國之道 專在經史 未聞以佛書 致治者也 殿下 過信佛法 群
髡 緣此干謁濟私 自今 願斷緇流出入禁闥 復開經筵 日訪治道 常觀聖賢之書 勿
雜異端之說 女謁 爲政之大害也 今 針線娘子 內僚之女 亦有封翁主宅主者 僭擬
踰分 殊失尊卑之體 除不得已 宗室勳舊外 勿許封爵 已封者 請奪之.

상술한 감찰대부 김속명 등의 상소는 공민왕(1351-1374)에 의한 개혁정치에 의한 사회의 신분변동이라든지 고려 후기에 전반적으로 일어나고 있었던 정치 사회적 변화에 대한 반발로서 나온 것이라고 생각된다. 이런 고려 후기의 신분제의 동요에 대해 홍승기는 다음과 같이 지적하고 있다. 즉, 무신란의 발생이나 원의 간섭과 함께 신분사의 관점에서 중요한 것은 공민왕에 의한 개혁이다. 그의 개혁은 지배귀족층 내부에서 부원세력(附元勢力)을 제거하고 신진사대부가 새로이 지배귀족으로 등장시키게 되었다. 그뿐만 아니라 지배귀족 내부의 변화뿐만 아니라 하위계층의 신분이동에 대하여도 커다란 영향을 주었다. 그 원인으로서는 몇 가지의 정치사회적 변동이 있었다. (1) 고려시대에 시행된 한직제(限職制)가 유명무실하게 되었다. 그래서 종래에 원칙적으로 제약을 받아 관직에 나아갈 수 없는 사람들인 잡류(雜類)라든지 공장(工匠)·승려·군인 등이 종래의 세습적인 임무에서 벗어나 관직에 나아갈 수 있게 되었다. (2) 고려 후기에 들어서자 무반(武班)도 문반직(文班職)에 나아갈 수 있는 일이 보편화되었고, 더욱 중요한 것은 첨설직(添設職) 제도의 설정되어 관리가 될 수 있는 사람들이 늘어났다. 이 첨설직에 진출하는 계층은 주로 사인(士人)과 향리층이었지만, 일반양인이나 천인들의 경우도 농민·공장·상인과 같은 일반 양인이나 노비와 같은 천인들이 첨설직을 받을 기회를 가지게 되었다. (3) 또한 고려 후기의 신분이동과 관련하여 중요한 것은 충렬왕 원년(1275)부터 시행된 납속보관제(納粟補官制)였다. 일반 양인이 군공(軍功)과 같은 특별한 공적이 없다고 하더라도 일정한 양의 백은(白銀)이나 미(米)를 바치면 관직에 진출할 수 있었다. 이것이 얼마나 철저하게 시행되었는지는 알 수 없지만, 돈을 주고 관직을 사는 것을 합법적으로 보장되게 되었다는 점에서 주목되어야 한다. 또 고려후기에 와서는 부곡제(部曲制)

가 점차 혁파되어 갔다. 이것은 일반 군현인보다 낮은 사회적 지위를 가지고 있던 향(鄕)·소(所)·부곡(部曲人)이 더 이상 군현인과 구별되지 않게 되었음을 의미하는 것이다. 요컨대, 문무교차제(文武交差制)·첨설직제·납속보관제의 시행이나 부곡제의 폐지와 같은 제도상에 보이는 변화들이 또한 당시의 신분이동을 보다 쉽게 해주었던 것이다.461)

상술한 정치 사회적 변동에 따른 신분이동에 대처하는 방법으로 왕조의 관인(官人)들은 이를 방지하기 위해 각각의 사회신분에게는 각각의 할당된 합당한 장소가 있다는 분수개념을 강조하게 되었다. 그런데 여기서 분수라는 말은 우선 정치적 범주일 뿐만 아니라, 그 배경으로 우주론적 의미를 띠고 있었던 것이다. 즉 우주 실재들은 거기서 조금도 과하거나 부족함 없이 정확하게 그들이 있어야 할 적소(適所)에 존재해 있어야 한다는 것으로서 앞서 말한 장(場) 범주에 해당한다. 이것도 재이의 종(種) 범주와 결합되어 기존 신분질서를 우주적 질서로 동일화함으로써 그 정당성을 획득하는 방법이었다.

사회적 실재들 각자에게 소여 된 장이 사회적 분수라고 한다면, 그 분수의 실제 내용이 무엇이었는가를 좀 더 살펴보겠다. 고려후기에 좌사의 정추와 우정언 이존오가 공민왕에게 올린 다음과 같이 상소가 이런 사고방식을을 잘 나타내고 있다.

공민왕 15년 하4월: 좌사의 정추(鄭樞)와 우정언 이존오(李存吾)가 소를 올렸다. "신등이 삼가 보옵건대, 3월 13일에 대궐 안에서 문수회(文殊會)를 베풀 때를 당하여 영도첨의 신돈이 재신의 반열에 앉지 않고 감히 전하와 나란히 앉아 그 사이가 두서너 자도 되지 않으므로 나라 사람들이 몹시 놀라서 민심이 흉흉합니다. 대체 예(禮)는 윗사람과 아랫사람을

---

461) 홍승기, 「신분제의 동요」 『한국사』 20, 국사편찬위원회, 1994, 12-16쪽.

분별하여 백성의 뜻을 정하는 것이니, 진실로 예가 없다면 무엇으로 왕과 신하의 기준을 삼으며, 무엇으로 아버지와 아들의 기준을 삼으며, 무엇으로 나라와 집의 기준을 삼겠습니까? 성인이 예를 마련할 때에 상하의 구분을 엄하게 한 것은 깊은 생각으로 먼 장래를 염려한 것입니다.

가만히 보옵건대, 신돈이 왕의 은혜를 지나치게 입어서 국정을 제 마음대로 하고 왕을 업신여기는 마음이 있습니다. 당초에 신돈에게 영도첨의판감찰(領都僉議判監察)을 임명하시는 날에 법으로는 마땅히 조복을 입고 나아가 사은하여야 할 것인데도 반달 동안이나 나오지 않았으며, 후에 대궐 뜰에 나아가서도 무릎을 조금도 굽히지 않았고, 항상 말을 타고 홍문(紅門)에 드나들며, 전하와 호상에 나란히 기대고 있으며, 집에 있을 때에는 재상이 뜰아래서 절하면 모두 앉아서 이를 받았사오니 최항(崔沆)·김인준(金仁俊)·임연(林衍)이라도 이와 같은 일은 없었습니다. 전일에는 그가 사문이었으니 마땅히 예법의 밖에 두어 무례를 책할 필요도 없었지마는, 지금은 재상이 되어 명분과 지위가 정해졌는데도 감히 예를 어기고 상도를 무너뜨림이 이와 같으니, 그 이유를 따진다면 반드시 사부(師傅)란 명칭을 핑계될 것입니다. 그러나 유승단(兪升旦)은 고왕(高王)[고종]의 사(師)요, 정가신(鄭可臣)은 덕릉(德陵)의 부(傅)이지만, 신 등은 저 두 사람이 감히 이와 같이 했다는 말을 듣지 못했습니다. 이자겸(李資謙)은 인왕(仁王)[인종]의 외조부이므로 인왕이 겸손하여 조부와 손자가 대하는 예로써 하였으나, 자겸이 공론을 두려워하여 감히 받지 못하였사오니 대개 왕과 신하의 분수가 본래 정해져 있기 때문입니다. 이 예는 임금과 신하가 생긴 후로 만고에 고쳐질 수 없사오니, 신돈과 전하께서 자기 마음대로 할 수 없습니다. 신돈은 어떤 사람이기에 제가 감히 이렇게 높은 체합니까. […]

신돈이 권세를 잡은 후로는 음양이 제때를 어기어 겨울철인데도 뇌성이 울리고, 누런 안개가 사방에 자욱이 끼며 10일 동안이나 태양이 검고, 밤중에 붉은 요기(妖氣)가 끼며, 천구성(天狗星)이 땅에 떨어지고 나무에 상고대가 너무 심하게 끼며, 청명(淸明) 후에 우박이 내리고 차가운

바람이 불며, 천문(天文)이 자주 변괴가 있고, 산새와 들짐승이 대낮에
도성 안에서 날아가며 달아나고 있으니, 신돈에게 내리신 도(道)를 논하
고 음양을 고르게 다스린다는 공신의 칭호가 과연 천지(天地)와 조종의
뜻에 부합하겠습니까. 신등은 직책이 간원에 있사온데, 애석하게도 전하
께서 재상을 잘못 써서 장차 주위의 웃음거리가 되고 만세의 비난을 받을
것이기에 책임을 면하고자 잠자코 있을 수가 없어서 말하지 않을 수 없습
니다. 이미 말씀을 올렸으니, 삼가 재결하여 주시기 바랍니다." 하였다.[462]

신돈이 왕과 아주 가까이 나란히 앉고, 관직을 내려도 사은하지 않으
며, 집에서는 재상의 절을 앉아서 받는 등 왕의 신하로서 참월하기 이
를 데 없는 행동을 하고 있었다. 그래서 겨울철에 뇌성이 울리고 안개
가 사방에 끼고 천문 변괴가 계속되고 있다. 심지어는 산새와 들짐승이
대낮에 도성에 날아다니는 변괴가 일어났다. 이 모든 재이는 신돈이 재
상의 직위에 합당한 인물이 아니라는 증거라는 것이 위의 상소의 내용
이다.

---

462) 『고려사절요』 권28, 공민왕 15년(1366) 하(夏)4월: 左司議鄭樞 右正言李存吾
上疏曰 臣等 伏値三月十八日 於殿內 設文殊會 領都僉議辛旽 不坐宰臣之列 敢
與殿下並坐 間不數尺 國人驚駭 罔不洶洶 夫禮所以辨上下 定民志 苟無禮焉 何
以爲君臣 何以爲父子 何以爲國家乎 聖人制禮 嚴上下之分 謀深而慮遠也 竊見旽
過蒙上恩 專國政 而有無君之心 當初 領都僉議判監察命下之日 法當朝服進謝 而
半月不出 及進闕庭 膝不少屈 常騎馬 出入紅門 與殿下 並據胡床 在其家 宰相拜
庭下 皆坐待之 雖崔沆 金仁俊 林衍之所爲 亦未有如此者也 昔爲沙門 當置之度
外 不必責其無禮 今爲宰相 名位定矣 而敢失禮毁常若此 原究其由 必託以師傅之
名 然兪升旦 高王之師 鄭可臣 德陵之傅 臣等未聞彼二人者 敢若此也 李資謙 仁
王之外祖 仁王謙讓 欲以祖孫之禮相見 畏公論而不敢 蓋君臣之分 素定故也 是禮
也 自有君臣以來 亘萬古而不易 非旽與殿下之所得私也 旽是何人 敢自尊若此乎
[…] 自旽用事以來 陰陽失時 冬月而雷 黃霧四塞 彌旬日黑 子夜赤祲 天狗墜地
木氷太甚 淸明之後 雨雹寒風 乾文屢變 山禽野獸 白日飛走於城中 旽之論道燮理
功臣之號 果合於天地祖宗之意乎.

상술한 인용문에서 예(禮)라고 하는 것은 윗사람과 아랫사람을 분별
하여 백성의 뜻을 정하는 것이라 하면서 신돈의 분수가 넘는 행위를 비
난한 대목이 있다. 이런 언급에 비추어 보아 사회적 분수는 유가의 예
질서를 구체적 내용으로 한 것이었다. 그리고 그것은 군신, 부자 등으
로 상하를 분별하여 이를 토대로 하여 국가질서를 형성하는 데에 있었
다. 다시 말하면, 유가의 사회구성 도식은 백성을 상하 등급으로 구분
된 신분계층들로 분류하여 그들 간의 내적 경계선을 엄격하게 고정시
키는 것이었다.463) 그런데 신돈은 어머니가 옥천사(玉川寺)의 비(婢)
로서 천한 신분 출신이었다.464) 그러한 그가 벌족(閥族)세력을 누르려

---

463) 이런 사고방식은 공민왕대란 고려후기 뿐만이 아니라 고려전기에서도 보인다.
『고려사』권85, 형법2, 성종 16년 4월, 예부(禮部)의 상주에서도 보인다. 즉, 16년
4월에 예부(禮部)가 아뢰기를, "어사대(御史臺)의 격(格)에 준하면 양반 원리(兩
班員吏)가 조정이나 거리의 공식 장소에서 사례(私禮)로써 절하고 엎드리는 자는
곧 그 자리에서 규죄(糾罪)한다고 하였는데 삼가 『예기(禮記)』를 상고하오니 '군
자(君子)는 예를 행함에 풍속을 변화시킴을 구하지 않는다.' 하고 또 말하기를, '그
교(敎)를 봉수(奉修)하되 그 풍속을 바꾸지 않고 그 정(政)을 고르게 하되 그 편의
(便宜)함을 바꾸지 않는다.'고 하였사오니 하물며 예가 아니면 상하(上下)와 장유
(長幼)의 서열을 변별(辨別)할 수 없습니다. 어사대(御史臺)의 신격(新格)과 같이
하면 아랫사람[卑幼]인 자가 존장(尊長)에게 무엇으로 경의(敬意)를 표하며 무엇
으로 위(位)를 분변(分辨)할 수 있겠나이까. 청컨대 조묘(朝廟)의 예회 반행(禮會
班行)에서는 사례(私禮)로서 절하고 엎드리는 것을 일절 금지하는 이외에는 편의
대로 맡기는 것이 마땅할까 하나이다."하니 이를 청종(聽從)하였다(十六年四月
禮部奏 准御史臺格 兩班員吏 於朝門街衢公處 以私禮 拜伏者 隨糾罪 謹按禮記
君子行禮 不求變俗 又云 修其敎 不易其俗 齊其政 不易其宜 非禮 無以辨上下長
幼之序 如御史臺新格 卑幼之於尊長 何以致敬 何以辨位 請於朝廟禮會班行 切禁
私禮拜伏外 任便爲宜 從之).
464)『브리태니커 백과사전』CD, 신돈(辛旽) 조: 생년미상~1371(공민왕 20). 고려
말기의 승려. 본관은 영산(靈山). 자는 요공(耀空). 돈(旽)은 집권 후에 정한 속명
(俗名)이며, 법호는 청한거사(淸閑居士), 승명은 편조(遍照). 어머니는 계성현 옥
천사(玉川寺)의 비(婢)였다. 당시 노비가 중이 되는 것은 금지되어 있었으나, 그의
아버지가 영산의 유력자였기 때문에 승려가 될 수 있었던 것으로 보인다. 그러나

는 공민왕의 신임을 받아 출세하여 내외의 권세를 잡게 되었다. 그는 공민왕 15년(1366)에 전민변정도감(田民辨正都監)을 설치하고 스스로 판사(判事)가 되어 부당하게 빼앗긴 토지를 돌려주고 강제로 노비가 된 백성을 양인(良人)으로 되돌리는 과감한 개혁정치를 단행하여 기득권층인 권문세가 및 관인층의 이해를 해치게 되었다. 그러자 이들을 대변하는 좌사의 정추 등은 신돈의 천한 출생, 왕에 대한 무례와 재이발생을 연루시키면서 신돈의 집권의 부당함을 왕에게 지적하였다.

이렇게 천민의 관리로서 출세라는 사회계층의 내적 경계선의 혼란은 전반적인 사회질서를 교란시키게 된다. 더욱이 국가 관작이 사회의 저변층에게 남발될 때는 더욱 그러한 혼란을 가중시켜 천지의 화기(和氣)를 상하게 하여 재앙을 부르게 되는 것이다. 이런 식의 유가적 생각은 오인택이 공민왕에게 올린 상소에서도 잘 드러난다.

때에 국가(國家)가 여러 해 동안 군사를 일으키매 창고(倉庫)의 저장(貯藏)이 다 말랐고 덕흥병(德興兵)이 또 이르매 공(功) 있는 자를 모두

천한 신분 때문에 늘상 주위의 용납을 받지 못하고 산방(山房)에 거처했다. 1358년(공민왕 7) 왕의 측근인 김원명(金元命)의 소개로 공민왕을 처음 만나게 되어 궁중에 드나들기 시작했다. […] 그가 실시한 변혁으로는 첫째, 내재추제(內宰樞制)의 신설을 들 수 있다. 이것은 선발된 일부 재신(宰臣)과 추밀(樞密)이 궁중에서 나라의 중대한 일을 처리하도록 한 변칙적인 제도였는데, 권문세족이 중심이 된 도평의사사의 확대에 따른 왕권의 약화를 만회할 수 있는 기구라는 데 의의가 있었다. 둘째, 1366년(공민왕 15) 5월 전민변정도감(田民辨整都監)을 설치했다. 이 기구는 부당하게 겸병당한 토지와 강압에 의해 노비가 된 사람들을 원래의 상태로 되돌리기 위해 설치한 것으로, 이 제도의 실시로 권문세가들이 탈점했던 토지와 인민을 그 주인에게 돌려준 경우가 많아 "성인이 나타났다"는 찬양을 받기도 했다. 셋째, 국학인 성균관의 중영(重營)이다. 그는 1367년(공민왕 16) 5월에 숭문관(崇文館) 옛 터에 성균관을 중영할 때 직접 그 터를 살피고, "문선왕(文宣王: 孔子)은 천하만세(天下萬世)의 스승"이라고 하면서 이 사업에 적극성을 보였다.

벼슬로써 상줄 때 오인택(吳仁澤)과 김달상(金達祥)이 먼저 문무관(文武官)을 더 두기로 건의(建議)하고 드디어 전주(銓注)를 맡게 되니 부정(赴征)하는 장사가 모두 초천(超遷)을 얻으매 사람들이 즐겨 종군(從軍)하였다. 그러나 청탁(請託)이 크게 성하고 뇌물이 공공연하게 행하여져 공장(工匠) 천예(賤隷)도 제수(除授)않음이 없어 관작(官爵)이 크게 범람(氾濫)하였다. [⋯] 왕이 최영(崔瑩)과 유탁(柳濯) 그리고 경천홍(慶千興)을 불러 말하기를, "오인택(吳仁澤)·김달상(金達祥)이 외람되이 전주(銓注)를 맡아 현량(賢良)을 버리고 친인(親姻)을 올려 쓰며 공로는 기록(記錄)치 않고 오직 뇌물만 보아서 공장(工匠)의 천인(賤人)을 중외(中外)에 포열(布列)하니 화기(和氣)를 상(傷)하고 재앙(災殃)을 부르는 것이 이에 말미암지 않음이 없으니 내가 이를 심히 슬퍼한다. 마땅히 그를 원방(遠方)으로 물리쳐 천의(天意)에 보답할 것이다."라고 하였다.465)

공민왕 때에 오인택과 김달상이 문무관을 더 두는 첨설직관(添設官職)을 설치하고 청탁을 많이 받아 공장(工匠)과 천예(賤隷)에게도 관작을 주어 중외(中外)에 배치하게 되었다. 그러자 그것이 천지의 화기를 상하게 되어 재앙을 일으키는 원인이 되었다 한다.

그리고 이런 재이는 사회체계를 혼란시킨 원인 제공자인 권신(權臣)

---

465)『고려사』, 열전27 오인택(吳仁澤): 時國家 連年興師 帑藏渴 德興兵又至 有功者皆賞以官 仁澤·達祥 首建議添設文武官 遂典銓注 赴征將士 皆得超遷 人樂從軍 然請謁大盛 賄賂公行 工匠賤隷 無不除授 官爵大濫 宰相有勸王南巡避難者 王頗然之 仁澤曰 紅賊之難 南幸而能收復者 以其彼實猾賊故 人人懷憤 雲合致死而殲之 德興非紅賊比 所過皆爲其民 大駕一南 都城以北 誰從殿下者 今日之策 親征爲上 議遂寢 王召瑩·柳濯·慶千興曰 吳仁澤·金達祥·濫典銓注 遺賢良 進用親姻 不記功勞 惟視賄賂 工匠之賤 布列中外 傷和召災 罔不由此 予甚悼之 當屛諸遠方 以天意. 오인택: 생몰년 미상. 고려 후기의 무신. 1362년(공민왕 11) 안우(安遇) 등을 따라 홍건적을 격퇴하고, 이듬해 개경을 수복하고 뒤이어 대장군으로서 간신 김용(金鏞)의 모함을 받은 이방실(李芳實) 등을 주살하였다- 필자 주.

을 제거함으로써 자연히 없어진다고 여겨졌다. 이에 관해서는 공민왕
대 조일신에 관한 기사가 있다.

> 왕이 이인득(李仁得)의 말을 채용(採用)하여 이를 벨 것을 결의하고
> 행성(行省)에 행차하여 기로(耆老)와 대신(大臣)을 모아 비밀히 의론하
> 여 이튿날 다시 행성(行省)에 행차하여 김첨수(金添壽)에게 명하여 조
> 일신(趙日新)을 잡아다가 문 밖에 끌어내어 이를 베었으며 정을보(鄭乙
> 輔), 나영걸(羅英傑), 이권(李權), 고충절(高忠節), 이군상(李君常), 박희
> (朴曦), 이종(李宗), 채하로(蔡河老) 등 28인을 가두었다. 적당(賊黨) 조
> 파회(趙波廻)는 노모(老母)가 옥(獄)에 갇혔음을 듣고 스스로 왔으므로
> 드디어 이를 베었다. 이때 여러 날 흐리고 흙비가 오더니 조일신(趙日
> 新)을 베자 날씨가 개였다.466)

분수에 넘친 행동을 하다가 탄핵당한 조일신이 제거되자 흙비가 그
치고 날씨가 개었다고 한다. 이는 사회적 분수를 정하는 예 질서가 단
순한 인위적이거나 역사적 소산물이 아니라 자연질서의 일부분으로서
그 정당화 되고 있었음을 말하는 것이다. 그러므로 위의 사실을 통해

---

466) 『고려사』, 열전27 오인택(吳仁澤): 王 用李仁復言 決意誅之 幸行省 會耆老大
臣密議 翼日 復幸行省 命金添壽 執日新 引出門外 斬之 囚乙輔·英傑·權·忠
節·君常·曦·李宗·蔡河老等二十八人 賊黨趙波廻 聞老母繫獄 自來 遂斬之
是時 連日陰 及斬日新 天日開霽. 趙日新 반란: 고려 공민왕 때 조일신(趙日新)이
일으킨 변란. 조일신은 공민왕이 세자이던 때 원나라에서 숙위(宿衛)했는데, 공민
왕이 즉위하자 그 공으로 참리(參理)에 임명되었다. 귀국해 찬성사(贊成事)가 되
고 1등 공신에 책봉되었다. 그 뒤 왕을 숙위한 공로를 빙자해 정방(政房)의 부활을
요구하는 등의 전횡을 일삼았다. [...] 이에 공민왕은 단양대군(丹陽大君)의 저택
으로 옮긴 뒤 삼사좌사(三司左使) 이인복(李仁復)과 밀의해 그를 죽일 계획을 세
위, 우선 행성(行省)에 나아가 기로대신(耆老大臣)들과 밀의하고 이튿날 김첨수
(金添壽)를 시켜 잡아들여 궁문 밖에서 참살시켰다(『한국민족문화대백과사전』,
조일신의 난 조).

고려 위정자들은 기존의 사회체계가 변경 불가능한 천여(天與)의 질서로서 유지되어야 한다고 생각하고 있었다.

예 질서는 사회의 상하계층을 분별하는 것을 제일의적으로 하였으며, 또한 그 등급 차별을 한층 더 분명하게 하기 위해 사회의 여러 외적 상징들을 규정하고 있었다. 이를 위해 최승로는 성종에게 다음 같이 아뢰고 있다.

> 『예(禮)』에 말하기를, '천자는 당(堂)의 높이를 9척(尺)으로 하고 제후는 7척(尺)으로 한다.' 하니 이로부터 제도가 정해 있는데 근래에는 사람의 존비(尊卑)가 없으므로 만약 재력만 있으면 모두 집을 영조(營造)하기를 먼저 하여 이로 말미암아 여러 주(州)·군(郡)·현(縣) 및 정(亭)·역(驛)·진(津)·도(渡)의 호우(豪右)들이 다투어 큰 집을 지어 제도를 넘게 되니 비단 한 집의 힘만 다할 뿐 아니라 실로 백성을 괴롭히게 되어 그 폐가 매우 많습니다. 엎으려 바라건대 예관(禮官)에게 명하여 존비(尊卑)의 가사제도(家舍制度)를 작정(酌定)하여 중외(中外)로 하여금 준수(遵守)하게 하고 이미 영조(營造)된 것으로 제도를 넘는 것도 또한 철거케 하여 후래(後來)를 징계하소서.[467]

최승로는 성종에게 각각 사회계층 등급에 알맞은 가옥을 백성들로 하여금 영조하게 하여 사회 존비의 구별을 엄격히 할 것을 건의하였다. 이것은 인간생활 중에 가장 현저하게 드러나는 외적 표지인 주거 규모를 계층 등급에 의해 차별함으로써 각자의 분수를 지키게 하자는 의도였다. 이를 일반화하여 말하자면, 재물소비는 신분등급의 분수에 따라

---

467) 『고려사』, 열전6 최승로(崔承老): 禮云 天子堂九尺 諸侯堂七尺 自有定制 近來 人無尊卑 苟有財力 則皆以營室爲先 由是 諸州郡縣及亭驛津渡豪右 構大屋 踰越 制度 非但盡一家之力 實勞百姓 其弊甚多 伏望 命禮官 酌定尊卑家舍制度 令中 外遵守 其已營造踰制者 亦命毀 以戒後來.

제한되어야 하는데 이는 인간생활의 외적 장엄을 신분적 지위와 일치케 함으로써 하위자의 상위자에 대한 공순(恭順)을 확보해야 한다는 유가의 사고방식이었다고 하겠다. 그러므로 이 상소의 근본 취지는 단순히 과다한 경제적 지출로 인한 호족들의 재정파탄을 염려했기보다는 그들에 의한 신분질서의 문란을 경계하는 데에 있었다하겠다.

이런 생각은 가옥뿐만 아니라 의복, 거마(車馬) 등에도 해당되었는데, 인종은 조서를 내려 의복 등에 분수를 지킬 것을 명하고 있다.

> 인종 7년 5월: 조서를 내리기를, "선왕(先王)의 법은 형명(刑名)을 바르게 하고 분수를 자세히 하여 관면(冠冕)의 예식과, 의복의 제도가 상하간의 분별이 있고, 존비(尊卑)에 따라 다르기 때문에 귀하여도 지나치지 않고 천한 이는 감히 넘지 않아 인심이 정하였다. 덕이 아래로 내려오면서 쇠하고 법이 시대를 따라 폐단이 생겨 의복이 등급이 없고, 사람들은 절약 · 검소할 줄을 몰랐다.468)

여기서 인종은 시대의 타락을 한탄하면서 옛날 성군의 법이 형벌을 바르게 시행하고 관면과 의복제도를 상하존비(上下尊卑)에 맞춰서 신분 계층들로 하여금 각기 제분수를 지키게 하는 데 있었다고 말하였다.

이렇게 예 질서에 의한 신분, 의복, 가옥 등의 사회체계 전반에 대한 규제가 목적하는 바는 사회 실재들을 일정한 집단들로 유별하여 각자에게 적합한 장(場)에 할당함으로써 사회의 안정성을 유지하는 데에 있었다. 그래서 이런 사회적 등급 차별을 자연의 정합적 질서의 일부분으로 당시 우주론에 의해 지지함으로써 국가 질서를 정당화하고 있었다.

---

468) 『고려사절요』 권9, 인종 7년(1129) 5월: 詔曰 先王之法 正刑名詳分守 冠冕之式 衣服之制 上下有別 尊卑不同 故 貴不以逼 而賤不敢踰 人心定矣 逮德下衰 法與時弊 衣服無等 而人不知節儉.

결국, 예 질서에 의해 규제된 사회적 분수란 신분계층의 여러 구성원을 제각기 소여 된 장에 동결시키려는 사회전략이었다고 할 수 있다. 만일 자신에게 할당된 장을 부정하여 일탈하는 자가 있다면, 그는 자기의 존 재론적 준거틀인 우주체계의 조화된 질서 자체를 부정하는 것이며, 궁 극적으로 우주의 한 실재로서 자기 존재 자체를 부정하는 것이 되는 것 이었다. 이것이 예 질서의 핵심인 분수의 내용이었다고 하겠다.

그러면 당시 사회신분의 한 범주인 노비가 이러한 분수 개념과 어떤 관계에 있었는가 하는 문제가 나온다. 이에 관해서는 지문하성사 신숙 과 간의(諫議) 김알 등이 천민 출신인 정함의 고신(告身)[469]을 거부하 면서 의종에게 올린 상소에서 노비의 사회적 위치에 관한 생각이 잘 나 타난다.

> 의종 12년 6월: 지문하성사 신숙(申淑), 간의(諫議) 김양(金讓)·유공 재(柳公材), 중서사인 홍원척(洪源滌), 기거사인(起居舍人) 김우번(金 于蕃), 우정언 허세수(許勢修)가 소(疏)를 올려 간하기를, "정함의 선조 는 성조(聖祖)[태조]께서 개국하실 때에 명을 거역하고 복종하지 않아 노예에 충당시키고 종류를 구별 지어 조정의 반열에 서지 못하도록 하 였습니다. 이제 정함을 현달한 직위에 임명하시어, 태조의 공신의 후예 로 하여금 도리어 명을 거역한 종류에게 하인의 부림을 받게 하시니, 이 는 태조께서 법을 세워 후세에 전수하신 뜻에 어긋납니다. 청하옵건대 정함의 벼슬을 삭제하시고, 정함과 더불어 서로 결탁하여 한 당을 이룬 자도 또한 서인으로 계급을 낮추소서." 하니, 왕이 크게 노하여 그 소를 돌려보냈다. 간관이 이틀간 합문에 엎드려 있었으나 끝내 전달되지 못 하였다. 허세수는 눈물을 뿌리며 크게 탄식하면서 벼슬을 버리고 갔다.

---

469) 고려시대에 문무관의 임명 때에 중서문하성(中書門下省)의 낭사(郎舍)와 어사 대(御史臺) 관원의 고신서명(告身署經)이 필수적이었다(박용운, 『高麗時代史』(上), 일지사, 1988, 99쪽).

대간을 불러 정함의 고신에 서명을 독촉하니, 모두 그대로 좇았으나 이
공승 만은 명령에 순종하지 않았다. 왕이 이공승을 힐책하기를, "너는
일찍이 간관으로 있을 때에 이미 정함의 고신에 서명한 바 있는데, 이제
와서 도리어 서명하지 않는 것은 무슨 까닭이냐." 하니, 대답하기를, "신
은 지난날의 잘못을 깨달았기 때문에 명령을 받들지 못합니다." 하였다.
왕이 노하여, "이공승은 집으로 돌아가라."고 명하였다. 김양 등이 또 소
를 올려 간하였으나 답하지 않았다. 이날, 태양에 빛이 없었다.[470]

의종이 천인 출신의 총신인 정함에게 권지합문지후(종7품)를 제수하
고 간관들의 서명을 받고자 했을 때에 사건은 발단되었다. 간관들은 지
엄한 왕명을 삼년 동안 거역하면서 그 반대 이유를 들고 있었다. 즉,
정함의 선조는 태조에게 왕의 명에 거역하고 신하가 안 된 자, 곧 '역명
불신(逆命不臣)'으로 노예가 된 자들이었다. 이런 태조의 조치는 그들
의 종류를 구별하여 영구히 고려 왕정(王廷)에 서지 못하도록 하려던
데에 있었다.[471] 그러므로 만일 정함이 벼슬을 받게 되면, 이는 국가

---

470) 『고려사절요』 권11, 의종 12년(1158) 6월: 知門下省事申淑 諫議金錫 柳公材
中書舍人洪源滌 起居舍人金于蕃 右正言許勢修 上疏諫曰 鄭誠之先 在聖祖開創
之時 逆命不臣 錮充奴隷 區別種類 使不得列於朝廷 今授誠顯任 以太祖功臣之裔
反僕役於不臣之類 有乖太祖立法垂統之意 請削誠職 凡與誠相結爲黨者 亦降爲
庶人 王 大怒還其疏 諫官 伏閤二日 竟不得達 勢修 揮淚太息 棄官而去 召臺諫
督署誠告身 皆唯唯 李公升 猶不奉旨 王 責公升曰 汝 嘗爲諫官 旣署誠告身 今反
不署 何也 對曰 臣悟昨日之非 故不奉詔 王 怒 勅公升歸家 金錫等 又上疏諫 不
報 是日 日無光.

471) 『고려사』, 태조 26년(943) 하(夏)4월: 또 일찍이 관시(官寺)[관청])의 노비(奴
婢)와 진역(津驛)의 잡척(雜尺)에 속하던 무리가 혹은 권세(權勢)에 붙어 이면(移
免)하고 혹은 왕후궁원(王侯宮院)에 붙어 말을 간교하게 하여 권세(權勢)를 농락
하고 정사(政事)를 어지럽혀 재앙을 일으키는 자가 반드시 있을 것이니 비록 양민
(良民)이라 할지라도 마땅히 벼슬자리에 두어 일을 보게 하지 말라(且其曾屬官寺
奴婢 津驛雜尺 或投勢移免 或附王侯宮院 姦巧言語 弄權亂政 以致變者 必有之
矣 雖其良民 不宜使在位用事).

공신 자손들이 도리어 신하도 아닌 무리, 곧 '불신지류(不臣之類)'에게 복무하는 꼴이 되어 태조의 원래 의도에 어긋난다는 것이었다.

위의 기사들을 통해서 고려왕조에서 노예는 매우 특별한 성격을 갖고 있었음을 알 수 있다. 노예는 고려왕조 창업에 불복한 무리로서, 국가질서 외에 존재하는 별난 부류, 즉 별종으로 분류되고 있었다. 결국 노비는 인간종(人間種) 범주의 혼란을 의미하는 재이 현상의 하나로 취급되고 있었다. 그러므로 그들은 고려왕조의 질서 수호자인 신하의 반열에 설 수 없는 불충한 무리였다는 것이다.

상술한 바로부터 고려시대 노비는 사회 경제적 범주로서 계급적 성격을 띤 존재가 아니라 국가권력 관계에서 창출된 사회·정치적 범주로서 하나의 집단이었음을 알 수 있다.[472] 새로 창설된 고려왕조는 그 지배 권력을 확고하게 유지하기 위해 창업과정에 반대한 자들을 노비로 규정하여 왕조질서의 외적(外的) 존재로 만들었던 것이다. 따라서 노비 신분인 자들은 왕조권력의 외곽에 위치하게 됨으로써 고려왕조가 창출한 국가질서에는 참여할 수가 없으며, 하물며 왕조 질서의 담당자인 고급 관원에는 절대로 임명될 수 없다는 것이다. 그리고 태조는 그들을 인간종 범주로부터 벗어난 종류, 즉 인간의 재이 범주인 별종으로 간주하여 사람 취급을 하지 않고 있었다. 이것은 역사적 문화적 소산인 노비 존재를 자연의 생물종으로 만들어 왕조 질서에서 제외시키려는 의도에서였다. 이런 사실은 앞서 인용된 기사에서 의종이 이러한 성조(聖祖)의 원대한 취지를 모르고 간관들의 말을 듣지 않자 해가 빛을 잃

---

472) 西嶋定生, 『中國古代國家と東アジア世界』, 東京大學出版會, 1983, 115-147쪽. 고대 중국에서 신분이란 국가권력에 의해 제도화된 사회 정치적 범주이지, 생산관계에서 생산수단의 소유자와 비소유 차이에서 기인하고 실현되는 경제적 범주가 아니었다.

는 현상, 즉 '일무광(日無光)'이라는 엄청난 천체 이변이 일어났다는 데서도 확인된다.

이런 사고방식은 의종 때부터 140여년 지난 충렬왕 때에도 존속되고 있었다. 원나라가 고려 노비법을 개혁하려 들자, 충렬왕은 원나라 황제에게 상표하여 다음과 같이 반대하고 있다.

충렬왕 26년 동10월 정유(丁酉): 왕이 활리길사(闊里吉思)와 더불어 서쪽 성 밖[서교(西郊)]에서 사냥하였다. 이 달에 활리길사(闊里吉思)가 본국(本國) 노비(奴婢)의 법을 개혁코자 하거늘 왕이 표(表)를 올리기를, "단총(亶聰)이 겸청(兼聽)하셔서 말[言] 내림이 윤(綸)과 같고 대호(大號)[대호령(大號令)]이 이미 펴지니 세(勢)가 반한(反汗)할 길 없사오나 오히려 신명(申命)에 기대(期待)를 두어 능히 재소(再訴)하기를 마지아니합니다. 엎드려 생각하건대 무릇 우리 강토(疆土)에 속한 것은 실로 타속(他俗)이 아니 온데 양(良)[良民]이라 천(賤)[賤民]이라 하는 것이 무슨 증(憎)과 애(愛)의 힘이 치우침이 있겠습니까. 그 신중히 하고 그 중난(重難)하게 하는 것은 이에 안위(安危)가 매었기 때문입니다.

옛적에 우리 시조(始祖)가 후사 자손(後嗣子孫)에게 훈계하여 이르기를, '무릇 이 천류(賤類)는 그 종자(種子)가 분별이 있으니 삼가 이 천류(賤類)로 하여금 종량(從良)하게 하지 말라. 만일 종량(從良)을 허락하면 뒤에 반드시 벼슬길[사로(仕路)]를 통하게 되어 점점 요직(要職)을 구하여 국가를 모란(謀亂)할 것이니 만일 이 계훈(誡訓)을 어기면 사직(社稷)이 위태하리라' 하였나이다. 이로 말미암아 우리나라의 법에는 그 8세(世) 호적(戶籍)이 천류(賤類)에 관계되지 아니한 연후에야 이에 협사(俠士)를 얻게 되며 무릇 천류(賤類)가 됨은 아버지나 어머니가 한편이 천류(賤類)이면 곧 천인(賤人)이 되는 것으로 비록 그 본주(本主)가 놓아주어 양민(良民)이 되더라도 그 소생 자손(所生子孫)에 있어서는 문득 도로 천민(賤民)이 되는 것이며 또 그 본주(本主)가 계사(繼嗣)가 끊어지더라도 또한 동종(同宗)에 속하게 되는 것이니 그렇게 하는 것은

그로 하여금 끝끝내 양민(良民)이 되지 못하게 하려는 것입니다. 혹 도
망하여 벗어나 양민(良民)이 될까 염려하여 절절하게 기미(機微)를 방
지하고 조짐을 막아도 또한 많이 틈을 타서 간계(奸計)를 일으켜 혹은
세(勢)에 인하고 공(功)에 의탁하여 위복(威福)을 천작(擅作)하고 국가
를 모란(謀亂)하다가 멸망에 이르는 자도 있으니 더욱 조훈(祖訓)의 위
배(圍背)하기 어려운 것을 알되 오히려 간정(奸情)을 막지 못할까 두려
워하나이다. 하물며 또 만일 이 법을 고치면 한낱 난사(亂絲)를 다스리
는 것과 같을 뿐만 아니라 인하여 구장(舊章)까지 잃어 겨우 유서(遺緒)
도 보존하지 못할 것입니다.[473]

위의 기사는 충렬왕 25년(1299) 10월에 원에서 파견되어 온 정동행
중서성평장 활리길사가 고려의 노비법을 개혁하고자 하니까 충렬왕이
원나라에 보낸 상표의 내용이다. 즉, 태조가 노비를 인간의 별종으로
규정한 존재이므로 노비는 양인(良人)이 될 수 없다. 만일 양인이 되면
노비 출신은 점차 벼슬하게 되고 국가 요직에도 이르게 되어 마침내 국
가를 위태롭게 할 것이다. 그러므로 후에 국가 당국은 노비를 종량(從
良)하는 것을 금하고, 한편으로는 8세(八世) 호적에 천류(賤類)가 없어
야만 양인일지라도 관직을 가질 것을 허용했다. 그리고 부모 중의 하나

---

473) 『고려사』, 충렬왕 26년(1300) 동(冬)10월: 王 與闊里吉思 于西郊 是月 闊里吉
思 欲革本國奴婢之法 王 上表曰 亶聽兼聽 言降如綸 大號旣宣 勢無反汗 猶有期
于申命 不能已於再鳴 伏念 凡屢我疆 實非他俗 若良若賤 有何憎愛之所偏 其愼
其難 爲此安危之攸係 昔我始 垂誡于後嗣子孫云 凡此賤類 其種有別 愼勿使斯類
從良 若許從良 後必通仕 漸求要職 謀亂國家 若違此誡 社稷危矣 由是 小邦之法
於其八世戶籍 不干賤類 然後乃得筮仕, 凡爲賤類 若父若母 一賤則賤 縱其本主
放許爲 於其所生子孫 却還爲賤 又其本主 絶其繼嗣 亦屢同宗 所以然者 不欲使
終良也 恐或有逃脫而爲良 雖切防微而杜漸 亦多乘隙而發奸 或有因勢托功 擅作
威福 謀亂國家 而就滅者 益知訓之難違 猶恐奸惰之莫禦 又若更此法 非徒如治亂
絲 因失舊章 不得僅存遺緒.

가 천인이면 그 자손은 역시 노비가 되어야 한다는 등, 각종 규제 조항을 설정하였다. 그러니까 고려 양천법(良賤法)의 근본적 목적은 일단 천인이 된 자는 영원히 천인으로 묶어 두어서 국가의 신분질서를 유지하려는 데에 있었다. 만일 이 법을 고치면 그들은 권세를 마음대로 할 것이며 마침내는 국가를 망하게 할 것이다.

  인간의 별종으로서 노비는 각종의 차별을 받고 있었던 고려사회에서 노비의 성격은 다음과 같았다. (1) 공노비 고려시대의 노비는 그 이전과 같이 크게 공노비와 사노비로 구분되었는데, 공노비는 전쟁 포로에서 얻어지는 경우도 있지만 대부분 반역·적진 투항·이적 행위 등을 행한 중대한 범죄자나 그 가족 및 사노비가 관몰(官沒)됨으로써 이루어졌다. (2) 사노비는 상전의 토지·가옥과 더불어 중요한 재산으로 간주되었으며, 상속·매매·증여의 대상이 되었다. 이들은 주인의 호적에 부적(付籍)되어 종파·나이의 전래, 부모의 신분 등이 등재되었는데 성은 없고 이름만 있었다. 또한, 공과·공역은 없으나 정노제(丁老制: 16-59세 연령층의 국역 부담제도–필자 주)에 의해 파악되고 있었으며 관념적으로 국민으로 간주되었다. 이들은 부모 중 한쪽이라도 노비면 그 신분을 벗어날 수 없었다. 이들의 소유권은 정종 5년(1039)에 제정된 천자수모법(賤者隨母法)에 따라 원칙적으로 모의 상전에 딸려 있었으나 모가 양인일 경우에는 부의 상전에 딸려 있었다.[474] 이렇게 각종 사회적 규제를 받는 노비들은 고려전기에는 관리가 될 수 없는 부류들이었다. 실제로 무신란 이전에 의종이 노비출신의 환자(宦者) 정함에게 권지합문지후(종7품)의 벼슬을 내린 것이 유일한 예이었다.[475] 이런 의종의 시도도 대간의 완강한 반대로 철회되고 있었다. 이런 엄격

---

474) 『한국민족문화대백과사전』, 노비 조.
475) 홍승기, 『高麗貴族社會와 奴婢』, 일조각, 1983, 396쪽.

한 노비제를 활리길사가 개혁하려 하자 충렬왕은 노비법의 취지를 원나라에 설명하면서 그 존속을 역설한 것이었다.

그러나 위의 상표와는 역설적으로 충렬왕대를 포함한 원 간섭기에 노비출신으로 관직을 받아 정권에 진출한 사람들이 많았다. 기록에 보이는 한에서 17명의 찾아진다. 이 17명 가운데 다수를 차지한 것은 공노비 출신의 인물이다. 이 노비출신 관인들은 대부분 고위직까지 승진하여 정3품 이상의 관직에 임명된 사람들만 하여도 12명이나 되는데 이 숫자는 노비출신 관인의 전체 수에서 거의 3/4에 해당한다. 더욱이나 2품 이상의 재추의 고위 요직에 나아간 사람도 9명이나 되고, 이중 강융은 종1품의 좌정승까지 되었다.476) 이런 사실을 감안하면, 상기한 충렬왕의 상표는 자기모순을 범하고 있는데, 왜냐하면 충렬왕 자신이 노비출신의 관리를 측근으로 제일 많이 채용했기 때문이었다. 이는 충렬왕이 개인적으로는 심복하는 노비출신 관리들이 필요했지만 왕조 자체의 제도로써는 노비제를 완강하게 유지하려는 이중적 태도에서 나왔다고 하겠다.

결국, 고려 노비법은 국가 권력구조를 영구보존하기 위해 설정되고 유지된 것이었다. 만일 어떤 자가 왕조권력에 반항하다가 노비로 전락되었을 경우에 그는 국가질서의 외적 존재가 되어 아무런 제도적 보호를 받을 수 없는 소외된 자로 영구히 남아 있어야 될 것이었다. 따라서 고려시대에 양천 분별 기준은 그들이 왕조질서에 속하느냐 않느냐 여부에 달려 있었다. 즉, 양인은 왕조질서의 표현인 사회 정치의 조직과 제도에 참여할 수 있는 자들인 반면, 천인이란 국가권력으로부터 소외되어 사회질서의 외곽에 위치하여 그 성원이이 될 수 없는 자들이었다.

---

476) 위의 책, 422쪽.

또한 천류는 당시 재이론에 의해서 인간종에서 종 범주의 혼란에 해당되는 별종으로 분류되고 있었다. 이렇게 되면 그들은 자연 차원에서 발생하는 재이와 마찬가지로 극력 회피 대상이 되게 되어, 왕조 구성원인 양인과는 분명하게 구분되는 존재를 이루게 되었다.

그리고 고려 왕정은 노비들을 끊임없이 차별 대우하고, 도망 노비들을 가혹하게 처벌하고, 그들의 존재를 별종으로 설정하는 등, 노비 제도에 유지에 아주 집착하고 있었다. 이는 고려왕조가 정초하고 있는 신분제도가 인위적 역사적 소산물로서 그것은 항상 불안정하고 붕괴할 가능성이 잠재해 있다는 것을 인정한 데에서 나온 조치였다. 그래서 왕조권력은 가능한 한 노비들을 비인간적으로 가혹하게 취급함으로써 왕조질서 구성체인 양인 공동체에 대하여, 그들이 왕조 조직으로부터 일탈될 경우에 그들이 받게 될 가혹한 처지를 미리 경고 하여 그들을 왕조 질서 내에 묶어두려 했던 것이다. 이렇게 국가 권력은 신분질서에서 정명제(양인)의 반명제(노비)로서 노비 존재를 배척함으로써 비로소 국가 권력 안에 포섭된 양인집단을 설정해 낼 수 있었던 것이다. 결국, 고려왕조는 천류의 존재를 매개하여 왕조체계에 순응하는 양인 집단을 확보하려 했으며, 이를 재이론에 의해 정당화하고 있었다.

상술한 것과 더불어 유의해야 할 일은 유가 관념에서 왕조질서란 예질서에 의해 조직되어 있었다는 점이다. 따라서 고려왕조의 사회조직 원리 중에 노비제는 유가의 예 질서 형성에 중추적 역할을 했다고 하겠다.[477] 여기서 노비는 예 질서에 포섭되지 않는 범주이었다. 간단히 말

---

477) 『고려사』, 지39 형법(刑法)2 노비(奴婢): 옛날 기자(箕子)를 조선(朝鮮)에 봉하니 8조(條)의 금법(禁法)을 설치하여 도적한 자를 몰입(沒入)하여 그 집의 노비로 삼았으므로 동국(東國)의 노비는 대개 이에서 시작되었다고 한다. 사족(士族)의 집에서 대대로 전하며 부리는 자를 사노비(私奴婢)라 하고 관아(官衙)와 주군(州郡)에서 부리는 자를 공노비(公奴婢)라 하는데 연대(年代)가 오래되어 가매 점차

하자면, 고려 왕조 질서란 유가의 예 질서를 의미했으며, 양천 분별의 토대는 이런 예 질서 안에 포섭 여부에 달려 있었다.

본절에서 논의된 것을 정리하도록 하겠다. 사회적 분수 개념이란 우주 실재들이 그것들 각자에게 할당된 장에 합치되 있어야 한다. 만일 그것들이 내적 경계선을 횡단할 경우에 그것은 전반적인 사회체계를 위협할 뿐만 아니라 자연 질서까지도 동요시켜 재이가 발생한다는 생각이었다. 이렇게 사회적 분수의 혼란과 재이 발생을 결합되어 당대 사회의 신분제도가 유가의 예 질서에 의해 우주론적 정당성을 얻게 되었다. 그리고 이런 예 질서에 의한 국가질서의 형성과 유지에 가장 중심적인 역할을 한 것은 노비의 존재였다고 하겠다. 왕조권력은 그것에 순응하지 않은 자들을 인간종 중에 별종으로 취급하면서 우주론적 준거틀 속에서 일종의 재이로서 취급했다. 따라서 노비의 사회적 처지는 사회에서 소외된 인간 별종으로 국가체계의 외곽에 머물게 되었다. 또한 고려왕조는 이 노비제를 매개로 하여 왕조체계 내부의 존재로서 양인 공동체를 창출하여, 이를 우주질서의 상징자인 군왕과 직결시켰다. 양인들만이 왕과 그의 질서인 왕조체계에 참석할 수 있는 존재였다. 결국 고려의 양천제라는 신분제도는 왕조권력에 의해 창출되었고, 또한 왕

___

로 번성(蕃盛)하게 되니 이에 그 쟁탈함을 서로 일삼고[상(尙)] 겸병함이 날로 더하여짐을 염려하여 관을 설치하고 이를 다스리니 그 금방(禁防)함이 심히 엄하다. 무릇 동국(東國)에 노비가 있는 것은 크게 풍교(風敎)에 도움이 됨이니 내외(內外)를 엄하게 하고 귀천(貴賤)을 나누며 예의가 행해지는 까닭은 이에 말미암지 않음이 없는 것이다. 고려의 노비를 청리(聽理)하는 법은 가히 채택할 만한 것이 많은 고로 형법지(刑法志)에 아울러 부록(附錄)한다(昔 箕子 封朝鮮 設禁八條 相盜者 沒入爲其家奴婢 東國奴婢 盖始於此 士族之家 世傳而使者 曰私奴婢 官衙·州郡所使者 曰公奴婢 年代愈遠 漸至蕃盛 於是 慮其爭奪之相尙 兼倂之日滋 設官以理之 其禁防甚嚴 其東國之有奴婢 大有補於風敎 所以嚴內外 等貴賤 禮義之行 靡不由此焉 高麗奴婢聽理之法 可採者多矣 故於刑法志 幷附焉).

조의 영구존속을 위해 엄격하게 실시되게 되었다. 그리고 재이론은 고려 신분제를 유지하는 데에 중심적 역할을 하였다고 하겠다.

맺음말

여태까지 재이 발생과 형정, 그리고 사회적 신분 분수 개념에 대해 고찰해왔다. 이로부터 끌어낼 수 있었던 결론은 대략 다음과 같다.

고려 국왕들은 형정에 깊은 관심을 나타냈는데 그것은 왕의 부덕(不德)과 재이가 즉자적으로 결합된 때문이었다. 왕의 덕이란 단순히 인간적 자질만을 의미하는 것이 아니었고 우주 실재들을 형성 유지하는 자연계에 내재한 근본적인 생성력을 뜻했다. 그러므로 왕의 유덕(有德)에 의해 우주 실재들은 서로 평형된 관계를 보존할 수 있으며, 만일 그가 부덕하다면 혼란된 우주 실재들의 관계를 다시 정상 회복시킬 수 있는 그의 생성력은 없어지게 된다. 이 경우에 왕은 왕으로서 존재론적 의미를 잃어 무가치한 존재가 되어버린다. 그래서 왕은 생성력의 표상인 덕을 해친다고 생각된 원기 발생을 가능한 사전에 방지하려 했다. 이에 대한 가장 현실적이고 효과적 조치가 관형(寬刑)으로 표현된 형벌 완화의 방식이었다. 결국, 왕의 형정에 대한 관여도 우선적으로 당대 우주론인 재이설에 연유하였다고 하겠다.

오행지에 수록된 유언비어들은 언어를 토대로 하여 형성된 사회의 인식 규범체계를 바로 언어를 매개하여 파괴시키려고 하거나 반대로 강화시키려는 사회 내부에서 발생한 집단표상이었다. 유언비어는 우주 체계 중에 사회 차원에서 발생한 재이의 일종으로 당시 취급되었다.

사회 차원에서 재이체계의 하나로서 종·장 범주들로부터 일탈을 경계하는 분수 사상이 있었다. 이에 의하면 사회신분 계층들은 자연계의 종의 일부로서 제각기 그것에 속한 종에 합치되어야 하는 동시에 또한 그것에 할당된 장의 분계선을 넘어 다른 종과 결합할 수 없다는 것이었다. 이렇게 사회신분의 계층들은 각각 할당된 사회의 내적 경계선 안에 귀속되어야 하며, 내부 경계선의 물리적 횡단은 재이발생의 주요 원인으로 간주되고, 또 이는 우주질서에 대한 범죄행위로 비난되고 있었다. 이것은 사회신분 계층이 인위적 역사적인 소산이 아니라 자연질서의 일부분으로 정당화되고 있었기 때문이었다.

또한 이런 사고방식은 특히 사회 신분계층의 최하위에 처한 천류인 노비들에 엄격하게 적용되었다. 그들은 고려왕조 창업에 불복한 무리들을 그 연원으로 했으며 인간종의 별종으로 재이로 취급되어 사회에서 격리되었다. 결국, 고려왕조에서 천류란 국가권력에 의해 왕조체계의 외곽지역으로 밀려난 자들로서 사회체계에의 여하한 참여도 원천적으로 봉쇄당하고 있었던 부류였다. 이렇게 왕조권력은 천류를 하나의 신분계층으로 정립함으로써 비로소 그 권력체계 속에 포섭되는 양인 집단을 설정할 수가 있었다. 이런 사회체계의 유지 전략은 유가가 말하는 이른 바의 예 질서의 내용이었다.

결론으로 말하면 『고려사』 오행지 등에 나타난 유가의 질서 개념이란 우주 삼라만상을 유별하여 그것들에 질서를 부여하려던 사유체계였다. 그 질서형성 작용은 3 종류의 유별화, 즉 시·종·장 범주들에 의해 인식의 준거틀을 확보하여 이 범주들을 혼란시키는 실재들을 재이로 규정하였다. 재이는 질서의 반대명제로서 구체적인 역사와 사회의 현장에서 극력 부정되고 있었다.

이런 질서 개념의 인간사적 의미란 무릇 인간이란 우주체계 안에서 자연질서에 의해 주어진 불변의 위치를 가진 존재들이며 그들에게 자연질서를 부정하거나 일탈할 자유성은 부여되어 있지 않았다. 이런 사유방식에서 인간은 각자 할당된 시간과 장소를 떠나거나 스스로 변종이 되어 새로운 세계를 창조해 낼 수 있는 능동적 주체성을 가지지 않는 존재였다. 여기에서 고려시대 재이론은 인간사적인 관점에서 왕조와 사회질서의 유지시키는 긍정적인 면과 사회를 변화시키는 여러 요소들을 적극적으로 억제하는 부정적인 면을 동시에 갖고 있던 사고도식이었다.

‖ 부록 ‖

[부록 Ⅰ] 『고려사』 권127 열전40 반역
묘청(妙淸)·정지상(鄭知常)

묘청(妙淸)은 서경(西京)의 승(僧)이니 뒤에 정심(淨心)으로 고쳤다. 인종(仁宗) 6년에 일관(日官)인 백수한(白壽翰)이 검교소감(檢校少監)으로서 서경(西京)을 분사(分司)할 때 묘청(妙淸)에게 말하여 사(師)를 삼고 2인이 음양 비술(陰陽秘術)을 칭탁하여 뭇 사람을 미혹케 하니 정지상(鄭知常)도 역시 서경 사람이라 깊이 그 말을 믿고 말하기를, "상경(上京)은 기업(基業)이 이미 쇠(衰)하여 궁궐(宮闕)이 다 불타 남은 것이 없으나 서경(西京)은 왕기(王氣)가 있으니 이어(移御)하여 상경(上京)을 삼는 것이 좋을 것이다."하고 곧 근시(近侍) 내시랑(內侍郎) 김안(金安)과 함께 꾀하기를, "우리들이 만약 주상(主上)을 모시고 서경(西京)에 이어(移御)하여 상경(上京)을 삼으면 마땅히 중흥 공신(中興功臣)이 될 것이니 홀로 일신(一身)의 부귀(富貴)뿐이 아니요 역시 자손(子孫)의 무궁(無窮)한 복(福)이 될 것이라."하고 드디어 입에 올려 서로 칭찬하니 근신(近臣) 홍이서(洪彝叙)·이중부(李仲孚) 및 대신(大臣) 문공인(文公仁)·임경청(林景淸)도 따라 화동(和同)하여 드디어 아뢰기를, "묘청(妙淸)은 성인(聖人)이요 백수한(白壽翰)도 그 다음가는 사람이니 국가의 일은 일일이 자문한 뒤에 행하시고 그 진청(陳請)하는 바는 들어주지 아니함이 없어야만 정사가 이루어지고 일이 성취되어 국가를 보존할 것입니다."하고 이에 널리 제관(諸官)에게 서명(署名)하기를 청하니 평장사(平章事) 김부식(金富軾), 참지정사(知政事) 임원애(任元敱), 승선(承宣) 이지저(李之氐)가 홀로 서명(署名)치 않고 글로써 상주(上奏)하니 왕이 비록 의심은 가지나 여러 사람이 역설(力說)하므로 부득이 믿는지라 이에 묘청(妙淸) 등이 상언(上言)하기를, "신(臣) 등이 서경(西京)의 임원역(林原驛) 땅을 보니 이는 음양가(陰陽家)의 말하는 대화세(大華勢)라 만약 궁궐(宮闕)을 세워 이에 이어(移御)하시면 천하를 합병할 수 있을 것이요 금국(金國)이 폐백을 가지고 스스로 항복할 것이며 36국(國)이 다 신첩(臣妾)[신하(臣下)]가 될 것입니다."하니 왕이 드디어 서경(西京)에 행차하니 종행(從行)한 재추(宰樞)에게 명하여 묘청(妙淸)과 백수한(白壽翰)과 함께 임원역(林原驛) 땅을 상(相)보고 김안(金安)에게 명하여 궁궐(宮闕)을 짓게 하여 독역(督役)이 매우 급하니 때는 바야흐로 차고 얼어 백성이 매우 원망하고 탄식하였다.

7년에 신궁(新宮)이 완성되어 왕이 또 서경(西京)에 행차하니 묘청(妙淸)의 무리가 혹은 상표(上表)하여 왕이 칭제(稱帝)하여 건원(建元)하기를 권하며 혹은 유제(劉齊)와 약속하고 금(金)을 협공(挾攻)하여 이를 멸(滅)할 것을 청하니 식자(識者)들이 다 불가라 하므로 묘청(妙淸)의 무리가 쉬지 않고 말하기를 마지않았으나 왕이 끝내 듣지 않았다. 왕이 신궁(新宮)인 건룡전(乾龍殿)에 거동하여 군신(群臣)의 하례(賀禮)를 받으니 묘청(妙淸), 백수한(白壽翰), 정지상(鄭知常) 등이 말하기를, "바야흐로 주상(主上)이 전(殿)에 앉으시매 공중(空中)에서 풍악소리가 들리니 이것이 어찌 신궐(新闕)에 거동한 상서(祥瑞)가 아니겠습니까?"하고 드디어 하표(賀表)를 초(草)하여 재추(宰樞)에게 서명(署名)하기를 청하니 재추(宰樞)가 이에 응(應)하지 않고 말하기를, "우리들이 비록 늙었으나 아직 귀는 먹지 않았는데 공중(空中)의 풍악은 일찍이 듣지 못한 바니 사람은 속일 수 있으나 하늘은 속이지 못할 것이다."하니 정지상(鄭知常)이 성내며 말하기를, "이것은 비상(非常)한 가서(嘉瑞)이니 청사(靑史)에 써서 후래(後來)에 보임이 마땅하거늘 대신(大臣)이 이같이 하니 가(可)히 깊이 탄식하겠노라."하고 표

(表)는 끝내 올리지 못하였다.

명년(明年)[8년]에 서경(西京) 중흥사(重興寺) 탑(塔)이 불타니 혹(或) 묘청(妙淸)에게 묻기를, "스님이 서도(西都)에 행차하기를 청함은 재앙을 누르기 위함인데 어찌하여 이런 큰 재앙이 생기느냐."하니 묘청(妙淸)이 부끄러워 얼굴이 붉어지고 대답하지 못하여 머리를 숙이고 한참 있다가 주먹을 올리고 얼굴을 들며 말하기를, "주상(主上)께서 만약 상경(上京)에 계셨으면 재변(災變)이 이보다 컸을 터인데 지금 이곳에 이행(移幸)한 고로 재앙이 밖에서 나 성궁(聖躬)이 편안하시게 된 것이다."라고 하였다. 묘청(妙淸)을 믿는 자가 말하기를, "이러하니 어찌 가히 믿지 아니할 수 있겠느냐."고 하였다.

또 이듬해[9년]에 김안(金安)이 아뢰되, "바라건대 천지인(天地人) 삼정(三庭)에 아뢴바 사의장(事宜狀)[일의 조목을 적은 문서]를 시종관(侍從官)에게 전시(傳示)하며 3본(本)을 써서 하나는 성(省)에 부치고 하나는 대(臺)에 부치고 하나는 제사(諸司)의 지제고(知制誥)에 부쳐서 각각 논주(論奏)하게 하소서."하고 묘청(妙淸)도 또 왕을 설유(說諭)하여 임원궁성(林原宮城)을 쌓고 팔성당(八聖堂)을 궁중(宮中)에 설치하라 하였으니 팔성(八聖)은 첫째 호국백두악(護國白頭嶽) 태백선인(太白仙人)이니 실체는 문수사리보살(文殊師利菩薩)이요, 둘째 용위악(龍圍嶽) 육통존자(六通尊者)이니 실체는 석가불(釋迦佛)이요, 셋째 월성악천선(月城嶽天仙)이니 실체는 대변천신(大辨天神)이요, 넷째 구려평양선인(駒麗平壤仙人)이니 실체는 연등불(燃燈佛)이요, 다섯째 구려목멱선인(駒麗木覓仙人)이니 실체는 비파시불(毗婆尸佛)이요, 여섯째 송악(松嶽) 진주거사(震主居士)이니 실체는 금강색보살(金剛索菩薩)이요, 일곱째 증성악신인(甑城嶽神人)이니 실체는 늑차천왕(勒叉天王)이요, 여덟째 두악천녀(頭嶽天女)이니 실체는 불동우파이(不動優婆夷)로 모두 화상을 설치하였다. 그리고 김안(金安), 이중부(李仲孚), 정지상(鄭知常) 등이 말하기를, "이는 성인(聖人)의 법(法)이요 나라를 이롭게 하고 국기(國基)를 연장시키는 술(術)이라."하였다. 김안(金安) 등은 또 팔성(八聖)을 제사하기를 주청(奏請)하고 정지상(鄭知常)은 그 제문(祭文)을 지어 말하기를, "빠르지 않되 속하고 가지 않되 이르니 이것을 일러 득일(得一)의 영(靈)이라 하며 무(無)에 즉하여 유(有)가 있고 실(實)에 즉하여 허(虛)가 있으니 대개 본래의 부처를 이름이라 오직 천명(天命)이라 가히 만물(萬物)을 재제(裁制)하고 오직 토덕(土德)이라야 사방(四方)에 왕이 될 수 있을 것이라. 이에 평양성(平壤城) 중에 대화(大華)의 형세(形勢)를 복정(卜定)하여 궁궐(宮闕)을 개창(開創)하고 삼가 음양(陰陽)에 상고하여 그 사이에 팔성(八聖)을 봉안(奉安)하니 백두 선인(白頭仙人)을 첫째로 모심이라 경광(耿光)이 있으심을 생각하오며 묘용(妙用)이 현전(現前)할 것을 바라오며 황홀(恍惚)한 지진(至眞)이 오매 비록 그 정태(靜態)를 형상하기는 어려우나 오직 실덕(實德)이 바로 이 여래(如來)이오며 그림으로써 장엄(莊嚴)하고 현관(玄關)을 두드려 기원(祈願)하나이다."라고 하니 그 허식(虛飾)하고 무망(誣妄)한 설(說)이 이와 같았다. 무인(武人) 최봉심(崔逢深)이 정지상(鄭知常)과 함께 비밀히 약속하고 묘청(妙淸)을 사사(師事)하면서 일찍이 상언(上言)하기를, "폐하(陛下)가 삼한(三韓)을 평치(平治)하고자 하면 서경(西京)의 삼성인(三聖人)을 두고는 같이 함께 할 리 없을 것입니다."하니 곧 묘청(妙淸), 백수한(白壽翰), 정지상(鄭知常)을 가리킴이었다.

10년에 비로소 서울 궁궐(宮闕)을 수축하면서 평장사(平章事) 최홍재(崔弘宰) 및 문공인(文公仁) 임경청(林景淸)이 그 역사(役事)를 감독하게 되었다. 기초(基礎)를 열매 미쳐 묘청(妙淸)이 최홍재(崔弘宰)

등 및 역사(役事)를 담당한 관원에게 모두 공복(公服)을 입고 차례로 서게 하고 장군(將軍) 4인은 갑옷을 입고 칼을 차고 사방에 서게 하고 군사 120명은 창(槍)을 들고 300명은 횃불을 들고 20명은 촛불을 들어 둘러서게 하고 묘청(妙淸)은 가운데서 길이가 360보(步)나 되는 백마(白麻) 끈 네 가닥을 사방(四方)에서 당겨 법(法)을 짓고 스스로 말하기를, "이는 태일옥장보법(太一玉帳步法)인데 선사(禪師) 도선(道詵)이 이를 강정화(康靖和)에게 전수하였고 강정화(康靖和)가 나에게 전하였는데 내가 늙으면 백수한(白壽翰)에게 이를 전수하리니 여러 사람의 알 바가 아니다."라고 하였다. 묘청(妙淸) 백수한(白壽翰)이 또 아뢰기를, "상경(上京)은 지세(地勢)가 쇠약한 고로 하늘이 재얼(災 화(禍))을 내리어 궁궐(宮闕)이 다 탔으니 모름지기 자주 서경(西京)에 거동하여 재앙을 가시고 복을 모아 써 무궁한 왕업(王業)을 누리소서." 하는지라 왕이 모든 일관(日官)에게 물으니 다 불가하다 하되 정지상(鄭知常), 김안(金安) 및 몇 대신(大臣) 등이 말하기를, "묘청(妙淸)의 말한 바는 곧 성인(聖人)의 법(法)이니 어기지 못할 것입니다." 하는지라 이에 묘청(妙淸)으로 수가복전(隨駕福田)을 삼고 백수한(白壽翰)은 내시(內侍)로 들이어 서경(西京)에 행차하는데 금암역(金巖驛)에 이르자 풍우(風雨)가 갑자기 일어나서 낮이 문득 어두컴컴하므로 위사(衛士)가 엎어지고 자빠지며 왕은 고삐를 잡은 채 길을 잃어 혹 진흙에 빠지기도 하고 혹 나무 등걸과 돌에 부딪치기도 하였다. 시종(侍從)들은 왕의 간 곳을 잃어 궁인(宮人)이 혹 우는 자도 있었다. 일모(日暮)에는 눈보라로 추위가 심하여 인마(人馬)와 낙타(駱駝)가 죽은 것이 많았다. 묘청(妙淸)이 말하기를, "내가 일찍이 이 날에 풍우(風雨)가 있을 줄 알고 우사(雨師) 풍백(風伯)에게 임금의 행차가 길에 오를 것이니 풍우(風雨)를 짓지 말라 하였던 바 이미 허락하더니 식언(食言)하기를 이와

같이 하니 매우 가증(可憎)하다."하였고 서경(西京)의 노부(老父) 검교
태사(檢校太師)로 치사(致仕)한 이제정(李齊挺) 등 50인도 묘청(妙淸)
과 정지상(鄭知常)의 뜻에 맞추어 상표(上表)하여 존호(尊號)를 칭하
고 건원(建元)하기를 청하니 정지상(鄭知常) 등이 인하여 왕을 설유(說
諭)하여 말하기를, "대동강(大同江)에 서기(瑞氣)가 있으니 이는 신룡
(神龍)이 침[연(涎)]을 토(吐)한 것입니다. 천재(千載)에 만나기 어려운
일이니 바라건대 위로 천심(天心)에 응(應)하고 아래로 인망(人望)을
따라 써 금국(金國)을 누르소서."하니 왕이 그리하여 이지저(李之氐)
에게 물으니 대답하기를, "금국(金國)은 강적(强敵)이라 가볍게 하지
못할 것입니다. 하물며 양부(兩府)의 대신(大臣)들이 상도(上都)에 유
수(留守)하고 있는데 1, 2인의 말을 일방적으로 듣고서는 대의(大議)를
결단치 못할 것입니다."하므로 왕이 이에 그쳤다. 묘청(妙淸), 백수한
(白壽翰) 등이 일찍이 비밀히 큰 떡을 만들어 그 속을 비게 하여 구멍
을 뚫고 숙유(熟油)를 넣어 대동강(大同江)에 잠그니 기름이 점점 나와
수면(水面)에 뜨므로 바라보니 오색 빛깔 같은 지라 인해 말하기를,
"신룡(神龍)이 침을 토(吐)하여 오색구름을 만들었으니 이는 상서로운
징조입니다."하고 백관(百官)에게 표하(表賀)하기를 청하거늘 왕이 문
공인(文公仁) 및 참지정사(知政事) 이준양(李俊陽) 등을 보내어 이를
자세히 살펴보니 때에 유첨(油韂)[마구(馬具)]를 업(業)으로 하는 자가
있어 말하기를, "기름[숙유(熟油)]가 물에 뜨면 이상한 빛이 난다."하므
로 잘 헤엄치는 자를 시켜 큰 떡을 찾아내어 곧 그 속임을 알았다. 임원
애(任元敳)가 상서(上書)하기를, "묘청(妙淸)과 백수한(白壽翰) 등은
그 간사한 꾀를 방자히 하여 해괴한 말로 민심을 미혹케 하며 한두 대
신(大臣)과 근시(近侍)하는 사람도 깊이 그 말을 믿고 위로 천청(天聽)
을 미혹케 하였으니 신(臣)은 장차 불측한 환란(患亂)이 있을까 두려우

니 바라건대 묘청(妙淸) 등을 저자에서 죽여 써 화(禍)의 싹을 끊으소서."하였으나 회보(回報)하지 않았다. 묘청(妙淸)이 또 말하기를, "주상(主上)께서는 길이 대화궐(大華闕)에 임어(臨御)하심이 마땅하오며 그렇지 못하며 근신(近臣)을 보내어 예의(禮儀)를 갖추고 어좌(御座)를 설치하여 어의(御衣)를 안치(安置)하고 공경하기를 계시는 것같이 하면 복경(福慶)이 친히 임어(臨御)하심과 다름이 없을 것입니다."하니 왕이 문공인(文公仁) 이중부(李仲孚)를 보내어 어의(御衣)를 받들고 서경(西京)에 가서 법사(法事)를 행하게 하였다.

11년에 직 문하성(直門下省) 이중(李仲), 시어사(侍御史) 문공유(文公裕) 등이 상소(上疏)하기를, "묘청(妙淸) 백수한(白壽翰)은 다 요망한 사람이요 그 말이 해괴하여 믿지 못할 자인데 근신(近臣) 김안(金安), 정지상(鄭知常), 이중부(李仲孚)와 환자(宦者) 유개(庾開)가 결속(結束)하여 심복이 되어서 여러 차례 서로 의론하고 천거하여 성인(聖人)으로 삼고 또 대신(大臣)이 따라서 이를 믿으니 이러므로 주상(主上)이 의심치 않으시나 정인(正人)과 직사(直士)는 모두 다 이를 미워하여 원수같이 하오니 바라건대 속히 물리쳐 멀리 하소서."라고 하였는데 하는 말이 매우 절직(切直)하였으나 대답치 않으므로 이중(李仲) 등이 물러가 대죄(待罪)하였다.

12년에 왕이 묘청(妙淸)으로 삼중대통지루각원사(三重大統知漏刻院事)로 삼고 자의(紫衣)를 하사하였다. 처음에 묘청(妙淸)이 여러 차례 서경(西京)에 순어(巡御)하기를 청하여 재이(災異)가 자주 이르러도 그 당(黨)이 속여 해가 없다 하였고 이때에 이르러 굳이 서행(西幸)하기를 청하여 역모(逆謀)를 하고자 하였으나 왕이 대신(大臣)과 간관(諫官)의 말로서 듣지 않으니 우정언(右正言) 황주첨(黃周瞻)이 묘청(妙淸) 정지상(鄭知常)의 뜻에 아부하여 또 아뢰어 황제(皇帝)를 칭하고 건원(建元)할 것을 청하였으나 회보(回報)하지 않았다.

　13년에 묘청(妙淸)은 분사시랑(分司侍郎) 조광(趙匡), 병부상서(兵部尙書) 유참(柳旵), 사재소경(司宰少卿) 조창언(趙昌言)·안중영(安仲榮) 등과 함께 서경(西京)에 웅거하고 반란하여 제(制)라 속여 부유수(副留守) 최재(崔梓), 감군사(監軍使) 이총림(李寵林), 어사(御史) 안지종(安至宗) 등을 잡아 가두고 또 위승선(僞承宣) 김신(金信)을 보내어 서북면병마사(西北面兵馬使) 이중병(李仲幷)과 아울러 모든 요좌(僚佐) 및 열성(列城)의 수신(守臣)을 잡아 모두 서경염고(西京鹽庫)에 가두고 무릇 상경(上京) 사람으로서 서도(西都)에 있는 자는 귀천(貴賤)과 승속(僧俗)이 없이 모두 포류(抱留)하고 군사를 보내어 절령(岊嶺)의 길을 끊고 또 사람을 보내어 여러 성(城)의 군사를 억지로 발(發)하여 근도(近道)의 목마(牧馬)를 약탈하여 다 입성(入城)하게 하고 국호(國號)를 대위(大爲)라 하고 건원(建元)하여 천개(天開)라 하고 그 군사를 불러 천견충의군(天遣忠義軍)이라 하여 관속(官屬)을 두되 양부(兩府)로부터 주군(州郡) 수령에 이르기까지 다 서인(西人)으로 임명하였다. 가짜 임명 명단[위비(僞批)]가 발표되자 보는 자가 몰래 웃으니 조광과 안중영이 곁에서 이를 꾸짖었다. 처음에 안중영이 불사(佛事)로서 도중(徒衆)을 초집(招集)하여 묘청(妙淸) 유호(柳浩) 등과 함께 맺어 당여(黨與)가 되니 서인(西人)이 이로 인하여 가만히 거사(擧事)하여 일이 성취(成就)되면 이를 죽이게 하였다. 묘청(妙淸)이 조광 등과 함께 성중(城中)의 문무(文武)를 거느리고 관풍전(觀風殿)에 모여 제군(諸軍)에 호령(號令)하여 여러 길로 나누어 바로 상경(上京)에 가고자 하였다. 백수한(白壽翰)의 친구(親舊)로 서경(西京)에 있는 자가 글로서 백수한(白壽翰)을 불러 말하기를 서경(西京)이 이미 반란하였으니 몸을 빼어 오라 하는지라 백수한(白壽翰)의 아들 백청(白淸)이

가지고 백수한(白壽翰)에게 주니 백수한(白壽翰)이 글로써 이를 아뢰
는지라 왕이 문공인(文公仁)을 불러 보이니 문공인(文公仁)이 말하기
를, "이 일은 가히 의심스러우매 진위(眞僞)를 알기 어려우니 아직 비
밀히 할 것입니다."하였더니 병졸(兵卒) 최언(崔彦), 한선정(韓善貞)
등이 와서 아뢰기를, "신(臣) 등이 일로서 본향(本鄕)인 황주(黃州)에
돌아가 보니 서인(西人)이 군사를 거느리고 동선역(洞仙驛)에 이르러
사록(司錄) 고보정(高甫正)을 잡고 또 역마(驛馬)를 취하여 서경(西京)
에 보내고 사람들의 경성(京城)에 왕래(往來)하는 것을 금지하는지라
우리들이 낮에는 숨고 밤에만 행하여 간도(間道)를 따라서 왔습니다."
하므로 왕이 곧 재추(宰樞)를 불러 의론하고 김부식(金富軾), 임원애
(任元敱) 및 승선(承宣) 김정순(金正純)을 명하여 병부(兵部)에 모으
게 하고 군사를 훈련하여 적(賊)을 칠 계책을 세우니 드디어 김부식(金
富軾)으로 원수(元帥)를 삼아 가서 치게 하고 내시(內侍) 유경심(柳景
深), 조진약(曹晉若), 황문상(黃文裳)을 보내어 서경(西京)에 가서 유
조(諭詔)를 선포하여 싸움을 그치라 하였다. 서인(西人)이 성문(城門)
을 열고 관풍전(觀風殿)에 끌어들여 유참(柳旵)과 조광(趙匡)은 동쪽
에 앉고 묘청(妙淸)은 서(西)에 앉고 그 나머지 문무(文武)는 전정(殿
庭)에 모였는데 다 융복(戎服)이었다. 유경심(柳景深) 등이 전문(殿門)
에 이르니 유참(柳旵) 등이 뜰에 내려 성체(聖體)를 배문(拜問)하고 주
식(酒食)을 주고 돌려보내면서 말하기를, "마땅히 표(表)를 받들어 주
문(奏聞)할 것이나 창졸히 그렇지 못하니 바라건대 먼저 이것을 돌아
가 아뢰어라."하고 한 봉서(封書)를 부치니 이르기를, "엎드려 바라건
대 주상(主上)은 이 서울[서경(西京)]에 옮기소서 그렇지 않으시면 반
드시 변(變)이 있을 것입니다."하여 말이 매우 불손하였으며 계속하여
검교첨사(檢校詹事) 최경(崔京)을 보내어 상표(上表)하기를, "폐하(陛

下)는 음양(陰陽)의 지언(至言)을 믿고 도참(圖讖)의 비설(秘說)을 상고하여 대화(大華)의 궁궐(宮闕)을 창건(創建)하고 균천(鈞天)의 제도(帝都)를 형성하였으매 신(臣) 등은 누경(婁敬)의 맹세한 꾀를 같이하고 반경(盤庚)의 천읍(遷邑)을 바람이요 어찌 신하(臣下)가 신충(宸衷)을 체득치 못하고 다만 향토(鄕土)만 생각하여 써 옮김을 중(重)히 여기지 않으며 문득 또한 공(功)을 막고 일을 해(害)롭게 함을 기약하였으리까? 인심(人心)은 가히 두렵고 중노(衆怒)는 막기 어려우나 거가(車駕)가 만약 왕림하시면 병장(兵仗)은 쉬게할 수 있을 것입니다."라고 하였다. 표(表)가 이르매 모두 말하기를, "신하(臣下)로서 임금을 칭하였으니 그 사신을 베어야 할 것입니다."하였으나 왕이 싸움을 그치고자하여 곧 최경(崔京)에게 주식(酒食)과 폐백(幣帛)을 주고 명해 분사호부 원외랑(分司戶部員外郎)을 삼아 위유(慰諭)하여 돌려보내고 양부 대신(兩府大臣)을 불러 묻고 장차 이날로써 출병(出兵)코자 하매 김부식(金富軾) 등 제장(諸將)이 궐(闕)에 나아가 명(命)을 기다리는데 김안(金安) 등이 출병(出兵) 시기를 늦춤으로써 불궤(不軌)를 도모할 것을 꾀하고 이에 아뢰기를, "금(金)의 사신을 인견(引見)하여 조(詔)를 받은 후에 대명궁(大明宮)에 이어(移御)하고 장수를 보내도 오히려 늦지 않습니다."하니 혹자가 고하기를, "김안(金安) 등이 몰래 병장(兵仗)을 모아 사사로 서로 마주하여 말하는 음모(陰謀)가 불측(不測)하다."하는지라 김부식(金富軾)이 모든 재상(宰相)에게 말하기를, "서도(西都)가 반(反)함은 정지상(鄭知常), 김안(金安), 백수한(白壽翰)이 그 모의(謀議)에 참여하였으니 이 무리를 제거하지 않으면 서도(西都)를 가히 평정(平定)하지 못한다."하고 김정순(金正純)에게 밀유(密諭)하여 용사(勇士)로 하여금 3인을 끌어내어 궁문(宮門) 밖에서 베고 곧 아뢰어 묘청(妙淸)의 당(黨) 음중인(陰仲寅), 이순무(李純茂), 오원사

(吳元師), 최봉심(崔逢深)을 원도(遠島)에 유배(流配)케 하였다. 서인(西人)이 성주(成州)에 이르러 제(制)를 꾸며 방어(防禦)하는 관료(官僚)를 잡고 인가(人家)에 산입(散入)하여 마시고 먹으니 고을 사람들이 그 거짓임을 알고 5,6인을 쳐죽이고 20여 인을 가두고 달려와 아뢰는지라 왕이 권장하여 설유하고 관료(官僚)에게는 약(藥)을 각각 한 은합(銀盒)씩 장리(將吏)에게는 폐백(幣帛)을 차등 있게 사(賜)하였다. 연주리(漣州吏) 강안세(康安世), 중랑장(中郎將) 김인감(金仁鑑)이 위(僞)[서경(西京) 임명의 위관(僞官)]병마부사(兵馬副使) 이자기(李子寄), 장군(將軍) 이영(李英) 및 군졸(軍卒) 600여 명을 잡으니 왕이 또 권장하여 설유하고 비단 2단(段), 채백(綵帛) 8필(匹)을 하사하니 여러 성(城)이 이를 듣고 서적(西賊) 1,200여 명을 잡아 죽였다. 김부식(金富軾)의 대군(大軍)이 이르니 열성(列城)이 떨쳐 두려워하는지라 김부식(金富軾)이 요속(僚屬)을 서경(西京)에 보내어 효유(曉諭)하기를 7, 8회에 이르니 조광(趙匡) 등이 가히 항거하지 못할 줄을 알고 나와 항복하고자 하나 의심하여 결단치 못하더니 마침 김순부(金淳夫)가 조(詔)를 가지고 입성(入城)하니 서인(西人)이 드디어 묘청(妙淸), 유참(柳旵)과 유참의 아들 유호(柳浩)의 머리를 베어 윤첨(尹瞻) 등을 보내어 김순부(金淳夫)와 함께 이를 바치고 또 스스로 죄(罪)를 청하는지라 이때에 3인의 머리를 저자에 달고 윤첨(尹瞻)을 옥(獄)에 내리니 조광(趙匡)이 면(免)치 못할 줄 생각하고 다시 반(反)하였으나 김부식(金富軾)이 성(城)이 험(險)하므로 급(急)히 치지 않고 진영(陣營)을 설치하고 오래 버티니 성중(城中)에 양식이 다 되어 노약자(老弱者)를 몰아내거늘 김부식(金富軾)이 가히 공취(攻取)할 수 있음을 알고 토산(土山)을 쌓고 포기(砲機)를 설치하여 칠 준비를 하였다.

14년에 정예한 병졸[예졸(銳卒)] 만여 명을 뽑아 세 길로 나누어 진

공(進攻)하니 적병(賊兵)이 크게 무너지고 조광(趙匡)이 어찌 할 바를
알지 못하여 일가(一家)가 다 스스로 불타서 죽으니 서도(西都)가 평정
(平定)되어 묘청(妙淸), 백수한(白壽翰), 정지상(鄭知常), 유참(柳旵), 조
광(趙匡) 등의 처자(妻子)를 모두 적몰(籍沒)하여 노비(奴婢)로 삼았다.

정지상(鄭知常)의 초명(初名)은 정지원(鄭之元)이니 젊어서 총명하
고 시(詩)에 능(能)하다는 명성(名聲)이 있었으며 과거에 장원 급제하
여 여러 벼슬을 거쳐 기거주(起居注)에 이르렀다. 사람들이 말하기를,
"김부식(金富軾)은 본래 정지상(鄭知常)과 함께 문장으로 명성(名聲)
이 서로 비등하여 불평을 품고 있었는데 이때에 이르러 내응(內應)하
였다 하고 이를 죽였다."고 하였다. 정지상(鄭知常)은 시(詩)를 지으매
만당(晚唐)의 시체(詩體)를 얻어 더욱 절구(絶句)에 교묘하고 사어(詞
語)가 청화(淸華)하며 운(韻)과 격(格)이 뛰어나 스스로 한 가법(家法)
을 이루었다.

[原文] 妙淸 西京僧 後改淨心 仁宗六年 日者白壽翰 以檢校少監 分
司西京 謂妙淸爲師 二人 托陰陽秘術以惑衆 鄭知常 亦西京人 深信其
說 以爲上京基業已衰 宮闕燒盡無餘 西京有王氣 宜移御爲上京 乃與
近臣內侍郞中金安謀曰 吾等 若奉主上 移御西都 爲上京 當爲中興功
臣 非獨富貴一身 亦爲子孫無窮之福 遂騰口交譽 近臣洪彝敍·李仲
孚及大臣文公仁·林景淸 從而和之 遂奏妙淸聖人也 白壽翰亦其次也
國家之事 一一咨問而後行 其所陳請 無不容受 則政成事遂而國家可
保也 乃歷請諸官署名 平章事金富軾·知政事任元䢿·承宣李之氏 獨
不署 書奏 王 雖持疑 以衆口力言 不得不信 於是 妙淸等上言 臣等 觀
西京林原驛地 是陰陽家所謂大華勢 若立宮闕御之 則可幷天下 金國
執贄自降 三十六國 皆爲臣妾 王 遂幸西京 命從行宰樞與妙淸·壽翰
相林原驛地 命金安 營宮闕 督役甚急 時方寒沍 民甚怨咨.

七年 新宮成 王 又幸西京 妙淸之徒 或上表勸王 稱帝建元 或請約
劉齊 挾攻金滅之 識者 皆以爲不可 妙淸之徒 喋喋不已 王 終不聽 王
御新宮乾龍殿 受群臣賀 妙淸·壽翰·知常等言 方上坐殿 聞空中有樂
聲 此豈非御新闕之瑞乎 遂草賀表 請宰樞署名 宰樞 不從曰 吾雖老
耳尙未聾 空中之樂 曾所未聞 人可欺 天不可欺也 知常忿曰 此非常嘉
瑞 宜書靑史 昭示後來 而大臣如此 深可嘆也 表 竟不得上.

明年 西京重興寺塔災 或問妙淸曰 師之請幸西都 爲鎭災也 何故 有
此大災 妙淸 慚恧不能荅 首良久 抽拳擧顔曰 上若在上京 則災變有大於
此 今移幸於此故 災發於外 而聖躬安安 信妙淸者曰 如是 豈可不信也

又明年 金安奏 請以所奏天地人三庭事 宜狀傳示侍從官 書三本 一
付省 一付臺 一付諸司 知制誥令各論奏 妙淸又說王 築林原宮城 置八
聖堂于宮中 八聖 一曰 護國白頭嶽太白仙人實德文殊師利菩薩 二曰
龍圍嶽六通尊者實德釋迦佛 三曰 月城嶽天仙實德大辨天神 四曰 駒
麗平壤仙人實德燃燈佛 五曰 駒麗木覓仙人實德毗婆尸佛 六曰 松嶽
震主居士實德金剛索菩薩 七曰 甑城嶽神人實德勒叉天王 八曰 頭嶽
天女實德不動優婆夷 皆繪像安 仲孚·知常等 以爲此聖人之法 利國
延基之術 安等又奏 請祭八聖 知常 撰其文曰 不疾而速 不行而至 是
名得一之靈 卽無而有 卽實而虛 盖謂本來之佛 惟天命可以制萬物 惟
土德可以王四方 肆於平壤之中 卜此大華之勢 創開宮闕 祇若陰陽 妥
八仙於其間 奉白頭而爲始 想耿光之如在 欲妙用之現前 恍矣至眞 雖
不可象靜 惟實德是如來 命繪事以莊嚴 叩玄闕而祈嚮 其飾誣說 如此
有武人崔逢深 與知常密契 師事妙淸 嘗上言 陛下 欲平治三韓 則舍西
京三聖人 無與共之 指妙淸·壽翰·知常也

十年 始修宮闕 平章事崔弘宰及公仁·景淸 董其役 及開基 妙淸 使
弘宰等及勾當役事員吏 皆公服序立 將軍四人 甲而劍 立四方 卒百二
十人 槍三百人 炬二十人 燭而環立 妙淸在中 以白麻繩四條 長三百六
十步 四引作法, 言此太一玉帳步法 禪師道詵 傳之康靖和 靖和 傳之
於我 臨老 得白壽翰 傳之 非衆人所知也 妙淸·壽翰 又奏 上京地勢

衰故 天降災孽 宮闕焚蕩 須數御西京 禳災集禧 以享無窮之業 王 問
諸日官 皆曰不可 知常·安及大臣等曰 妙淸所言 卽聖人之法 不可違
也 乃以妙淸 爲隨駕福田 壽翰 入內侍 幸西京 行至金巖驛 風雨暴作
晝忽晦冥 衛士顚沛 王 執轡迷路 或陷泥濘 或觸犖石 侍從 失王所之
宮人 或有哭泣者 及晚 雨雪寒甚 人馬駱馳 者多 妙淸曰 我曾知是日
有風雨 雨師風伯曰 乘輿上道 勿作風雨 旣許之而食言如此 可憎之甚
西京父老 檢校太師致仕李齊挺等五十人 希妙淸·知常旨 上表請稱尊
號建元 知常等 因說王曰 大同江有瑞氣 此神龍吐涎 千載罕逢 請上應
天心下順人望 以厭全國 王 以問 之氐 對曰 金國敵 不可輕也 兩府大
臣 留守上都 不可偏聽一兩人之言 以決大議 王 乃止 妙淸·壽翰等
嘗密作大餠 空其中 穿一孔 盛熱油 沉于大同江 油漸出浮水面 望之若
五色 因言曰 神龍吐涎 作五色雲 此嘉瑞也 請百官表賀 王 遣公仁及
叅知政事李俊陽等 審視之 有業油饘者言 熟油浮水 則有異色 使善泅
者 索得大餠 乃知其詐 元龢上書曰 妙淸·白壽翰等 肆其姦謀 以怪誕
之說 誑惑衆心 一二大臣及近侍之人 深信其言 上惑天聽 臣恐將有不
測之患 請戮妙淸等於市 以絶禍萌 不報 妙淸又言 主上 宜長御大華闕
否則遣近臣 備禮儀設御座 置御衣 致敬如在 則福慶與親御無異 王 遣
公仁·仲孚 奉御衣如西京行法事.

十一年 直門下省李仲·侍御史文公裕等 上疏曰 妙淸·白壽翰 皆妖
人也 其言 怪誕不可信 近臣金安·鄭知常·李仲孚·宦者庾開 結爲腹
心 屢相論薦 指爲聖人 又有大臣 從而信之 是以主上 不以爲疑 正人
直士 皆疾之如讎 願速斥遠 言甚切直 不報 仲等 退而待罪.

十二年 王 以妙淸爲三重大統知漏刻院賜紫 初妙淸 屢請巡御西京
而災異荐至 其黨 欺誣以爲無害 至是 固請西幸 欲濟逆謀 王 以大臣
諫官言 不聽 右正言黃周瞻 阿妙淸·知常意 又奏請稱帝建元 不報

十三年 妙淸與分司侍郎趙匡·兵部尙書柳旵·司宰少卿趙昌言·安
仲榮等 據西京反 矯制 執副留守崔梓·監軍事李寵林·御史安至宗等
囚之 又遣僞承宣金信 執西北面兵馬使李仲幷諸僚佐及列城守臣 皆囚

西京庫 凡上京人在西都者 無貴賤僧俗 皆拘之 遣兵 斷岊嶺道 又遣人
劫發諸城兵 掠近道牧馬 皆入城,國號大爲 建元天開 號其軍曰天遣忠
義 署官屬 自兩府至州郡守 以西人爲之 僞批下 見者竊笑 匡·仲榮 從
旁叱之 初仲榮 以佛事招集徒衆 與妙淸·柳浩等 結爲黨與 西人 因之
陰令擧事 事集殺之 妙淸與匡等 率城中文武 會觀風殿 號令諸軍 欲分
數道 直趣上京 壽翰親舊在西京者 爲書招壽翰曰 西京已反 可抽身以
來 壽翰子淸·持遣壽翰 壽翰 以書奏之 王 召示公仁 公仁曰 是事可
疑 難究眞僞 姑秘之 有卒崔彦·韓善貞等 來奏曰 臣等 以事歸本鄕黃
州 見西人 率兵至洞仙驛 執司錄高甫正 又取驛馬送西京 禁人往來京
城者 吾等 晝伏夜行 從間道來 王 乃召宰樞議之 命富軾·元凱及承宣
金正純 會兵部治兵 爲討賊計 遂以富軾爲元帥 往征之 遣內侍柳景
深·曹晉若·黃文裳 往西京宣諭戡兵 西人 開城門引入觀風殿 嵒·匡
坐東 妙淸 坐西 其餘文武 集殿庭 皆戎服 景深等 至殿門 嵒等 下庭拜
問聖 饋酒食遣還云 當奉表奏聞 倉卒未果 請先以此歸奏 付書一封云
伏望主上 御此都 不然必有變 辭甚不遜 繼遣檢校詹事崔京 上表曰 陛
下 信陰陽之至言 考圖讖之秘說 創大華之宮闕 象鈞天之帝都 臣等 同
婁敬之矢謀 望盤庚之遷邑 豈期臣下 不體宸衷 非徒懷土以重遷 抑亦
防功而害事 人心可畏衆怒難防 車駕若臨 兵戈可戢 表至 咸曰 以臣召
君 可斬其使 王 欲息兵 乃賜京酒食·幣帛 命爲分司戶部員外郎 慰諭
遣還 召問兩府大臣 將以是日出師 富軾等諸將 詣闕俟命 安等 謀緩兵
期 以圖不軌 乃奏 引見金使受詔而後 移御大明宮 遣將 猶未晚也 告
安等 潛聚兵仗 私相偶語 陰謀不測 富軾謂諸相曰 西都之反 知常·
安·壽翰 與其謀 不去此輩 西都未可得平 密諭正純 使勇士曳出三人
斬於宮門外 乃奏之 流妙淸黨陰仲寅·李純茂·吳元師·崔逢深于遠
島 西人 至成州 矯制 執防禦官僚 散入人家飲食 州人 知其僞 擊殺五
六人 囚二十餘人 馳聞 王 獎諭 賜官僚藥各一銀合 將吏 幣帛有差 漣
州吏康安世·中郎將金仁鑑 捕僞兵馬副使李子奇·將軍李英及卒六百
餘人 王 又獎諭 賜錦二段·綵帛八匹 諸城 聞之 擒殺西賊一千二百餘

人 富軾大軍至 列城震懼 富軾 遣僚于西京 曉諭至七八 匡等 知不可
抗 欲出降 猶豫未決 會金淳夫 賫詔入城 西人 遂斬妙淸・昷及昷子浩
首 遣尹瞻等 偕淳夫獻之 且自請罪 於是 梟三人首于市 下瞻獄 匡 意
不免 復反 富軾 以城險 不急攻 列營持久 城中糧盡 驅出老弱者 富軾
知可取狀 築土山 設砲機 爲攻具.

十四年 選銳卒萬餘 分三道進攻 賊兵大潰 匡 不知所爲 闔家自焚死
西都平 淸・壽翰・知常・昷・匡等妻子 並沒爲奴婢.

知常 初名之元 少聰悟 有能詩聲 擢魁科 歷官至起居注 人言 富軾
素與知常 齊名於文字閒 積不平 至是 托以內應 殺之 知常爲詩 得晚
唐體 尤工絶句 詞語淸華 韻格豪逸 自成一家法.

[부록 Ⅱ] 『고려사』 권122 열전35 방기(方技) 오윤부(伍允孚)

오윤부(伍允孚)는 부흥군(復興郡) 사람이니 대대로 태사국(太史局)의 관(官)이 되었는데 충렬왕조(忠烈王朝)에 여러 관직을 거쳐 판관후서사(判觀候署事)가 되었다. 오윤부(伍允孚)는 점후(占候)에 정통하여 밤이 다하도록 잠자지 않으며 비록 심한 추위나 성한 더위라도 병들지 않으면 하루 저녁도 그만두지 않았다. 별이 천준(天樽)[왕의 술단지]의 자리를 범하매 말하기를, "마땅히 술 마시는 자가 봉사(奉使)하여 올 것이라."하였고 별이 여상림(女牀林)의 자리를 범하자, "마땅히 사신이 와서 동녀(童女)를 뽑을 것이라."하더니 모두 그대로 되었다. 또 점(占)을 잘하매 원(元)의 세조(世祖)가 불러 시험하였으므로 더욱 유명해졌다. 오윤부(伍允孚)가 말하기를, "국가가 일찍이 춘추(春秋) 중월(仲月)에 지구가 태양에서 먼 위치에 있는 날[원무일(遠戊日)]을 사(社)로 하였는데 송(宋)의 구력(舊曆)과 원조(元朝)의 지금 책력을 살피건대 모두 지구가 태양에서 가까운 위치에 있는 날[근무일(近戊日)]을 사일(社日)로 하니 청컨대 이제부터는 가까운 무일(戊日)을 쓰소서."하니 왕이 이를 청종(聽從)하였다.

왕이 몸소 대묘(大廟)에 협제(祫祭)하고 시책(諡冊)을 올릴 새 공주(公主)[충렬왕비(忠烈王妃)]도 역시 제사에 참여코자 하거늘 오윤부(伍允孚)가 말하기를, "대묘(大廟)는 조종(祖宗)의 신령이 계시는 곳이라 가히 두렵습니다."하니 공주(公主)가 두려워하여 그만두었다. 오윤부(伍允孚)가 다시 공주(公主)에게 말하기를, "천변(天變)이 자주 나타나고 대한(大旱)이 더하여지니 청컨대 영선(營繕)을 늦추고 덕(德)을 닦아 재앙을 쉬게 하소서. 뒤에 만일 후회가 있으면 제가 말하지 않은 죄를 입을까 두려워하여 말씀하나이다."라고 하였다.

공주(公主)가 장차 원(元)에 갈재 출발할 무렵에 재추(宰樞)를 불러 일자(日字)를 점(占)하여 궁실을 지으라 하니 오윤부(伍允孚)가 말하기를, "금년에 토목공사를 일으키면 임금에게 불리하오니 신(臣)이 감히 점(占)치지 못하겠습니다."라고 하니 공주(公主)가 노하여 장차 관직을 빼앗고 매치려 하거늘 유경(柳璥)이 간(諫)하여 이를 그치게 하였다. 재추(宰樞)가 사람을 보내어 공주(公主)에게 사뢰기를, "침전(寢殿)의 목재와 기와는 이미 갖추어졌으나 일관(日官) 오윤부(伍允孚)는 토목공사가 왕과 공주(公主), 세자에게 불리하다 하여 날짜를 점(占)치려 하지 않사오니, 바라건대 호종하는 일관(日官) 문창유(文昌裕)를 시켜 날을 점(占)치도록 지(旨)를 내리소서."하니 공주(公主)가 노하여 오윤부(伍允孚)를 유배코자 하매 왕이 부득이 그 관직을 면하였다. 뒤에 왕이 오윤부(伍允孚)가 빨리 날짜를 점(占)치지 않았다 하여 이를 매치니 오윤부(伍允孚)가 말하기를, "날짜를 점(占)치는 것은 흉(凶)을 피하고 길(吉)에 나아가고자 하는 것입니다. 위협으로 이를 가리게 할진대 가리지 않는 것만 같지 못하오니 신(臣)이 차라리 죽을지언정 감히 명령에 아첨하지는 못하겠습니다."라고 하였다.

화성(火星)이 달을 먹으매 오윤부(伍允孚)가 문창유(文昌裕)와 더불어 울며 왕께 사뢰기를, "화성(火星)이 달을 먹은 것은 비상한 변(變)인데 어찌 중[승(僧)]에게 공양하고 불(佛)을 섬기는 것으로써 물리칠 수 있겠습니까? 원컨대 그 시주함을 삼가 재변(災變)을 멸(滅)하소서."라고 하니 이에 직언(直言)을 구하고 조성(造成)하는 역도를 파하였다.

오윤부(伍允孚)가 전법 총랑(典法摠郞) 박인주(朴仁澍)에게 말하기를, "사(司) 내의 일이 어찌 그렇게 많이 지체되는가."라고 하니 박인주(朴仁澍)가 말하기를, "내교(內敎)의 판지(判旨)가 빗발같이 많이 내려오니 어찌 지체되지 않을 수 있겠는가?"라고 하므로 오윤부(伍允孚)가 왕께 고하거늘, 왕이 하여금 박인주(朴仁澍)에게 말하기를, "내가 편벽하게 들어[청(廳)] 그 사람을 옳다 함이 아니다. 무릇 고하는 자가 있으면 유사(有司)로 하여금 일찍 판결케 하고자 하는 까닭으로 이를 명할 뿐이지 어찌 사(私)를 위한 것이겠는가."라고 하였다. 박인주(朴仁澍)가 대답하기를, "만약 판지(判旨)와 내교(內敎)를 내리지 않는다고 하여 신(臣) 등이 사정(私情)을 용납하여 처리하면 그 죄가 죽어 마땅할 것입니다."라고 하였다.

어느 날 용화원(龍化院)의 못에 있는 고기가 수없이 죽어 떠오르거늘 오윤부(伍允孚)가 말하기를, "갑술년(甲戌年)[원종(元宗) 15년]에 동지(東池)에 이같이 괴이한 일이 있더니 왕이 돌아가셨습니다. 청컨대 왕께서는 수성(修省)하소서."라고 하였다. 순창궁(順昌宮)에 화재가 나니 왕이 오윤부(伍允孚)와 문창유(文昌裕)를 불러 말하기를, "경등(卿等)이 일찍이 마땅히 화재가 있으리라고 말하였는데 어찌 그럴 줄을 알았느냐"라고 하니 대답하기를, "하늘의 꾸지람이 명백하니 이 불도 오히려 작은 재앙입니다."라고 하였다. 오윤부(伍允孚)가 또 말하기를, "천변(天變)은 가히 두려우니 청컨대 소재도량(消災道場)을 설(設)하소서,"하니 왕이 말하기를, "날씨가 점점 추워지니 이제 장차 남경에 갔다가 돌아와서 마땅히 행하겠다."고 하였다.

원(元)의 세조(世祖)가 몸소 내안(乃顔)을 정벌하니, 왕이 정벌을 돕기 위하여 군사를 거느리고 평양(平壤)에 이르렀는데 먼저 유비(柳庇)를 보내어 가게하고 오윤부(伍允孚)로 하여금 점(占)치게 하니 대답하기를, "모일(某日)에는 유비(柳庇)가 반드시 돌아올 것이며, 전하께서도 역시 이로부터 군사[패(旆)]를 돌릴 것입니다."라고 하기에 기일에 이르러 성용전(聖容殿) 뒷산에 올라 북녘을 오랫동안 바라보다가 오윤부(伍允孚)에게 희롱하여 말하기를, "너의 점(占)에 틀림이 없느냐?"하고 좌우로 하여금 이를 잡게 하니 오윤부(伍允孚)가 진언하기를, "오늘 해가 아직 저물지 않았사오니 조금만 기다리소서."라고 하였다. 잠시 후에 역기(驛騎)가 먼지를 날리며 돌아오니 과연 유비(柳庇)였다. 유비(柳庇)가 이르러 말하기를, "제(帝)가 내안(乃顔)을 평정하고 여러 도(道)의 군사를 파하였습니다."라고 하니 왕이 더욱 그를 믿었다.

오윤부(伍允孚)가 성변(星變)으로 인하여 왕께 사뢰기를, "성변(星變)이 왕과 공주(公主)에게 불리합니다."라고 하였더니 왕이 이를 물리칠 바를 물으므로 대답하기를, "백성의 원망이 없으면 이를 물리칠 수 있사온데 전라도(全羅道)와 경상도(慶尙道) 2도(道)의 왕지별감(王旨別監)과 공주(公主)의 식읍(食邑)을 파하는 것만 같지 못하나이다."라고 하였다. 왕이 다만 공주(公主)의 식읍(食邑)만 파하고 그 포백(布帛)은 좌창(左倉)에 돌려 백관(百官)의 봉급에 충당케 하였다.

오윤부(伍允孚)는 성품이 절직(切直)하여 매양 재이(災異)가 생기면 말이 매우 간절하였고 시정(時政)에 할 말이 있으면 곧 들어가 간(諫)하였으며 듣지 않으면 눈물로 굳이 다투어 기어코 청종(聽從)하게 하였으므로 왕이 이를 꺼리었다. 항상 봉은사(奉恩寺)에서 삭(朔)을 고하는데 절하고 울며 말하기를, "태조(太祖)시여 태조(太祖)시여 임금의 나라 일이 날로 그릇되나이다."하고 인하여 흐느끼는데 스스로 그치지 못하였으니 그 정성스럽고 간절함이 이와 같았다. 사람됨이 용모는 추(醜)하나 말과 웃음이 적은지라 공주(公主)가 일찍이 왕께 말하기를, "무슨 까닭으로 자주 이 사람을 인견하십니까?"하니 왕이 말하기를, "오윤부(伍允孚)는 나의 최호(崔浩)라 용모는 비록 추(醜)하나 버릴 수 없다."하니 뒤에 공주(公主)도 자못 얼굴을 고치고 이를 예(禮)로 대하였다. 일찍이 스스로 천문(天文)을 그려 바쳤더니 일자(日者)가 다 취하여 이를 본받았다. 관직이 첨의찬성사(僉議贊成事)에 이르러 치사

(致仕)하고 졸하였다.

[原文] 伍允孚 復興郡人 世爲太史局官 忠烈朝 累遷判觀候署事 允孚 精於占候 竟夕不寐 雖祁寒盛暑 非疾病 不廢一夕 有星犯天樽 曰當有飮者 奉使來 有星犯女林 曰當有使臣來 選童女 皆驗 又善卜筮 元世祖 召試之 益有名 允孚言 國家嘗以春秋仲月遠戊日 爲社 按宋舊曆 及元朝今曆 皆以近戊日 爲社 自今 請用近戊日 從之

王 親祫于大廟 上諡冊 公主 亦欲與祭 允孚曰 大廟 祖宗神靈所在 可畏 公主 懼而止 允孚 又言於公主曰 天變屢見 加以亢旱 請弛營繕 修德弭災 後如有悔 恐被不言之罪 故言之 公主 將如元 臨發 召宰樞 令卜日作宮室 允孚曰 今年興土功 不利於人主 臣不敢卜 公主怒 將奪官笞之 柳璥 諫止之 宰樞 遣人白公主曰 寢殿材瓦 已備 日官伍允孚 以土功不利於王·公主·世子 不肯卜日 乞令屬從日官文昌裕 卜日降旨 公主怒 欲流允孚 王 不得已 免其官 後王 以允孚不早卜日 杖之 允孚曰 卜日者 欲避凶就吉也 脅而涓之 不如勿涓 臣 寧就戮 不敢阿旨

火星食月 允孚與昌裕 泣白王曰 火星食月 非常之變 豈飯僧事佛 所能禳乎 願愼厥施爲 以消災變 於是 求直言 罷造成役徒

允孚語典法摠郞朴仁澍曰 司中事 何稽滯之多也 仁澍曰 內敎判旨 如雨 安得不滯 允孚 以告王 王 使語仁澍曰 我非偏聽右其人 凡有告者 欲令有司 早剖決故 命之耳 豈爲私耶 仁澍對曰 若不下判旨內敎 而臣等容私聽理 則罪當死矣

一日 龍化院池魚死浮出 莫知其數 允孚言 歲甲戌 東池有此怪而宮車晏駕 請王修省 順昌宮災 王 召允孚·昌裕曰 卿等嘗言 當有火災 何以知其然也 對曰 天譴章章 此火猶爲小災也 允孚又言 天變可畏 請設消災道場 王曰 天漸寒 今將往南京 還當行之

世祖親征乃顏 王率兵助征 行至平壤 先遣柳庇 旣行 使允孚 卜之 對曰 某日 庇 必還 而殿下 亦自此返旆矣 至期 登聖容殿後岡 北望久 之 戱謂允孚曰 汝卜得無謬乎 使左右 執之 允孚進曰 今日尙未昏 可小

待 有頃 驛騎揚塵而來 果庇也 庇至曰 帝 平乃顔 罷諸道兵 王 益信之
　允孚 因星變 白王曰 星變 不利於王·公主 王 問所以禳之 對曰 百
姓無怨 可以禳之 不若 罷全羅·慶尙二道王旨別監 及公主食邑 王 只
罷公主食邑 以其布帛 歸左倉 充百官俸 允孚 性切直 每因災異 言甚
懇至 時政有可言 入諫 不聽 涕泣固爭 期於必從 王 憚之 常告朔于奉
恩寺 且拜且泣曰 太祖太祖 君之國事 日非矣 因嗚咽不自勝 其誠懇
類此 爲人貌醜 寡言笑 公主 嘗謂王曰 何故數引見此人 王曰 允孚 吾
之崔浩 貌雖醜 不可棄也 後公主 頗改容禮之 嘗自圖天文以獻 日者
皆取法焉 官至僉議成事致仕 卒.

참고문헌

1. 자료

『高麗史』『高麗史節要』『東文選』『東國李相國集』『朝鮮王朝實錄』『書經』『漢書』『後漢書』『春秋繁露』

2. 저서

국사편찬위원회 편,『한국사』1-6, 탐구당, 1981.

_____,『한국사』11-21, 탐구당, 1993-1996.

_____,『고려시대의 형법과 형정』, 국사편찬위원회, 2002.

김남국,『고려 중기 정치세력연구』, 신서원, 1999.

김남규,『高麗兩界地方史研究』, 새문사, 1989.

김당택,『元干涉下의 高麗政治史』, 일조각, 2003.

김상기,『新編 高麗時代史』, 서울대학교 출판부, 1986.

김용선,『고려 금석문 연구』, 일조각, 2004.

김종명,『한국 중세의 불교의례: 사상적 배경과 역사적 의미』, 문학과 지성사, 2001.

박영호,『한국의 법』, 교양국사총서 10, 1974.

박용운,『高麗時代史』, 일지사, 1993.

_____,『고려시대 開京 연구』, 일지사, 1997.

_____,『高麗時代 官階·官職 研究』, 고려대학교 출판부, 1997.

_____,『高麗社會와 門閥貴族家門』, 경인문화사, 2003.

변태섭,『高麗政治制度史研究』, 일조각, 1977.

_____,『「高麗史」의 研究』, 삼영사, 1982,

신채호,『朝鮮史研究草』, 을유문고, 1974.

신천식, 『高麗敎育史硏究』, 경인문화사, 1995.

신호웅, 『高麗法制史硏究』, 國學資料院, 1995.

역사학회 편, 『韓國史論文選集』(高麗篇), 일조각, 1981.

이기동, 『新羅骨品制社會와 花郎徒』, 일조각, 1984.

이병도, 『高麗時代의 硏究』, 을유문화사, 1948.

이범직, 『韓國中世禮思想硏究』, 일조각, 1991.

이수건, 『韓國中世社會史硏究』, 일조각, 1984.

이희덕, 『高麗儒敎政治思想의 硏究』, 일조각, 1984.

_____, 『韓國古代 自然觀과 王道政治』, 혜안, 1999.

_____, 『高麗時代 天文思想과 五行說 硏究』, 일조각, 2000.

정용숙, 『고려시대의 后妃』, 민음사, 1992.

차주환, 『韓國道敎思想硏究』, 서울대학교출판부, 1978, 1984.

천관우 편, 『韓國史大系』 10(年表), 삼진사, 1974.

최창조, 『韓國의 風水思想』, 민음사, 1984.

하현강, 『韓國中世史硏究』, 일조각, 1991.

한국도교사상연구회 편, 『道敎와 韓國思想』, 범양사출판부, 1987.

한국정신문화연구원 편, 『한국민족문화대백과사전』 27권, 한국정신문화
　　　연구원, 1991.

한용근, 『高麗律』, 서경문화사, 1999.

허흥식, 『韓國佛敎史硏究』, 일조각, 1986.

홍승기, 『高麗貴族社會와 奴婢』, 일조각, 1983.

_____, 『高麗政治史硏究』, 일조각, 2001.

_____, 『高麗社會史硏究』, 일조각, 2001.

홍승기 편, 『高麗 太祖의 國家經營』, 서울대학교출판부, 1996.

『EncyKorea 한국민족문화대백과사전』, 온라인 판.

『브리태니커 백과사전』CD.

양계초, 풍우란 외 지음 · 김홍경 편역, 『음양오행설의 연구』, 신지서원, 1993

이성구, 『中國古代의 呪術的 思惟와 帝王統治』, 일조각, 1997.

김형효, 『構造主義의 思惟體系와 思想』, 인간사랑, 1989.

『東洋歷史大辭典』9卷, 平凡社, 1937-1941.

西嶋定生, 『中國古代國家と東アジア世界』, 東京大學出版會, 1983

マーセル・グラネ 原著・內田智雄 譯, 『グラネ 支那人の宗敎』, 河出書房,
        1943.

메리 더그라스 지음 · 유제분 외 옮김, 『순수와 위험』, 현대미학사, 1997.

Claude Lévi-Strauss 저 · 안정남 역, 『野生의 思考』, KBS사업단, 1990.

M. 모르겐슈테른 지음 · 양우석 옮김, 『니코라이 하르트만의 비판적 존
        재론』, 서광사, 2001.

신과학연구회편, 『新科學運動』, 범양사, 1986.

로버트 워드나우 외 지음 · 최샛별 옮김, 『문화분석』, 한울아카데미, 2003.

멀치아 엘리아데 저 · 이동하 역, 『聖과 俗: 종교의 본질』, 학민사. 1983.

M. 엘리아데 저 · 정진홍 역, 『宇宙와 歷史: 永遠回歸의 神話』, 현대사상
        사, 1992.

張光直 저 · 李徹 역, 『신화 미술 제사』, 동문선, 1990.

탈코트 파아슨스 저 · 이종수 역, 『사회의 유형: 進化와 比較의 관점』, 홍
        성사, 1978.

니콜라이 하르트만 저 · 하기락 역, 『存在學範疇論(實事世界構造)』, 형설
        출판사, 1987.

Bell, Catherine, *Ritual Theory, Ritual Practice*, Oxford University Press, 1992.

Berger, P. L., *The Sacred Canopy: Elements of Sociological Theory of Religion*, New York, 1967.

Bodde, Derk, *Essays on Chinese Civilization*, Princeton University Press, 1981.

Ching, Julia, *Mysticism and Kingship in China: The heart of Chinese wisdom*, Cambridge University Press, 1997.

Douglas, Mary, *Purity and Danger*, Routlage & Kegan Paul, 1980.

Eliade, M., *The Sacred and Profane*, New York and London: Hacourt, Brace & World, Inc., 1957.

_____, *The Myth of the Eternal Return*, Princeton University Press, 1974.

Fairbank, John K.(ed.), Chinese Thought and Institutions, University of Chicago Press, 1959.

Frankfort, Henri; Frankfort, H. A.; Wilson, John A.; Jacobsen, Thorkild, *Before Philosophy: The Intellectual Adventure of Ancient Man*, Penguin Books, Harmondsworth · Middlesex, 1949, 1951

Frankfort, Henry, *Kingship and the Gods*, The University of Chicago Press, 1948, 1978.

Fung Yu-lan, *A Short History of Chinese Philosophy*, ed. D. Bodde, New York & London, 1948.

_____, *A History of Chinese Philosophy*, vol. 1-2, trans. by Derke Bodde, George Allen & Unwin Ltd., 1953.

Granet, Marcel, *The Religion of the Chinese People*, trans., ed. Maurice Freedman, Harper & Row Publishers, 1975, orig. 1922.

_____, *Chinese civilization*, Routledge & Kegan Paul Ltd., 1930.

Kantorowicz, Ernst H., *The King's Two Bodies: A Study in Medieval Political Theology*, Princeton University Press.

Levi-Strauss, C., *The Savage Mind*, The University of Chicago Press, 1968.

Loewe, Michael, *Divination, mythology and monarchy in Han China*, Cambridge University Press, 1994.

Mann, Michael, *The Sources of Social Power*, vol. I, Cambridge University Press, 1986.

Needham, J., *Science and Civilization*, Vol. 2, Cambridge University Press, 1956.

O'Dea, T. F., *The Sociology of Religion*, New Jersey, Prentice-Hall, Inc., 1966.

Park Seong-rae, *Portents and Politics in Korean History*, Jimoondang Publishing Company, 1998.

Parsons, Talcott, *societies: evolutionary and comparative perspectives*, Prentice-Hall, Inc., Englewood Cliffs, New Jersey, 1966.

Tambiah, Stanley Jeyaraja, *Culture, Thought, and Social Action: Anthropological Perspective*, Harvard University Press, 1985.

Vermeersch, Sem, *The Power of the Buddhas: The Politics of Buddhism During the Koryŏ Dynasty(918-1392)*, Harvard University Asia Center, 2008.

Wang, Aihe, *Cosmology and Political Culture in Early China*, Cambridge

University Press, 2000.

Yang, C. K., *Religion in Chinese Society*, Berkeley, 1961.

3. 연구논문

김광수, 「高麗建國期의 浿西豪族과 對女眞關係」『史叢』 21·22 합집, 1977.

김기덕, 「高麗의 諸王制와 皇帝國體制」, 『國史館論叢』 78, 한국정신문화
　　원, 1997.

김당택, 「무신란과 초기의 무신정권」, 『한국사』 18, 국사편찬위원회, 1993.

김병인, 『高麗 睿宗代 政治勢力 硏究』, 경인문화사, 2003.

김용곤, 「高麗 顯宗代의 文廟從祀에 대하여: 崔致遠의 경우를 中心으로」
　　『高麗史의 諸問題』(변태섭 편), 삼영사, 1986.

＿＿＿, 「고려시기 유교관인층의 사상동향」『國史館論叢』 6, 국사편찬위
　　원회, 1989.

김의규, 「高麗前期의 歷史認識」『韓國史論』 6, 1979.

김철준, 「高麗中期의 文化意識과 史學의 性格」『韓國古代社會硏究』, 知
　　識産業社, 1977.

＿＿＿, 「高麗中期의 文化意識과 史學의 性格」『韓國史硏究』 9, 1973.

노명호, 「高麗時代의 多元的 天下觀과 海東天子」『한국사연구』 105, 한
　　국사연구회, 1999.

＿＿＿, 「'東明王篇'과 李奎報의 多元的 天下觀」『東國李相國集』, 진단
　　학회 편, 일조각, 2000.

박한설, 「高麗王室의 起源」『史叢』 21·22 합집, 1977.

＿＿＿, 「고려의 건국과 호족」『한국사』 12, 국사편찬위원회, 1993.

박성래, 「국사상에 나타난 天災地變의 기록」『한국과학사 학회지』 1-1,
　　1979.

_____, 「高麗初의 曆과 年號」『한국학보』10, 1978.

송병기, 「農莊의 發達」『한국사』8, 국사편찬위원회, 1981.

안계현, 「佛敎行事의 盛行」『한국사』6, 국사편찬위원회, 1981.

양은용, 「도교사상」『한국사』16, 국사편찬위원회, 1994.

윤남한, 「儒學의 性格」『한국사』6, 국사편찬위원회, 1981.

이기동, 「新羅下代의 浿江鎭」『韓國學報』4, 1976.

이기백, 「軍事組織」『한국사』5, 국사편찬위원회, 1981.

_____, 「高麗太祖時의 鎭」『高麗兵制史硏究』, 일조각, 1981.

이수건, 「高麗時代의 北方移民에 대하여」『徐廷德敎授紀念論叢』, 1970.

_____, 「高麗時代의 土姓硏究(上)」『亞細亞學報』12, 1976.

이용범, 「10-12 世紀의 國際情勢」『한국사』4, 국사편찬위원회, 1981.

_____, 「풍수지리설」『한국사』6, 극사편찬위원회, 1981.

이태진, 「金致陽 亂의 性格」『韓國史硏究』17, 1977.

이희덕, 「고려시대의 천문관과 유교주의 정치이념」『한국사연구』17, 1977.

_____, 「고려시대 五行說에 대한 연구」『역사학보』79, 1978.

_____, 「고려초기의 자연관과 유교정치사상」『역사학보』94 · 95합집,
　　　　1982.

_____, 「高麗時代의 天文觀과 儒敎主義的 政治理念」『韓國史硏究』17,
　　　　1977.

_____, 「고려시대의 오행설에 관한 연구」,『역사학보』94 · 95 합집, 역
　　　　사학회, 1982.

_____, 「고려시대의 祈雨行事에 대한 연구: '고려사' 오행지를 중심으로」
　　　　『동양학』11, 1981.

정경현, 「高麗前期 二軍六衛制 硏究」, 서울대학교 대학원, 문학박사학위
　　　　논문, 국사학과, 1992.

조인성, 「주현군과 주진군」『한국사』 13, 국사편찬위원회, 1993.

진영일, 「妙淸亂에 관한 一考察: 災異觀과 관련하여」, 서울대학교 대학원, 석사학위논문, 1984.

_____, 「高麗前期의 災異思想에 관한 一考: 君王의 성격과 관련하여」『高麗史의 諸問題』, 변태섭 편, 1986.

_____, 「高麗諸王의 西京巡幸考」『濟州大學校 論文集』 25, 1987.

_____, 「'高麗史' 五行·天文志를 통해 본 儒家 秩序槪念의 分析」『國史館論叢』 6, 국사편찬위원회, 1989.

최병헌, 「高麗時代의 五行的 歷史觀」『韓國學報』 13, 일지사, 1978.

_____, 「도선(道詵)의 생애와 나말여초(羅末麗初)의 풍수지리설: 선종과 풍수지리설의 관계를 중심으로 하여」『한국사연구』 11, 한국사연구회, 1975.

최창조, 「풍수지리·도참사상」『한국사』 16, 국사편찬위원회, 1994.

하현강, 「高麗西京考」『韓國史論文集』(高麗篇), 1981.

_____, 「金富軾과 妙淸의 對立」『韓國史의 再照明』, 1975.

_____, 「高麗西京考」『韓國史論文選集』 3(高麗篇), 1976.

_____, 『高麗王朝의 成立과 豪族聯合政策」『한국사』 4, 국사편찬위원회, 1981.

홍승기, 「신분제의 동요」『한국사』 20, 국사편찬위원회, 1994.

_____, 「高麗初期 政治와 風水地理」『韓國史 市民講座』 14, 1994.

홍윤식, 「항례적인 불교행사」『한국사』 16, 국사편찬위원회, 1994.

板野長八, 「儒敎の成立」『岩波講座 世界歷史』 4, 岩波書店, 1973.

日原利國, 「災異と讖緯」『東方學』 43, 1972.

平川 彰, 「大乘佛敎の成立」『古代史講座』 12, 學生社, 1965.

Bodde Derk, "Chinese 'Laws of Nature': A Reconsideration," *Harvard Journal of Asiatic Studies*, vol. 39, Harvard Yenching Institute, 1979.

Cammann, S. C., "Types of Symbols in Chinese Art," *Studies in Chinese Thought*, ed., A. F. Wright, University of Chicago Press, 1967.

Cheng Te-Kun, "Yin-Yang wu-Hsing and Han Art," *Harvard Journal of Asiatic Studies*, vol. 20, Harvard Yenching Institute, 1957.

Eberhard, W., "The political function of astronomy and astronomer in Han dynasty," *Chinese Thought and Institutions*, University of Chicago Press, 1957.

Hsu Dan-lin, "Crime and Cosmic Order," *Harvard Journal of Asiatic Studies*, vol. 30, Harvard Yenching Institute, 1970.

Itano Chohachi, "The tu-chen 圖讖 Prophetic Books and the Establish -ment of Confucianism," *Memoirs of the Toyo Bunko*, No. 34, 1976.

Kato Shigeshi, "On the Ideas concerning the Change of the Mandate and the Relationship of Sovereign and Minister," *Memoirs of the Toyo Bunko*, No. 34, 1976.

March A. L., "An Appreciation of Chinese Geomancy," *The Journal of Asian Studies*, vol. 27: No. 2, Feb. 1968.

Whitehead, A. N., "Science and Philosophy," *Science and Modern World*, New York, 1950.

Yu Ying-shih, "Life and Immortality in the Mind of Han China," *Harvard Journal of Asiatic Studies*, vol. 25, Harvard Yenching Institute, 1965.

찾아보기

▌진영일

연세대학교 사학과 졸업
서울대학교 대학원 국사학과 졸업(문학석사)
서울대학교 대학원 국사학과 박사과정 수료
현재 제주대학교 인문대학 사학과 교수

저서 :『고대 중세 제주 역사 탐색』(보고사, 2008)
논문 :「묘청난에 관한 일고찰」(1984)
    「고려사 오행·천문지를 통해 본 유가 질서 개념의 분석」(1989)
    외 다수.

고려국왕과 재이사상

2010년 2월 22일 초판 1쇄 펴냄

지은이 진영일
펴낸이 허향진
펴낸곳 제주대학교출판부

등록 1984년 7월 9일 제주시 제9호
주소 (690-756) 제주특별자치도 제주시 제주대학로 66번지
전화 064-754-2275
팩스 064-756-2204
http://press.jejunu.ac.kr

제작 도서출판 보고사
주소 서울특별시 성북구 보문동7가 11번지
전화 02-922-2246

ISBN 978-89-5971-058-4 93910
ⓒ 진영일, 2010
정가 23,000원